Joseph Henry Allen, Marcus Tullius Cicero

Select orations of Cicero chronologically arranged covering the period of his public life

Joseph Henry Allen, Marcus Tullius Cicero

Select orations of Cicero chronologically arranged covering the period of his public life

ISBN/EAN: 9783337278816

Printed in Europe, USA, Canada, Australia, Japan

Cover: Foto ©ninafisch / pixelio.de

More available books at **www.hansebooks.com**

ORATIONS OF CICERO

CHRONOLOGICALLY ARRANGED

COVERING THE

ENTIRE PERIOD OF HIS PUBLIC LIFE

EDITED BY

J. H. AND W. F. ALLEN

AND

J. B. GREENOUGH

FOURTH EDITION

BOSTON:
PUBLISHED BY GINN AND HEATH.
1878.

NOTE.

THIS Selection follows strictly the text of BAITER and KAYSER as a new *textus receptus*, even when the editors would personally prefer a different reading. They have, however, rejected the double *i* in the genitive of the second declension, which must have been unknown to Cicero.

The orations for Roscius and for Sestius are considerably abridged, on account of their length and some special difficulties. They are inserted for their exceptional importance in reference to the orator's career, and they are especially recommended to students for that reason. Teachers will find great advantage in using such parts as are not necessary in the regular school course, as exercises in reading at sight, — a practice which cannot be too highly recommended, and for which the shorter selections are more particularly intended.

CONTENTS.

	PAGE
LIFE OF CICERO	ix
List of Orations	xii
Chronological Table of Events	xvi
DEFENCE OF ROSCIUS	1
IMPEACHMENT OF VERRES	23
The Plunder of Syracuse	43
Crucifixion of a Roman Citizen	51
POMPEY'S MILITARY COMMAND (*Pro Lege Manilia*)	57
THE CONSPIRACY OF CATILINE	84
1. *Invective against Catiline*	85
2. *Character of the Conspiracy*	97
3. *How the Conspiracy was Suppressed*	109
4. *Sentence of the Conspirators*	122
THE CITIZENSHIP OF ARCHIAS	134
CICERO'S EXILE AND RETURN (*Pro P. Sestio*)	147
DEFENCE OF MILO	169
THE PARDON OF MARCELLUS	210
PLEA FOR LIGARIUS	221
THE STRUGGLE AGAINST ANTONY (*Philippica* XIV.)	234
NOTES	1
INDEX	143

LIFE OF CICERO.

MARCUS TULLIUS CICERO ranks as the first prose writer in Roman literature, and in fame as the second orator of the world. His public life, lasting nearly forty years, covers the entire period from Sulla's dictatorship to the fall of the Republic; and for all this time his orations are by far the most important and interesting documents that exist.

The events of Cicero's life, so far as they are necessary to an understanding of his career as orator and statesman, are these. He was born B. C. 106 — the same year with Pompey, and six years before Julius Cæsar — at Arpinum, a town in the Volscian territory, about fifty miles east of Rome, the birthplace also of Caius Marius. His father, a wealthy citizen of equestrian rank, removed to the capital in order to give his sons, Marcus and Quintus, the best education possible. Here the young Cicero studied law with the great jurist, Quintus Mucius Scævola, the augur, and, after his death, with his yet more distinguished kinsman of the same name; and was intimate with the eminent orators Lucius Licinius Crassus and Marcus Antonius, grandfather of the triumvir. He studied rhetoric and philosophy with the best Greek teachers; and from the poet Archias in particular, whom he afterwards defended in one of his most graceful orations, he derived that taste for literature which distinguished him among all the public men of his day.

Cicero arrived at manhood just at the time when the fearful civil convulsions were beginning, which ended only with the overthrow of the Republic. He served a short campaign in the Social War (B. C. 89); but remained in obscurity through the horrors of the civil war that followed, devoting himself to his private studies. He appears to have welcomed the triumph of Sulla (B. C. 82) as an earnest of order and good government; but was soon disgusted with the despotic rule of the dictator, and placed himself in that attitude of moderate opposition to the oligarchy to which he was, on the whole, faithful through life. No person dared oppose Sulla in any political measure; but in the administration of justice even the tyrant was obliged, for decency's sake, to listen to words of truth and boldness. The defence of Roscius, Cicero's first public oration (B. C. 80), may rank, in a political point of view, with Erskine's defence of Hardy, or the generous eloquence of the advocate Berryer in the time of Napoleon III. Of its results the orator himself says, that " it received such commendation, that there was no case which did not seem worthy of his advocacy." (Brut. § 312.)

After this brilliant success, Cicero spent two years in travel and study in Greece and Asia. Then returning to Rome, he held (B. C. 75) the office of Quæstor, which made him a member of the Senate. This office he exercised in the western half of Sicily. Meantime the political dissensions, which had been suspended during the rule of Sulla, broke out afresh. A democratic agitation began, which continued steadily increasing, till it culminated thirty years later in another civil war. Sulla's aristocratic constitution was repealed in the consulship of Pompey and Crassus (B. C. 70), by the restoring of judicial power to the middle class (*equites*). In this year Cicero conducted the celebrated impeachment of Verres, in which he gained the signal success of forcing that corrupt ex-magistrate into exile, without waiting the result of the trial. The legislation of this year identified Pompey with the popular party; and Cicero attached himself to the interests of that ambitious and successful general, giving him timely aid — in the speech for the Manilian Law — in obtaining the command against Mithridates in the East. The same year (B. C. 66) Cicero held the prætorship, having been curule ædile three years before; and he was carried, partly by his own preeminent merits, partly by the wave of moderate reform, into the consulship (B. C. 63), at the age of forty-three.

Cicero was now at the highest point of his success and fame, the recognized head of a moderate party, which aimed to preserve the old institutions of the State, while tempering them with a more liberal policy. But he lacked the qualities of a successful political leader. He was vain, hesitating, lacking self-control, decision, and dignity of character. As a "new man," he never had the full confidence of the senatorial families; while his tastes were too much shaped by his Greek training, his mind too delicately organized, his ambition too much controlled by sentiment and theory, — we may say, by the sense of right, — to give him a hold upon the crowd that filled the Forum and carried the Comitia. The leading act of his administration — the suppression of Catiline's Conspiracy — had, by the illegal death of the conspirators, made him the object of marked hostility to the popular party. The democratic movement became too strong for his feeble grasp, and developed into a destructive radicalism, headed by unscrupulous gamblers and demagogues, which had its natural sequence in civil war and imperialism.

Five years after his consulship (B. C. 58, the same year with Cæsar's first campaign in Gaul), Cicero was forced into exile. Though he was recalled the following year, with every mark of honor, it was to find orderly government almost at an end. The magnificent defence of Milo — a speech which, as it now stands, was never delivered — was his last protest against the reign of force that daily became more imminent in Rome. The two following years he served as Proconsul in Cilicia, and returned, with the complimentary title of *imperator*, to find all things ripe for civil war. Pompey, both because he hated Cæsar, and because there was no one else to take the place, drifted into the position of leader and general of the conservative party. With great misgiving and reluctance, after trying in vain his efforts as reconciler, Cicero joined that party in the fatal campaign of Pharsalia (B. C. 48).

When Pompey was dead, and the senatorial party finally crushed, Cicero submitted, with apparent good will, to the dictatorship of Cæsar, whose personal friend he had always claimed to be. But his letters show him at this time disappointed, peevish, jealous, and weak. It was, however, the period of his greatest industry and fertility as a writer. A long succession of dialogues and treatises attests his efforts to distract his mind from the miseries of his political failure and defeat. After the death of Cæsar, which he perhaps witnessed with his own eyes, — at any rate rejoiced at,* — he appeared once more in public life, the standard-bearer in the brave battle waged by the Senate against Mark Antony. During this struggle he was a warm partisan of Brutus and Cassius, " the liberators." He proclaimed openly his satisfaction at Cæsar's death; hoped to win the confidence of the young Cæsar Octavianus (afterwards Augustus); and took part against Antony, as a public enemy, in the celebrated orations called Philippics. When the cause was lost by the treachery of Octavianus, when he and Lepidus joined Antony, and their triumvirate was victorious, Cicero was one of the first victims marked for proscription. He was murdered near his Formian villa, on the road between Rome and Naples, in December, B. C. 43, at the age of sixty-three.

The following list gives the titles and subjects of all of Cicero's orations (excepting fragments) which have survived: —

 B. C. 81. Pro P. QUINCTIO: Defence of Quinctius in a prosecution by Sex. Nævius, to recover the profits of a partnership in some land in Gaul, inherited from his brother, C. Quinctius.

 B. C. 80. Pro SEX. ROSCIO AMERINO: Defence of Roscius on a charge of parricide brought by Erucius as professional prosecutor, at the instigation of Chrysogonus.

---

 * Quid mihi attulerit ista domini mutatio, præter lætitiam quam oculis cepi justo interitu tyranni? — Ad Att., xiv. 14.

B. C. 80. Pro Q. Roscio Comœdo: Defence of the actor Roscius from the claim of C. Fannius Chærea to half the profits of certain lands taken as the value of a slave held by them in partnership, and killed by C. Flavius.

B. C. 75. Pro M. Tullio: Plea for damages for an assault made by a rival claimant on Tullius's estate.

B. C. 70. In Cæcilium ("Divinatio"): Plea on the technical right of Cicero to conduct the prosecution against Verres.

—— In C. Verrem: Impeachment of Verres for plunder and oppression in Sicily. Six Orations. — 1. The general charge ("*Actio Prima*"); 2. *De Prætura Urbana*: earlier political crimes of Verres; 3. *De Jurisdictione Siciliana*: his administration in Sicily; 4. *De Frumento*: peculation and fraud as to the supplies of grain; 5. *De Signis*: the plunder of works of Art; 6. *De Suppliciis*: cruelties of his government.

—— Pro M. Fonteio: Defence of Fonteius's administration of Gaul during Pompey's campaign against Sertorius, about B. C. 75.

—— Pro A. Cæcina: Defence against Æbutius of Cæcina's right to an estate received by inheritance from his wife Cæsennia, widow of a rich money-lender, M. Fulcinius.

B. C. 66. Pro Lege Manilia, *vel* De Imperio Cn. Pompei: Defence of the proposal of Manilius, to invest Pompey with the command of the war against Mithridates.

—— Pro A. Cluentio Habito: Defence of Cluentius against the charge of poisoning his step-father Oppianicus, brought by the younger Oppianicus, instigated by Sassia, the mother of Cluentius.

B. C. 63. De Lege Agraria: Against the Agrarian Law of Rullus. Three orations: the first delivered in the Senate, and the others before the People.

—— Pro C. Rabirio: Defence of Rabirius on the charge of killing Saturninus, about B. C. 100.

—— In L. Catilinam: On the Conspiracy of Catiline. Four orations: the first and last delivered in the Senate, the second and third before the People.

—— Pro L. Murena: Defence of Murena on a charge of bribery brought by Sulpicius, the defeated candidate for the consulship. (Following prior defences made by Hortensius and Crassus.)

B. C. 62. Pro P. Cornelio Sulla: Defence of Sulla from the charge of sharing in Catiline's conspiracy.

B. C. 61. Pro A. Licinio Archia: Defence of the claim of the poet Archias to Roman citizenship.

B. C. 59. Pro L. VALERIO FLACCO: Defence of Flaccus on a charge of maladministration as *proprætor* in Asia.

B. C. 57. POST REDITUM: Thanks for Cicero's recall from exile. Two Orations: 1. *In Senatu*; 2. *Ad Quirites*.

—— Pro DOMO SUA: Appeal to the *pontifices* against the alienation of Cicero's estate by Clodius.

—— De HARUSPICUM RESPONSIS: Invective against the impieties of Clodius.

B. C. 56. Pro P. SESTIO: Defence of Sestius, a partisan of Cicero, on a charge of assault, the attack having been made on Sestius by the dependants and partisans of Clodius.

—— In P. VATINIUM ("Interrogatio"): A personal attack on Vatinius, one of the witnesses against Sestius.

—— Pro M. CÆLIO: Defence of the character of Cælius (a dissolute young friend of Cicero), against a vindictive charge of stealing and poisoning, brought by Atratinus, at the instigation of Clodia.

—— De PROVINCIIS CONSULARIBUS: Advocating the recall of Piso and Gabinius, and the retaining of Cæsar in the proconsulate of Gaul.

—— Pro CORNELIO BALBO: Defence of Balbus (a citizen of Gades) in his right of Roman citizenship, granted by Pompey.

B. C. 55. IN L. CALPURNIUM PISONEM: Retaliation for an attack made by Piso after his return from the proconsulate of Macedonia.

—— Pro CN. PLANCIO: Defence of Plancius on the charge of corrupt political bargaining, brought by M. Junius Laterensis, the defeated candidate for Ædile.

B. C. 54. Pro C. RABIRIO POSTUMO: Defence of Rabirius, in a prosecution to recover money alleged to have been received from Ptolemy, King of Egypt, in corrupt partnership with Gabinius.

B. C. 52. Pro T. ANNIO MILONE: Defence of Milo on the charge of the murder of Clodius.

B. C. 46. Pro M. MARCELLO: Speech of thanks to Cæsar for the pardon of Marcellus.

—— Pro Q. LIGARIO: Petition of pardon for Ligarius, charged with conducting the war in Africa against Cæsar.

B. C. 45. Pro REGE DEIOTARO: Defence of Deiotarus, King of Galatia, charged with attempting the murder of Cæsar.

In M. ANTONIUM: *Orationes Philippicæ* XIV. — 1. Reply to an invective of Antony: exhortation to the consuls Antony and Dolabella; 2. Reply to a bitterer invective: a review of Antony's public and private life; 3. Urging the support of Octavianus (Augustus) and D. Brutus against Antony, now in Hither Gaul; 4. Exposition to the people of the acts of the Senate, and praise of D. Brutus;

5 (B. C. 43). Protest against treating with Antony: he should be declared a public enemy; 6. Appeal to the people: the embassy to Antony would be in vain; 7. Protest against those who clamored for peace: Antony must not be suffered to escape; 8. The war against Antony is *justum bellum*: his partisans should be required to submit before the 1st of March; 9. Eulogy of Sulpicius, who had died while on the mission to Antony; 10. Thanks to Pansa, and praise of M. Brutus; 11. That Asia should be assigned to Cassius, to conduct the war against Trebonius; 12. Declining to serve, with P. Servilius, on an embassy to Antony; 13. There can be no peace with Antony: praise of Sex. Pompey; 14. Thanksgiving proposed, and honors to the dead, after the defeat of Antony at Bononia.

The titles of Cicero's other writings are as follows: —

De INVENTIONE RHETORICA, 2 Books.
De ORATORE, 3 Books.
De CLARIS ORATORIBUS (*Brutus*).
ORATOR.
TOPICA.
De PARTITIONE ORATORIA.
De OPTIMO GENERE ORATORUM.
[RHETORICORUM (*Ad Herennium, Incerti Auctoris*), 4 Books.]
ACADEMICARUM QUÆSTIONUM, 2 Books.
De FINIBUS BONORUM ET MALORUM, 5 Books.
TUSCULANARUM QUÆSTIONUM, 5 Books.
De NATURA DEORUM, 3 Books.
De DIVINATIONE, 2 Books.
De FATO.
De RE PUBLICA.
De LEGIBUS, 3 Books.
De OFFICIIS, 3 Books.
De SENECTUTE (*Cato Major*).
De AMICITIA (*Lælius*).
PARADOXA.
TIMÆUS, sive De UNIVERSITATE (Translation from Plato).
PHÆNOMENA (Translation from Aratus, in verse).
EPISTOLÆ ad FAMILIARES (*Ad Diversos*), 16 Books.
    „   ad ATTICUM, 16 Books.
    „   ad QUINTUM FRATREM, 3 Books.

CHRONOLOGICAL TABLE OF EVENTS.

B. C.
- 106. Birth of Cicero.
- 101. Marius defeats the Cimbri and Teutones.
- 90. Social or Marsic War. (Cicero serves the following year.)
- 88. Flight of Marius. Sulla in the East.
- 87. Marius at Rome. Massacre of Antonius and others.
- 82. Sulla Dictator: Proscriptions: Aristocratic Constitution.
- 80. Courts restored. *Defence of Roscius.*
- 78. Cicero in Athens and Asia. Civil war of Lepidus and Catulus.
- 76. Sertorian war. (Sertorius killed in 72.)
- 75. Cicero Quæstor in Sicily.
- 73. War of Spartacus. Lucullus in the East.
- 70. Cicero conducts *Impeachment of Verres.* Judicia restored to the Equites: power of Tribunes re-established.
- 66. Cicero Prætor: Oration for the *Manilian Law*; for *Cluentius.*
- 64. Birth of young Cicero: marriage of Tullia.
- 63. Cicero Consul: *Conspiracy of Catiline.*
- 62. Return of Pompey from the East. *Defence of Archias.*
- 61. Trial of Clodius: Cicero's strife with him in the Senate.
- 60. Coalition of Cæsar, Pompey, and Crassus.
- 59. Consulship of Cæsar: Clodius made Tribune.
- 58. Clodian Laws: exile of Cicero: Cæsar in Gaul.
- 57. Cicero recalled from exile: five years' control of the Corn Markets decreed to Pompey.
- 56. *Defence of Sestius.* Second marriage of Tullia: contest with Clodius, respecting Cicero's estate.
- 55. Crassus in the East: Cæsar's command renewed.
- 54. Death of Julia: Q. Cicero with Cæsar in Gaul.
- 53. Destruction of Crassus and his army: Cicero made Augur.
- 52. Clodius killed: *Defence of Milo:* Pompey marries Cornelia.
- 51. Cicero Proconsul in Cilicia, with an army of 14,600.
- 50. Cicero returns to Italy. Thanks for his conduct in command.
- 49. Cæsar forbidden to retain his army: crosses the Rubicon; acquires Spain. Pompey crosses into Greece.
- 48. Battle of Pharsalus: death of Pompey. Cæsar in Africa: Cicero returns to Italy.
- 47. Cæsar Dictator: war in Africa: Cicero in Rome.
- 46. Cato dies at Utica: Cæsar's triumph and reforms: war in Spain: Cicero divorced from Terentia. *Defence of Marcellus and Ligarius.*
- 45. Cæsar returns from Spain: Death of Tullia: Cæsar is Cicero's guest at Puteoli. *Tusculan Questions, etc.*
- 44. Assassination of Cæsar. Octavius in Italy: Threats of Antony: *The Philippic Orations,* 1-4.
- 43. *Philippics* 5-14: Triumvirate of Octavianus, Antony, and Lepidus: Proscription: Cicero murdered, Dec. 7.

ORATIONS.

CICERO'S SELECT ORATIONS.

DEFENCE OF ROSCIUS.

B.C. 80.

SEXTUS ROSCIUS was a rich and respected citizen of Ameria, a town (*municipium*) of Umbria, about fifty miles north of Rome. He had a taste for city life, and spent most of his time at Rome, where he was on intimate terms with some of the highest families, especially the Metelli and Scipios. Meantime his son Sextus, who certainly lacked his father's cultivated tastes, and was accused by his enemies of rudeness and clownishness, had the care of the extensive family estates at Ameria.

Sometime during the dictatorship of Sulla, — probably in the autumn of 81 B.C., — the elder Roscius was murdered one evening as he was returning from a dinner party. The murder was no doubt procured, or at least connived at, by one Titus Roscius Magnus, his fellow-townsman and enemy. However that may be, the name of the murdered man was put upon the proscription-list by Chrysogonus, a freedman and favorite of Sulla, who bought his confiscated estates at auction at a nominal price. Three of these estates (there were thirteen in all) he transferred to a certain Titus Roscius Capito, another townsman and enemy of the deceased, and a leading man at Ameria; the remainder he put in charge of Magnus as his agent. The younger Sextus, a man of forty, thus robbed of his patrimony, had recourse to his father's friends in Rome for protection and help; when the three conspirators, fearing that they might be compelled to disgorge, resolved to secure themselves by accusing him of his father's murder. This they did through a professional prosecutor (*accusator*) named Erucius, who undertook the legal formalities of the prosecution.

The aristocratic friends of Roscius, not daring to brave the creature of the dictator, but not wishing to leave their guest-friend (*hospes*) undefended, prevailed upon Cicero, then young and ambitious, to defend him. Even for so young and obscure a man, this was an act that called for disinterested courage; and nothing in Cicero's career is more to his credit. By the successful conduct of this case, he obtained the well-merited rank of a leader among the rising advocates of Rome. The defence of Roscius is the first of Cicero's public orations or pleas; and it is criticised by himself in the *Orator*, chap. 30.

CREDO ego vos, Judices, mirari quid sit quod, cum tot summi oratores hominesque nobilissimi sedeant, ego potissimum surrexerim, qui neque aetate neque ingenio neque auctoritate sim cum his, qui sedeant, comparandus. Omnes hi, quos videtis adesse, in hac causa injuriam novo scelere conflatam putant oportere defendi, defendere ipsi propter iniquitatem temporum non audent; ita fit ut adsint propterea quod officium sequuntur, taceant autem idcirco quia periculum vitant.

2. Quid ergo? Audacissimus ego ex omnibus? Minime. At tanto officiosior quam ceteri? Ne istius quidem laudis ita sim cupidus, ut aliis eam praereptam velim. Quae me igitur res praeter ceteros impulit, ut causam Sex. Rosci reciperem? Quia, si quis horum dixisset, quos videtis adesse, in quibus summa auctoritas est atque amplitudo, si verbum de re publica fecisset, — id quod in hac causa fieri necesse est, — multo plura dixisse quam dixisset putaretur: 3. ego etiamsi omnia quae dicenda sunt libere dixero, nequaquam tamen similiter oratio mea exire atque in volgus emanare poterit. Deinde, quod ceterorum neque dictum obscurum potest esse, propter nobilitatem et amplitudinem, neque temere dicto concedi, propter aetatem et prudentiam: ego si quid liberius dixero, vel occultum esse, propterea quod nondum ad rem publicam accessi, vel ignosci adulescentiae poterit, — tametsi non modo ignoscendi

ratio, verum etiam cognoscendi consuetudo jam de civitate sublata est.

4. Accedit illa quoque causa, quod a ceteris forsitan ita petitum sit ut dicerent, ut utrumvis salvo officio facere se posse arbitrarentur: a me autem ei contenderunt, qui apud me et amicitia et beneficiis et dignitate plurimum possunt, quorum ego nec benevolentiam erga me ignorare, nec auctoritatem aspernari, nec voluntatem neglegere debeam. His de causis ego huic causae patronus exstiti, non electus unus qui maximo ingenio, sed relictus ex omnibus qui minimo periculo possem dicere; neque uti satis firmo praesidio defensus Sex. Roscius, verum uti ne omnino desertus esset.

VI. 5. Sex. Roscius, pater hujusce, municeps Amerinus fuit, cum genere et nobilitate et pecunia non modo sui municipi verum etiam ejus vicinitatis facile primus, tum gratia atque hospitiis florens hominum nobilissimorum. Nam cum Metellis, Serviliis, Scipionibus erat ei non modo hospitium, verum etiam domesticus usus et consuetudo; quas (ut aequum est) familias honestatis amplitudinisque gratia nomino. Itaque ex omnibus suis commodis hoc solum filio reliquit: nam patrimonium domestici praedones vi ereptum possident, fama et vita innocentis ab hospitibus amicisque paternis defenditur. 6. Is cum omni tempore nobilitatis fautor fuisset, tum hoc tumultu proximo, cum omnium nobilium dignitas et salus in discrimen veniret, praeter ceteros in ea vicinitate eam partem causamque opera, studio, auctoritate defendit: etenim rectum putabat pro eorum honestate se pugnare, propter quos ipse honestissimus inter suos numerabatur. Posteaquam victoria constituta est, ab armisque recessimus, — cum proscriberentur homines, atque ex omni regione caperentur ei qui adversarii fuisse putabantur, — erat ille Romae frequens;

in foro et in ore omnium cotidie versabatur, magis ut exsultare victoria nobilitatis videretur, quam timere ne quid ex ea calamitatis sibi accideret.

7. Erant ei veteres inimicitiae cum duobus Rosciis Amerinis, quorum alterum sedere in accusatorum subselliis video, alterum tria hujusce praedia possidere audio. Quas inimicitias si tam cavere potuisset, quam metuere solebat, viveret. Neque enim, judices, injuria metuebat. Nam duo isti sunt T. Roscii, quorum alteri Capitoni cognomen est, iste qui adest Magnus vocatur, homines hujus modi: alter plurimarum palmarum vetus ac nobilis gladiator habetur, hic autem nuper se ad eum lanistam contulit; quique ante hanc pugnam tiro esset, [quod sciam,] facile ipsum magistrum scelere audaciaque superavit. VII. 8. Nam cum hic Sex. Roscius esset Ameriae, T. autem iste Roscius Romae; cum hic filius adsiduus in praediis esset, cumque se voluntate patris rei familiari vitaeque rusticae dedisset, iste autem frequens Romae esset,— occiditur ad balneas Palacinas rediens a cena Sex. Roscius. Spero ex hoc ipso non esse obscurum, ad quem suspitio malefici pertineat: verum id, quod adhuc est suspitiosum, nisi perspicuum res ipsa fecerit, hunc adfinem culpae judicatote.

9. Occiso Sex. Roscio, primus Ameriam nuntiat Mallius Glaucia quidam, homo tenuis, libertinus, cliens et familiaris istius T. Rosci, et nuntiat domum non filii, sed T. Capitonis inimici; et cum post horam primam noctis occisus esset, primo diluculo nuntius hic Ameriam venit. Decem horis nocturnis sex et quinquaginta milia passuum cisiis pervolavit, non modo ut exoptatum inimico nuntium primus adferret, sed etiam cruorem inimici quam recentissimum telumque paulo ante e corpore extractum ostenderet.

10. Quadriduo quo haec gesta sunt, res ad Chrysogonum in castra L. Sullae Volaterras defertur. Mag-

nitudo pecuniae demonstratur; bonitas praediorum, (nam fundos decem et tris reliquit, qui Tiberim fere omnes tangunt), hujus inopia et solitudo commemoratur. Demonstrant, cum pater hujusce Sex. Roscius, homo tam splendidus et gratiosus, nullo negotio sit occisus, perfacile hunc hominem incautum et rusticum, et Romae ignotum, de medio tolli posse. Ad eam rem operam suam pollicentur. Ne diutius teneam, judices, societas coitur. VIII. 11. Cum nulla proscriptionis mentio fieret, cum etiam qui antea metuerant redirent, ac jam defunctos sese periculis arbitrarentur, nomen refertur in tabulas Sex. Rosci, studiosissimi nobilitatis. Manceps fit Chrysogonus. Tria praedia vel nobilissima Capitoni propria traduntur, quae hodie possidet; in reliquas omnes fortunas iste T. Roscius, nomine Chrysogoni, quemadmodum ipse dicit, impetum facit. [Haec bona emuntur duobus milibus nummum.]

12. Haec omnia, judices, imprudente L. Sulla facta esse certo scio; neque enim mirum, — cum eodem tempore et ea quae praeterita sunt et ea quae videntur instare praeparet, cum et pacis constituendae rationem et belli gerendi potestatem solus habeat, cum omnes in unum spectent, unus omnia gubernet, cum tot tantisque negotiis distentus sit ut respirare libere non possit — si aliquid non animadvertat, cum praesertim tam multi occupationem ejus observent tempusque aucupentur, ut, simul atque ille despexerit, aliquid hujusce modi moliantur. Huc accedit, quod quamvis ille felix sit, sicut est, tamen [in] tanta felicitate nemo potest esse, in magna familia qui neminem neque servum neque libertum improbum habeat.

13. Interea iste T. Roscius, vir optimus, procurator Chrysogoni, Ameriam venit; in praedia hujus invadit; hunc miserum, luctu perditum, qui nondum etiam omnia paterno funeri justa solvisset, nudum eicit;

domo atque focis patriis disque penatibus praecipitem,
judices, exturbat; ipse amplissimae pecuniae fit dominus. Qui in sua re fuisset egentissimus, erat, ut fit,
insolens in aliena. Multa palam domum suam auferebat, plura clam de medio removebat; non pauca suis
adjutoribus large effuseque donabat; reliqua constituta auctione vendebat: quod Amerinis usque eo
visum est indignum, ut urbe tota fletus gemitusque
fieret. IX. 14. Etenim multa simul ante oculos versabantur: mors hominis florentissimi Sex. Rosci crudelissima, filii autem ejus egestas indignissima, cui á
tanto patrimonio praedo iste nefarius ne iter quidem
ad sepulcrum patrium reliquisset, bonorum emptio
flagitiosa, possessio, furta, rapinae, donationes. Nemo
erat qui non ardere *illa* omnia mallet, quam videre in
Sex. Rosci viri optimi atque honestissimi bonis jac-
tantem se ac dominantem T. Roscium. 15. Itaque
decurionum decretum statim fit, ut decem primi proficiscantur ad L. Sullam, doceantque eum qui vir Sex.
Roscius fuerit; conquerantur de istorum scelere et
injuriis; orent ut et illius mortui famam et filii innocentis fortunas conservatas velit. Atque ipsum decretum, quaeso, cognoscite.

[*Decretum Decurionum.*]

Legati in castra veniunt. Intellegitur, judices, id
quod jam ante dixi, imprudente L. Sulla scelera haec
et flagitia fieri. Nam statim Chrysogonus et ipse ad
eos accedit et homines nobilis adlegat, *ab* eis qui peterent ne ad Sullam adirent, et omnia Chrysogonum
quae vellent esse facturum pollicerentur. 16. Usque
adeo autem ille pertimuerat, ut mori mallet quam de
his rebus Sullam doceri. Homines antiqui, qui ex sua
natura ceteros fingerent, cum ille confirmaret sese
nomen Sex. Rosci de tabulis exempturum praedia
vacua filio traditurum, cumque id ita futurum T. Roscius Capito, qui in decem legatis erat, appromitteret,

crediderunt: Ameriam re inorata reverterunt. Ac primo rem differre cotidie ac procrastinare isti coeperunt; deinde aliquanto lentius, nihil agere atque deludere; postremo — id quod facile intellectum est — insidias vitae hujusce [Sex. Rosci] parare, neque sese arbitrari posse diutius alienam pecuniam domino incolumi obtinere.

x. 17. Quod hic simul atque sensit, de amicorum cognatorumque sententia Romam confugit, et sese ad Caeciliam [Nepotis filiam], quam honoris causa nomino, contulit, qua pater usus erat plurimum; in qua muliere, judices, etiam nunc (id quod omnes semper existimaverunt) quasi exempli causa vestigia antiqui offici remanent. Ea Sex. Roscium inopem, ejectum domo atque expulsum ex suis bonis, fugientem latronum tela et minas, recepit domum, hospitique oppresso jam desperatoque ab omnibus opitulata est. Ejus virtute, fide, diligentia factum est, ut hic potius vivus in reos quam occisus in proscriptos referretur.

18. Nam postquam isti intellexerunt summa diligentia vitam Sex. Rosci custodiri, neque sibi ullam caedis faciundae potestatem dari, consilium ceperunt plenum sceleris et audaciae, ut nomen hujus de parricidio deferrent, ut ad eam rem aliquem accusatorem veterem compararent, qui de ea re posset dicere aliquid, in qua re nulla subesset suspitio; denique ut, quoniam crimine non poterant, tempore ipso pugnarent. Ita loqui homines: quod judicia tam diu facta non essent, condemnari eum oportere, qui primus in judicium adductus esset; huic autem patronos propter Chrysogoni gratiam defuturos; de bonorum venditione et de ista societate verbum esse facturum neminem; ipso nomine parricidi et atrocitate criminis, fore ut hic nullo negotio tolleretur, cum ab nullo defensus esset. Hoc consilio atque adeo hac amentia impulsi, quem ipsi cum cuperent non potuerunt occidere, eum jugulandum vobis tradiderunt.

XI. 19. Quid primum querar ? aut unde potissimum, judices, ordiar ? aut quod aut a quibus auxilium petam ? Deorumne immortalium, populine Romani, vestramne, qui summam potestatem habetis, hoc tempore fidem implorem ? Pater occisus nefarie, domus obsessa ab inimicis, bona adempta, possessa, direpta, fili vita infesta, saepe ferro atque insidiis appetita, — quid ab his tot maleficiis sceleris abesse videtur? Tamen haec aliis nefariis cumulant atque adaugent: crimen incredibile confingunt, testis in hunc et accusatores hujusce pecunia comparant. Hanc condicionem misero ferunt, ut optet, utrum malit cervices Roscio dare, an, insutus in culeum, per summum dedecus vitam amittere. Patronos huic defuturos putaverunt: desunt: qui libere dicat, qui cum fide defendat, — id quod in hac causa est satis, — quoniam quidem suscepi, non deest profecto, judices.

XIII. 20. Tres sunt res, quantum ego existimare possum, quae obstent hoc tempore Sex. Roscio: crimen adversariorum, et audacia, et potentia. Criminis confictionem accusator [Erucius] suscepit; audaciae partis Roscii sibi poposcerunt; Chrysogonus autem, is qui plurimum potest, potentia pugnat. De hisce omnibus rebus me dicere oportere intellego. Quid igitur est ? Non eodem modo de omnibus, ideo quod prima illa res ad meum officium pertinet, duas autem reliquas vobis populus Romanus imposuit. Ego crimen oportet diluam; vos et audaciae resistere, et hominum ejus modi perniciosam atque intolerandam potentiam primo quoque tempore exstinguere atque opprimere debetis.

21. Occidisse patrem Sex. Roscius arguitur. Scelestum, di immortales! ac nefarium facinus, atque ejus modi, quo uno maleficio scelera omnia complexa esse videantur. Etenim si, id quod praeclare a sapientibus dicitur, voltu saepe laeditur pietas, quod supplicium

satis acre reperietur in eum qui mortem obtulerit
parenti, pro quo mori ipsum, si res postularet, jura
divina atque humana cogebant? In hoc tanto, tam
atroci, tam singulari maleficio, quod ita raro exstitit
ut, si quando auditum sit, portenti ac prodigi simile
numeretur, quibus tandem tu, C. Eruci, argumentis
accusatorem censes uti oportere? Nonne et audaciam
ejus qui in crimen vocetur singularem ostendere, et
mores feros, immanemque naturam, et vitam vitiis
flagitiisque omnibus deditam, [et] denique omnia ad
perniciem profligata atque perdita? quorum tu nihil in
Sex. Roscium, ne obiciendi quidem causa, contulisti.

XIV. 22. 'Patrem occidit Sex. Roscius.' Qui homo?
Adulescentulus corruptus et ab hominibus nequam
inductus? annos natus major quadraginta. Vetus
videlicet sicarius, homo audax et saepe in caede versatus? at hoc ab accusatore ne dici quidem audistis.
Luxuries igitur hominem nimirum, et aeris alieni
magnitudo, et indomitae animi cupiditates ad hoc scelus impulerunt? De luxuria purgavit Erucius, cum
dixit hunc ne in convivio quidem ullo fere interfuisse.
Nihil autem umquam *cuiquam* debuit. Cupiditates
porro quae possunt esse in eo qui, ut ipse accusator
objecit, ruri semper habitarit, et in agro colendo vixe-
rit?—quae vita maxime disjuncta a cupiditate est, et
cum officio conjuncta.

23. Quae res igitur tantum istum furorem Sex. Roscio objecit? 'Patri' inquit 'non placebat.' Quam ob
causam? Necesse est enim eam quoque justam et magnam et perspicuam fuisse: nam, ut illud incredibile est,
mortem oblatam esse patri a filio sine plurimis et maximis causis, sic hoc veri simile non est, odio fuisse parenti filium, sine causis multis et magnis et necessariis.
Rursus igitur eodem revertamur, et quaeramus quae
tanta vitia fuerint in unico filio, quare is patri displi-
ceret. At perspicuum est nullum fuisse. Pater igitur

amens, qui odisset eum sine causa quem procrearat.
At is quidem fuit omnium constantissimus. Ergo
illud jam perspicuum profecto est, si neque amens
pater neque perditus filius fuerit, neque odi causam
5 patri neque sceleris filio fuisse.

XXII. 24. De parricidio causa dicitur: ratio ab accusatore reddita non est, quam ob causam patrem filius
occiderit. Quod in minimis noxiis, et in his levioribus
peccatis quae magis crebra et jam prope cotidiana
10 sunt, maxime et primum quaeritur, — quae causa
malefici fuerit, — id Erucius in parricidio quaeri non
putat oportere. In quo scelere, judices, etiam cum
multae causae convenisse unum in locum atque inter
se congruere videntur, tamen non temere creditur,
15 neque levi conjectura res penditur, neque testis incertus auditur, neque accusatoris ingenio res judicatur:
cum multa antea commissa maleficia, cum vita hominis
perditissima, tum singularis audacia ostendatur necesse
est, neque audacia solum, sed summus furor atque
20 amentia. 25. Haec cum sint omnia, tamen exstent
oportet expressa sceleris vestigia, — ubi, qua ratione,
per quos, quo tempore maleficium sit admissum; quae
nisi multa et manifesta sunt, profecto res tam scelesta,
tam atrox, tam nefaria credi non potest. Magna est
25 enim vis humanitatis; multum valet communio san-
guinis; reclamitat istius modi suspitionibus ipsa natura;
portentum atque monstrum certissimum est, esse aliquem humana specie et figura, qui tantum immanitate
bestias vicerit, ut propter quos hanc suavissimam
30 lucem aspexerit, eos indignissime luce privarit, cum
etiam feras inter sese partus atque educatio et natura
ipsa conciliet.

XXIII. 26. Non ita multis ante annis, aiunt T.
Caelium quendam Tarracinensem, hominem non ob-
35 scurum, cum cenatus cubitum in idem conclave cum
duobus adulescentibus filiis isset, inventum esse mane

jugulatum. Cum neque servus quisquam reperiretur, neque liber, ad quem ea suspitio pertineret, id aetatis autem duo filii propter cubantes ne sensisse quidem se dicerent, nomina filiorum de parricidio delata sunt. Quid poterat tam esse suspitiosum? Neutrumne sen- 5 sisse? Ausum autem esse quemquam se in id conclave committere, eo potissimum tempore, cum ibidem essent duo adulescentes filii, qui et sentire et defendere facile possent? 27. Erat porro nemo in quem ea suspitio conveniret. Tamen cum planum judicibus 10 esset factum, aperto ostio dormientis eos repertos esse, judicio absoluti adulescentes et suspitione omni liberati sunt. Nemo enim putabat quemquam esse, qui, cum omnia divina atque humana jura scelere nefario polluisset, somnum statim capere potuisset; propterea quod, 15 qui tantum facinus commiserunt, non modo sine cura quiescere, sed ne spirare quidem sine metu possunt.

28. Quare hoc quo minus est credibile nisi ostenditur, eo magis est, si convincitur, vindicandum. Itaque cum multis ex rebus intellegi potest majores nostros 20 non modo armis plus quam ceteras nationes, verum etiam consilio sapientiaque potuisse, tum ex hac re vel maxime, quod in impios singulare supplicium invenerunt: insui voluerunt in culeum vivos, atque in flumen deici. O singularem sapientiam, judices! Nonne 25 videntur hunc hominem ex rerum natura sustulisse et eripuisse, cui repente caelum, solem, aquam terramque ademerint: ut qui eum necasset, unde ipse natus esset, careret eis rebus omnibus, ex quibus omnia nata esse dicuntur? 29. Noluerunt feris corpus 30 obicere, ne bestiis quoque, quae tantum scelus attigissent, immanioribus uteremur: non sic nudos in flumen deicere, ne, cum delati essent in mare, ipsum polluerent, quo cetera, quae violata sunt, expiari putantur. Denique nihil tam vile neque tam volgare 35 est cujus partem ullam reliquerint. Etenim quid est

tam commune quam spiritus vivis, terra mortuis, mare
fluctuantibus, litus ejectis? Ita vivunt, dum possunt,
ut ducere animam de caelo non queant. Ita moriun-
tur, ut eorum ossa terra non tangat. Ita jactantur
5 fluctibus, ut numquam adluantur. Ita postremo eici-
untur, ut ne ad saxa quidem mortui conquiescant.
30. Tanti malefici crimen, cui maleficio tam insigne
supplicium est constitutum, probare te, Eruci, censes
posse talibus viris, si ne causam quidem malefici pro-
10 tuleris? Si hunc apud bonorum emptores ipsos accu-
sares, eique judicio Chrysogonus praeesset, tamen
diligentius paratiusque venisses. Utrum quid agatur non vides, an apud quos agatur? Agitur de
parricidio, quod sine multis causis suscipi non potest;
15 apud homines autem prudentissimos agitur, qui intellegunt neminem ne minimum quidem maleficium sine
causa admittere.

XXVII. **31.** Esto: causam proferre non potes. Tametsi statim vicisse debeo, tamen de meo jure decedam, et
20 tibi quod in alia causa non concederem in hac concedam, fretus hujus innocentia. Non quaero abs te qua
re patrem Sex. Roscius occiderit: quaero quo modo
occiderit. Ita quaero abs te, C. Eruci, quo modo;
et sic tecum agam, ut meo loco vel respondendi vel
25 interpellandi tibi potestatem faciam, vel etiam, si quid
voles, interrogandi.

32. Quo modo occidit? Ipse percussit, an aliis
occidendum dedit? Si ipsum arguis, Romae non
fuit: si per alios fecisse dicis, quaero servosne an libe-
30 ros? *si per* liberos, quos homines? indidemne Ameria, an hosce ex urbe sicarios? si Ameria, qui sunt
hi? cur non nominantur? si Roma, unde eos noverat Roscius, qui Romam multis annis non venit, neque
umquam plus triduo fuit? ubi eos convenit? qui-
35 cum locutus est? quo modo persuasit? 'Pretium
dedit.' Cui dedit? per quem dedit? unde aut quan-

tum dedit? Nonne his vestigiis ad caput malefici perveniri solet? Et simul tibi in mentem veniat facito, quem ad modum vitam hujusce depinxeris: hunc hominem ferum atque agrestem fuisse; numquam cum homine quoquam conlocutum esse; numquam in oppido constitisse.

33. Qua in re praetereo illud, quod mihi maximo argumento ad hujus innocentiam poterat esse, in rusticis moribus, in victu arido, in hac horrida incultaque vita istius modi maleficia gigni non solere. Ut non omnem frugem neque arborem in omni agro reperire possis, sic non omne facinus in omni vita nascitur. In urbe luxuries creatur; ex luxuria exsistat avaritia necesse est, ex avaritia erumpat audacia; inde omnia scelera ac maleficia gignuntur. Vita autem haec rustica, quam tu agrestem vocas, parsimoniae, diligentiae, justitiae magistra est.

34. Verum haec missa facio. Illud quaero, — is homo, qui, ut tute dicis, numquam inter homines fuerit, per quos homines hoc tantum facinus tam occulte, absens praesertim, conficere potuerit. Multa sunt falsa, judices, quae tamen argui suspitiose possunt; in his rebus si suspitio reperta erit, culpam inesse concedam. Romae Sex. Roscius occiditur, cum in agro Amerino esset filius. Litteras, credo, misit alicui sicario, qui Romae noverat neminem. 'Arcessivit aliquem.' Quem aut quando? 'Nuntium misit.' Quem aut ad quem? 'Pretio, gratia, spe, promissis induxit aliquem.' Nihil horum ne confingi quidem potest, et tamen causa de parricidio dicitur!

35. Reliquum est ut per servos id admiserit. O di immortales! rem miseram et calamitosam, quod in tali crimine quod innocenti saluti solet esse, ut servos in quaestionem polliceatur, id Sex. Roscio facere non licet. Vos, qui hunc accusatis, omnis ejus servos habetis. Unus puer, victus cotidiani minister, ex tanta

familia Sex. Roscio relictus non est. Te nunc appello,
P. Scipio, te, Metelle. Vobis advocatis, vobis agentibus, aliquotiens duos servos paternos in quaestionem
ab adversariis Sex. Roscius postulavit. Meministisne
5 T. Roscium recusare? Quid? ei servi ubi sunt?
Chrysogonum, judices, sectantur: apud eum sunt in
honore et pretio. Etiam nunc ut ex eis quaeratur ego
postulo, hic orat atque obsecrat. Quid facitis? cur
recusatis? Dubitate etiam nunc, judices, si potestis,
10 a quo sit Sex. Roscius occisus, — ab eone, qui propter
illius mortem in egestate et *in* insidiis versatur, cui ne
quaerendi quidem de morte patris potestas permittitur,
an ab eis qui quaestionem fugitant, bona possident,
in caede atque ex caede vivunt.

15 XLIII. 36. Venio nunc ad illud nomen aureum
[Chrysogoni], sub quo nomine tota societas latuit: de
quo, judices, neque quo modo dicam neque quo modo
taceam reperire possum. Si enim taceo, vel maximam
partem relinquo; sin autem dico, vereor ne non ille
20 solus, id quod ad me nihil attinet, sed alii quoque plures laesos se esse putent. Tametsi ita se res habet, ut
mihi in communem causam sectorum dicendum nihil
magno opere videatur; haec enim causa nova profecto
et singularis est.

25 37. Bonorum Sex. Rosci emptor est Chrysogonus.
Primum hoc videamus: ejus hominis bona qua ratione
venierunt, aut quo modo venire potuerunt? Atque hoc
non ita quaeram, judices, ut id dicam esse indignum,
hominis innocentis bona venisse; si enim haec audi-
30 entur ac libere dicentur, non fuit tantus homo Sex. Roscius in civitate, ut de eo potissimum conqueramur.
Verum [ego] hoc quaero: qui potuerunt ista ipsa lege,
quae de proscriptione est, — sive Valeria est, sive Cornelia, non enim novi nec scio, — verum ista ipsa lege
35 bona Sex. Rosci venire qui potuerunt? Scriptum
enim ita dicunt esse, *ut eorum bona veneant, qui pro-*

scripti sunt—'quo in numero Sex. Roscius non est—
aut eorum qui in adversariorum praesidiis occisi sunt.
Dum praesidia ulla fuerunt, in Sullae praesidiis fuit;
postea quam ab armis recessum est, in summo otio
rediens a cena Romae occisus est. Si lege, bona quoque lege venisse fateor; sin autem constat, contra
omnis non modo veteres leges verum etiam novas
occisum esse, bona quo jure aut quo more aut qua
lege venierint quaero.

XLIV. 38. In quem hoc dicam quaeris, Eruci? Non
in eum quem vis et putas; nam Sullam et oratio mea
ab initio et ipsius eximia virtus omni tempore purgavit.
Ego haec omnia Chrysogonum fecisse dico, ut ementiretur, ut malum civem Roscium fuisse fingeret, ut
eum apud adversarios occisum esse diceret, ut his de
rebus a legatis Amerinorum doceri L. Sullam passus
non sit. Denique etiam illud suspicor, omnino haec
bona non venisse: id quod postea, si per vos, judices,
licitum erit, aperietur.

39. Opinor enim esse in lege, quam ad diem proscriptiones venditionesque fiant: [nimirum] *Kalendas
Junias.* Aliquot post mensis et homo occisus est, et
bona venisse dicuntur. Profecto aut haec bona in
tabulas publicas nulla redierunt, nosque ab isto nebulone facetius eludimur quam putamus; aut, si redierunt, tabulae publicae corruptae aliqua ratione sunt:
nam lege quidem bona venire non potuisse constat.
Intellego me ante tempus, judices, haec scrutari, et
prope modum errare, qui, cum capiti Sex. Rosci mederi debeam, reduviam curem. Non enim laborat de pecunia; non ullius rationem sui commodi ducit; facile
egestatem suam se laturum putat, si hac indigna suspitione et ficto crimine liberatus sit.

40. Verum quaeso a vobis, judices, ut haec pauca
quae restant ita audiatis, ut partim me dicere pro me
ipso putetis, partim pro Sex. Roscio. Quae enim

mihi indigna et intolerabilia videntur, quaeque ad
omnis, nisi providemus, arbitror pertinere, ea pro me
ipso ex animi mei sensu ac dolore pronuntio; quae ad
hujus vitae [casum] causam [que] pertineant, et quid
5 hic pro se dici velit, et qua condicione contentus sit,
jam in extrema oratione nostra, judices, audietis.
XLV. **41.** Ego haec a Chrysogono, mea sponte, remoto
Sex. Roscio, quaero: primum, qua re civis optimi
bona venierint; deinde, qua re hominis ejus, qui
10 *neque proscriptus* neque apud adversarios occisus est,
bona venierint, cum in eos solos lex scripta sit; deinde,
quare aliquanto post eam diem venierint, quae dies
in lege praefinita est; deinde, cur tantulo venierint.
Quae omnia si, quem ad modum solent liberti nequam
15 et improbi facere, in patronum suum voluerit conferre,
nihil egerit: nemo est enim qui nesciat propter magnitudinem rerum multa multos furtim imprudente L.
Sulla commisisse.

42. Placet igitur in his rebus aliquid imprudentia
20 praeteriri? Non placet, judices, sed necesse est.
Etenim si Juppiter optimus maximus, cujus nutu et
arbitrio caelum terra mariaque reguntur, saepe ventis
vehementioribus aut immoderatis tempestatibus aut
nimio calore aut intolerabili frigore hominibus nocuit,
25 urbis delevit, fruges perdidit, quorum nihil pernici
causa divino consilio, sed vi ipsa et magnitudine
rerum factum putamus; at contra, commoda quibus
utimur lucemque qua fruimur spiritumque quem duci-
mus ab eo nobis dari atque impertiri videmus, — quid
30 miramur L. Sullam, cum solus rem publicam regeret,
orbemque terrarum gubernaret, imperique majestatem
quam armis receperat legibus confirmaret, aliqua animadvertere non potuisse? Nisi hoc mirum est, quod
vis divina adsequi non possit, si id mens humana
35 adepta non sit.

43. Vereor, judices, ne quis imperitior existimet me

causam nobilitatis victoriamque voluisse laedere: tametsi meo jure possum, si quid in hac parte mihi non placeat, vituperare; non enim vereor ne quis alienum me animum habuisse a causa nobilitatis existimet. XLVII. Sciunt ei qui me norunt, me pro mea tenui infirmaque parte, — postea quam id quod maxime volui fieri non potuit, ut componeretur, — id maxime defendisse, ut ei vincerent qui vicerunt. Quis enim erat, qui non videret humilitatem cum [dignitate de] amplitudine contendere? Quo in certamine perditi civis erat non se ad eos jungere, quibus incolumibus, et domi dignitas et foris auctoritas retineretur. Quae perfecta esse et suum cuique honorem et gradum redditum gaudeo, judices, vehementerque laetor; eaque omnia deorum voluntate, studio populi Romani, consilio et imperio et felicitate L. Sullae, gesta esse intellego.

44. Quod animadversum est in eos qui contra omni ratione pugnarunt, non debeo reprehendere; quod viris fortibus, quorum opera eximia in rebus gerendis exstitit, honos habitus est, laudo. Quae ut fierent, idcirco pugnatum esse arbitror, meque in eo studio partium fuisse confiteor. Sin autem id actum est, et idcirco arma sumpta sunt, ut homines postremi pecuniis alienis locupletarentur, et in fortunas uniuscujusque impetum facerent, et id non modo re prohibere non licet, sed ne verbis quidem vituperare, tum vero in isto bello non recreatus neque restitutus, sed subactus oppressusque populus Romanus est. Verum longe aliter est; nihil horum est, judices: non modo non laedetur causa nobilitatis, si istis hominibus resistetis, verum etiam ornabitur.

XLVIII. 45. Quapropter desinant aliquando dicere male aliquem locutum esse, si qui vere ac libere locutus sit; desinant suam causam cum Chrysogono communicare; desinant, si ille laesus sit, de se aliquid

detractum arbitrari; videant ne turpe miserumque sit eos, qui equestrem splendorem pati non potuerunt, servi nequissimi dominationem ferre posse. Quae quidem dominatio, judices, in aliis rebus antea versa-
5 batur; nunc vero quam viam munitet, quod iter adfectet videtis, — ad fidem, ad jusjurandum, ad judicia vestra, ad id, quod solum prope in civitate sincerum sanctumque restat. Hicine etiam sese putat aliquid posse Chrysogonus? Hic etiam potens esse volt?. O
10 rem miseram atque acerbam! Neque, mehercules, hoc indigne fero, quod verear ne quid possit; verum quod ausus est, quod speravit sese apud talis viros aliquid posse ad perniciem innocentis, id ipsum queror.

XLIX. 46. Idcircone exspectata nobilitas armis atque
15 ferro rem publicam reciperavit, ut ad libidinem suam liberti servolique nobilium bona, fortunas *possessiones*que nostras vexare possent? Si id actum est, fateor me errasse qui hoc maluerim; fateor insanisse qui cum illis senserim. Tametsi inermis, judices, sensi. Sin
20 autem victoria nobilium ornamento atque emolumento rei publicae populoque Romano debet esse, tum vero optimo et nobilissimo cuique meam orationem gratissimam esse oportet. Quod si quis est qui et se et causam laedi putet cum Chrysogonus vituperetur, is causam
25 ignorat; se ipsum probe novit. Causa enim splendidior fiet, si nequissimo cuique resistetur. Ille improbissimus Chrysogoni fautor, qui sibi cum illo rationem communicatam putat, laeditur, cum ab hoc splendore causae separatur.

30 47. Verum haec omnis oratio, ut jam ante dixi, mea est, qua me uti res publica et dolor meus et istorum injuria coëgit. Sex. Roscius horum nihil indignum putat, neminem accusat, nihil de suo patrimonio queritur. Putat homo imperitus morum, agricola et rusticus,
35 ista omnia, quae vos per Sullam gesta esse dicitis, more, lege, jure gentium facta. Culpa liberatus et crimine

nefario solutus, cupit a vobis discedere. Si hac indigna
suspitione careat, animo aequo se carere suis omnibus
commodis dicit. Rogat oratque te, Chrysogone, si
nihil de patris fortunis amplissimis in suam rem convertit, si nulla in re te fraudavit, si tibi optima fide sua 5
omnia concessit, adnumeravit, appendit, si vestitum
quo ipse tectus erat, anulumque de digito suum tibi
tradidit, si ex omnibus rebus se ipsum nudum neque
praeterea quicquam excepit, ut sibi per te liceat innocenti amicorum opibus vitam in egestate degere. L. 10
48. ' Praedia mea tu possides, ego aliena misericordia
vivo : concedo, et quod animus aequus est, et quia
necesse est. Mea domus tibi patet, mihi clausa est :
fero. Familia mea maxima tu uteris, ego servum
habeo nullum : patior et ferendum puto. Quid vis 15
amplius? Quid insequeris? Quid oppugnas? Qua
in re tuam voluntatem laedi a me putas? Ubi tuis
commodis officio? Quid tibi obsto?' Si spoliorum
causa vis hominem occidere, quid quaeris amplius?
Si inimicitiarum, quae sunt tibi inimicitiae cum eo, 20
cujus ante praedia possedisti quam ipsum cognovisti?
Si metus, ab eone aliquid metuis, quem vides ipsum
ab se tam atrocem injuriam propulsare non posse? Sin
quod bona quae Rosci fuerunt tua facta sunt, idcirco
hunc illius filium studes perdere, nonne ostendis id te 25
vereri, quod praeter ceteros tu metuere non debeas, ne
quando liberis proscriptorum bona patria reddantur?

49. Facis injuriam, Chrysogone, si majorem spem
emptionis tuae in hujus exitio ponis, quam in eis rebus
quas L. Sulla gessit. Quod si tibi causa nulla est 30
cur hunc miserum tanta calamitate adfici velis, si tibi
omnia sua praeter animam tradidit, nec sibi quicquam
paternum ne monumenti quidem causa clam reservavit,
per deos immortalis, quae ista tanta crudelitas est?
Quae tam fera immanisque natura? Quis umquam 35
praedo fuit tam nefarius, quis pirata tam barbarus, ut,

cum integram praedam sine sanguine habere posset, cruenta spolia detrahere mallet? 50. Scis hunc nihil habere, nihil audere, nihil posse, nihil umquam contra rem tuam cogitasse; et tamen oppugnas eum quem neque metuere potes, neque odisse debes, nec quicquam jam habere reliqui vides quod ei detrahere possis. Nisi hoc indignum putas, quod vestitum sedere in judicio vides, quem tu e patrimonio tamquam e naufragio nudum expulisti; quasi vero nescias hunc et ali et vestiri a Caecilia, [Baliarici filia, Nepotis sorore,] spectatissima femina, quae cum clarissimum patrem, amplissimos patruos, ornatissimum fratrem haberet, tamen, cum esset mulier, virtute perfecit ut, quanto honore ipsa ex illorum dignitate adficeretur, non minora illis ornamenta ex sua laude redderet.

LI. 51. An quod diligenter defenditur, id tibi indignum facinus videtur? Mihi crede, si pro patris hujus hospitiis et gratia vellent omnes hujus hospites adesse, et auderent libere defendere, satis copiose defenderetur; sin autem pro magnitudine injuriae, proque eo quod summa res publica in hujus periculo temptatur, haec omnes vindicarent, consistere mehercule vobis isto in loco non liceret. Nunc ita defenditur, non sane ut moleste ferre adversarii debeant, neque ut se potentia superari putent. 52. Quae domi gerenda sunt, ea per Caeciliam transiguntur; fori judicique rationem M. Messala, ut videtis, judices, suscepit. Qui, si jam satis aetatis atque roboris haberet, ipse pro Sex. Roscio diceret: quoniam ad dicendum impedimento est aetas et pudor qui ornat aetatem, causam mihi tradidit, quem sua causa cupere ac debere intellegebat; ipse adsiduitate, consilio, auctoritate, diligentia perfecit, ut Sex. Rosci vita, erepta de manibus sectorum, sententiis judicum permitteretur. Nimirum, judices, pro hac nobilitate pars maxima civitatis in armis fuit; haec acta res est, ut ei nobiles restituerentur in civitatem, qui hoc facerent quod facere Messalam videtis, — qui caput innocentis defenderent, qui injuriae resisterent, qui quantum possent in salute alterius quam in exitio mallent ostendere; quod si omnes qui eodem loco nati sunt facerent, et res publica ex illis et ipsi ex invidia minus laborarent.

LII. 53. Verum si a Chrysogono, judices, non impetramus, ut pecunia nostra contentus sit, vitam ne petat, — si ille adduci non potest, ut, cum ademerit nobis omnia quae nostra erant propria, ne lucem quoque hanc, quae communis est, eripere cupiat, — si non satis habet avaritiam suam pecunia explere, nisi etiam crudelitati sanguis praebitus sit, — unum perfugium, judices, una spes reliqua est Sex. Roscio, eadem quae rei publicae, vestra pristina bonitas et misericordia. Quae si manet, salvi etiam nunc esse possumus; sin ea crudelitas, quae hoc tempore in re publica versata est, vestros quoque animos — id quod fieri profecto non potest — duriores acerbioresque reddidit, actum est, judices: inter feras satius est aetatem degere, quam in hac tanta immanitate versari. 54. Ad eamne rem vos reservati estis, ad eamne rem delecti, ut eos condemnaretis, quos sectores ac sicarii jugulare non potuissent? Solent hoc boni imperatores facere, cum proelium committunt, ut in eo loco quo fugam hostium fore arbitrentur milites conlocent, in quos, si qui ex acie fugerint, de improviso incidant. Nimirum similiter arbitrantur isti bonorum emptores, — vos hic, talis viros, sedere, qui excipiatis eos qui de suis manibus effugerint. Di prohibeant, judices, ut hoc, quod majores consilium publicum vocari voluerunt, praesidium sectorum existimetur.

55. An vero, judices, vos non intellegitis nihil aliud agi nisi ut proscriptorum liberi quavis ratione tollantur, et ejus rei initium in vestro jurejurando atque in Sex. Rosci periculo quaeri? Dubiumne est ad quem

maleficium pertineat, cum videatis ex altera parte sectorem, inimicum, sicarium eundemque accusatorem hoc tempore; ex altera parte egentem, probatum suis filium, in quo non modo culpa nulla, sed ne suspitio quidem potuit consistere? LIII. 56. Numquid huic aliud videtis obstare [Roscio], nisi quod patris bona venierunt? Quodsi id vos suscipitis, et eam ad rem operam vestram profitemini, si idcirco sedetis, ut ad vos adducantur eorum liberi quorum bona venierunt, cavete, per deos immortalis, judices, ne nova et multo crudelior per vos proscriptio instaurata esse videatur. Illam priorem, quae facta est in eos qui arma capere potuerunt, tamen senatus suscipere noluit, ne quid acrius quam more majorum comparatum esset publico consilio factum videretur. Hanc vero, quae ad eorum liberos atque ad infantium puerorum incunabula pertinet, nisi hoc judicio a vobis reicitis et aspernamini, videte, per deos immortalis, quem in locum rem publicam perventuram putetis.

57. Homines sapientes et ista auctoritate et potestate praeditos, qua vos estis, ex quibus rebus maxime res publica laborat, eis maxime mederi convenit. Vestrum nemo est quin intellegat populum Romanum, qui quondam in hostis lenissimus existimabatur, hoc tempore domestica crudelitate laborare. Hanc tollite ex civitate, judices. Hanc pati nolite diutius in hac re publica versari. Quae non modo id habet in se mali, quod tot civis atrocissime sustulit, verum etiam hominibus lenissimis ademit misericordiam consuetudine incommodorum. Nam cum omnibus horis aliquid atrociter fieri videmus aut audimus, etiam qui natura mitissimi sumus, adsiduitate molestiarum sensum omnem humanitatis ex animis amittimus.

IMPEACHMENT OF VERRES.

B.C. 70.

CAIUS VERRES, a man of noble birth, but notorious for his crimes and exactions in the civil war and in the offices he had held since, was city prætor (*prætor urbanus*) B.C. 74. At the close of his term of office, he went, in accordance with the law, as propraetor, to govern the province of Sicily. By reason of the disturbed condition of Italy, from the revolt of Spartacus, he was not relieved at the end of a year, as the law required, but continued two years longer in the government of the province, when he was succeeded by Lucius Cæcilius Metellus. During these three years he was guilty of the most abominable oppressions and exactions; and, as soon as they were relieved of his presence, the Sicilians brought a prosecution against him in the court of *Repetundæ* (for the trial of cases of Extortion), presided over by the prætor Manius Acilius Glabrio. To conduct the prosecution, they had recourse to Cicero, who already stood high among Roman advocates, and who was personally known and trusted by them on account of his honorable administration of the quæstorship in their island. Cicero willingly took charge of the case, the more so as the counsel for Verres was Hortensius, the leading lawyer of his time, against whom he was eager to measure his strength.

Although the cruelty and rapacity of Verres were notorious, yet his relations to the Roman nobility gained him the same support at home which recently, under somewhat similar circumstances, was afforded to Governor Eyre in England, on his return from Jamaica. Not only Hortensius, but Curio, a man of excellent reputation, with members of the eminent families of Scipio and Metellus, stood firmly by him. The only hope of Verres was in preventing a fair and speedy trial. First he tried to obtain a prosecutor who should be in collusion with him, and would not push him too hard. For this purpose one Cæcilius was put forward, an insignificant person, but a native of Sicily. Cicero's first speech in the case was therefore before the prætor Glabrio in person, to show that he, rather than Cæcilius, should be allowed to conduct the case. This it was not hard to do, and he set out at once for Sicily to collect evidence, for which purpose he was allowed one hundred and ten days. He was, however, so industrious and skilful in this, that he returned in fifty days, thus completely foiling the next plan of the opposition, which was to bring on a trumped-up action before the court, which should have precedence of that against Verres, merely to consume time. Cicero returned, with ample evidence, even before his rival had left Italy. The trial was now fixed for Aug. 5, B.C. 70, in the consulship of Pompey and Crassus.

Meantime (in the latter part of July) the elections were held for the next year, — as was the custom in Rome, several months before the newly-elected magistrates entered upon their offices; the successful candidate, under the title of *designatus*, enjoyed a dignity almost equal to that of an actual magistrate, although with no real power (see ch. ix.). In these elections Cicero was designated ædile; but his rival Hortensius was chosen consul, with Quintus Metellus Creticus, Verres' fast friend, as his colleague. More than this, Marcus Metellus, brother of Quintus, was chosen prætor, and the lot fell to him to preside the next year in the court of *Repetundæ*. If now the trial could be put over till the next year, when Hortensius and the two Metelli would be in the three most influential positions in the State, Verres felt quite sure of getting clear. Neither did it seem as if this would be very hard to bring about; for the last six months of the Roman year were so full of festivals and other days in which the courts could not sit, that the case would be liable to constant interruptions and delays. This would have been a sore disappointment to Cicero, for, by good luck in drawing the names, and sagacity in challenging, he had a jury that he could trust, and he was not willing to run the risk of a change.

Under these circumstances Cicero made the second speech of the Verrine group — that which is known as the *Actio Prima*. In this he proved so conclusively the guilt of the defendant and his hope to escape by bribery, and at the same time showed himself so determined to urge the case through before the New Year, that he hardly had any need to produce his witnesses. Hortensius soon threw up his case, and Verres went into exile, with a name for ever associated with extortion and misgovernment. Full restitution of the plunder was, however, not obtained: a compromise was made, by which a less sum was paid in satisfaction of the claims. The five speeches known as the "Accusation" (*Actio Secunda*) were never delivered, but were written out and published in order to put on record the facts which the orator had gathered with so much pains.

Character and Motive of the Trial.

QUOD erat optandum maxime, judices, et quod unum ad invidiam vestri ordinis infamiamque judiciorum sedandam maxime pertinebat, id non humano consilio, sed prope divinitus datum atque oblatum vobis summo rei publicae tempore videtur. Inveteravit enim jam opinio perniciosa rei publicae, vobisque periculosa, quae non modo apud populum Romanum, sed etiam apud exteras nationes, omnium sermone percrebruit: his judiciis quae nunc sunt, pecuniosum hominem, quamvis sit nocens, neminem posse damnari. 2. Nunc, in ipso discrimine ordinis judiciorumque vestrorum, cum sint parati qui contionibus et legibus hanc invidiam senatus inflammare conentur, [reus] in judicium adductus est [C. Verres], homo vita atque factis omnium jam opinione damnatus, pecuniae magnitudine sua spe et praedicatione absolutus.

Huic ego causae, judices, cum summa voluntate et exspectatione populi Romani, actor accessi, non ut augerem invidiam ordinis, sed ut infamiae communi succurrerem. Adduxi enim hominem, in quo reconciliare existimationem judiciorum amissam, redire in gratiam cum populo Romano, satis facere exteris nationibus, possetis; depeculatorem aerari, vexatorem Asiae atque Pamphyliae, praedonem juris urbani, labem atque perniciem provinciae Siciliae. 3. De quo si vos vere ac religiose judicaveritis, auctoritas ea, quae in vobis remanere debet, haerebit; sin istius ingentes divitiae judiciorum religionem veritatemque perfregerint, ego hoc tamen adsequar, ut judicium potius rei publicae, quam aut reus judicibus, aut accusator reo, defuisse videatur.

II. Equidem, ut de me confitear, judices, cum multae mihi a C. Verre insidiae terra marique factae sint, quas partim mea diligentia devitarim, partim amicorum studio officioque repulerim; numquam tamen

neque tantum periculum mihi adire visus sum, neque
tanto opere pertimui, ut nunc in ipso judicio. 4. Neque
tantum me exspectatio accusationis meae, concursus-
que tantae multitudinis (quibus ego rebus vehementissime perturbor) commovet, quantum istius insidiae
nefariae, quas uno tempore mihi, vobis, M'. Glabrioni,
populo Romano, sociis, exteris nationibus, ordini, nomini denique senatorio, facere conatur : qui ita dictitat,
eis esse metuendum, qui quod ipsis solis satis esset
surripuissent; se tantum eripuisse, ut id multis satis
esse possit; nihil esse tam sanctum quod non violari,
nihil tam munitum quod non expugnari pecunia possit.

5. Quod si quam audax est ad conandum, tam
esset obscurus in agendo, fortasse aliqua in re nos
aliquando fefellisset. Verum hoc adhuc percommode
cadit, quod cum incredibili ejus audacia singularis
stultitia conjuncta est. Nam, ut apertus in corripien-
dis pecuniis fuit, sic in spe corrumpendi judici, per-
spicua sua consilia conatusque omnibus fecit. Semel,
ait, se in vita pertimuisse, tum cum primum a me
reus factus sit; quod, cum e provincia recens esset,
invidiaque et infamia non recenti, sed vetere ac diuturna flagraret, tum, ad judicium corrumpendum,
tempus alienum offenderet. 6. Itaque, cum ego diem
in Siciliam inquirendi perexiguam postulavissem, invenit iste, qui sibi in Achaiam biduo breviorem diem
postularet,— non ut is idem conficeret diligentia et
industria sua quod ego meo labore et vigiliis consecutus sum, etenim ille Achaicus inquisitor ne Brundisium quidem pervenit; ego Siciliam totam quinquaginta
diebus sic obii, ut omnium populorum privatorumque
literas injuriasque cognoscerem; ut perspicuum cuivis
esse posset, hominem ab isto quaesitum esse, non qui
reum suum adduceret, sed qui meum tempus obsideret.

III. 7. Nunc homo audacissimus atque amentissimus
hoc cogitat. Intellegit me ita paratum atque in-

structum in judicium venire, ut non modo in auribus
vestris, sed in oculis omnium, sua furta atque flagitia
defixurus sim. Videt senatores multos esse testis
audaciae suae; videt multos equites Romanos frequentis praeterea civis atque socios, quibus ipse insignis
injurias fecerit. Videt etiam tot tam gravis ab amicissimis civitatibus legationes, cum publicis auctoritatibus convenisse. 8. Quae cum ita sint, usque
eo de omnibus bonis male existimat, usque eo senatoria judicia perdita profligataque esse arbitratur, ut
hoc palam dictitet, non sine causa se cupidum pecuniae
fuisse, quoniam in pecunia tantum praesidium experiatur esse: sese (id quod difficillimum fuerit) tempus
ipsum emisse judici sui, quo cetera facilius emere
postea posset; ut, quoniam criminum vim subterfugere
nullo modo poterat, procellam temporis devitaret.

9. Quod si non modo in causa, verum in aliquo honesto praesidio, aut in alicujus eloquentia aut gratia,
spem aliquam conlocasset, profecto non haec omnia
conligeret atque aucuparetur; non usque eo despiceret contemneretque ordinem senatorium, ut arbitratu
ejus deligeretur ex senatu, qui reus fieret; qui, dum
hic quae opus essent compararet, causam interea
ante eum diceret. 10. Quibus ego rebus quid iste
speret, et quo animum intendat, facile perspicio.
Quam ob rem vero se confidat aliquid perficere posse,
hoc praetore, et hoc consilio, intellegere non possum.
Unum illud intellego (quod populus Romanus in rejectione judicum judicavit), ea spe istum fuisse praeditum
ut omnem rationem salutis in pecunia constitueret;
hoc erepto praesidio, ut nullam sibi rem adjumento
fore arbitraretur.

IV. Etenim quod est ingenium tantum, quae tanta
facultas dicendi aut copia, quae istius vitam, tot vitiis
flagitiisque convictam, jampridem omnium voluntate
judicioque damnatam, aliqua ex parte possit defen-

dere? **11.** Cujus ut adulescentiae maculas ignominias-
que praeteream; quaestura [primus gradus honoris]
quid aliud habet in se, nisi [Cn. Carbonem spoliatum]
a quaestore suo pecunia publica nudatum et proditum
consulem? desertum exercitum? relictam provinciam?
sortis necessitudinem religionemque violatam? Cujus
legatio exitium fuit Asiae totius et Pamphyliae: quibus
in provinciis multas domos, plurimas urbis, omnia fana
depopulatus est, tum cum [in Cn. Dolabellam] suum
scelus illud pristinum renovavit et instauravit quaesto-
rium; cum eum, cui et legatus et pro quaestore fuisset,
et in invidiam suis maleficiis adduxit, et in ipsis periculis non solum deseruit, sed etiam oppugnavit ac
prodidit? **12.** Cujus praetura urbana aedium sacrarum
fuit publicorumque operum depopulatio; simul in jure
dicundo, bonorum possessionumque, contra omnium
instituta, addictio et condonatio. Jam vero omnium
vitiorum suorum plurima et maxima constituit monumenta et indicia in provincia Sicilia; quam iste per
triennium ita vexavit ac perdidit, ut ea restitui in antiquum statum nullo modo possit; vix autem per multos
annos, innocentisque praetores, aliqua ex parte recre-
ari aliquando posse videatur. **13.** Hoc praetore, Siculi neque suas leges, neque nostra senatus-consulta,
neque communia jura tenuerunt. Tantum quisque
habet in Sicilia, quantum hominis avarissimi et libi-
dinosissimi aut imprudentiam subterfugit, aut satietati
superfuit.

v. Nulla res per triennium, nisi ad nutum istius,
judicata est: nulla res cujusquam tam patria atque
avita fuit, quae non ab eo, imperio istius, abjudica-
retur. Innumerabiles pecuniae ex aratorum bonis
novo nefarioque instituto coactae; socii fidelissimi in
hostium numero existimati; cives Romani servilem
in modum cruciati et necati; homines nocentissimi
propter pecunias judicio liberati; honestissimi atque

integerrimi, absentes rei facti, indicta causa damnati
et ejecti; portus munitissimi, maximae tutissimaeque
urbes piratis praedonibusque patefactae; nautae mili-
tesque Siculorum, socii nostri atque amici, fame necati; classes optimae atque opportunissimae, cum 5
magna ignominia populi Romani, amissae et perditae.
14. Idem iste praetor monumenta antiquissima, partim
regum locupletissimorum, quae illi ornamento urbibus esse voluerunt, partim etiam nostrorum imperatorum, quae victores civitatibus Siculis aut dederunt 10
aut reddiderunt, spoliavit, nudavitque omnia. Neque
hoc solum in statuis ornamentisque publicis fecit;
sed etiam delubra omnia, sanctissimis religionibus
consecrata, depeculatus est. Deum denique nullum
Siculis, qui ei paulo magis adfabre atque antiquo 15
artificio factus videretur, reliquit. In stupris vero et
flagitiis, nefarias ejus libidines commemorare pudore
deterreor: simul illorum calamitatem commemorando
augere nolo, quibus liberos conjugesque suas integras
ab istius petulantia conservare non licitum est. 20
15. At enim haec ita commissa sunt ab isto, ut non
cognita sint ab hominibus? Hominem arbitror esse neminem, qui nomen istius audierit, quin facta quoque
ejus nefaria commemorare possit; ut mihi magis
timendum sit, ne multa crimina praetermittere, quam 25
ne qua in istum fingere, existimer. Neque enim mihi
videtur haec multitudo, quae ad audiendum convenit,
cognoscere ex me causam voluisse, sed ea, quae scit,
mecum recognoscere.
vi. Quae cum ita sint, iste homo amens ac perditus 30
alia mecum ratione pugnat. Non id agit, ut alicujus
eloquentiam mihi opponat; non gratia, non auctoritate
cujusquam, non potentia nititur. Simulat his se rebus
confidere, sed video quid agat (neque enim agit
occultissime): proponit inania mihi nobilitatis, hoc 35
est, hominum adrogantium, nomina; qui non tam me

impediunt quod nobiles sunt, quam adjuvant quod noti sunt. Simulat se eorum praesidio confidere, cum interea aliud quiddam jam diu machinetur.

16. Quam spem nunc habeat in manibus, et quid moliatur, breviter jam, judices, vobis exponam : sed prius, ut ab initio res ab eo constituta sit, quaeso, cognoscite. Ut primum e provincia rediit, redemptio est hujus judici facta grandi pecunia. Mansit in condicione atque pacto usque ad eum finem, dum judices rejecti sunt. Postea quam rejectio judicum facta est — quod et in sortitione istius spem fortuna populi Romani, et in reiciendis judicibus mea diligentia, istorum impudentiam vicerat — renuntiata est tota condicio. **17.** Praeclare se res habebat. Libelli nominum vestrorum, consilique hujus, in manibus erant omnium. Nulla nota, nullus color, nullae sordes videbantur his sententiis adlini posse: cum iste repente, ex alacri atque laeto, sic erat humilis atque demissus, ut non modo populo Romano, sed etiam sibi ipse, condemnatus videretur. Ecce autem repente, his diebus paucis comitiis consularibus factis, eadem illa vetera consilia pecunia majore repetuntur; eaedemque vestrae famae fortunisque omnium insidiae per eosdem homines comparantur. Quae res primo, judices, pertenui nobis argumento indicioque patefacta est: post, aperto suspitionis introitu, ad omnia intima istorum consilia sine ullo errore pervenimus.

VII. **18.** Nam, ut Hortensius, consul designatus, domum reducebatur e Campo, cum maxima frequentia ac multitudine, fit obviam casu ei multitudini C. Curio; quem ego hominem honoris [potius quam contumeliae] causa nominatum volo. Etenim ea dicam, quae ille, si commemorari noluisset, non tanto in conventu, tam aperte palamque dixisset: quae tamen a me pedetentim cauteque dicentur; ut et amicitiae nostrae, et dignitatis illius, habita ratio esse intellegatur.

19. Videt ad ipsum fornicem Fabianum in turba Verrem: appellat hominem, et ei voce maxima gratulatur: ipsi Hortensio, qui consul erat factus, propinquis necessariisque ejus, qui tum aderant, verbum nullum facit: cum hoc consistit; hunc amplexatur; hunc jubet sine cura esse. 'Renuntio,' inquit, 'tibi, te hodiernis comitiis esse absolutum.' Quod cum tam multi homines honestissimi audissent, statim ad me defertur: immo vero, ut quisque me viderat, narrabat. Aliis illud indignum, aliis ridiculum, videbatur: ridiculum eis qui istius causam in testium fide, in criminum ratione, in judicum potestate, non in comitiis consularibus, positam arbitrabantur: indignum eis, qui altius aspiciebant, et hanc gratulationem ad judicium corrumpendum spectare videbant. **20.** Etenim sic ratiocinabantur, sic honestissimi homines inter se et mecum loquebantur: aperte jam et perspicue nulla esse judicia. Qui reus pridie jam ipse se condemnatum putabat, is, postea quam defensor ejus consul est factus, absolvitur! Quid igitur? quod tota Sicilia, quod omnes Siculi, omnes negotiatores, omnes publicae privataeque litterae Romae sunt, nihilne id valebit? nihil, invito consule designato! Quid, judices? non crimina, non testis, non existimationem populi Romani sequentur? Non: omnia in unius potestate ac moderatione vertentur.

VIII. Vere loquar, judices: vehementer me haec res commovebat. Optimus enim quisque ita loquebatur: iste quidem tibi eripietur: sed nos non tenebimus judicia diutius. Etenim quis poterit, Verre absoluto, de transferendis judiciis recusare? **21.** Erat omnibus molestum: neque eos tam istius hominis perditi subita laetitia, quam hominis amplissimi nova gratulatio, commovebat. Cupiebam dissimulare me id moleste ferre: cupiebam animi dolorem vultu tegere, et taciturnitate celare. Ecce autem, illis ipsis

diebus, cum praetores designati sortirentur, et M.
Metello obtigisset, ut is de pecuniis repetundis quaereret; nuntiatur mihi, tantam isti gratulationem esse
factam, ut is domum quoque pueros mitteret, qui uxori
suae nuntiarent. **22.** Sane ne haec quidem mihi res
placebat: neque *tamen*, tanto opere quid in hac sorte
metuendum mihi esset, intellegebam. Unum illud ex
hominibus certis, ex quibus omnia comperi, reperiebam: fiscos compluris cum pecunia Siciliensi, a quodam senatore ad equitem Romanum esse translatos:
ex his quasi decem fiscos ad senatorem illum relictos
esse, comitiorum meorum nomine: divisores omnium
tribuum noctu ad istum vocatos. **23.** Ex quibus quidam, qui se omnia mea causa debere arbitrabatur,
eadem illa nocte ad me venit: demonstrat, qua iste
oratione usus esset: commemorasse istum, quam liber-
aliter eos tractasset [etiam] antea, cum ipse praeturam
petisset, et proximis consularibus praetoriisque comitiis: deinde continuo esse pollicitum, quantam vellent
pecuniam, si me aedilitate dejecissent. Hic alios
negasse audere; alios respondisse, non putare id
perfici posse: inventum tamen esse fortem amicum,
ex eadem familia, Q. Verrem, Romilia, ex optima
divisorum disciplina, patris istius discipulum atque
amicum, qui, HS quingentis milibus depositis, id se
perfecturum polliceretur: et fuisse tum non nullos,
qui se una facturos esse dicerent. Quae cum ita
essent, sane benevolo animo me, ut magno opere cave-
rem praemonebat.

IX. 24. Sollicitabar rebus maximis uno atque eo per-
exiguo tempore. Urgebant comitia; et in his ipsis
oppugnabar grandi pecunia. Instabat judicium: ei
quoque negotio fisci Sicilienses minabantur. Agere
quae ad judicium pertinebant libere, comitiorum metu
deterrebar: petitioni toto animo servire, propter judicium non licebat. Minari denique divisoribus ratio

non erat, propterea quod eos intellegere videbam
me hoc judicio districtum atque obligatum futurum.
25. Atque hoc ipso tempore Siculis denuntiatum esse
audio, primum ab Hortensio, domum ad illum ut venirent: Siculos in eo sane liberos fuisse; qui quam ob
rem arcesserentur cum intellegerent, non venisse.
Interea comitia nostra, quorum iste se, ut ceterorum
hoc anno comitiorum, dominum esse arbitrabatur,
haberi coepta sunt. Cursare iste homo potens, cum
filio blando et gratioso, circum tribus: paternos amicos, hoc est divisores, appellare omnes et convenire.
Quod cum esset intellectum et animadversum, fecit
animo libentissimo populus Romanus, ut cujus divitiae me de fide deducere non potuissent, ne ejusdem
pecunia de honore deicerer.
26. Postea quam illa petitionis magna cura liberatus
sum, animo coepi multo magis vacuo ac soluto, nihil
aliud nisi de judicio agere et cogitare. Reperio, judices, haec ab istis consilia inita et constituta, ut,
quacumque posset ratione, res ita duceretur, ut apud
M. Metellum praetorem causa diceretur. In eo
esse haec commoda: primum M. Metellum amicis-
simum; deinde Hortensium consulem non [solum, sed]
etiam Q. Metellum, qui quam isti sit amicus attendite:
dedit enim praerogativam suae voluntatis ejus modi,
ut isti pro praerogativis eam reddidisse videatur.
27. An me taciturum tantis de rebus existimavistis?
et me, in tanto rei publicae existimationisque meae
periculo, cuiquam consulturum potius quam officio et
dignitati meae? Arcessit alter consul designatus Siculos: veniunt non nulli, propterea quod L. Metellus
esset praetor in Sicilia. Cum iis ita loquitur: se
consulem esse; fratrem suum alterum Siciliam provinciam obtinere, alterum esse quaesiturum de pecuniis
repetundis; Verri ne noceri possit multis rationibus
esse provisum.

X. 28. Quid est, quaeso, Metelle, judicium corrumpere, si hoc non est? testis, praesertim [Siculos], timidos homines et adflictos, non solum auctoritate deterrere, sed etiam consulari metu, et duorum praetorum potestate? Quid faceres pro innocente homine et propinquo, cum propter hominem perditissimum atque alienissimum de officio ac dignitate decedis, et committis, ut, quod ille dictitat, alicui, qui te ignoret, verum esse videatur? 29. Nam hoc Verrem dicere aiebant, te non fato, ut ceteros ex vestra familia, sed opera sua consulem factum. Duo igitur consules et quaesitor erunt ex illius voluntate. ' Non solum effugiemus' inquit ' hominem in quaerendo nimium diligentem, nimium servientem populi existimationi, M'. Glabrionem: accedet etiam nobis illud. Judex est M. Caesonius, conlega nostri accusatoris, homo in rebus judicandis spectatus et cognitus, quem minime expediat esse in eo consilio quod conemur aliqua ratione corrumpere: propterea quod jam antea, cum judex in Juniano consilio fuisset, turpissimum illud facinus non solum graviter tulit, sed etiam in medium protulit. Hunc judicem ex Kal. Januariis non habebimus. 30. Q. Manlium, et Q. Cornificium, duos severissimos atque integerrimos judices, quod tribuni plebis tum erunt, judices non habebimus. P. Sulpicius, judex tristis et integer, magistratum ineat oportet Nonis Decembribus. M. Crepereius, ex acerrima illa equestri familia et disciplina; L. Cassius ex familia cum ad ceteras res tum ad judicandum severissima; Cn. Tremellius, homo summa religione et diligentia, —tres hi, homines veteres, tribuni militares sunt designati: ex Kal. Januariis non judicabunt. Subsortiemur etiam in M. Metelli locum, quoniam is huic ipsi quaestioni praefuturus est. Ita secundum Kalendas Januarias, et praetore et prope toto consilio commutato, magnas accusatoris minas, magnamque exspectationem judici, ad nostrum arbitrium libidinemque eludemus.

31. Nonae sunt hodie Sextiles: hora VIII. convenire coepistis. Hunc diem jam ne numerant quidem. Decem dies sunt ante ludos votivos, quos Cn. Pompeius facturus est. Hi ludi dies quindecim auferent: deinde continuo Romani consequentur. Ita prope XL. diebus interpositis, tum denique se ad ea quae a nobis dicta erunt responsuros esse arbitrantur: deinde se ducturos, et dicendo et excusando, facile ad ludos Victoriae. Cum his plebeios esse conjunctos; secundum quos aut nulli aut perpauci dies ad agendum futuri sunt. Ita defessa ac refrigerata accusatione, rem integram ad M. Metellum praetorem esse venturam: quem ego hominem, si ejus fidei diffisus essem, judicem non retinuissem. 32. Nunc tamen hoc animo sum, ut eo judice quam praetore hanc rem transigi malim; et jurato suam quam injurato aliorum tabellas committere.

XI. Nunc ego, judices, jam vos consulo, quid mihi faciendum putetis. Id enim consili mihi profecto taciti dabitis, quod egomet mihi necessario capiendum intellego. Si utar ad dicendum meo legitimo tempore, mei laboris, industriae, diligentiaeque capiam fructum; et [ex accusatione] perficiam ut nemo umquam post hominum memoriam paratior, vigilantior, compositior ad judicium venisse videatur. Sed, in hac laude industriae meae, reus ne elabatur summum periculum est. Quid est igitur quod fieri possit? Non obscurum, opinor, neque absconditum. 33. Fructum istum laudis, qui ex perpetua oratione percipi potuit, in alia tempora reservemus: nunc hominem tabulis, testibus, privatis publicisque litteris auctoritatibusque accusemus. Res omnis mihi tecum erit, Hortensi. Dicam aperte: si te mecum dicendo ac diluendis criminibus in hac causa contendere putarem, ego quoque in accusando atque in explicandis criminibus operam consumerem; nunc, quoniam pugnare contra me instituisti, non tam ex tua natura quam ex istius tempore et causa [malitiose], necesse est istius modi rationi aliquo consilio obsistere. **34.** Tua ratio est, ut secundum binos ludos mihi respondere incipias; mea, ut ante primos ludos comperendinem. Ita fit ut tua ista ratio existimetur astuta, meum hoc consilium necessarium.

XII. Verum illud quod institueram dicere, mihi rem tecum esse, hujus modi est. Ego cum hanc causam Siculorum rogatu recepissem, idque mihi amplum et praeclarum existimassem, eos velle meae fidei diligentiaeque periculum facere, qui innocentiae abstinentiaeque fecissent; tum suscepto negotio, majus quiddam mihi proposui, in quo meam in rem publicam voluntatem populus Romanus perspicere posset. **35.** Nam illud mihi nequaquam dignum industria conatuque meo videbatur, istum a me in judicium, jam omnium judicio condemnatum, vocari, nisi ista tua intolerabilis potentia, et ea cupiditas qua per hosce annos in quibusdam judiciis usus es, etiam in istius hominis desperati causa interponeretur. Nunc vero, quoniam haec te omnis dominatio regnumque judiciorum tanto opere delectat, et sunt homines quos libidinis infamiaeque suae neque pudeat neque taedeat, — qui, quasi de industria, in odium offensionemque populi Romani inruere videantur, — hoc me profiteor suscepisse, magnum fortasse onus et mihi periculosissimum, verum tamen dignum in quo omnis nervos aetatis industriaeque meae contenderem.

36. Quoniam totus ordo paucorum improbitate et audacia premitur et urgetur infamia judiciorum, profiteor huic generi hominum me inimicum accusatorem, odiosum, adsiduum, acerbum adversarium. Hoc mihi sumo, hoc mihi deposco, quod agam in magistratu, quod agam ex eo loco ex quo me populus Romanus ex Kal. Januariis secum agere de re publica ac de hominibus improbis voluit: hoc munus aedilitatis meae populo Romano amplissimum pulcherrimumque polliceor. Moneo, praedico, ante denuntio; qui aut deponere, aut accipere, aut recipere, aut polliceri, aut sequestres aut interpretes corrumpendi judici solent esse, quique ad hanc rem aut potentiam aut impudentiam suam professi sunt, abstineant in hoc judicio manus animosque ab hoc scelere nefario.

XIII. 37. Erit tum consul Hortensius cum summo imperio et potestate; ego autem aedilis, hoc est, paulo amplius quam privatus. Tamen hujus modi haec res est, quam me acturum esse polliceor, ita populo Romano grata atque jucunda, ut ipse consul in hac causa prae me minus etiam (si fieri possit) quam privatus esse videatur. Omnia non modo commemorabuntur, sed etiam, expositis certis rebus, agentur, quae inter decem annos, postea quam judicia ad senatum translata sunt, in rebus judicandis nefarie flagitioseque facta sunt. 38. Cognoscet ex me populus Romanus quid sit, quam ob rem, cum equester ordo judicaret, annos prope quinquaginta continuos, in nullo judice [equite Romano judicante] ne tenuissima quidem suspitio acceptae pecuniae ob rem judicandam constituta sit: quid sit quod, judiciis ad senatorium ordinem translatis, sublataque populi Romani in unum quemque vestrum potestate, Q. Calidius damnatus dixerit, minoris HS triciens praetorium hominem honeste non posse damnari: quid sit quod, P. Septimio senatore damnato, Q. Hortensio praetore, de pecuniis repetundis lis aestimata sit eo nomine, quod ille ob rem judicandam pecuniam accepisset; 39. quod in C. Herennio, quod in C. Popilio, senatoribus, qui ambo peculatus damnati sunt; quod in M. Atilio, qui de majestate damnatus est, hoc planum factum sit, eos pecuniam ob rem judicandam accepisse; quod inventi sint sena-

tores, qui, C. Verre praetore urbano sortiente, exirent
in eum reum, quem incognita causa condemnarent;
quod inventus sit senator, qui, cum judex esset, in
eodem judicio et ab reo pecuniam acciperet quam judi-
5 cibus divideret, et ab accusatore, ut reum condemna-
ret? 40. Jam vero quomodo illam labem, ignominiam,
calamitatemque totius ordinis conquerar? hoc factum
esse in hac civitate, cum senatorius ordo judicaret,
ut discoloribus signis juratorum hominum sententiae
10 notarentur? Haec omnia me diligenter severeque acturum esse, polliceor.

XIV. Quo me tandem animo fore putatis, si quid
in hoc ipso judicio intellexero simili aliqua ratione
esse violatum atque commissum? cum planum fa-
15 cere multis testibus possim, C. Verrem in Sicilia,
multis audientibus, saepe dixisse, 'se habere hominem potentem, cujus fiducia provinciam spoliaret:
neque sibi soli pecuniam quaerere, sed ita triennium
illud praeturae Siciliensis distributum habere, ut se-
20 cum praeclare agi diceret, si unius anni quaestum
in rem suam converteret; alterum patronis et defensoribus traderet; tertium illum uberrimum quaestuo-
sissimumque annum totum judicibus reservaret.'
41. Ex quo mihi venit in mentem illud dicere (quod
25 apud M'. Glabrionem nuper cum id reiciundis judicibus commemorassem, intellexi vehementer populum
Romanum commoveri), me arbitrari, fore uti nationes exterae legatos ad populum Romanum mitterent,
ut lex de pecuniis repetundis judiciumque tolleretur.
30 Si enim judicia nulla sint, tantum unum quemque ablaturum putant, quantum sibi ac liberis suis satis esse
arbitretur: nunc, quod ejus modi judicia sint, tantum
unum quemque auferre, quantum sibi, patronis, advocatis, praetori, judicibus, satis futurum sit: hoc pro-
35 fecto infinitum esse: se avarissimi hominis cupiditati
satisfacere posse, nocentissimi victoriae non posse.

42. O commemoranda judicia, praeclaramque existimationem nostri ordinis! cum socii populi Romani judicia de pecuniis repetundis fieri nolunt, quae a majoribus nostris sociorum causa comparata sunt. An iste umquam de se bonam spem habuisset, nisi de vobis malam opinionem animo imbibisset? Quo majore etiam (si fieri potest) apud vos odio esse debet, quam est apud populum Romanum, cum in avaritia, scelere, perjurio, vos sui similis esse arbitretur.

XV. 43. Cui loco (per Deos immortalis!), judices, consulite ac providete. Moneo praedicoque — id quod intellego — tempus hoc vobis divinitus datum esse, ut odio, invidia, infamia, turpitudine, totum ordinem liberetis. Nulla in judiciis severitas, nulla religio, nulla denique jam existimantur esse judicia. Itaque a populo Romano contemnimur, despicimur: gravi diuturnaque jam flagramus infamia. **44.** Neque enim ullam aliam ob causam populus Romanus tribuniciam potestatem tanto studio requisivit; quam cum poscebat, verbo illam poscere videbatur, re vera judicia poscebat. Neque hoc Q. Catulum, hominem sapientissimum atque amplissimum, fugit, qui (Cn. Pompeio, viro fortissimo et clarissimo, de tribunicia potestate referente), cum esset sententiam rogatus, hoc initio est summa cum auctoritate usus: 'Patres conscriptos judicia male et flagitiose tueri: quod si in rebus judicandis, populi Romani existimationi satis facere voluissent, non tanto opere homines fuisse tribuniciam potestatem desideraturos.' **45.** Ipse denique Cn. Pompeius, cum primum contionem ad Urbem consul designatus habuit, ubi (id quod maxime exspectari videbatur) ostendit se tribuniciam potestatem restituturum, factus est in eo strepitus, et grata contionis admurmuratio. Idem in eadem contione cum dixisset 'populatas vexatasque esse provincias; judicia autem turpia ac flagitiosa fieri; ei rei se providere ac consu-

lere velle;' tum vero non strepitu, sed maximo clamore, suam populus Romanus significavit voluntatem.
XVI. 46. Nunc autem homines in speculis sunt: observant quem ad modum sese unus quisque nostrum gerat in retinenda religione, conservandisque legibus. Vident adhuc, post legem tribuniciam, unum senatorem hominem vel tenuissimum esse damnatum: quod tametsi non reprehendunt, tamen magno opere quod laudent non habent. Nulla est enim laus, ibi esse integrum, ubi nemo est qui aut possit aut conetur corrumpere. 47. Hoc est judicium, in quo vos de reo, populus Romanus de vobis judicabit. In hoc homine statuetur, possitne, senatoribus judicantibus, homo nocentissimus pecuniosissimusque damnari. Deinde est ejus modi reus, in quo homine nihil sit, praeter summa peccata maximamque pecuniam; ut, si liberatus sit, nulla alia suspitio, nisi ea quae turpissima est, residere possit. Non gratia, non cognatione, non aliis recte factis, non denique aliquo mediocri vitio, tot tantaque ejus vitia sublevata esse videbuntur.

48. Postremo ego causam sic agam, judices: ejus modi res, ita notas, ita testatas, ita magnas, ita manifestas proferam, ut nemo a vobis ut istum absolvatis per gratiam conetur contendere. Habeo autem certam viam atque rationem, qua omnis illorum conatus investigare et consequi possim. Ita res a me agetur, ut in eorum consiliis omnibus non modo aures hominum, sed etiam oculi [populi Romani] interesse videantur. 49. Vos aliquot jam per annos conceptam huic ordini turpitudinem atque infamiam delere ac tollere potestis. Constat inter omnis, post haec constituta judicia, quibus nunc utimur, nullum hoc splendore atque hac dignitate consilium fuisse. Hic si quid erit offensum, omnes homines non jam ex eodem ordine alios magis idoneos (quod fieri non potest), sed alium omnino ordinem ad res judicandas quaerendum arbitrabuntur.

XVII. 50. Quapropter, primum ab Dis immortalibus, quod sperare mihi videor, hoc idem, judices, opto, ut in hoc judicio nemo improbus praeter eum qui jampridem inventus est reperiatur: deinde si plures improbi fuerint, hoc vobis, hoc populo Romano, judices, confirmo, vitam (mehercule) mihi prius, quam vim perseverantiamque ad illorum improbitatem persequendam defuturam.

51. Verum, quod ego laboribus, periculis, inimicitiisque meis, tum cum admissum erit dedecus severe me persecuturum esse polliceor, id ne accidat, tu tua auctoritate, sapientia, diligentia, M'. Glabrio, potes providere. Suscipe causam judiciorum: suscipe causam severitatis, integritatis, fidei, religionis: suscipe causam senatus, ut is, hoc judicio probatus, cum populo Romano et in laude et in gratia esse possit. Cogita qui sis, quo loco sis, quid dare populo Romano, quid reddere majoribus tuis, debeas: fac tibi paternae legis [Aciliae] veniat in mentem, qua lege populus Romanus de pecuniis repetundis optimis judiciis severissimisque judicibus usus est. 52. Circumstant te summae auctoritates, quae te oblivisci laudis domesticae non sinant; quae te noctis diesque commoneant, fortissimum tibi patrem, sapientissimum avum, gravissimum socerum fuisse. Qua re si [Glabrionis] patris vim et acrimoniam ceperis ad resistendum hominibus audacissimis; si avi [Scaevolae] prudentiam ad prospiciendas insidias, quae tuae atque horum famae comparantur; si soceri [Scauri] constantiam, ut ne quis te de vera et certa possit sententia demovere; intelleget populus Romanus, integerrimo atque honestissimo praetore, delectoque consilio, nocenti reo magnitudinem pecuniae plus habuisse momenti ad suspitionem criminis, quam ad rationem salutis.

XVIII. 53. Mihi certum est, non committere ut in hac causa praetor nobis consiliumque mutetur. Non patiar rem in id tempus adduci, ut [Siculi], quos adhuc servi designatorum consulum non moverunt, cum eos novo exemplo universos arcesserent, eos tum lictores consulum vocent; ut homines miseri, antea socii atque amici populi Romani, nunc servi ac supplices, non modo jus suum fortunasque omnis eorum imperio amittant, verum etiam deplorandi juris sui potestatem non habeant. **54.** Non sinam profecto, causa a me perorata, [quadraginta diebus interpositis,] tum nobis denique responderi, cum accusatio nostra in oblivionem diuturnitate adducta sit: non committam, ut tum haec res judicetur, cum haec frequentia totius Italiae Roma discesserit; quae convenit uno tempore undique, comitiorum, ludorum, censendique causa. Hujus judici et laudis fructum, et offensionis periculum, vestrum; laborem sollicitudinemque, nostram; scientiam quid agatur, memoriamque quid a quoque dictum sit, omnium puto esse oportere.

55. Faciam hoc non novum, sed ab eis qui nunc principes nostrae civitatis sunt ante factum, ut testibus utar statim: illud a me novum, judices, cognoscetis, quod ita testis constituam, ut crimen totum explicem; ut, ubi id [interrogando] argumentis atque oratione firmavero, tum testis ad crimen adcommodem: ut nihil inter illam usitatam accusationem atque hanc novam intersit, nisi quod in illa tunc, cum omnia dicta sunt, testes dantur; hic in singulas res dabuntur; ut illis quoque eadem interrogandi facultas, argumentandi dicendique sit. Si quis erit, qui perpetuam orationem accusationemque desideret, altera actione audiet: nunc id, quod facimus — ea ratione facimus, ut malitiae illorum consilio nostro occurramus — necessario fieri intellegat. Haec primae actionis erit accusatio. **56.** Dicimus C. Verrem, cum multa libidinose, multa crudeliter, in civis Romanos atque in socios, multa in deos hominesque nefarie fecerit tum praeterea quadringen-

tiens sestertium ex Sicilia contra leges abstulisse. Hoc testibus, hoc tabulis privatis publicisque auctoritatibus ita vobis planum faciemus, ut hoc statuatis, etiam si spatium ad dicendum nostro commodo, vacuosque dies habuissemus, tamen oratione longa nihil opus fuisse. 5
Dixi.

The Plunder of Syracuse.
[Actio Secunda, Lib. IV. ch. 52-60.]

LII. UNIUS etiam urbis omnium pulcherrimae atque ornatissimae, Syracusarum, direptionem commemorabo et in medium proferam, judices, ut aliquando totam hujus generis orationem concludam atque definiam. 10 Nemo fere vestrum est quin quem ad modum captae sint a M. Marcello Syracusae saepe audierit, non numquam etiam in annalibus legerit. Conferte hanc pacem cum illo bello, hujus praetoris adventum cum illius imperatoris victoria, hujus cohortem impuram cum 15 illius exercitu invicto, hujus libidines cum illius continentia: ab illo, qui cepit, conditas, ab hoc qui constitutas accepit, captas dicetis Syracusas.

2. Ac jam illa omitto, quae disperse a me multis in locis dicentur ac dicta sunt: forum Syracusanorum, 20 quod introitu Marcelli purum caede servatum esset, id adventu Verris Siculorum innocentium sanguine redundasse: portum Syracusanorum, qui tum et nostris classibus et Karthaginiensium clausus fuisset, eum isto praetore Cilicum myoparoni praedonibusque patu- 25 isse: mitto adhibitam vim ingenuis, matres familias violatas, quae tum in urbe capta commissa non sunt neque odio hostili neque licentia militari neque more belli neque jure victoriae: mitto, inquam, haec omnia, quae ab isto per triennium perfecta sunt: ea, quae 30 conjuncta cum illis rebus sunt, de quibus antea dixi, cognoscite.

3. Urbem Syracusas maximam esse Graecarum, pulcherrimam omnium saepe audistis. Est, judices, ita ut dicitur. Nam et situ est cum munito tum ex omni aditu, vel terra vel mari, praeclaro ad aspectum, et portus habet prope in aedificatione aspectuque urbis inclusos: qui cum diversos inter se aditus habeant, in exitu conjunguntur et confluunt. Eorum conjunctione pars oppidi, quae appellatur Insula, mari dijuncta angusto, ponte rursus adjungitur et continetur.

LIII. **4.** Ea tanta est urbs, ut ex quattuor urbibus maximis constare dicatur: quarum una est ea quam dixi Insula, quae duobus portubus cincta, in utriusque portus ostium aditumque projecta est, in qua domus est, quae Hieronis regis fuit, qua praetores uti solent. In ea sunt aedes sacrae complures, sed duae quae longe ceteris antecellant: Dianae, et altera, quae fuit ante istius adventum ornatissima, Minervae. In hac insula extrema est fons aquae dulcis, cui nomen Arethusa est, incredibili magnitudine, plenissimus piscium, qui fluctu totus operiretur, nisi munitione ac mole lapidum dijunctus esset a mari. **5.** Altera autem est urbs Syracusis, cui nomen Achradina est: in qua forum maximum, pulcherrimae porticus, ornatissimum prytanium, amplissima est curia templumque egregium Jovis Olympii ceteraeque urbis partes, quae una via lata perpetua multisque transversis divisae privatis aedificiis continentur. Tertia est urbs, quae, quod in ea parte Fortunae fanum antiquum fuit, Tycha nominata est, in qua gymnasium amplissimum est et complures aedes sacrae: coliturque ea pars et habitatur frequentissime. Quarta autem est, quae quia postrema coaedificata est, Neapolis nominatur: quam ad summam theatrum maximum: praeterea duo templa sunt egregia, Cereris unum, alterum Liberae signumque Apollinis, qui Temenites vocatur, pulcherrimum et maximum: quod iste si portare potuisset, non dubitasset auferre.

LIV. 6. Nunc ad Marcellum revertar, ne haec a me sine causa commemorata esse videantur: qui cum tam praeclaram urbem vi copiisque cepisset, non putavit ad laudem populi Romani hoc pertinere, hanc pulchritudinem, ex qua praesertim periculi nihil ostenderetur, delere et exstinguere. Itaque aedificiis omnibus, publicis privatis, sacris profanis, sic pepercit, quasi ad ea defendenda cum exercitu, non oppugnanda venisset. In ornatu urbis habuit victoriae rationem, habuit humanitatis. Victoriae putabat esse multa Romam deportare, quae ornamento urbi esse possent, humanitatis non plane exspoliare urbem, praesertim quam conservare voluisset. 7. In hac partitione ornatus non plus victoria Marcelli populo Romano appetivit quam humanitas Syracusanis reservavit. Romam quae apportata sunt, ad aedem Honoris et Virtutis itemque aliis in locis videmus. Nihil in aedibus, nihil in hortis posuit, nihil in suburbano: putavit, si urbis ornamenta domum suam non contulisset, domum suam ornamento urbi futuram. Syracusis autem permulta atque egregia reliquit: deum vero nullum violavit, nullum attigit. Conferte Verrem: non ut hominem cum homine comparetis, ne qua tali viro mortuo fiat injuria, sed ut pacem cum bello, leges cum vi, forum et juris dictionem cum ferro et armis, adventum et comitatum cum exercitu et victoria conferatis.

LV. 8. Aedis Minervae est in Insula, de qua ante dixi: quam Marcellus non attigit, quam plenam atque ornatam reliquit: quae ab isto sic spoliata atque direpta est, non ut ab hoste aliquo, qui tamen in bello religionum et consuetudinis jura retineret, sed ut a barbaris praedonibus vexata esse videatur. Pugna erat equestris Agathocli regis in tabulis picta: his autem tabulis interiores templi parietes vestiebantur. Nihil erat ea pictura nobilius, nihil Syracusis quod magis visendum putaretur. Has tabulas M. Marcel-

lus cum omnia victoria illa sua profana fecisset,
tamen religione impeditus non attigit: iste, cum illa
jam propter diuturnam pacem fidelitatemque populi
Syracusani sacra religiosaque accepisset, omnes eas
5 tabulas abstulit: parietes, quorum ornatus tot saecula
manserant, tot bella effugerant, nudos ac deformatos
reliquit. 9. Et Marcellus, qui, si Syracusas cepisset,
duo templa se Romae dedicaturum voverat, is id, quod
erat aedificaturus, iis rebus ornare, quas ceperat, no-
10 luit: Verres, qui non Honori neque Virtuti, quem ad
modum ille, sed Veneri et Cupidini vota deberet, is
Minervae templum spoliare conatus est. Ille deos
deorum spoliis ornari noluit: hic ornamenta Minervae
virginis in meretriciam domum transtulit. Viginti
15 et septem praeterea tabulas pulcherrime pictas ex
eadem aede sustulit: in quibus erant imagines Siciliae
regum ac tyrannorum, quae non solum pictorum artificio delectabant, sed etiam commemoratione hominum
et cognitione formarum. Ac videte quanto taetrior
20 hic tyrannus Syracusanus fuerit quam quisquam superiorum: cum illi tamen ornarint templa deorum
immortalium, hic etiam illorum monumenta atque
ornamenta sustulerit.

LVI. 10. Jam vero quid ego de valvis illius templi
25 commemorem? Vereor ne, haec qui non viderint,
omnia me nimis augere atque ornare arbitrentur:
quod tamen nemo suspicari debet, tam esse me cupidum, ut tot viros primarios velim, praesertim ex judicum numero, qui Syracusis fuerint, qui haec viderint,
30 esse temeritati et mendacio meo conscios. Confirmare
hoc liquido, judices, possum, valvas magnificentiores,
ex auro atque ebore perfectiores, nullas umquam ullo in
templo fuisse. Incredibile dictu est quam multi Graeci
de harum valvarum pulchritudine scriptum reliquerint.
35 Nimium forsitan haec illi mirentur atque efferant.
Esto: verum tamen honestius est rei publicae nostrae,

judices, ea quae illis pulchra esse videantur imperatorem nostrum in bello reliquisse, quam praetorem in pace abstulisse. Ex ebore diligentissime perfecta argumenta erant in valvis: ea detrahenda curavit omnia. 11. Gorgonis os pulcherrimum, cinctum anguibus, revellit atque abstulit: et tamen indicavit se non solum artificio, sed etiam pretio quaestuque duci. Nam bullas aureas omnes ex iis valvis, quae erant multae et graves, non dubitavit auferre: quarum iste non opere delectabatur, sed pondere. Itaque ejus modi valvas reliquit, ut quae olim ad ornandum templum erant maxime, nunc tantum ad cludendum factae esse videantur. Etiamne gramineas hastas — vidi enim vos in hoc nomine, cum testis diceret, commoveri, quod erat ejus modi, ut semel vidisse satis esset; in quibus neque manu factum quicquam neque pulchritudo erat ulla, sed tantum magnitudo incredibilis, de qua vel audire satis esset, nimium videre plus quam semel — etiam id concupisti?

LVII. 12. Nam Sappho, quae sublata de prytanio est, dat tibi justam excusationem, prope ut concedendum atque ignoscendum esse videatur. Silanionis opus tam perfectum, tam elegans, tam elaboratum quisquam non modo privatus, sed populus potius haberet quam homo elegantissimus atque eruditissimus, Verres? Nimirum contra dici nihil potest. Nostrum enim unus quisque — qui tam beati quam iste est non sumus, tam delicati esse non possumus — si quando aliquid istius modi videre volet, eat ad aedem Felicitatis, ad monumentum Catuli, in porticum Metelli; det operam ut admittatur in alicujus istorum Tusculanum; spectet forum ornatum, si quid iste suorum aedilibus commodarit: Verres haec habeat domi, Verres ornamentorum fanorum atque oppidorum habeat plenam domum, villas refertas? Etiamne hujus operari studia ac delicias, judices, perferetis? qui ita natus, ita educatus est, ita factus et animo et corpore, ut multo appositior ad ferenda quam ad auferenda signa esse videatur. 13. Atque haec Sappho sublata quantum desiderium sui reliquerit dici vix potest. Nam cum ipsa fuit egregie facta, tum epigramma Graecum pernobile incisum est in basi: quod iste eruditus homo et Graeculus, qui haec subtiliter judicat, qui solus intellegit, si unam litteram Graecam scisset, certe non tulisset. Nunc enim, quod scriptum est inani in basi, declarat quid fuerit, et id ablatum indicat.

14. Quid? signum Paeanis ex aede Aesculapii praeclare factum, sacrum ac religiosum, non sustulisti? quod omnes propter pulchritudinem visere, propter religionem colere solebant. Quid? ex aede Liberi simulacrum Aristaei non tuo imperio palam ablatum est? Quid? ex aede Jovis religiosissimum simulacrum Jovis Imperatoris, pulcherrime factum, nonne abstulisti? Quid? ex aede Liberae, † parinum caput illud pulcherrimum, quod visere solebamus, num dubitasti tollere? Atque ille Paean sacrificiis anniversariis simul cum Aesculapio apud illos colebatur: Aristaeus, qui [ut Graeci ferunt, Liberi filius] inventor olei esse dicitur, una cum Libero patre apud illos eodem erat in templo consecratus.

LVIII. 15. Jovem autem Imperatorem quanto honore in suo templo fuisse arbitramini? Conicere potestis, si recordari volueritis quanta religione fuerit eadem specie ac forma signum illud, quod ex Macedonia captum in Capitolio posuerat Flamininus. Etenim tria ferebantur in orbe terrarum signa Jovis Imperatoris uno in genere pulcherrime facta: unum illud Macedonicum, quod in Capitolio vidimus; alterum in Ponti ore et angustiis; tertium, quod Syracusis ante Verrem praetorem fuit. Illud Flamininus ita ex aede sua sustulit, ut in Capitolio, hoc est, in terrestri domicilio Jovis poneret. Quod autem est ad introitum Ponti, id, cum tam multa ex illo mari bella emerserint, tam multa porro in Pontum invecta sint, usque ad hanc diem integrum inviolatumque servatum est. Hoc tertium, quod erat Syracusis, quod M. Marcellus armatus et victor viderat, quod religioni concesserat, quod cives atque incolae Syracusani colere, advenae non solum visere, verum etiam venerari solebant, id Verres ex templo Jovis sustulit.

16. Ut saepius ad Marcellum revertar, judices, sic habetote: plures esse a Syracusanis istius adventu deos, quam victoria Marcelli homines desideratos. Etenim ille requisisse etiam dicitur Archimedem illum, summo ingenio hominem ac disciplina, quem cum audisset interfectum, permoleste tulisse: iste omnia, quae requisivit, non ut conservaret, verum ut asportaret requisivit.

LIX. 17. Jam illa quae leviora videbuntur ideo praeteribo, — quod mensas Delphicas e marmore, crateras ex aere pulcherrimas, vim maximam vasorum Corinthiorum ex omnibus aedibus sacris abstulit Syracusis. Itaque, judices, ei qui hospites ad ea quae visenda sunt solent ducere, et unum quidque ostendere, quos illi mystagogos vocant, conversam jam habent demonstrationem suam. Nam, ut ante demonstrabant quid ubique esset, item nunc quid undique ablatum sit ostendunt.

18. Quid tum? mediocrine tandem dolore eos adfectos esse arbitramini? Non ita est, judices: primum, quod omnes religione moventur, et deos patrios, quos a majoribus acceperunt, colendos sibi diligenter et retinendos esse arbitrantur: deinde hic ornatus, haec opera atque artificia, signa, tabulae pictae, Graecos homines nimio opere delectant. Itaque ex illorum querimoniis intellegere possumus, haec illis acerbissima videri, quae forsitan nobis levia et contemnenda esse videantur. Mihi credite, judices. — tametsi vos-

met ipsos haec eadem audire certo scio, — cum multas acceperint per hosce annos socii atque exterae nationes calamitates et injurias, nullas Graeci homines gravius ferunt ac tulerunt, quam hujusce modi spoliationes fanorum atque oppidorum.

19. Licet iste dicat emisse se, sicuti solet dicere, credite hoc mihi, judices : nulla umquam civitas tota Asia et Graecia signum ullum, tabulam pictam, ullum denique ornamentum urbis, sua voluntate cuiquam vendidit, nisi forte existimatis, postea quam judicia severa Romae fieri desierunt, Graecos homines haec venditare coepisse, quae tum non modo non venditabant, cum judicia fiebant, verum etiam coëmebant; aut nisi arbitramini L. Crasso, Q. Scaevolae, C. Claudio, potentissimis hominibus, quorum aedilitates ornatissimas vidimus, commercium istarum rerum cum Graecis hominibus non fuisse, eis qui post judiciorum dissolutionem aediles facti sunt fuisse.

LX. 20. Acerbiorem etiam scitote esse civitatibus falsam istam et simulatam emptionem, quam si qui clam surripiat aut eripiat palam atque auferat. Nam turpitudinem summam esse arbitrantur referri in tabulas publicas, pretio adductam civitatem (et pretio parvo) ea quae accepisset a majoribus vendidisse atque abalienasse. Etenim mirandum in modum Graeci rebus istis, quas nos contemnimus, delectantur. Itaque majores nostri facile patiebantur, haec esse apud illos quam plurima : apud socios, ut imperio nostro quam ornatissimi florentissimique essent; apud eos autem, quos vectigalis aut stipendiarios fecerant, tamen haec relinquebant, ut illi quibus haec jucunda sunt, quae nobis levia videntur, haberent haec oblectamenta et solacia servitutis.

21. Quid arbitramini Reginos, qui jam cives Romani sunt, merere velle, ut ab eis marmorea Venus illa auferatur? quid Tarentinos, ut Europam in tauro

amittant? ut Satyrum, qui apud illos in aede Vestae
est? ut cetera? quid Thespienses, ut Cupidinis signum [propter quod unum visuntur Thespiae]? quid
Cnidios, ut Venerem marmoream? quid, ut pictam,
Coos? quid Ephesios, ut Alexandrum? quid Cyzice-
nos, ut Ajacem aut Medeam? quid Rhodios, ut Ialy-
sum? quid Athenienses, ut ex marmore Iacchum aut
Paralum pictum aut ex aere Myronis buculam? Longum est et non necessarium commemorare quae apud
quosque visenda sunt tota Asia et Graecia: verum
illud est quam ob rem haec commemorem, quod existimare hoc vos volo, mirum quendam dolorem accipere
eos, ex quorum urbibus haec auferantur.

Crucifixion of a Roman Citizen.

[Actio Secunda, Lib. V., ch. 61-66.]

QUID nunc agam? Cum jam tot horas de uno genere ac de istius nefaria crudelitate dicam, — cum prope
omnem vim verborum ejus modi, quae scelere istius
digna sint, aliis in rebus consumpserim, neque hoc
providerim, ut varietate criminum vos attentos tenerem, — quem ad modum de tanta re dicam? Opinor,
unus modus atque una ratio est. Rem in medio
ponam, quae tantum habet ipsa gravitatis, ut neque
mea (quae nulla est) neque cujusquam, ad inflamman-
dos vestros animos, eloquentia requiratur.

2. Gavius hic, quem dico, Consanus, cum in illo numero civium Romanorum ab isto in vincla conjectus
esset, et nescio qua ratione clam e lautumiis profugisset, Messanamque venisset, — qui tam prope jam Italiam et moenia Reginorum civium Romanorum videret,
et ex illo metu mortis ac tenebris, quasi luce libertatis
et odore aliquo legum recreatus, revixisset, — loqui

Messanae et queri coepit, se civem Romanum in vincla esse conjectum; sibi recta iter esse Romam; Verri se praesto advenienti futurum.

3. Non intellegebat miser nihil interesse, utrum haec Messanae, an apud istum in praetorio loqueretur. Nam (ut ante vos docui) hanc sibi iste urbem delegerat, quam haberet adjutricem scelerum, furtorum receptricem, flagitiorum omnium consciam. Itaque ad magistratum Mamertinum statim deducitur Gavius: eoque ipso die casu Messanam Verres venit. Res ad eum defertur: esse civem Romanum, qui se Syracusis in lautumiis fuisse quereretur: quem, jam ingredientem in navem, et Verri nimis atrociter minitantem, ab se retractum esse et asservatum, ut ipse in eum statueret quod videretur.

4. Agit hominibus gratias, et eorum benevolentiam erga se diligentiamque conlaudat. Ipse, inflammatus scelere et furore, in forum venit. Ardebant oculi: toto ex ore crudelitas eminebat. Exspectabant omnes, quo tandem progressurus aut quidnam acturus esset; cum repente hominem proripi, atque in foro medio nudari ac deligari, et virgas expediri jubet. Clamabat ille miser, se civem esse Romanum, municipem Consanum; meruisse cum L. Raecio, splendidissimo equite Romano, qui Panhormi negotiaretur, ex quo haec Verres scire posset. Tum iste, se comperisse eum speculandi causa in Siciliam a ducibus fugitivorum esse missum; cujus rei neque index, neque vestigium aliquod, neque suspitio cuiquam esset ulla. Deinde jubet undique hominem vehementissime verberari.

5. Caedebatur virgis in medio foro Messanae civis Romanus, judices; cum interea nullus gemitus, nulla vox alia illius miseri inter dolorem crepitumque plagarum audiebatur, nisi haec, *Civis Romanus sum!* Hac se commemoratione civitatis omnia verbera de-

pulsurum, cruciatumque a corpore dejecturum, arbitrabatur. Is non modo hoc non perfecit, ut virgarum vim deprecaretur; sed, cum imploraret saepius, usurparetque nomen civitatis, crux — crux, inquam — infelici et aerumnoso, qui numquam istam pestem viderat, comparabatur.

LXIII. 6. O nomen dulce libertatis! O jus eximium nostrae civitatis! O lex Porcia, legesque Semproniae! O graviter desiderata, et aliquando reddita plebi Romanae, tribunicia potestas! Hucine tandem omnia reciderunt, ut civis Romanus, in provincia populi Romani, in oppido foederatorum, ab eo qui beneficio populi Romani fascis et securis haberet, deligatus in foro virgis caederetur? Quid? cum ignes ardentesque laminae ceterique cruciatus admovebantur, si te illius acerba imploratio et vox miserabilis non inhibebat, ne civium quidem Romanorum, qui tum aderant, fletu et gemitu maximo commovebare? In crucem tu agere ausus es quemquam, qui se civem Romanum esse diceret? 7. Nolui tam vehementer agere hoc prima actione, judices: nolui. Vidistis enim, ut animi multitudinis in istum dolore et odio et communis periculi metu concitarentur. Statui egomet mihi tum modum orationi meae, et C. Numitorio, equiti Romano, primo homini, testi meo; et Glabrionem, id quod sapientissime fecit, facere laetatus sum, ut repente consilium in medio testimonio dimitteret. Etenim verebatur ne populus Romanus ab isto eas poenas vi repetisse videretur, quas veritus esset ne iste legibus ac vestro judicio non esset persoluturus.

8. Nunc, quoniam exploratum est omnibus quo loco causa tua sit, et quid de te futurum sit, sic tecum agam: Gavium istum, quem repentinum speculatorem fuisse dicis, ostendam in lautumias Syracusis abs te esse conjectum. Neque id solum ex litteris ostendam Syracusanorum, ne possis dicere me, quia sit aliquis in

litteris Gavius, hoc fingere et eligere nomen, ut hunc
illum esse possim dicere; sed ad arbitrium tuum testis
dabo, qui istum ipsum Syracusis abs te in lautumias
conjectum esse dicant. Producam etiam Consanos,
5 municipes illius ac necessarios, qui te nunc sero doceant, judices non sero, illum P. Gavium, quem tu in
crucem egisti, civem Romanum et municipem Consanum, non speculatorem fugitivorum fuisse.

LXIV. 9. Cum haec omnia, quae polliceor, cumulate
10 tuis patronis plana fecero, tum istuc ipsum tenebo,
quod abs te mihi datur: eo contentum me esse dicam.
Quid enim nuper tu ipse, cum populi Romani clamore
atque impetu perturbatus exsiluisti, quid, inquam, locutus es? Illum, quod moram supplicio quaereret, ideo
15 clamitasse se esse civem Romanum, sed speculatorem
fuisse. Jam mei testes veri sunt. Quid enim dicit
aliud C. Numitorius? quid M. et P. Cottii, nobilissimi
homines, ex agro Tauromenitano? quid Q. Lucceius,
qui argentariam Regii maximam fecit? quid ceteri?
20 Adhuc enim testes ex eo genere a me sunt dati, non
qui novisse Gavium, sed se vidisse dicerent, cum is,
qui se civem Romanum esse clamaret, in crucem ageretur. Hoc tu, Verres, idem dicis; hoc tu confiteris
illum clamitasse, se civem esse Romanum; apud te
25 nomen civitatis ne tantum quidem valuisse, ut dubita-
tionem aliquam crucis, ut crudelissimi taeterrimique
supplici aliquam parvam moram saltem posset adferre.

10. Hoc teneo, hic haereo, judices. Hoc sum contentus uno; omitto ac neglego cetera; sua confessione
30 induatur ac juguletur necesse est. Qui esset ignora-
bas; speculatorem esse suspicabare. Non quaero qua
suspitione: tua te accuso oratione. Civem Romanum
se esse dicebat. Si tu, apud Persas aut in extrema
India deprehensus, Verres, ad supplicium ducerere,
35 quid aliud clamitares, nisi te civem esse Romanum?
Et, si tibi ignoto apud ignotos, apud barbaros, apud

homines in extremis atque ultimis gentibus positos, nobile et inlustre apud omnis nomen civitatis tuae profuisset, — ille, quisquis erat, quem tu in crucem rapiebas, qui tibi esset ignotus, cum civem se Romanum esse diceret, apud te praetorem, si non effugium, ne moram quidem mortis, mentione atque usurpatione civitatis, adsequi potuit?

LXV. 11. Homines tenues, obscuro loco nati, navigant; adeunt ad ea loca quae numquam antea viderunt; ubi neque noti esse eis quo venerunt, neque semper cum cognitoribus esse possunt. Hac una tamen fiducia civitatis, non modo apud nostros magistratus, qui et legum et existimationis periculo continentur, neque apud civis solum Romanos, qui et sermonis et juris et multarum rerum societate juncti sunt, fore se tutos arbitrantur; sed, quocumque venerint, hanc sibi rem praesidio sperant futuram. 12. Tolle hanc spem, tolle hoc praesidium civibus Romanis; constitue nihil esse opis in hac voce, *Civis Romanus sum;* posse impune praetorem, aut alium quemlibet, supplicium quod velit in eum constituere qui se civem Romanum esse dicat, quod eum quis ignoret; jam omnis provincias, jam omnia regna, jam omnis liberas civitates, jam omnem orbem terrarum, qui semper nostris hominibus maxime patuit, civibus Romanis ista defensione praecluseris. Quid si L. Raecium, equitem Romanum, qui tum in Sicilia erat, nominabat? etiamne id magnum fuit, Panhormum litteras mittere? Adservasses hominem; custodiis Mamertinorum tuorum vinctum, clausum habuisses, dum Panhormo Raecius veniret; cognosceret hominem, aliquid de summo supplicio remitteres. Si ignoraret, tum, si ita tibi videretur, hoc juris in omnis constitueres, ut, qui neque tibi notus esset, neque cognitorem locupletem daret, quamvis civis Romanus esset, in crucem tolleretur.

LXVI. 13. Sed quid ego plura de Gavio? quasi tu

Gavio tum fueris infestus, ac non nomini, generi, juri civium hostis. Non illi (inquam) homini, sed causae communi libertatis, inimicus fuisti. Quid enim attinuit, cum Mamertini, more atque instituto suo, crucem fixissent post urbem, in via Pompeia, te jubere in ea parte figere, quae ad fretum spectaret; et hoc addere — quod negare nullo modo potes, quod omnibus audientibus dixisti palam — te idcirco illum locum deligere, ut ille, quoniam se civem Romanum esse diceret, ex cruce Italiam cernere ac domum suam prospicere posset? Itaque illa crux sola, judices, post conditam Messanam, illo in loco fixa est. Italiae conspectus ad eam rem ab isto delectus est, ut ille, in dolore cruciatuque moriens, perangusto fretu divisa servitutis ac libertatis jura cognosceret; Italia autem alumnum suum servitutis extremo summoque supplicio adfixum videret.

14. Facinus est vincire civem Romanum; scelus verberare; prope parricidium necare: quid dicam in crucem tollere? verbo satis digno tam nefaria res appellari nullo modo potest. Non fuit his omnibus iste contentus. *Spectet* (inquit) *patriam: in conspectu legum libertatisque moriatur.* Non tu hoc loco Gavium, non unum hominem nescio quem, [civem Romanum,] sed communem libertatis et civitatis causam in illum cruciatum et crucem egisti. Jam vero videte hominis audaciam. Nonne eum graviter tulisse arbitramini, quod illam civibus Romanis crucem non posset in foro, non in comitio, non in rostris defigere? Quod enim his locis, in provincia sua, celebritate simillimum, regione proximum potuit, elegit. Monumentum sceleris audaciaeque suae voluit esse in conspectu Italiae, vestibulo Siciliae, praetervectione omnium qui ultro citroque navigarent.

POMPEY'S MILITARY COMMAND.
(*For the Manilian Law.*)
B.C. 66.

THE last serious resistance made to the Roman power in the East was by Mithridates VI., king of Pontus, whose dominions embraced the whole eastern coast of the Black Sea (Pontus Euxinus), including the kingdom of Bosporus (Crimea) on the one hand, and Paphlagonia on the other; while the king of Armenia was closely allied to him by marriage. He was the most formidable enemy encountered by Rome after Hannibal, and there were three several wars between them. The first was conducted by Sulla (B.C. 88–84), who gained great successes, and obliged Mithridates to pay a large sum of money; the second (83–82) was a short and unimportant affair, in which Murena was worsted. The third broke out B.C. 74, and was conducted successfully by Lucius Licinius Lucullus, the ablest general of the aristocracy, who was distinguished for the severe justice of his administration in Asia Minor, and was an amiable and cultivated man, but of very luxurious habits.

When the war had continued for several years, the democratic faction (*populares*) took advantage of some temporary reverses sustained by Lucullus, and the unpopularity of his administration, to revoke his command, and give to the consul of B.C. 67, M'. Acilius Glabrio, — the same who presided at the trial of Verres, — the eastern war as his province. The law was proposed by the tribune A. Gabinius, one of the most active demagogues of the time. Another law, proposed by the same politician, required the Senate to appoint a commander of consular rank, with extraordinary powers for three years, by land and sea, to suppress the piracy which infested every part of the Mediterranean, having its chief seat in Cilicia. It was understood as a matter of course that Gnaeus (or Cneius) Pompey, who had been living in retirement since his consulship, B.C. 70, would receive this appointment. Pompey accomplished his task with the most brilliant success, and in three months had the seas completely cleared. (See below, chap. XII.)

Meantime Glabrio had shown himself wholly incompetent to conduct the war against Mithridates, and early in B.C. 66, the Tribune Caius Manilius, "an utterly incompetent and worthless man," proposed a law extending Pompey's command over the entire East. Power like this was quite inconsistent with the republican institutions of Rome, and with the established authority of the Senate; the law was of course opposed by the leaders of the aristocracy (*optimates*), led by Hortensius and Catulus. Cicero was now prætor. He was no democrat of the school of Gabinius and Cæsar; on the other hand he had no hereditary sympathies with the Senate, and he probably failed to recognize the revolutionary character of the proposition, but considered merely its practical advantages: he therefore supported it with ardor. This was his first political speech. Before this time he had been a public-spirited lawyer; from this time on he was essentially a politician, and it is not hard to see how unfavorably his character was influenced by contact with the corrupt politics of that day.

The Manilian Law was passed, and Pompey fulfilled the most sanguine expectations of his friends. He brought the Mithridatic War to an end, organized the Roman power throughout the East, and returned home B.C. 61, with greater prestige and glory than had ever been reached by any Roman before him.

QUAMQUAM mihi semper frequens conspectus vester multo jucundissimus, hic autem locus ad agendum amplissimus, ad dicendum ornatissimus est visus, Quirites, tamen hoc aditu laudis, qui semper
5 optimo cuique maxime patuit, non mea me voluntas adhuc, sed vitae meae rationes ab ineunte aetate susceptae prohibuerunt. Nam cum antea per aetatem nondum hujus auctoritatem loci attingere auderem, statueremque nihil huc nisi perfectum ingenio, elabo-
10 ratum industria adferri oportere, omne meum tempus amicorum temporibus transmittendum putavi. 2. Ita neque hic locus vacuus umquam fuit ab eis qui vestram causam defenderent, et meus labor, in privatorum periculis caste integreque versatus, ex vestro judicio
15 fructum est amplissimum consecutus. Nam cum propter dilationem comitiorum ter praetor primus centuriis cunctis renuntiatus sum, facile intellexi, Quirites, et quid de me judicaretis, et quid aliis praescri-

beretis. Nunc cum et auctoritatis in me tantum sit, quantum vos honoribus mandandis esse voluistis, et ad agendum facultatis tantum, quantum homini vigilanti ex forensi usu prope cotidiana dicendi exercitatio potuit adferre, certe et si quid auctoritatis in me est, apud eos utar qui eam mihi dederunt, et si quid in dicendo consequi possum, eis ostendam potissimum, qui ei quoque rei fructum suo judicio tribuendum esse duxerunt. 3. Atque illud in primis mihi laetandum jure esse video, quod in hac insolita mihi ex hoc loco ratione dicendi causa talis oblata est, in qua oratio deesse nemini possit. Dicendum est enim de Cn. Pompei singulari eximiaque virtute: hujus autem orationis difficilius est exitum quam principium invenire. Ita mihi non tam copia quam modus in dicendo quaerendus est.

II. 4. Atque,—ut inde oratio mea proficiscatur, unde haec omnis causa ducitur,—bellum grave et periculosum vestris vectigalibus ac sociis a duobus potentissimis regibus infertur, Mithridate et Tigrane, quorum alter relictus, alter lacessitus, occasionem sibi ad occupandam Asiam oblatam esse arbitrantur. Equitibus Romanis, honestissimis viris, adferuntur ex Asia cotidie litterae, quorum magnae res aguntur in vestris vectigalibus exercendis occupatae: qui ad me, pro necessitudine quae mihi est cum illo ordine, causam rei publicae periculaque rerum suarum detulerunt: 5. Bithyniae, quae nunc vestra provincia est, vicos exustos esse compluris; regnum Ariobarzanis, quod finitimum est vestris vectigalibus, totum esse in hostium potestate; L. Lucullum, magnis rebus gestis, ab eo bello discedere; huic qui successerit non satis esse paratum ad tantum bellum administrandum; unum ab omnibus sociis et civibus ad id bellum imperatorem deposci atque expeti, eundem hunc unum ab hostibus metui, praeterea neminem.

6. Causa quae sit videtis: nunc quid agendum sit considerate. Primum mihi videtur de genere belli, deinde de magnitudine, tum de imperatore deligendo esse dicendum. Genus est belli ejus modi, quod maxime vestros animos excitare atque inflammare ad persequendi studium debeat: in quo agitur populi Romani gloria, quae vobis a majoribus cum magna in omnibus rebus tum summa in re militari tradita est; agitur salus sociorum atque amicorum, pro qua multa majores vestri magna et gravia bella gesserunt; aguntur certissima populi Romani vectigalia et maxima, quibus amissis et pacis ornamenta et subsidia belli requiretis; aguntur bona multorum civium, quibus est a vobis et ipsorum et rei publicae causa consulendum. III. **7.** Et quoniam semper appetentes gloriae praeter ceteras gentis atque avidi laudis fuistis, delenda est vobis illa macula [Mithridatico] bello superiore concepta, quae penitus jam insedit ac nimis inveteravit in populi Romani nomine, — quod is, qui uno die, tota in Asia, tot in civitatibus, uno nuntio atque una significatione [litterarum] civis Romanos necandos trucidandosque denotavit, non modo adhuc poenam nullam suo dignam scelere suscepit, sed ab illo tempore annum jam tertium et vicesimum regnat, et ita regnat, ut se non Ponti neque Cappadociae latebris occultare velit, sed emergere ex patrio regno atque in vestris vectigalibus, hoc est, in Asiae luce versari. **8.** Etenim adhuc ita nostri cum illo rege contenderunt imperatores, ut ab illo insignia victoriae, non victoriam reportarent. Triumphavit L. Sulla, triumphavit L. Murena de Mithridate, duo fortissimi viri et summi imperatores; sed ita triumpharunt, ut ille pulsus superatusque regnaret. Verum tamen illis imperatoribus laus est tribuenda quod egerunt, venia danda quod reliquerunt, propterea quod ab eo bello Sullam in Italiam res publica, Murenam Sulla revocavit.

IV. 9. Mithridates autem omne reliquum tempus non ad oblivionem veteris belli, sed ad comparationem novi contulit: qui [postea] cum maximas aedificasset ornassetque classis exercitusque permagnos quibuscumque ex gentibus potuisset comparasset, et se Bosporanis finitimis suis bellum inferre simularet, usque in Hispaniam legatos ac litteras misit ad eos duces quibuscum tum bellum gerebamus, ut, cum duobus in locis disjunctissimis maximeque diversis uno consilio a binis hostium copiis bellum terra marique gereretur, vos ancipiti contentione districti de imperio dimicaretis. 10. Sed tamen alterius partis periculum, Sertorianae atque Hispaniensis, quae multo plus firmamenti ac roboris habebat, Cn. Pompei divino consilio ac singulari virtute depulsum est; in altera parte ita res a L. Lucullo summo viro est administrata, ut initia illa rerum gestarum magna atque praeclara non felicitati ejus, sed virtuti, haec autem extrema, quae nuper acciderunt, non culpae, sed fortunae tribuenda esse videantur. Sed de Lucullo dicam alio loco, et ita dicam, Quirites, ut neque vera laus ei detracta oratione mea neque falsa adficta esse videatur: 11. de vestri imperi dignitate atque gloria — quoniam is est exorsus orationis meae — videte quem vobis animum suscipiendum putetis.

V. Majores nostri saepe mercatoribus aut naviculariis nostris injuriosius tractatis bella gesserunt: vos, tot milibus civium Romanorum uno nuntio atque uno tempore necatis, quo tandem animo esse debetis? Legati quod erant appellati superbius, Corinthum patres vestri totius Graeciae lumen exstinctum esse voluerunt: vos eum regem inultum esse patiemini, qui legatum populi Romani consularem vinculis ac verberibus atque omni supplicio excruciatum necavit? Illi libertatem imminutam civium Romanorum non tulerunt: vos ereptam vitam neglegetis? legationis verbo violatum illi persecuti sunt: vos legatum omni supplicio interfectum relinquetis? 12. Videte ne, ut illis pulcherrimum fuit tantam vobis imperi gloriam tradere, sic vobis turpissimum sit, id quod accepistis tueri et conservare non posse.

Quid? quod salus sociorum summum in periculum ac discrimen vocatur, quo tandem animo ferre debetis? Regno est expulsus Ariobarzanes rex, socius populi Romani atque amicus; imminent duo reges toti Asiae non solum vobis inimicissimi, sed etiam vestris sociis atque amicis; civitates autem omnes cuncta Asia atque Graecia vestrum auxilium exspectare propter periculi magnitudinem coguntur; imperatorem a vobis certum deposcere, cum praesertim vos alium miseritis, neque audent, neque se id facere sine summo periculo posse arbitrantur. 13. Vident et sentiunt hoc idem quod vos, —unum virum esse, in quo summa sint omnia, et eum propter esse, quo etiam carent aegrius; cujus adventu ipso atque nomine, tametsi ille ad maritimum bellum venerit, tamen impetus hostium repressos esse intellegunt ac retardatos. Hi vos, quoniam libere loqui non licet, tacite rogant, ut se quoque, sicut ceterarum provinciarum socios, dignos existimetis, quorum salutem tali viro commendetis; atque hoc etiam magis, quod ceteros in provinciam ejus modi homines cum imperio mittimus, ut etiam si ab hoste defendant, tamen ipsorum adventus in urbis sociorum non multum ab hostili expugnatione differant. Hunc audiebant antea, nunc praesentem vident, tanta temperantia, tanta mansuetudine, tanta humanitate, ut ei beatissimi esse videantur, apud quos ille diutissime commoratur.

VI. 14. Qua re si propter socios, nulla ipsi injuria lacessiti, majores nostri cum Antiocho, cum Philippo, cum Aetolis, cum Poenis bella gesserunt, quanto vos studio convenit injuriis provocatos sociorum salutem una cum imperi vestri dignitate defendere, praesertim

cum de maximis vestris vectigalibus agatur? Nam
ceterarum provinciarum vectigalia, Quirites, tanta
sunt, ut eis ad ipsas provincias tutandas vix contenti
esse possimus: Asia vero tam opima est ac fertilis, ut
et ubertate agrorum et varietate fructuum et magnitu- 5
dine pastionis et multitudine earum rerum quae exportantur, facile omnibus terris antecellat. Itaque haec
vobis provincia, Quirites, si et belli utilitatem et pacis
dignitatem retinere voltis, non modo a calamitate, sed
etiam a metu calamitatis est defendenda. 15. Nam in 10
ceteris rebus cum venit calamitas, tum detrimentum
accipitur; at in vectigalibus non solum adventus mali,
sed etiam metus ipse adfert calamitatem. Nam cum
hostium copiae non longe absunt, etiam si inruptio
nulla facta est, tamen pecuaria relinquitur, agri cul- 15
tura deseritur, mercatorum navigatio conquiescit. Ita
neque ex portu neque ex decumis neque ex scriptura
vectigal conservari potest: qua re saepe totius anni
fructus uno rumore periculi atque uno belli terrore
amittitur. 16. Quo tandem igitur animo esse existimatis 20
aut eos qui vectigalia nobis pensitant, aut eos qui exercent atque exigunt, cum duo reges cum maximis copiis
propter adsint? cum una excursio equitatus perbrevi
tempore totius anni vectigal auferre possit? cum publicani familias maximas, quas in saltibus habent, quas 25
in agris, quas in portubus atque custodiis, magno periculo se habere arbitrentur? Putatisne vos illis rebus
frui posse, nisi eos qui vobis fructui sunt conservaritis non solum (ut ante dixi) calamitate, sed etiam
calamitatis formidine liberatos. 30

VII. 17. Ac ne illud quidem vobis neglegendum est,
quod mihi ego extremum proposueram, cum essem de
belli genere dicturus, quod ad multorum bona civium
Romanorum pertinet, quorum vobis pro vestra sapientia, Quirites, habenda est ratio diligenter. Nam et 35
publicani, homines honestissimi atque ornatissimi, suas

rationes et copias in illam provinciam contulerunt, quorum ipsorum per se res et fortunae vobis curae esse debent. Etenim si vectigalia nervos esse rei publicae semper duximus, eum certe ordinem, qui exercet illa, firmamentum ceterorum ordinum recte esse dicemus. 18. Deinde ex ceteris ordinibus homines gnavi atque industrii partim ipsi in Asia negotiantur, quibus vos absentibus consulere debetis, partim eorum in ea provincia pecunias magnas conlocatas habent. Est igitur humanitatis vestrae magnum numerum eorum civium calamitate prohibere, sapientiae videre multorum civium calamitatem a re publica sejunctam esse non posse. Etenim primum illud parvi refert, nos publica his amissis [vectigalia] postea victoria recuperare. Neque enim isdem redimendi facultas erit propter calamitatem, neque aliis voluntas propter timorem. 19. Deinde quod nos eadem Asia atque idem iste Mithridates initio belli Asiatici docuit, id quidem certe calamitate docti memoria retinere debemus. Nam tum, cum in Asia res magnas permulti amiserant, scimus Romae, solutione impedita, fidem concidisse. Non enim possunt una in civitate multi rem ac fortunas amittere, ut non plures secum in eandem trahant calamitatem. A quo periculo prohibete rem publicam, et mihi credite id quod ipsi videtis: haec fides atque haec ratio pecuniarum, quae Romae, quae in foro versatur, implicata est cum illis pecuniis Asiaticis et cohaeret. Ruere illa non possunt, ut haec non eodem labefacta motu concidant. Qua re videte num dubitandum vobis sit omni studio ad id bellum incumbere, in quo gloria nominis vestri, salus sociorum, vectigalia maxima, fortunae plurimorum civium conjunctae cum re publica defendantur.

VIII. 20. Quoniam de genere belli dixi, nunc de magnitudine pauca dicam. Potest hoc enim dici, belli genus esse ita necessarium ut sit gerendum, non esse ita magnum ut sit pertimescendum. In quo maxime elaborandum est, ne forte *ea* vobis quae diligentissime providenda sunt, contemnenda esse videantur. Atque ut omnes intellegant me L. Lucullo tantum impertire laudis, quantum forti viro et sapienti homini et magno imperatori debeatur, dico ejus adventu maximas Mithridati copias omnibus rebus ornatas atque instructas fuisse, urbemque Asiae clarissimam nobisque amicissimam, Cyzicenorum, obsessam esse ab ipso rege maxima multitudine et oppugnatam vehementissime, quam L. Lucullus virtute, adsiduitate, consilio, summis obsidionis periculis liberavit: 21. ab eodem imperatore classem magnam et ornatam, quae ducibus Sertorianis ad Italiam studio atque odio inflammata raperetur, superatam esse atque depressam; magnas hostium praeterea copias multis proeliis esse deletas, patefactumque nostris legionibus esse Pontum, qui antea populo Romano ex omni aditu clausus fuisset; Sinopen atque Amisum, quibus in oppidis erant domicilia regis, omnibus rebus ornatas ac refertas, ceterasque urbis Ponti et Cappadociae permultas, uno aditu adventuque esse captas; regem, spoliatum regno patrio atque avito, ad alios se reges atque ad alias gentis supplicem contulisse; atque haec omnia salvis populi Romani sociis atque integris vectigalibus esse gesta. Satis opinor haec esse laudis, atque ita, Quirites, ut hoc vos intellegatis, a nullo istorum, qui huic obtrectant legi atque causae, L. Lucullum similiter ex hoc loco esse laudatum.

IX. 22. Requiretur fortasse nunc quem ad modum, cum haec ita sint, reliquum possit magnum esse bellum. Cognoscite, Quirites. Non enim hoc sine causa quaeri videtur. Primum ex suo regno sic Mithridates profugit, ut ex eodem Ponto Medea illa quondam profugisse dicitur, quam praedicant in fuga fratris sui membra in eis locis, qua se parens persequeretur, dissipavisse, ut eorum conlectio dispersa, maerorque patrius, celeritatem persequendi retardaret. Sic Mithridates fugiens maximam vim auri atque argenti pulcherrimarumque rerum omnium, quas et a majoribus acceperat et ipse bello superiore ex tota Asia direptas in suum regnum congesserat, in Ponto omnem reliquit. Haec dum nostri conligunt omnia diligentius, rex ipse e manibus effugit. Ita illum in persequendi studio maeror, hos laetitia tardavit. 23. Hunc in illo timore et fuga Tigranes rex Armenius excepit, diffidentemque rebus suis confirmavit, et adflictum erexit, perditumque recreavit. Cujus in regnum postea quam L. Lucullus cum exercitu venit, plures etiam gentes contra imperatorem nostrum concitatae sunt. Erat enim metus injectus eis nationibus, quas numquam populus Romanus neque lacessendas bello neque temptandas putavit: erat etiam alia gravis atque vehemens opinio, quae animos gentium barbararum pervaserat, fani locupletissimi et religiosissimi diripiendi causa in eas oras nostrum esse exercitum adductum. Ita nationes multae atque magnae novo quodam terrore ac metu concitabantur. Noster autem exercitus, tametsi urbem ex Tigrani regno ceperat, et proeliis usus erat secundis, tamen nimia longinquitate locorum ac desiderio suorum commovebatur.

24. Hic jam plura non dicam. Fuit enim illud extremum, ut ex eis locis a militibus nostris reditus magis maturus quam processio longior quaereretur. Mithridates autem et suam manum jam confirmarat, [et eorum] qui se ex ipsius regno conlegerant, et magnis adventiciis auxiliis multorum regum et nationum juvabatur. Jam hoc fere sic fieri solere accepimus, ut regum adflictae fortunae facile multorum opes adliciant ad misericordiam, maximeque eorum qui aut reges sunt aut vivunt in regno, ut eis nomen regale magnum et sanctum esse videatur. 25. Itaque tantum victus efficere potuit, quantum incolumis numquam est ausus

optare. Nam cum se in regnum suum recepisset, non
fuit eo contentus, quod ei praeter spem acciderat, — ut
illam, postea quam pulsus erat, terram umquam attingeret, — sed in exercitum nostrum clarum atque victorem
impetum fecit. Sinite hoc loco, Quirites, sicut poëtae
solent, qui res Romanas scribunt, praeterire me nostram calamitatem, quae tanta fuit, ut eam ad auris
[Luculli] imperatoris non ex proelio nuntius, sed ex
sermone rumor adferret. 26. Hic in illo ipso malo gra-
vissimaque belli offensione, L. Lucullus, qui tamen aliqua ex parte eis incommodis mederi fortasse potuisset,
vestro jussu coactus, — qui imperi diuturnitati modum
statuendum vetere exemplo putavistis, — partem militum, qui jam stipendiis confecti erant, dimisit, partem
M'. Glabrioni tradidit. Multa praetereo consulto, sed
ea vos conjectura perspicite, quantum illud bellum factum putetis, quod conjungant reges potentissimi, reno-
vent agitatae nationes, suscipiant integrae gentes, novus imperator noster accipiat, vetere exercitu pulso.

X. 27. Satis mihi multa verba fecisse videor, qua
re esset hoc bellum genere ipso necessarium, magnitudine periculosum. Restat ut de imperatore ad
id bellum deligendo ac tantis rebus praeficiendo
dicendum esse videatur.

Utinam, Quirites, virorum fortium atque innocentium copiam tantam haberetis, ut haec vobis delibera-
tio difficilis esset, quemnam potissimum tantis rebus ac
tanto bello praeficiendum putaretis! Nunc vero — cum
sit unus Cn. Pompeius, qui non modo eorum hominum
qui nunc sunt gloriam, sed etiam antiquitatis memoriam virtute superarit — quae res est quae cujusquam
animum in hac causa dubium facere possit? 28. Ego
enim sic existimo, in summo imperatore quattuor has
res inesse oportere, — scientiam rei militaris, virtutem,
auctoritatem, felicitatem. Quis igitur hoc homine
scientior umquam aut fuit aut esse debuit? qui e ludo

atque e pueritiae disciplinis bello maximo atque acerrimis hostibus ad patris exercitum atque in militiae disciplinam profectus est; qui extrema pueritia miles in exercitu fuit summi imperatoris, ineunte adulescentia maximi ipse exercitus imperator; qui saepius cum hoste conflixit quam quisquam cum inimico concertavit, plura bella gessit quam ceteri legerunt, plures provincias confecit quam alii concupiverunt; cujus adulescentia ad scientiam rei militaris non alienis praeceptis sed suis imperiis, non offensionibus belli sed victoriis, non stipendiis sed triumphis est erudita. Quod denique genus esse belli potest, in quo illum non exercuerit fortuna rei publicae? Civile, Africanum, Transalpinum, Hispaniense, [mixtum ex civitatibus atque ex bellicosissimis nationibus,] servile, navale bellum, varia et diversa genera et bellorum et hostium, non solum gesta ab hoc uno, sed etiam confecta, nullam rem esse declarant in usu positam militari, quae hujus viri scientiam fugere possit.

XI. 29. Jam vero virtuti Cn. Pompei quae potest oratio par inveniri? Quid est quod quisquam aut illo dignum aut vobis novum aut cuiquam inauditum possit adferre? Neque enim illae sunt solae virtutes imperatoriae, quae volgo existimantur,—labor in negotiis, fortitudo in periculis, industria in agendo, celeritas in conficiendo, consilium in providendo: quae tanta sunt in hoc uno, quanta in omnibus reliquis imperatoribus, quos aut vidimus aut audivimus, non fuerunt. 30. Testis est Italia, quam ille ipse victor· L. Sulla hujus virtute et subsidio confessus est liberatam. Testis est Sicilia, quam multis undique cinctam periculis non terrore belli, sed consili celeritate explicavit. Testis est Africa, quae, magnis oppressa hostium copiis, eorum ipsorum sanguine redundavit. Testis est Gallia, per quam legionibus nostris iter in Hispaniam Gallorum internecione patefactum est. Testis est Hispania, quae saepissime plurimos hostis ab hoc superatos prostratosque conspexit. Testis est iterum et saepius Italia, quae cum servili bello taetro periculosoque premeretur, ab hoc auxilium absente expetivit: quod bellum exspectatione ejus attenuatum atque imminutum est, 5 adventu sublatum ac sepultum. 31. Testes nunc vero jam omnes orae atque omnes exterae gentes ac nationes, denique maria omnia cum universa, tum in singulis oris omnes sinus atque portus. Quis enim toto mari locus per hos annos aut tam firmum habuit prae- 10 sidium ut tutus esset, aut tam fuit abditus ut lateret? Quis navigavit qui non se aut mortis aut servitutis periculo committeret, cum aut hieme aut referto praedonum mari navigaret? Hoc tantum bellum, tam turpe, tam vetus, tam late divisum atque dispersum, 15 quis umquam arbitraretur aut ab omnibus imperatoribus uno anno aut omnibus annis ab uno imperatore confici posse? 32. Quam provinciam tenuistis a praedonibus liberam per hosce annos? quod vectigal vobis tutum fuit? quem socium defendistis? cui praesidio 20 classibus vestris fuistis? quam multas existimatis insulas esse desertas? quam multas aut metu relictas aut a praedonibus captas urbis esse sociorum?

XII. Sed quid ego longinqua commemoro? Fuit hoc quondam, fuit proprium populi Romani, longe a 25 domo bellare, et propugnaculis imperi sociorum fortunas, non sua tecta defendere. Sociis ego nostris mare per hos annos clausum fuisse dicam, cum exercitus vestri numquam a Brundisio nisi hieme summa transmiserint? Qui ad vos ab exteris nationibus venirent 30 captos querar, cum legati populi Romani redempti sint? Mercatoribus tutum mare non fuisse dicam, cum duodecim secures in praedonum potestatem pervenerint? 33. Cnidum aut Colophonem aut Samum, nobilissimas urbis, innumerabilisque alias captas esse 35 commemorem, cum vestros portus, atque eos portus

quibus vitam ac spiritum ducitis, in praedonum fuisse
potestatem sciatis? An vero ignoratis portum Cajetae
celeberrimum ac plenissimum navium inspectante
praetore a praedonibus esse direptum? ex Miseno
5 autem ejus ipsius liberos, qui cum praedonibus antea
ibi bellum gesserat, a praedonibus esse sublatos?
Nam quid ego Ostiense incommodum atque illam labem atque ignominiam rei publicae querar, cum, prope inspectantibus vobis, classis ea, cui consul populi
10 Romani praepositus esset, a praedonibus capta atque
oppressa est? Pro di immortales! tantamne unius
hominis incredibilis ac divina virtus tam brevi tempore
lucem adferre rei publicae potuit, ut vos, qui modo
ante ostium Tiberinum classem hostium videbatis, ei
15 nunc nullam intra Oceani ostium praedonum navem
esse audiatis? 34. Atque haec qua celeritate gesta
sint quamquam videtis, tamen a me in dicendo praetereunda non sunt. Quis enim umquam aut obeundi
negoti aut consequendi quaestus studio tam brevi tem-
20 pore tot loca adire, tantos cursus conficere potuit, quam
celeriter Cn. Pompeio duce tanti belli impetus navigavit? Qui nondum tempestivo ad navigandum mari Siciliam adiit, Africam exploravit; inde Sardiniam cum
classe venit, atque haec tria frumentaria subsidia rei
25 publicae firmissimis praesidiis classibusque munivit;
35. inde cum se in Italiam recepisset, duabus Hispaniis et Gallia [transalpina] praesidiis ac navibus confirmata, missis item in oram Illyrici maris et in Achaiam
omnemque Graeciam navibus, Italiae duo maria maxi-
30 mis classibus firmissimisque praesidiis adornavit; ipse
autem ut Brundisio profectus est, undequinquagesimo
die totam ad imperium populi Romani Ciliciam adjunxit; omnes, qui ubique praedones fuerunt, partim
capti interfectique sunt, partim unius hujus se imperio
35 ac potestati dediderunt. Idem Cretensibus, cum ad
eum usque in Pamphyliam legatos deprecatoresque

misissent, spem deditionis non ademit, obsidesque imperavit. Ita tantum bellum, tam diuturnum, tam longe lateque dispersum, quo bello omnes gentes ac nationes premebantur, Cn. Pompeius extrema hieme apparavit, ineunte vere suscepit, media aestate confecit.

XIII. 36. Est haec divina atque incredibilis virtus imperatoris. Quid ceterae, quas paulo ante commemorare coeperam, quantae atque quam multae sunt? Non enim bellandi virtus solum in summo ac perfecto imperatore quaerenda est, sed multae sunt artes eximiae hujus administrae comitesque virtutis. Ac primum, quanta innocentia debent esse imperatores? quanta deinde in omnibus rebus temperantia? quanta fide? quanta facilitate? quanto ingenio? quanta humanitate? Quae breviter qualia sint in Cn. Pompeio consideremus: summa enim omnia sunt, Quirites, sed ea magis ex aliorum contentione quam ipsa per sese cognosci atque intellegi possunt. 37. Quem enim imperatorem possumus ullo in numero putare, cujus in exercitu centuriatus veneant atque venierint? Quid hunc hominem magnum aut amplum de re publica cogitare, qui pecuniam, ex aerario depromptam ad bellum administrandum, aut propter cupiditatem provinciae magistratibus diviserit, aut propter avaritiam Romae in quaestu reliquerit? Vestra admurmuratio facit, Quirites, ut agnoscere videamini qui haec fecerint: ego autem nomino neminem; qua re irasci mihi nemo poterit, nisi qui ante de se voluerit confiteri. Itaque propter hanc avaritiam imperatorum quantas calamitates, quocumque ventum est, nostri exercitus ferant quis ignorat? 38. Itinera quae per hosce annos in Italia per agros atque oppida civium Romanorum nostri imperatores fecerint recordamini: tum facilius statuetis quid apud exteras nationes fieri existimetis. Utrum pluris arbitramini per hosce annos militum

vestrorum armis hostium urbis, an hibernis sociorum civitates esse deletas? Neque enim potest exercitum is continere imperator, qui se ipse non continet, neque severus esse in judicando, qui alios in se severos esse
5 judices non volt. 39. Hic miramur hunc hominem tantum excellere ceteris, cujus legiones sic in Asiam pervenerint, ut non modo manus tanti exercitus, sed ne vestigium quidem cuiquam pacato nocuisse dicatur?
Jam vero quem ad modum milites hibernent cotidie
10 sermones ac litterae perferuntur: non modo ut sumptum faciat in militem nemini vis adfertur, sed ne cupienti quidem cuiquam permittitur. Hiemis enim, non avaritiae perfugium majores nostri in sociorum atque amicorum tectis esse voluerunt.
15 XIV. 40. Age vero: ceteris in rebus quali sit temperantia considerate. Unde illam tantam celeritatem et tam incredibilem cursum inventum putatis? Non enim illum eximia vis remigum aut ars inaudita quaedam gubernandi aut venti aliqui novi tam celeriter in
20 ultimas terras pertulerunt; sed eae res quae ceteros remorari solent, non retardarunt: non avaritia ab instituto cursu ad praedam aliquam devocavit, non libido ad voluptatem, non amoenitas ad delectationem, non nobilitas urbis ad cognitionem, non denique labor ipse
25 ad quietem; postremo signa et tabulas ceteraque ornamenta Graecorum oppidorum, quae ceteri tollenda esse arbitrantur, ea sibi ille ne visenda quidem existimavit. 41. Itaque omnes nunc in eis locis Cn. Pompeium sicut aliquem non ex hac urbe missum, sed de
30 caelo delapsum intuentur. Nunc denique incipiunt credere fuisse homines Romanos hac quondam continentia, quod jam nationibus exteris incredibile ac falso memoriae proditum videbatur. Nunc imperi vestri splendor illis gentibus lucem adferre coepit. Nunc in-
35 tellegunt non sine causa majores suos, tum cum ea temperantia magistratus habebamus, servire populo

Romano quam imperare aliis maluisse. Jam vero ita
faciles aditus ad eum privatorum, ita liberae queri-
moniae de aliorum injuriis esse dicuntur, ut is, qui
dignitate principibus excellit, facilitate infimis par esse
videatur. 42. Jam quantum consilio, quantum dicendi
gravitate et copia valeat, — in quo ipso inest quaedam
dignitas imperatoria, — vos, Quirites, hoc ipso ex loco
saepe cognovistis. Fidem vero ejus quantam inter socios
existimari putatis, quam hostes omnes omnium gene-
rum sanctissimam judicarint? Humanitate jam tanta
est, ut difficile dictu sit utrum hostes magis virtutem
ejus pugnantes timuerint, an mansuetudinem victi di-
lexerint. Et quisquam dubitabit quin huic hoc tantum
bellum transmittendum sit, qui ad omnia nostrae memoriae bella conficienda divino quodam consilio natus
esse videatur?

XV. 43. Et quoniam auctoritas quoque in bellis
administrandis multum atque in imperio militari valet,
certe nemini dubium est quin ea re idem ille imperator
plurimum possit. Vehementer autem pertinere ad
bella administranda quid hostes, quid socii de imperatoribus nostris existiment quis ignorat, cum sciamus
homines in tantis rebus, ut aut contemnant aut metuant
aut oderint aut ament, opinione non minus et fama
quam aliqua ratione certa commoveri? Quod igitur
nomen umquam in orbe terrarum clarius fuit? cujus
res gestae pares? de quo homine vos, — id quod maxime facit auctoritatem, — tanta et tam praeclara judicia
fecistis? 44. An vero ullam usquam esse oram tam
desertam putatis, quo non illius diei fama pervaserit,
cum universus populus Romanus, referto foro comple-
tisque omnibus templis ex quibus hic locus conspici
potest, unum sibi ad commune omnium gentium bellum
Cn. Pompeium imperatorem depoposcit? Itaque — ut
plura non dicam, neque aliorum exemplis confirmem
quantum [hujus] auctoritas valeat in bello — ab eodem

Cn. Pompeio omnium rerum egregiarum exempla sumantur: qui quo die a vobis maritimo bello praepositus est imperator, tanta repente vilitas annonae ex summa inopia et caritate rei frumentariae consecuta est unius hominis spe ac nomine, quantam vix in summa ubertate agrorum diuturna pax efficere potuisset. 45. Jam accepta in Ponto calamitate ex eo proelio, de quo vos paulo ante invitus admonui, — cum socii pertimuissent, hostium opes animique crevissent, satis firmum praesidium provincia non haberet, — amisissetis Asiam, Quirites, nisi ad ipsum discrimen ejus temporis divinitus Cn. Pompeium ad eas regiones fortuna populi Romani attulisset. Hujus adventus et Mithridatem insolita inflammatum victoria continuit, et Tigranem magnis copiis minitantem Asiae retardavit. Et quisquam dubitabit quid virtute perfecturus sit, qui tantum auctoritate perfecerit? aut quam facile imperio atque exercitu socios et vectigalia conservaturus sit, qui ipso nomine ac rumore defenderit? XVI. 46. Age vero, illa res quantam declarat ejusdem hominis apud hostis populi Romani auctoritatem, quod ex locis tam longinquis tamque diversis tam brevi tempore omnes huic se uni dediderunt? quod *a* communi Cretensium legati, cum in eorum insula noster imperator exercitusque esset, ad Cn. Pompeium in ultimas prope terras venerunt, eique se omnis Cretensium civitates dedere velle dixerunt? Quid? idem iste Mithridates nonne ad eundem Cn. Pompeium legatum usque in Hispaniam misit? eum quem Pompeius legatum semper judicavit, ei quibus erat [semper] molestum ad eum potissimum esse missum, speculatorem quam legatum judicari maluerunt. Potestis igitur jam constituere, Quirites, hanc auctoritatem, multis postea rebus gestis magnisque vestris judiciis amplificatam, quantum apud illos reges, quantum apud exteras nationes valituram esse existimetis.

47. Reliquum est ut de felicitate (quam praestare de se ipso nemo potest, meminisse et commemorare de altero possumus, sicut aequum est homines de potestate deorum) timide et pauca dicamus. Ego enim sic existimo: Maximo, Marcello, Scipioni, Mario, et ceteris magnis imperatoribus non solum propter virtutem, sed etiam propter fortunam saepius imperia mandata atque exercitus esse commissos. Fuit enim profecto quibusdam summis viris quaedam ad amplitudinem et ad gloriam et ad res magnas bene gerendas divinitus adjuncta fortuna. De hujus autem hominis felicitate, de quo nunc agimus, hac utar moderatione dicendi, non ut in illius potestate fortunam positam esse dicam, sed ut praeterita meminisse, reliqua sperare videamur, ne aut invisa dis immortalibus oratio nostra aut ingrata esse videatur. **48.** Itaque non sum praedicaturus quantas ille res domi militiae, terra marique, quantaque felicitate gesserit; ut ejus semper voluntatibus non modo cives adsenserint, socii obtemperarint, hostes obedierint, sed etiam venti tempestatesque obsecundarint: hoc brevissime dicam, neminem umquam tam impudentem fuisse, qui ab dis immortalibus tot et tantas res tacitus auderet optare, quot et quantas di immortales ad Cn. Pompeium detulerunt. Quod ut illi proprium ac perpetuum sit, Quirites, cum communis salutis atque imperi tum ipsius hominis causa, sicuti facitis, velle et optare debetis.

49. Qua re, — cum et bellum sit ita necessarium ut neglegi non possit, ita magnum ut accuratissime sit administrandum; et cum ei imperatorem praeficere possitis, in quo sit eximia belli scientia, singularis virtus, clarissima auctoritas, egregia fortuna, — dubitatis, Quirites, quin hoc tantum boni, quod vobis ab dis immortalibus oblatum et datum est, in rem publicam conservandam atque amplificandam conferatis? XVII. **50.** Quod si Romae Cn. Pompeius privatus esset hoc tempore, tamen ad tantum bellum is erat deligendus atque mittendus: nunc cum ad ceteras summas utilitates haec quoque opportunitas adjungatur, ut in eis ipsis locis adsit, ut habeat exercitum, ut ab eis qui habent accipere statim possit, quid exspectamus? aut cur non ducibus dis immortalibus eidem, cui cetera summa cum salute rei publicae commissa sunt, hoc quoque bellum regium committamus?

51. At enim vir clarissimus, amantissimus rei publicae, vestris beneficiis amplissimis adfectus, Q. Catulus, itemque summis ornamentis honoris, fortunae, virtutis, ingeni praeditus, Q. Hortensius, ab hac ratione dissentiunt. Quorum ego auctoritatem apud vos multis locis plurimum valuisse et valere oportere confiteor; sed in hac causa, tametsi cognoscitis auctoritates contrarias virorum fortissimorum et clarissimorum, tamen omissis auctoritatibus ipsa re ac ratione exquirere possumus veritatem, atque hoc facilius, quod ea omnia quae a me adhuc dicta sunt, eidem isti vera esse concedunt, — et necessarium bellum esse et magnum, et in uno Cn. Pompeio summa esse omnia. 52. Quid igitur ait Hortensius? Si uni omnia tribuenda sint dignissimum esse Pompeium, sed ad unum tamen omnia deferri non oportere. Obsolevit jam ista oratio, re multo magis quam verbis refutata. Nam tu idem, Q. Hortensi, multa pro tua summa copia ac singulari facultate dicendi et in senatu contra virum fortem, A. Gabinium, graviter ornateque dixisti, cum is de uno imperatore contra praedones constituendo legem promulgasset, et ex hoc ipso loco permulta item contra eam legem verba fecisti. 53. Quid? tum, per deos immortalis! si plus apud populum Romanum auctoritas tua quam ipsius populi Romani salus et vera causa valuisset, hodie hanc gloriam atque hoc orbis terrae imperium teneremus? An tibi tum imperium hoc esse videbatur, cum populi Romani legati quaestores prae-

toresque capiebantur? cum ex omnibus provinciis commeatu et privato et publico prohibebamur? cum ita clausa nobis erant maria omnia, ut neque privatam rem transmarinam neque publicam jam obire possemus?

XVIII. 54. Quae civitas antea umquam fuit, — non dico Atheniensium, quae satis late quondam mare tenuisse dicitur; non Karthaginiensium, qui permultum classe ac maritimis rebus valuerunt; non Rhodiorum, quorum usque ad nostram memoriam disciplina navalis et gloria remansit, — *sed* quae civitas umquam antea tam tenuis, *quae* tam parva insula fuit, quae non portus suos et agros et aliquam partem regionis atque orae maritimae per se ipsa defenderet? At (hercule) aliquot annos continuos ante legem Gabiniam ille populus Romanus, cujus usque ad nostram memoriam nomen invictum in navalibus pugnis permanserit, magna ac multo maxima parte non modo utilitatis, sed dignitatis atque imperi caruit. 55. Nos, quorum majores Antiochum regem classe Persenque superarunt, omnibusque navalibus pugnis Karthaginiensis, homines in maritimis rebus exercitatissimos paratissimosque, vicerunt, ei nullo in loco jam praedonibus pares esse poteramus: nos, qui antea non modo Italiam tutam habebamus, sed omnis socios in ultimis oris auctoritate nostri imperi salvos praestare poteramus, — tum cum insula Delos, tam procul a nobis in Aegaeo mari posita, quo omnes undique cum mercibus atque oneribus commeabant, referta divitiis, parva, sine muro, nihil timebat, — eidem non modo provinciis atque oris Italiae maritimis ac portubus nostris, sed etiam Appia jam via carebamus; et eis temporibus non pudebat magistratus populi Romani in hunc ipsum locum escendere, cum eum nobis majores nostri exuviis nauticis et classium spoliis ornatum reliquissent.

XIX. 56. Bono te animo tum, Q. Hortensi, populus Romanus et ceteros qui erant in eadem sententia, dicere existimavit ea quae sentiebatis: sed tamen in salute communi idem populus Romanus dolori suo maluit quam auctoritati vestrae obtemperare. Itaque una lex, unus vir, unus annus non modo nos illa miseria ac turpitudine liberavit, sed etiam effecit, ut aliquando vere videremur omnibus gentibus ac nationibus terra marique imperare. 57. Quo mihi etiam indignius videtur obtrectatum esse adhuc, — Gabinio dicam anne Pompeio, an utrique, id quod est verius? — ne legaretur A. Gabinius Cn. Pompeio expetenti ac postulanti. Utrum ille, qui postulat ad tantum bellum legatum quem velit, idoneus non est qui impetret, cum ceteri ad expilandos socios diripiendasque provincias quos voluerunt legatos eduxerint; an ipse, cujus lege salus ac dignitas populo Romano atque omnibus gentibus constituta est, expers esse debet gloriae ejus imperatoris atque ejus exercitus, qui consilio ipsius ac periculo est constitutus? 58. An C. Falcidius, Q. Metellus, Q. Caelius Latiniensis, Cn. Lentulus, quos omnis honoris causa nomino, cum tribuni plebi fuissent, anno proximo legati esse potuerunt: in uno Gabinio sunt tam diligentes, qui in hoc bello, quod lege Gabinia geritur, in hoc imperatore atque exercitu, quem per vos ipse constituit, etiam praecipuo jure esse deberet? De quo legando consules spero ad senatum relaturos. Qui si dubitabunt aut gravabuntur, ego me profiteor relaturum. Neque me impediet cujusquam inimicum edictum, quo minus vobis fretus vestrum jus beneficiumque defendam; neque praeter intercessionem quicquam audiam, de qua (ut arbitror) isti ipsi, qui minantur, etiam atque etiam quid liceat considerabunt. Mea quidem sententia, Quirites, unus A. Gabinius belli maritimi rerumque gestarum Cn. Pompeio socius ascribitur, propterea quod alter uni illud bellum suscipiendum vestris suffragiis detulit, alter delatum susceptumque confecit.

XX. 59. Reliquum est ut de Q. Catuli auctoritate et
sententia dicendum esse videatur. Qui cum ex vobis
quaereret, si in uno Cn. Pompeio omnia poneretis, si
quid eo factum esset, in quo spem essetis habituri, —
cepit magnum suae virtutis fructum ac dignitatis, cum 5
omnes una prope voce in [eo] ipso vos spem habituros
esse dixistis. Etenim talis est vir, ut nulla res tanta sit
ac tam difficilis, quam ille non et consilio regere et integritate tueri et virtute conficere possit. Sed in hoc
ipso ab eo vehementissime dissentio, quod, quo minus 10
certa est hominum ac minus diuturna vita, hoc magis
res publica, dum per deos immortalis licet, frui debet
summi viri vita atque virtute. 60. 'At enim ne quid
novi ·fiat contra exempla atque instituta majorum.'
Non dicam hoc loco majores nostros semper in pace 15
consuetudini, in bello utilitati paruisse; semper ad no-
vos casus temporum novorum consiliorum rationes adcommodasse: non dicam duo bella maxima, Punicum
atque Hispaniense, ab uno imperatore esse confecta,
duasque urbis potentissimas, quae huic imperio maxi- 20
me minitabantur, Karthaginem atque Numantiam, ab
eodem Scipione esse deletas: non commemorabo nuper
ita vobis patribusque vestris esse visum, ut in uno C.
Mario spes imperi poneretur, ut idem cum Jugurtha,
idem cum Cimbris, idem cum Teutonis bellum admin- 25
istraret. 61. In ipso Cn. Pompeio, in quo novi con-
stitui nihil volt Q. Catulus, quam multa sint nova
summa Q. Catuli voluntate constituta recordamini.
XXI. Quid tam novum quam adulescentulum privatum exercitum difficili rei publicae tempore conficere? 30
Confecit. Huic praeesse? Praefuit. Rem optime
ductu suo gerere? Gessit. Quid tam praeter consuetudinem quam homini peradulescenti, cujus aetas a
senatorio gradu longe abesset, imperium atque exercitum dari, Siciliam permitti, atque Africam bellumque 35
in ea provincia administrandum? Fuit in his provin-

ciis singulari innocentia, gravitate, virtute: bellum in Africa maximum confecit, victorem exercitum deportavit. Quid vero tam inauditum quam equitem Romanum triumphare? At eam quoque rem populus Romanus non modo vidit, sed omnium etiam studio visendam et concelebrandam putavit. 62. Quid tam inusitatum quam ut, cum duo consules clarissimi fortissimique essent, eques Romanus ad bellum maximum formidolosissimumque pro consule mitteretur? Missus est. Quo quidem tempore, cum esset non nemo in senatu qui diceret *non oportere mitti hominem privatum pro consule*, L. Philippus dixisse dicitur *non se illum sua sententia pro consule, sed pro consulibus mittere*. Tanta in eo rei publicae bene gerendae spes constituebatur, ut duorum consulum munus unius adulescentis virtuti committeretur. Quid tam singulare quam ut ex senatus consulto legibus solutus consul ante fieret, quam ullum alium magistratum per leges capere licuisset? quid tam incredibile quam ut iterum eques Romanus ex senatus consulto triumpharet? Quae in omnibus hominibus nova post hominum memoriam constituta sunt, ea tam multa non sunt quam haec, quae in hoc uno homine videmus. 63. Atque haec tot exempla, tanta ac tam nova, profecta sunt in eundem hominem a Q. Catuli atque a ceterorum ejusdem dignitatis amplissimorum hominum auctoritate.

XXII. Qua re videant ne sit periniquum et non ferundum, illorum auctoritatem de Cn. Pompei dignitate a vobis comprobatam semper esse, vestrum ab illis de eodem homine judicium populique Romani auctoritatem improbari; praesertim cum jam suo jure populus Romanus in hoc homine suam auctoritatem vel contra omnis qui dissentiunt possit defendere, propterea quod, isdem istis reclamantibus, vos unum illum ex omnibus delegistis quem bello praedonum praeponeretis. 64. Hoc si vos temere fecistis, et rei publicae pa-

rum consuluistis, recte isti studia vestra suis consiliis
regere conantur. Sin autem vos plus tum in re publica
vidistis, vos eis repugnantibus per vosmet ipsos dignitatem huic imperio, salutem orbi terrarum attulistis, aliquando isti principes et sibi et ceteris populi Romani
universi auctoritati parendum esse fateantur. Atque in
hoc bello Asiatico et regio non solum militaris illa
virtus, quae est in Cn. Pompeio singularis, sed aliae
quoque virtutes animi magnae et multae requiruntur.
Difficile est in Asia, Cilicia, Syria regnisque interiorum
nationum ita versari nostrum imperatorem, ut nihil
aliud nisi de hoste ac de laude cogitet. Deinde etiam
si qui sunt pudore ac temperantia moderatiores, tamen
eos esse talis propter multitudinem cupidorum hominum nemo arbitratur. 65. Difficile est dictu, Quirites,
quanto in odio simus apud exteras nationes propter
eorum, quos ad eas per hos annos cum imperio misi-
mus, libidines et injurias. Quod enim fanum putatis
in illis terris nostris magistratibus religiosum, quam
civitatem sanctam, quam domum satis clausam ac
munitam fuisse? Urbes jam locupletes et copiosae
requiruntur, quibus causa belli propter diripiendi cupiditatem inferatur. 66. Libenter haec coram cum Q.
Catulo et Q. Hortensio, summis et clarissimis viris,
disputarem. Noverunt enim sociorum volnera, vident
eorum calamitates, querimonias audiunt. Pro sociis
vos contra hostis exercitum mittere putatis, an hostium
simulatione contra socios atque amicos? Quae civitas
est in Asia quae non modo imperatoris aut legati, sed
unius tribuni militum animos ac spiritus capere possit?
XXIII. Qua re, etiam si quem habetis qui conlatis signis exercitus regios superare posse videatur, tamen
nisi erit idem, qui [se] a pecuniis sociorum, qui ab eorum conjugibus ac liberis, qui ab ornamentis fanorum
atque oppidorum, qui ab auro gazaque regia manus,
oculos, animum cohibere possit, non erit idoneus qui

ad bellum Asiaticum regiumque mittatur. **67.** Ecquam putatis civitatem pacatam fuisse quae locuples sit? ecquam esse locupletem quae istis pacata esse videatur? Ora maritima, Quirites, Cn. Pompeium non solum propter rei militaris gloriam, sed etiam propter animi continentiam requisivit. Videbat enim praetores locupletari quot annis pecunia publica praeter paucos; neque eos quicquam aliud adsequi, classium nomine, nisi ut detrimentis accipiendis majore adfici turpitudine videremur. Nunc qua cupiditate homines in provincias, quibus jacturis et quibus condicionibus proficiscantur, ignorant videlicet isti, qui ad unum deferenda omnia esse non arbitrantur? Quasi vero Cn. Pompeium non cum suis virtutibus tum etiam alienis vitiis magnum esse videamus. **68.** Qua re nolite dubitare quin huic uni credatis omnia, qui inter tot annos unus inventus sit, quem socii in urbis suas cum exercitu venisse gaudeant.

Quod si auctoritatibus hanc causam, Quirites, confirmandam putatis, est vobis auctor vir bellorum omnium maximarumque rerum peritissimus, P. Servilius, cujus tantae res gestae terra marique exstiterunt, ut cum de bello deliberetis, auctor vobis gravior nemo esse debeat; est C. Curio, summis vestris beneficiis maximisque rebus gestis, summo ingenio et prudentia praeditus; est Cn. Lentulus, in quo omnes pro amplissimis vestris honoribus summum consilium, summam gravitatem esse cognovistis; est C. Cassius, integritate, virtute, constantia singulari. Qua re videte ut horum auctoritatibus illorum orationi, qui dissentiunt, respondere posse videamur.

XXIV. 69. Quae cum ita sint, C. Manili, primum istam tuam et legem et voluntatem et sententiam laudo vehementissimeque comprobo: deinde te hortor, ut auctore populo Romano maneas in sententia, neve cujusquam vim aut minas pertimescas. Primum in te

satis esse animi perseverantiaeque arbitror: deinde
cum tantam multitudinem cum tanto studio adesse
videamus, quantam iterum nunc in eodem homine
praeficiendo videmus, quid est quod aut de re aut de
perficiendi facultate dubitemus? Ego autem quicquid 5
est in me studi, consili, laboris, ingeni, quicquid hoc
beneficio populi Romani atque hac potestate praetoria,
quicquid auctoritate, fide, constantia possum, id omne
ad hanc rem conficiendam tibi et populo Romano polliceor ac defero : 70. testorque omnis deos, et eos max- 10
ime qui huic loco temploque praesident, qui omnium
mentis eorum qui ad rem publicam adeunt maxime
perspiciunt, me hoc neque rogatu facere cujusquam,
neque quo Cn. Pompei gratiam mihi per hanc causam
conciliari putem, neque quo mihi ex cujusquam ampli- 15
tudine aut praesidia periculis aut adjumenta honoribus
quaeram ; propterea quod pericula facile, ut hominem
praestare oportet, innocentia tecti repellemus, honorem
autem neque ab uno neque ex hoc loco, sed eadem
illa nostra laboriosissima ratione vitae, si vestra volun- 20
tas feret, consequemur. 71. Quam ob rem quicquid
in hac causa mihi susceptum est, Quirites, id ego
omne me rei publicae causa suscepisse confirmo ; tantumque abest ut aliquam mihi bonam gratiam quae-
sisse videar, ut multas me etiam simultates partim 25
obscuras, partim apertas intellegam mihi non necessa-
rias, vobis non inutilis suscepisse. Sed ego me hoc
honore praeditum, tantis vestris beneficiis adfectum
statui, Quirites, vestram voluntatem et rei publicae dignitatem et salutem provinciarum atque sociorum meis 30
omnibus commodis et rationibus praeferre oportere.

THE CONSPIRACY OF CATILINE.

B.C. 63.

DURING the absence of Pompey in the East (see the preceding Introduction), the politics of the city were kept in a constant ferment by the strife of parties. The violence and corruption of the time seemed to afford a fit opportunity for some daring enterprise. This opportunity was seized by Lucius Sergius Catilina. He was a man of noble birth, of middle age, and of the vilest character; an intimate friend of Verres, and like him distinguished for his infamous career in Sulla's army. He expected, probably, to make himself tyrant, as Dionysius and Agathocles — men no better than he — had done in Syracuse; but it was suspected at the time, and is believed by many at the present day, that he was, after all, only a tool of Cæsar and Crassus, the leaders of the democratic party.

Catiline's plan was to make use of the consulship as a stepping-stone to the tyranny; and with this end he desired to be a candidate for this office, for the year B.C. 65. He was shut out, however, both that year and the next, by a charge of *repetundæ:* of this he was at last acquitted, in season to present himself for the year B.C. 63. There was a very exciting canvass, which resulted in the election of Cicero by an overwhelming majority, while a confederate of Catiline, Caius Antonius — son of the distinguished orator, and uncle of the triumvir — was elected as his colleague. Catiline, nothing daunted, offered himself again for the following year, but was again defeated, mainly through the exertions of the consul Cicero, who had completely gained over his weak and greedy colleague Antonius. The rich province of Macedonia had fallen to Cicero by lot, for his proconsular year; but he transferred this to Antonius, on condition of his coöperation against Catiline.

Catiline would now wait no longer, but prepared for an immediate outbreak. As a private citizen he lost the advantages which the holding of the consulship would have given him, and the only member of the conspiracy who held a magistracy was the vain and indolent Lentulus, prætor and of consular rank. In the course of October, B.C. 63, a body of troops was collected at Fæsulæ (now *Fiesole,* close to Florence), a town in the north of Etruria; this was under the command of the centurion Caius Manlius, Catiline himself remaining in the city to direct operations there. Cicero, meantime, had managed to keep track of the conspiracy in all its details; and, when Catiline had the effrontery to appear in his seat in the Senate, he burst upon him with a fiery invective, the first of the four "Orations against Catiline." Probably none of his speeches is better known than this, or conveys a better impression of his power as an orator.

1. *Invective against Catiline.*

In the Senate, Nov. 8.

QUO usque tandem abutere, Catilina, patientia nostra? Quam diu etiam furor iste tuus nos eludet? Quem ad finem sese effrenata jactabit audacia? Nihilne te nocturnum praesidium Palati, nihil urbis vigiliae, nihil timor populi, nihil concursus bonorum 5 omnium, nihil hic munitissimus habendi senatus locus, nihil horum ora voltusque moverunt? Patere tua consilia non sentis? constrictam jam horum omnium scientia teneri conjurationem tuam non vides? Quid proxima, quid superiore nocte egeris, ubi fueris, quos 10 convocaveris, quid consili ceperis, quem nostrum ignorare arbitraris?

2. O tempora! O mores! Senatus haec intellegit, consul videt: hic tamen vivit. Vivit? immo vero etiam in senatum venit, fit publici consili particeps, 15 notat et designat oculis ad caedem unum quemque nostrum. Nos autem, fortes viri, satis facere rei publicae videmur, si istius furorem ac tela vitemus. Ad mortem te, Catilina, duci jussu consulis jam pridem oportebat; in te conferri pestem quam tu in nos [jam 20 diu] machinaris. 3. An vero vir amplissimus, P. Scipio, pontifex maximus, Ti. Gracchum mediocriter labefactantem statum rei publicae privatus interfecit: Catilinam, orbem terrae caede atque incendiis vastare cupientem, nos consules perferemus? Nam illa nimis 25 antiqua praetereo, quod C. Servilius Ahala Sp. Mae-

lium novis rebus studentem manu sua occidit. Fuit,
fuit ista quondam in hac re publica virtus, ut viri fortes
acrioribus suppliciis civem perniciosum quam acerbissimum hostem coërcerent. Habemus senatus consultum in te, Catilina, vehemens et grave. Non deëst
rei publicae consilium, neque auctoritas hujus ordinis:
nos, nos, dico aperte, consules desumus. √

II. 4. Decrevit quondam senatus, ut L. Opimius
consul videret ne quid res publica detrimenti caperet.
Nox nulla intercessit: interfectus est propter quasdam
seditionum suspiciones C. Gracchus, clarissimo patre,
avo, majoribus; occisus est cum liberis M. Fulvius
consularis. Simili senatus consulto C. Mario et L.
Valerio consulibus est permissa res publica: num
unum diem postea L. Saturninum tribunum plebis et
C. Servilium praetorem [mors ac] rei publicae poena
remorata est? At nos vicesimum jam diem patimur
hebescere aciem horum auctoritatis. Habemus enim
hujusce modi senatus consultum, verum inclusum in
tabulis, tamquam in vagina reconditum, quo ex senatus consulto confestim te interfectum esse, Catilina,
convenit. Vivis, et vivis non ad deponendam, sed ad
confirmandam audaciam. Cupio, patres conscripti,
me esse clementem: cupio in tantis rei publicae periculis me non dissolutum videri; sed jam me ipse inertiae
nequitiaeque condemno! 5. Castra sunt in Italia contra populum Romanum in Etruriae faucibus conlocata:
crescit in dies singulos hostium numerus; eorum autem castrorum imperatorem ducemque hostium intra
moenia atque adeo in senatu videmus, intestinam aliquam cotidie perniciem rei publicae molientem. Si te
jam, Catilina, comprehendi, si interfici jussero, credo,
erit verendum mihi ne non hoc potius omnes boni
serius a me, quam quisquam crudelius factum esse
dicat. Verum ego hoc, quod jam pridem factum esse
oportuit, certa de causa nondum adducor ut faciam.

Tum denique interficiere, cum jam nemo tam improbus, tam perditus, tam tui similis inveniri poterit, qui id non jure factum esse fateatur. 6. Quam diu quisquam erit qui te defendere audeat, vives; et vives ita ut vivis, multis meis et firmis praesidiis oppressus, ne commovere te contra rem publicam possis. Multorum te etiam oculi et aures non sentientem, sicut adhuc fecerunt, speculabuntur atque custodient.

III. Etenim quid est, Catilina, quod jam amplius exspectes, si neque nox tenebris obscurare coetus nefarios, nec privata domus parietibus continere voces conjurationis [tuae] potest? si inlustrantur, si erumpunt omnia? Muta jam istam mentem: mihi crede, obliviscere caedis atque incendiorum. Teneris undique: luce sunt clariora nobis tua consilia omnia, quae jam mecum licet recognoscas. 7. Meministine me ante diem XII. Kalendas Novembris dicere in senatu, fore in armis certo die — qui dies futurus esset ante diem VI. Kal. Novembris — C. Manlium, audaciae satellitem atque administrum tuae? Num me fefellit, Catilina, non modo res tanta, tam atrox tamque incredibilis, verum — id quod multo magis est admirandum — dies? Dixi ego idem in senatu caedem te optimatium contulisse in ante diem V. Kalendas Novembris, tum cum multi principes civitatis Roma non tam sui conservandi quam tuorum consiliorum reprimendorum causa profugerunt. Num infitiari potes te illo ipso die, meis praesidiis, mea diligentia circumclusum, commovere te contra rem publicam non potuisse, cum tu discessu ceterorum, nostra tamen qui remansissemus caede, te contentum esse dicebas? 8. Quid? cum te Praeneste Kalendis ipsis Novembribus occupaturum nocturno impetu esse confideres, sensistine illam coloniam meo jussu [meis] praesidiis custodiis vigiliis esse munitam? Nihil agis, nihil moliris, nihil cogitas, quod non ego non modo audiam, sed etiam videam planeque sentiam.

IV. Recognosce tandem mecum noctem illam superiorem: jam intelleges multo me vigilare acrius ad salutem quam te ad perniciem rei publicae. Dico te priore nocte venisse inter falcarios — non agam obscure — in M. Laecae domum; convenisse eodem compluris ejusdem amentiae scelerisque socios. Num negare audes? quid taces? convincam, si negas. Video enim esse hic in senatu quosdam, qui tecum una fuerunt. **9.** O di immortales! ubinam gentium sumus? in qua urbe vivimus? quam rem publicam habemus? Hic, hic sunt, in nostro numero, patres conscripti, in hoc orbis terrae sanctissimo gravissimoque consilio, qui de nostro omnium interitu, qui de hujus urbis atque adeo de orbis terrarum exitio cogitent. Hos ego video [consul] et de republica sententiam rogo, et quos ferro trucidari oportebat, eos nondum voce volnero. Fuisti igitur apud Laecam illa nocte, Catilina: distribuisti partis Italiae; statuisti quo quemque proficisci placeret; delegisti quos Romae relinqueres, quos tecum educeres; descripsisti urbis partis ad incendia: confirmasti te ipsum jam esse exiturum; dixisti paulum tibi esse etiam nunc morae, quod ego viverem. Reperti sunt duo equites Romani qui te ista cura liberarent, et sese illa ipsa nocte paulo ante lucem me in meo lectulo interfecturos esse pollicerentur. **10.** Haec ego omnia, vixdum etiam coetu vestro dimisso, comperi: domum meam majoribus praesidiis munivi atque firmavi; exclusi eos quos tu ad me salutatum miseras, cum illi ipsi venissent, quos ego jam multis ac summis viris ad me id temporis venturos esse praedixeram.

V. Quae cum ita sint, Catilina, perge quo coepisti. Egredere aliquando ex urbe: patent portae: proficiscere. Nimium diu te imperatorem tua illa Manliana castra desiderant. Educ tecum etiam omnis tuos; si minus, quam plurimos: purga urbem. Magno me

metu liberabis, dum modo inter me atque te murus
intersit. Nobiscum versari jam diutius non potes: non
feram, non patiar, non sinam. 11. Magna dis immortalibus habenda est, atque huic ipsi Jovi Statori, anti-
quissimo custodi hujus urbis, gratia, quod hanc tam
taetram, tam horribilem tamque infestam rei publicae
pestem totiens jam effugimus. Non est saepius in uno
homine summa salus periclitanda rei publicae. Quam
diu mihi consuli designato, Catilina, insidiatus es, non
publico me praesidio, sed privata diligentia defendi.
Cum proximis comitiis consularibus me consulem in
campo et competitores tuos interficere voluisti, com-
pressi conatus tuos nefarios amicorum praesidio et
copiis, nullo tumultu publice concitato: denique, quotienscumque me petisti, per me tibi obstiti, quamquam
videbam perniciem meam cum magna calamitate rei
publicae esse conjunctam. 12. Nunc jam aperte rem
publicam universam petis: templa deorum immortalium, tecta urbis, vitam omnium civium, Italiam [deni-
que] totam ad exitium ac vastitatem vocas. Qua re,
quoniam id quod est primum, et quod hujus imperi
disciplinaeque majorum proprium est, facere nondum
audeo, faciam id quod est ad severitatem lenius, et ad
communem salutem utilius. Nam si te interfici jussero,
residebit in re publica reliqua conjuratorum manus.
Sin tu, quod te jam dudum hortor, exieris, exhaurietur
ex urbe tuorum comitum magna et perniciosa sentina
rei publicae.

13. Quid est, Catilina? num dubitas id me imperante facere, quod jam tua sponte faciebas? Exire ex
urbe jubet consul hostem. Interrogas me, num in
exsilium? Non jubeo; sed, si me consulis, suadeo.
VI. Quid est enim, Catilina, quod te jam in hac urbe
delectare possit? in qua nemo est extra istam conjurationem perditorum hominum qui te non metuat, nemo
qui non oderit. Quae nota domesticae turpitudinis non

inusta vitae tuae est? Quod privatarum rerum dedecus non haeret in fama? quae libido ab oculis, quod facinus a manibus umquam tuis, quod flagitium a toto corpore afuit? Cui tu adulescentulo, quem corruptelarum inlecebris inretisses, non aut ad audaciam ferrum aut ad libidinem facem praetulisti? 14. Quid vero? nuper cum morte superioris uxoris novis nuptiis domum vacuefecisses, nonne etiam alio incredibili scelere hoc scelus cumulasti? quod ego praetermitto et facile patior sileri, ne in hac civitate tanti facinoris immanitas aut exstitisse aut non vindicata esse videatur. Praetermitto ruinas fortunarum tuarum, quas omnis impendere tibi proximis Idibus senties. Ad illa venio, quae non ad privatam ignominiam vitiorum tuorum, non ad domesticam tuam difficultatem ac turpitudinem, sed ad summam rem publicam atque ad omnium nostrum vitam salutemque pertinent. 15. Potestne tibi haec lux, Catilina, aut hujus caeli spiritus esse jucundus, cum scias horum esse neminem qui nesciat te pridie Kalendas Januarias Lepido et Tullo consulibus stetisse in comitio cum telo? manum consulum et principum civitatis interficiendorum causa paravisse? sceleri ac furori tuo non mentem aliquam aut timorem [tuum], sed fortunam populi Romani obstitisse? Ac jam illa omitto — neque enim sunt aut obscura aut non multa commissa — quotiens tu me designatum, quotiens consulem interficere conatus es! quot ego tuas petitiones, ita conjectas ut vitari posse non viderentur, parva quadam declinatione et (ut aiunt) corpore effugi! [Nihil agis,] nihil adsequeris, [nihil moliris,] neque tamen conari ac velle desistis. 16. Quotiens tibi jam extorta est ista sica de manibus! quotiens vero excidit casu aliquo et elapsa est! [Tamen ea carere diutius non potes,] quae quidem quibus abs te initiata sacris ac devota sit nescio, quod eam necesse putas esse in consulis corpore defigere.

VII. Nunc vero quae tua est ista vita? Sic enim jam tecum loquar, non ut odio permotus esse videar, quo debeo, sed ut misericordia, quae tibi nulla debetur. Venisti paulo ante in senatum. Quis te ex hac tanta frequentia, tot ex tuis amicis ac necessariis salutavit? Si hoc post hominum memoriam contigit nemini, vocis exspectas contumeliam, cum sis gravissimo judicio taciturnitatis oppressus? Quid, quod adventu tuo ista subsellia vacuefacta sunt? quod omnes consulares, qui tibi persaepe ad caedem constituti fuerunt, simul atque adsedisti, partem istam subselliorum nudam atque inanem reliquerunt, quo tandem animo tibi ferendum putas? 17. Servi (mehercule) mei si me isto pacto metuerent, ut te metuunt omnes cives tui, domum meam relinquendam putarem: tu tibi urbem non arbitraris? et, si me meis civibus injuria suspectum tam graviter atque offensum viderem, carere me aspectu civium quam infestis omnium oculis conspici mallem. Tu, cum conscientia scelerum tuorum agnoscas odium omnium justum et jam diu tibi debitum, dubitas quorum mentis sensusque volneras, eorum aspectum praesentiamque vitare? Si te parentes timerent atque odissent tui, neque eos ulla ratione placare posses, tu (opinor) ab eorum oculis aliquo concederes. Nunc te patria, quae communis est parens omnium nostrum, odit ac metuit, et jam diu te nihil judicat nisi de parricidio suo cogitare: hujus tu neque auctoritatem verebere, nec judicium sequere, nec vim pertimesces?

18. Quae tecum, Catilina, sic agit, et quodam modo tacita loquitur: 'Nullum jam aliquot annis facinus exstitit nisi per te, nullum flagitium sine te: tibi uni multorum civium neces, tibi vexatio direptioque sociorum impunita fuit ac libera: tu non solum ad neglegendas leges et quaestiones, verum etiam ad evertendas perfringendasque valuisti. Superiora illa, quamquam ferenda non fuerunt, tamen, ut potui, tuli: nunc vero

me totam esse in metu propter unum te, quicquid increpuerit Catilinam timeri, nullum videri contra me
consilium iniri posse quod a tuo scelere abhorreat, non
est ferendum. Quam ob rem discede, atque hunc mihi
5 timorem eripe: si est verus, ne opprimar; sin falsus,
ut tandem aliquando timere desinam.' VIII. 19. Haec
si tecum, ut dixi, patria loquatur, nonne impetrare
debeat, etiam si vim adhibere non possit? Quid,
quod tu te ipse in custodiam dedisti? quod vitandae
10 suspitionis causa, ad M'. Lepidum te habitare velle
dixisti? a quo non receptus etiam ad me venire ausus
es, atque ut domi meae te adservarem rogasti. Cum
a me quoque id responsum tulisses, me nullo modo
posse isdem parietibus tuto esse tecum, qui magno in
15 periculo essem quod isdem moenibus contineremur,
ad Q. Metellum praetorem venisti: a quo repudiatus
ad sodalem tuum, virum optimum, M. Marcellum demigrasti; quem tu videlicet et ad custodiendum [te]
diligentissimum et ad suspicandum sagacissimum et
20 ad vindicandum fortissimum fore putasti. Sed quam
longe videtur a carcere atque a vinculis abesse debere,
qui se ipse jam dignum custodia judicarit? 20. Quae
cum ita sint, Catilina, dubitas, si emori aequo animo
non potes, abire in aliquas terras, et vitam istam,
25 multis suppliciis justis debitisque ereptam, fugae soli-
tudinique mandare?

'Refer' inquis 'ad senatum:' id enim postulas, et, si
hic ordo placere decreverit te ire in exsilium, obtempe-
raturum te esse dicis. Non referam, id quod abhorret
30 a meis moribus; et tamen faciam ut intellegas quid hi
de te sentiant. Egredere ex urbe, Catilina; libera rem
publicam metu; in exsilium, si hanc vocem exspectas,
proficiscere. Quid est, Catilina? ecquid attendis?
ecquid animadvertis horum silentium? Patiuntur,
35 tacent. Quid exspectas auctoritatem loquentium, quorum voluntatem tacitorum perspicis? 21. At si hoc

idem huic adulescenti optimo P. Sestio, si fortissimo viro M. Marcello dixissem, jam mihi consuli, hoc ipso in templo, senatus jure optimo vim et manus intulisset. De te autem, Catilina, cum quiescunt, probant: cum patiuntur, decernunt: cum tacent, clamant. Neque hi solum, — quorum tibi auctoritas est videlicet cara, vita vilissima, — sed etiam illi equites Romani, honestissimi atque optimi viri, ceterique fortissimi cives, qui circumstant senatum, quorum tu et frequentiam videre et studia perspicere et voces paulo ante exaudire potuisti. Quorum ego vix abs te jam diu manus ac tela contineo, eosdem facile adducam, ut te haec, quae vastare jam pridem studes, relinquentem usque ad portas prosequantur.

IX. 22. Quamquam quid loquor? Te ut ulla res frangat? tu ut umquam te corrigas? tu ut ullam fugam meditere? tu ut exsilium cogites? Utinam tibi istam mentem di immortales duint! tametsi video, si mea voce perterritus ire in exsilium animum induxeris, quanta tempestas invidiae nobis — si minus in praesens tempus, recenti memoria scelerum tuorum, at in posteritatem — impendeat: sed est tanti, dum modo ista sit privata calamitas, et a rei publicae periculis sejungatur. Sed tu ut vitiis tuis commoveare, ut legum poenas pertimescas, ut temporibus rei publicae cedas, non est postulandum. Neque enim is es, Catilina, ut te aut pudor umquam a turpitudine aut metus a periculo aut ratio a furore revocarit. 23. Quam ob rem, ut saepe jam dixi, proficiscere; ac, si mihi inimico (ut praedicas) tuo conflare vis invidiam, recta perge in exsilium: vix feram sermones hominum si id feceris; vix molem istius invidiae, si in exsilium jussu consulis ieris, sustinebo. Sin autem servire meae laudi et gloriae mavis, egredere cum importuna sceleratorum manu: confer te ad Manlium, concita perditos civis, secerne te a bonis, infer patriae bellum, exsulta impio latrocinio, ut a me non ejectus ad alienos, sed invitatus ad tuos isse videaris.

24. Quamquam quid ego te invitem, a quo jam sciam esse praemissos qui tibi ad Forum Aurelium praestolarentur armati? cui sciam pactam et constitutam cum Manlio diem? a quo etiam aquilam illam argenteam quam tibi ac tuis omnibus confido perniciosam ac funestam futuram, cui domi tuae sacrarium scelerum tuorum constitutum fuit, sciam esse praemissam? Tu ut illa carere diutius possis, quam venerari ad caedem proficiscens solebas, a cujus altaribus saepe istam impiam dexteram ad necem civium transtulisti? x. 25. Ibis tandem aliquando, quo te jam pridem ista tua cupiditas effrenata ac furiosa rapiebat. Neque enim tibi haec res adfert dolorem, sed quandam incredibilem voluptatem. Ad hanc te amentiam natura peperit, voluntas exercuit, fortuna servavit. Numquam tu non modo otium, sed ne bellum quidem nisi nefarium concupisti. Nanctus es ex perditis atque ab omni non modo fortuna verum etiam spe derelictis conflatam improborum manum. 26. Hic tu qua laetitia perfruere! quibus gaudiis exsultabis! quanta in voluptate bacchabere, cum in tanto numero tuorum neque audies virum bonum quemquam neque videbis! Ad hujus vitae studium meditati illi sunt qui feruntur labores tui, — jacere humi non solum ad obsidendum stuprum, verum etiam ad facinus obeundum; vigilare non solum insidiantem somno maritorum, verum etiam bonis otiosorum. Habes ubi ostentes tuam illam praeclaram patientiam famis, frigoris, inopiae rerum omnium, quibus te brevi tempore confectum esse senties. 27. Tantum profeci tum, cum te a consulatu reppuli, ut exsul potius temptare quam consul vexare rem publicam posses, atque ut id quod est a te scelerate susceptum, latrocinium potius quam bellum nominaretur.

XI. Nunc, ut a me, patres conscripti, quandam

prope justam patriae querimoniam detester ac deprecer, percipite, quaeso, diligenter quae dicam, et ea penitus animis vestris mentibusque mandate. Etenim si mecum patria, quae mihi vita mea multo est carior, si cuncta Italia, si omnis res publica, loquatur: 'M. Tulli, quid agis? Tune eum, quem esse hostem comperisti, quem ducem belli futurum vides, quem exspectari imperatorem in castris hostium sentis, auctorem sceleris, principem conjurationis, evocatorem servorum et civium perditorum, exire patiere, ut abs te non emissus ex urbe, sed immissus in urbem esse videatur? Non hunc in vincula duci, non ad mortem rapi, non summo supplicio mactari imperabis? 28. Quid tandem te impedit? Mosne majorum? At persaepe etiam privati in hac re publica perniciosos civis morte multaverunt. An leges, quae de civium Romanorum supplicio rogatae sunt? At numquam in hac urbe qui a re publica defecerunt civium jura tenuerunt. An invidiam posteritatis times? Praeclaram vero populo Romano refers gratiam, qui te hominem per te cognitum, nulla commendatione majorum, tam mature ad summum imperium per omnis honorum gradus extulit, si propter invidiae aut alicujus periculi metum salutem civium tuorum neglegis. 29. Sed si quis est invidiae metus, num est vehementius severitatis ac fortitudinis invidia quam inertiae ac nequitiae pertimescenda? An cum bello vastabitur Italia, vexabuntur urbes, tecta ardebunt, tum te non existimas invidiae incendio conflagraturum?'

XII. His ego sanctissimis rei publicae vocibus, et eorum hominum qui hoc idem sentiunt mentibus, pauca respondebo. Ego, si hoc optimum factu judicarem, patres conscripti, Catilinam morte multari, unius usuram horae gladiatori isti ad vivendum non dedissem. Etenim si summi et clarissimi viri Saturnini et Gracchorum et Flacci et superiorum complurium sanguine non

modo se non contaminarunt, sed etiam honestarunt,
certe verendum mihi non erat ne quid hoc parricida
civium interfecto invidiae mihi in posteritatem redundaret. Quod si ea mihi maxime impenderet, tamen
5 hoc animo fui semper, ut invidiam virtute partam gloriam, non invidiam putarem. 30. Quamquam non
nulli sunt in hoc ordine, qui aut ea quae imminent non
videant, aut ea quae vident dissimulent: qui spem Catilinae mollibus sententiis aluerunt, conjurationemque
10 nascentem non credendo corroboraverunt: quorum
auctoritatem secuti multi non solum improbi, verum
etiam imperiti, si in hunc animadvertissem, crudeliter
et regie factum esse dicerent. Nunc intellego, si iste,
quo intendit, in Manliana castra pervenerit, neminem
15 tam stultum fore qui non videat conjurationem esse
factam, neminem tam improbum qui non fateatur.
Hoc autem uno interfecto, intellego hanc rei publicae
pestem paulisper reprimi, non in perpetuum comprimi
posse. Quod si se ejecerit, secumque suos eduxerit, et
20 eodem ceteros undique conlectos naufragos adgregarit,
exstinguetur atque delebitur non modo haec tam adulta
rei publicae pestis, verum etiam stirps ac semen malorum omnium.

XIII. 31. Etenim jam diu, patres conscripti, in his
25 periculis conjurationis insidiisque versamur, sed nescio
quo pacto omnium scelerum ac veteris furoris et audaciae maturitas in nostri consulatus tempus erupit.
Quod si ex tanto latrocinio iste unus tolletur, videbimur
fortasse ad breve quoddam tempus cura et metu esse
30 relevati; periculum autem residebit, et erit inclusum
penitus in venis atque in visceribus rei publicae. Ut
saepe homines aegri morbo gravi, cum aestu febri-
que jactantur, si aquam gelidam biberint, primo rele-
vari videntur, deinde multo gravius vehementiusque
35 adflictantur; sic hic morbus, qui est in re publica, rele-
vatus istius poena, vehementius reliquis vivis ingra-

vescet. **32.** Qua re secedant improbi, secernant se a bonis, unum in locum congregentur, muro denique [id] (quod saepe jam dixi) discernantur a nobis: desinant insidiari domi suae consuli, circumstare tribunal praetoris urbani, obsidere cum gladiis curiam, malleolos et faces ad inflammandam urbem comparare: sit denique inscriptum in fronte unius cujusque quid de re publica sentiat. Polliceor hoc vobis, patres conscripti, tantam in nobis consulibus fore diligentiam, tantam in vobis auctoritatem, tantam in equitibus Romanis virtutem, tantam in omnibus bonis consensionem, ut Catilinae profectione omnia patefacta, inlustrata, oppressa, vindicata esse videatis.

33. Hisce ominibus, Catilina, cum summa rei publicae salute, cum tua peste ac pernicie, cumque eorum exitio qui se tecum omni scelere parricidioque junxerunt, proficiscere ad impium bellum ac nefarium. Tu, Juppiter, qui isdem quibus haec urbs auspiciis [a Romulo] es constitutus, quem Statorem hujus urbis atque imperi vere nominamus, hunc et hujus socios a tuis ceterisque templis, a tectis urbis ac moenibus, a vita fortunisque civium [omnium] arcebis, et homines bonorum inimicos, hostis patriae, latrones Italiae, scelerum foedere inter se ac nefaria societate conjunctos, aeternis suppliciis vivos mortuosque mactabis.

2. *Character of the Conspiracy.*

Before the People, Nov. 9.

WHEN Cicero had finished his speech and taken his seat, Catiline attempted to reply, but was interrupted by the cries and reproaches of the Senators. With a few threatening words, he rushed from the house, and left the city the same night, for the camp of Manlius. The next morning the consul assembled the people, and announced to them the news, in the triumphant speech which follows.

I. 1. TANDEM aliquando, Quirites, L. Catilinam, furentem audacia, scelus anhelantem, pestem patriae nefarie molientem, vobis atque huic urbi ferro flammaque minitantem, ex urbe vel ejecimus, vel emisimus, vel ipsum egredientem verbis prosecuti sumus. Abiit, excessit, evasit, erupit. Nulla jam pernicies a monstro illo atque prodigio moenibus ipsis intra moenia comparabitur. Atque hunc quidem unum hujus belli domestici ducem sine controversia vicimus. Non enim jam inter latera nostra sica illa versabitur: non in campo, non in foro, non in curia, non denique intra domesticos parietes pertimescemus. Loco ille motus est, cum est ex urbe depulsus. Palam jam cum hoste nullo impediente bellum [justum] geremus. Sine dubio perdidimus hominem magnificeque vicimus, cum illum ex occultis insidiis in apertum latrocinium conjecimus. 2. Quod vero non cruentum mucronem (ut voluit) extulit, quod vivis nobis egressus est, quod ei ferrum e manibus extorsimus, quod incolumis civis, quod stantem urbem reliquit, quanto tandem illum maerore esse adflictum et profligatum putatis? Jacet ille nunc prostratusque est, et se perculsum atque abjectum esse sentit, et retorquet oculos profecto saepe ad hanc urbem, quam e suis faucibus ereptam esse luget: quae quidem mihi laetari videtur, quod tantam pestem evomuerit forasque projecerit.

II. 3. Ac si quis est talis, qualis esse omnis oportebat, qui in hoc ipso, in quo exsultat et triumphat oratio mea, me vehementer accuset, quod tam capitalem hostem non comprehenderim potius quam emiserim, non est ista mea culpa, sed temporum. Interfectum esse L. Catilinam et gravissimo supplicio adfectum jam pridem oportebat, idque a me et mos majorum et hujus imperi severitas et res publica postulabat. Sed quam multos fuisse putatis qui quae ego deferrem non crederent? [quam multos qui propter stultitiam non putarent?]

quam multos qui etiam defenderent? [quam multos qui propter improbitatem faverent?] Ac si illo sublato depelli a vobis omne periculum judicarem, jam pridem ego L. Catilinam non modo invidiae meae, verum etiam vitae periculo sustulissem. ¶4. Sed cum viderem, ne vobis quidem omnibus re etiam tum probata, si illum, ut erat meritus, morte multassem, fore ut ejus socios invidia oppressus persequi non possem, rem huc deduxi, ut tum palam pugnare possetis, cum hostem aperte videretis. Quem quidem ego hostem quam vehementer foris esse timendum putem, licet hinc intellegatis, quod etiam moleste fero, quod ex urbe parum comitatus exierit. Utinam ille omnis secum suas copias eduxisset! Tongilium mihi eduxit, quem amare in praetexta coeperat, Publicium et Minucium, quorum aes alienum contractum in popina nullum rei publicae motum adferre poterat: reliquit quos viros! quanto aere alieno! quam valentis! quam nobilis! ✝III. 5. Itaque ego illum exercitum prae Gallicanis legionibus, et hoc dilectu quem in agro Piceno et Gallico Q. Metellus habuit, et his copiis quae a nobis cotidie comparantur, magno opere contemno, conlectum ex senibus desperatis, ex agresti luxuria, ex rusticis decoctoribus, ex eis qui vadimonia deserere quam illum exercitum maluerunt: quibus ego non modo si aciem exercitus nostri, verum etiam si edictum praetoris ostendero, concident. Hos, quos video volitare in foro, quos stare ad curiam, quos etiam in senatum venire, qui nitent unguentis, qui fulgent purpura, mallem secum milites eduxisset: qui si hic permanent, mementote non tam exercitum illum esse nobis quam hos, qui exercitum deseruerunt, pertimescendos. Atque hoc etiam sunt timendi magis, quod quicquid cogitant me scire sentiunt, neque tamen permoventur. 6. Video cui sit Apulia attributa, quis habeat Etruriam, quis agrum Picenum, quis Gallicum, quis sibi has urbanas insidias caedis atque incendiorum depoposcerit: omnia superioris noctis consilia ad me perlata esse sentiunt: patefeci in senatu hesterno die: Catilina ipse pertimuit, profugit: hi quid exspectant? Ne illi vehementer errant, si illam meam pristinam lenitatem perpetuam sperant futuram.

IV. Quod exspectavi, jam sum adsecutus, ut vos omnes factam esse aperte conjurationem contra rem publicam videretis: nisi vero si quis est qui Catilinae similis cum Catilina sentire non putet. Non est jam lenitati locus: severitatem res ipsa flagitat. Unum etiam nunc concedam: exeant, proficiscantur; ne patiantur desiderio sui Catilinam miserum tabescere. Demonstrabo iter: Aurelia via profectus est: si adcelerare volent, ad vesperam consequentur. 7. O fortunatam rem publicam, si quidem hanc sentinam urbis ejecerit! Uno (mehercule) Catilina exhausto, levata mihi et recreata res publica videtur. Quid enim mali aut sceleris fingi aut cogitari potest quod non ille conceperit? Quis tota Italia veneficus, quis gladiator, quis latro, quis sicarius, quis parricida, quis testamentorum subjector, quis circumscriptor, quis ganeo, quis nepos, quis adulter, quae mulier, infamis, quis corruptor juventutis, quis corruptus, quis perditus inveniri potest, qui se cum Catilina non familiarissime vixisse fateatur? quae caedes per hosce annos sine illo facta est? quod nefarium stuprum non per illum? 8. Jam vero quae tanta umquam in ullo homine juventutis inlecebra fuit, quanta in illo? qui alios ipse amabat turpissime, aliorum amori flagitiosissime serviebat: aliis fructum libidinum, aliis mortem parentum non modo impellendo, verum etiam adjuvando pollicebatur. Nunc vero quam subito non solum ex urbe, verum etiam ex agris ingentem numerum perditorum hominum conlegerat! Nemo non modo Romae, sed ne ullo quidem in angulo totius Italiae oppressus aere alieno fuit, quem non ad hoc incredibile sceleris foedus asciverit.

v. 9. Atque ut ejus diversa studia in dissimili ratione perspicere possitis, nemo est in ludo gladiatorio paulo ad facinus audacior, qui se non intimum Catilinae esse fateatur; nemo in scaena levior et nequior, qui se non ejusdem prope sodalem fuisse commemoret. Atque idem tamen, stuprorum et scelerum exercitatione adsuefactus, frigore et fame et siti et vigiliis perferendis, fortis ab istis praedicabatur, cum industriae subsidia atque instrumenta virtutis in libidine audaciaque consumeret. 10. Hunc vero si secuti erunt sui comites, si ex urbe exierint desperatorum hominum flagitiosi greges, O nos beatos! O rem publicam fortunatam! O praeclaram laudem consulatus mei! Non enim jam sunt mediocres hominum libidines, non humanae ac tolerandae audaciae: nihil cogitant nisi caedem, nisi incendia, nisi rapinas. Patrimonia sua profuderunt, fortunas suas obligaverunt: res eos jam pridem, fides nuper deficere coepit: eadem tamen illa, quae erat in abundantia, libido permanet. Quod si in vino et alea comissationes solum et scorta quaererent, essent illi quidem desperandi, sed tamen essent ferendi: hoc vero quis ferre possit, inertis homines fortissimis viris insidiari, stultissimos prudentissimis, ebriosos sobriis, dormientis vigilantibus? qui mihi accubantes in conviviis, complexi mulieres impudicas, vino languidi, conferti cibo, sertis redimiti, unguentis obliti, debilitati stupris, eructant sermonibus suis caedem bonorum atque urbis incendia. 11. Quibus ego confido impendere fatum aliquod, et poenam jam diu improbitati, nequitiae, sceleri, libidini debitam aut instare jam plane, aut certe appropinquare. Quos si meus consulatus, quoniam sanare non potest, sustulerit, non breve nescio quod tempus, sed multa saecula propagarit rei publicae. Nulla est enim natio quam pertimescamus, nullus rex qui bellum populo Romano facere possit. Omnia sunt externa unius virtute terra marique pacata: domesticum bellum manet; in-

tus insidiae sunt, intus inclusum periculum est, intus
est hostis. Cum luxuria nobis, cum amentia, cum
scelere certandum est. √Huic ego me bello ducem
profiteor, Quirites : suscipio inimicitias hominum per-
5 ditorum. Quae sanari poterunt, quacumque ratione
sanabo ; quae resecanda erunt, non patiar ad perniciem
civitatis manere. Proinde aut exeant, aut quiescant,
aut, si et in urbe et in eadem mente permanent, ea
quae merentur exspectent.
10 VI. 12. At etiam sunt qui dicant, Quirites, a me in
exsilium ejectum esse Catilinam. Quod ego si verbo
adsequi possem, istos ipsos eicerem, qui haec loquun-
tur. Homo enim videlicet timidus aut etiam permo-
destus vocem consulis ferre non potuit : simul atque
15 ire in exsilium jussus est, paruit. Quid? ut hesterno
die, Quirites, cum domi meae paene interfectus essem,
senatum in aedem Jovis Statoris convocavi, rem omnem ad patres conscriptos detuli : quo cum Catilina
venisset, quis eum senator appellavit? quis salutavit?
20 quis denique ita aspexit ut perditum civem, ac non potius ut importunissimum hostem ? Quin etiam principes
ejus ordinis partem illam subselliorum, ad quam ille
accesserat, nudam atque inanem reliquerunt. 13. Hic
ego vehemens ille consul, qui verbo civis in exsilium
25 eicio, quaesivi a Catilina in nocturno conventu ad
M. Laecam fuisset necne. Cum ille, homo audacissimus, conscientia convictus, primo reticuisset, patefeci
cetera : quid ea nocte egisset, quid in proximam constituisset, quem ad modum esset ei ratio totius belli
30 descripta, edocui. Cum haesitaret, cum teneretur,
quaesivi quid dubitaret proficisci eo, quo jam pridem
pararet, cum arma, cum securis, cum fascis, cum tubas,
cum signa militaria, cum aquilam illam argenteam, cui
ille etiam sacrarium [scelerum] domi suae fecerat, sci-
35 rem esse praemissam. 14. In exsilium eiciebam, quem
jam ingressum esse in bellum videbam? Etenim, credo,

Manlius iste centurio, qui in agro Faesulano castra posuit, bellum populo Romano suo nomine indixit, et illa castra nunc non Catilinam ducem exspectant, et ille ejectus in exsilium se Massiliam, ut aiunt, non in haec castra conferet.

VII. O condicionem miseram non modo administrandae, verum etiam conservandae rei publicae! Nunc si L. Catilina consiliis, laboribus, periculis meis circumclusus ac debilitatus subito pertimuerit, sententiam mutaverit, deseruerit suos, consilium belli faciendi abjecerit, ex hoc cursu sceleris ac belli iter ad fugam atque in exsilium converterit, — non ille a me spoliatus armis audaciae, non obstupefactus ac perterritus mea diligentia, non de spe conatuque depulsus, sed indemnatus, innocens, in exsilium ejectus a consule vi et minis esse dicetur; et erunt qui illum, si hoc fecerit, non improbum, sed miserum, me non diligentissimum consulem, sed crudelissimum tyrannum existimari velint! 15. Est mihi tanti, Quirites, hujus invidiae falsae atque iniquae tempestatem subire, dum modo a vobis hujus horribilis belli ac nefarii periculum depellatur. Dicatur sane ejectus esse a me, dum modo eat in exsilium. Sed, mihi credite, non est iturus. Numquam ego a dis immortalibus optabo, Quirites, invidiae meae levandae causa, ut L. Catilinam ducere exercitum hostium atque in armis volitare audiatis: sed triduo tamen audietis; multoque magis illud timeo, ne mihi sit invidiosum aliquando, quod illum emiserim potius quam quod ejecerim. Sed cum sint homines qui illum, cum profectus sit, ejectum esse dicant, eidem si interfectus esset quid dicerent? 16. Quamquam isti, qui Catilinam Massiliam ire dictitant, non tam hoc queruntur quam verentur. Nemo est istorum tam misericors, qui illum non ad Manlium quam ad Massiliensis ire malit. Ille autem, si (me hercule) hoc quod agit numquam antea cogitasset, tamen latrocinantem se interfici mallet quam exsulem vivere. Nunc vero, cum ei nihil adhuc praeter ipsius voluntatem cogitationemque acciderit, nisi quod vivis nobis Roma profectus est, optemus potius ut eat in exsilium quam queramur.

VIII. 17. Sed cur tam diu de uno hoste loquimur, et de hoste qui jam fatetur se esse hostem, et quem, quia (quod semper volui) murus interest, non timeo: de eis qui dissimulant, qui Romae remanent, qui nobiscum sunt, nihil dicimus? Quos quidem ego, si ullo modo fieri possit, non tam ulcisci studeo quam sanare sibi ipsos, placare rei publicae, neque id qua re fieri non possit, si me audire volent, intellego. Exponam enim vobis, Quirites, ex quibus generibus hominum istae copiae comparentur: deinde singulis medicinam consili atque orationis meae, si quam potero, adferam.

18. Unum genus est eorum, qui magno in aere alieno majores etiam possessiones habent, quarum amore adducti dissolvi nullo modo possunt. Horum hominum species est honestissima — sunt enim locupletes: voluntas vero et causa impudentissima. Tu agris, tu aedificiis, tu argento, tu familia, tu rebus omnibus ornatus et copiosus sis, et dubites de possessione detrahere, adquirere ad fidem? Quid enim exspectas? bellum? Quid ergo? in vastatione omnium, tuas possessiones sacrosanctas futuras putas? An tabulas novas? Errant qui istas a Catilina exspectant: meo beneficio tabulae novae proferentur, verum auctionariae. Neque enim isti, qui possessiones habent, alia ratione ulla salvi esse possunt. Quod si maturius facere voluissent, neque — id quod stultissimum est — certare cum usuris fructibus praediorum, et locupletioribus his et melioribus civibus uteremur. Sed hosce homines minime puto pertimescendos, quod aut deduci de sententia possunt, aut, si permanebunt, magis mihi videntur vota facturi contra rem publicam quam arma laturi.

IX. 19. Alterum genus est eorum qui, quamquam premuntur aere alieno, dominationem tamen exspectant, rerum potiri volunt, honores, quos quieta re publica desperant, perturbata se consequi posse arbitrantur. Quibus hoc praecipiendum videtur,—unum scilicet et idem quod reliquis omnibus,—ut desperent id quod conantur se consequi posse : primum omnium me ipsum vigilare, adesse, providere rei publicae; deinde magnos animos esse in bonis viris, magnam concordiam in maxima multitudine, magnas praeterea copias militum; deos denique immortalis huic invicto populo, clarissimo imperio, pulcherrimae urbi, contra tantam vim sceleris praesentis auxilium esse laturos. Quod si jam sint id, quod cum summo furore cupiunt, adepti, num illi in cinere urbis et in sanguine civium, quae mente conscelerata ac nefaria concupiverunt, se consules ac dictatores aut etiam reges sperant futuros? Non vident id se cupere, quod si adepti sint, fugitivo alicui aut gladiatori concedi sit necesse?

20. Tertium genus est aetate jam adfectum, sed tamen exercitatione robustum; quo ex genere iste est Manlius, cui nunc Catilina succedit. Sunt homines ex eis coloniis quas Sulla constituit: quas ego universas civium esse optimorum et fortissimorum virorum sentio; sed tamen ei sunt coloni, qui se in insperatis ac repentinis pecuniis sumptuosius insolentiusque jactarunt. Hi dum aedificant tamquam beati, dum praediis lectis, familiis magnis, conviviis apparatis delectantur, in tantum aes alienum inciderunt, ut, si salvi esse velint, Sulla sit [eis] ab inferis excitandus: qui etiam non nullos agrestis, homines tenuis atque egentis, in eandem illam spem rapinarum veterum impulerunt. Quos ego utrosque in eodem genere praedatorum direptorumque pono. Sed eos hoc moneo: desinant furere ac proscriptiones et dictaturas cogitare. Tantus enim illorum temporum dolor inustus est civitati, ut jam ista

non modo homines, sed ne pecudes quidem mihi passurae esse videantur.

X. 21. Quartum genus est sane varium et mixtum et turbulentum, qui jam pridem premuntur, qui numquam emergunt, qui partim inertia, partim male gerendo negotio, partim etiam sumptibus in vetere aere alieno vacillant; qui vadimoniis, judiciis, proscriptione bonorum defatigati, permulti et ex urbe et ex agris se in illa castra conferre dicuntur. Hosce ego non tam milites acris quam infitiatores lentos esse arbitror. Qui homines primum, si stare non possunt, conruant; sed ita, ut non modo civitas, sed ne vicini quidem proximi sentiant. Nam illud non intellego, quam ob rem, si vivere honeste non possunt, perire turpiter velint; aut cur minore dolore perituros se cum multis, quam si soli pereant, arbitrentur.

22. Quintum genus est parricidarum, sicariorum, denique omnium facinorosorum: quos ego a Catilina non revoco; nam neque ab eo divelli possunt, et pereant sane in latrocinio, quoniam sunt ita multi ut eos carcer capere non possit. Postremum autem genus est non solum numero, verum etiam genere ipso atque vita, quod proprium Catilinae est, — de ejus dilectu, immo vero de complexu ejus ac sinu; quos pexo capillo, nitidos, aut imberbis aut bene barbatos videtis, manicatis et talaribus tunicis, velis amictos non togis, quorum omnis industria vitae et vigilandi labor in antelucanis cenis expromitur. 23. In his gregibus omnes aleatores, omnes adulteri, omnes impuri impudicique versantur. Hi pueri tam lepidi ac delicati non solum amare et amari, neque saltare et cantare, sed etiam sicas vibrare et spargere venena didicerunt; qui nisi exeunt, nisi pereunt, etiam si Catilina perierit, scitote hoc in re publica seminarium Catilinarum futurum. Verum tamen quid sibi isti miseri volunt? Num suas secum mulierculas sunt in castra ducturi? Quem ad

modum autem illis carere poterunt, his praesertim jam noctibus? Quo autem pacto illi Apenninum atque illas pruinas ac nivis perferent? nisi idcirco se facilius hiemem toleraturos putant, quod nudi in conviviis saltare didicerunt.

XI. 24. O bellum magno opere pertimescendum, cum hanc sit habiturus Catilina scortorum cohortem praetoriam! Instruite nunc, Quirites, contra has tam praeclaras Catilinae copias vestra praesidia vestrosque exercitus. Et primum gladiatori illi confecto et saucio consules imperatoresque vestros opponite; deinde contra illam naufragorum ejectam ac debilitatam manum florem totius Italiae ac robur educite. Jam vero urbes coloniarum ac municipiorum respondebunt Catilinae tumulis silvestribus. Neque ego ceteras copias, ornamenta, praesidia vestra cum illius latronis inopia atque egestate conferre debeo. 25. Sed si, omissis his rebus, quibus nos suppeditamur, eget ille, — senatu, equitibus Romanis, urbe, aerario, vectigalibus, cuncta Italia, provinciis omnibus, exteris nationibus, — si, his rebus omissis, causas ipsas quae inter se confligunt contendere velimus, ex eo ipso quam valde illi jaceant intellegere possumus. Ex hac enim parte pudor pugnat, illinc petulantia; hinc pudicitia, illinc stuprum; hinc fides, illinc fraudatio; hinc pietas, illinc scelus; hinc constantia, illinc furor; hinc honestas, illinc turpitudo; hinc continentia, illinc libido; denique aequitas, temperantia, fortitudo, prudentia, [virtutes omnes,] certant cum iniquitate, luxuria, ignavia, temeritate, [cum vitiis omnibus]; postremo copia cum egestate, bona ratio cum perdita, mens sana cum amentia, bona denique spes cum omnium rerum desperatione confligit. In ejus modi certamine ac proelio, nonne, etiam si hominum studia deficiant, di ipsi immortales cogant ab his praeclarissimis virtutibus tot et tanta vitia superari?

XII. 26. Quae cum ita sint, Quirites, vos, quem ad modum jam antea, vestra tecta custodiis vigiliisque defendite: mihi, ut urbi sine vestro motu ac sine ullo tumultu satis esset praesidi, consultum atque provisum est. Coloni omnes municipesque vestri, certiores a me facti de hac nocturna excursione Catilinae, facile urbis suas finisque defendent. Gladiatores, quam sibi ille manum certissimam fore putavit, — quamquam animo meliore sunt quam pars patriciorum, — potestate tamen nostra continebuntur. Q. Metellus, quem ego hoc prospiciens in agrum Gallicum Picenumque praemisi, aut opprimet hominem, aut omnis ejus motus conatusque prohibebit. Reliquis autem de rebus constituendis, maturandis, agendis, jam ad senatum referemus, quem vocari videtis.

27. Nunc illos qui in urbe remanserunt, atque adeo qui contra urbis salutem omniumque vestrum in urbe a Catilina relicti sunt, quamquam sunt hostes, tamen, quia sunt cives, monitos etiam atque etiam volo. Mea lenitas si cui adhuc solutior visa est, hoc exspectavit, ut id quod latebat erumperet. Quod reliquum est, jam non possum oblivisci meam hanc esse patriam, me horum esse consulem, mihi aut cum his vivendum aut pro his esse moriendum. Nullus est portis custos, nullus insidiator viae: si qui exire volunt, conivere possum. Qui vero se in urbe commoverit, cujus ego non modo factum, sed inceptum ullum conatumve contra patriam deprehendero, sentiet in hac urbe esse consules vigilantis, esse egregios magistratus, esse fortem senatum, esse arma, esse carcerem, quem vindicem nefariorum ac manifestorum scelerum majores nostri esse voluerunt. +

XIII. 28. Atque haec omnia sic agentur, Quirites, ut maximae res minimo motu, pericula summa nullo tumultu, bellum intestinum ac domesticum post hominum memoriam crudelissimum et maximum, me uno togato duce et imperatore sedetur. Quod ego sic administrabo, Quirites, ut, si ullo modo fieri poterit, ne improbus quidem quisquam in hac urbe poenam sui sceleris sufferat. Sed si vis manifestae audaciae, si impendens patriae periculum me necessario de hac animi 5 lenitate deduxerit, illud profecto perficiam, quod in tanto et tam insidioso bello vix optandum videtur, ut neque bonus quisquam intereat, paucorumque poena vos omnes salvi esse possitis. 29. Quae quidem ego neque mea prudentia neque humanis consiliis fretus 10 polliceor vobis, Quirites, sed multis et non dubiis deorum immortalium significationibus, quibus ego ducibus in hanc spem sententiamque sum ingressus; qui jam non procul, ut quondam solebant, ab externo hoste atque longinquo, sed hic praesentes suo numine atque 15 auxilio sua templa atque urbis tecta defendunt. Quos vos, Quirites, precari, venerari, implorare debetis, ut, quam urbem pulcherrimam florentissimamque esse voluerunt, hanc, omnibus hostium copiis terra marique superatis, a perditissimorum civium nefario scelere 20 defendant.

---

3. *How the Conspiracy was suppressed.*

Before the People, Dec. 3.

Now that Catiline had been driven into open war, the conspiracy within the city was in the hands of utterly incompetent men. Lentulus, who claimed the lead by virtue of his consular rank, was vain, pompous, and inefficient. The next in rank, Cethegus, was energetic enough, but rash and bloodthirsty. The consul easily kept the run of events, and at last succeeded in getting them to commit themselves in writing, when he had no difficulty in securing the documents, and arresting the conspirators. How this was accomplished is told in the third oration.

1. 1. REM PUBLICAM, Quirites, vitamque omnium vestrum, bona, fortunas, conjuges liberosque vestros,

atque hoc domicilium clarissimi imperi, fortunatissi-
mam pulcherrimamque urbem, hodierno die deorum
immortalium summo erga vos amore, laboribus, consiliis, periculis meis, e flamma atque ferro ac paene
5 ex faucibus fati ereptam et vobis conservatam ac
restitutam videtis. **2.** Et si non minus nobis jucundi
atque inlustres sunt ei dies quibus conservamur,
quam illi quibus nascimur, — quod salutis certa laetitia est, nascendi incerta condicio; et quod sine sensu
10 nascimur, cum voluptate servamur, — profecto, quoniam illum qui hanc urbem condidit ad deos immortalis benevolentia famaque sustulimus, esse apud vos
posterosque vestros in honore debebit is qui eandem
hanc urbem conditam amplificatamque servavit. Nam
15 toti urbi, templis, delubris, tectis ac moenibus subjectos
prope jam ignis circumdatosque restinximus; idemque
gladios in rem publicam destrictos rettudimus, mucro-
nesque eorum a jugulis vestris dejecimus. **3.** Quae
quoniam in senatu inlustrata, patefacta, comperta sunt
20 per me, vobis jam exponam breviter, Quirites, ut et
quanta et qua ratione investigata et comprehensa sint,
vos qui ignoratis et exspectatis scire possitis.

Principio, ut Catilina paucis ante diebus erupit ex
urbe, cum sceleris sui socios, hujusce nefarii belli acer-
25 rimos duces, Romae reliquisset, semper vigilavi et
providi, Quirites, quem ad modum in tantis et tam
absconditis insidiis salvi esse possemus. **II.** Nam
tum, cum ex urbe Catilinam eiciebam, — non enim
jam vereor hujus verbi invidiam, cum illa magis sit
30 timenda, quod vivus exierit, — sed tum, cum illum
exterminari volebam, aut reliquam conjuratorum manum simul exituram, aut eos qui restitissent infirmos
sine illo ac debilis fore putabam. **4.** Atque ego, ut
vidi quos maximo furore et scelere esse inflammatos
35 sciebam eos nobiscum esse, et Romae remansisse, in
eo omnis dies noctisque consumpsi, ut quid agerent,

quid molirentur, sentirem ac viderem; ut, quoniam auribus vestris propter incredibilem magnitudinem sceleris minorem fidem faceret oratio mea, rem ita comprehenderem, ut tum demum animis saluti vestrae provideretis, cum oculis maleficium ipsum videretis. Itaque, ut comperi legatos Allobrogum, belli Transalpini et tumultus Gallici excitandi causa, a P. Lentulo esse sollicitatos, eosque in Galliam ad suos civis, eodemque itinere cum litteris mandatisque ad Catilinam esse missos, comitemque eis adjunctum esse T. Volturcium, atque huic ad Catilinam esse datas litteras, facultatem mihi oblatam putavi, ut — quod erat difficillimum, quodque ego semper optabam ab dis immortalibus — tota res non solum a me, sed etiam a senatu et a vobis manifesto deprehenderetur. 5. Itaque hesterno die L. Flaccum et C. Pomptinum praetores, fortissimos atque amantissimos rei publicae viros, ad me vocavi; rem exposui, quid fieri placeret ostendi. Illi autem, qui omnia de re publica praeclara atque egregia sentirent, sine recusatione ac sine ulla mora negotium susceperunt, et, cum advesperasceret, occulte ad pontem Mulvium pervenerunt, atque ibi in proximis villis ita bipartito fuerunt, ut Tiberis inter eos et pons interesset. Eodem autem et ipsi sine cujusquam suspitione multos fortis viros eduxerant, et ego ex praefectura Reatina compluris delectos adulescentis, quorum opera utor adsidue in re publica praesidio, cum gladiis miseram. 6. Interim, tertia fere vigilia exacta, cum jam pontem Mulvium magno comitatu legati Allobrogum ingredi inciperent, unaque Volturcius, fit in eos impetus; educuntur et ab illis gladii et a nostris. Res praetoribus erat nota solis, ignorabatur a ceteris.

III. Tum, interventu Pomptini atque Flacci, pugna [quae erat commissa] sedatur. Litterae, quaecumque erant in eo comitatu, integris signis praetoribus tra-

duntur; ipsi comprehensi ad me, cum jam dilucesce-
ret, deducuntur. Atque horum omnium scelerum
improbissimum machinatorem Cimbrum Gabinium statim ad me, nihil dum suspicantem, vocavi; deinde item
5 arcessitus est L. Statilius, et post eum C. Cethegus;
tardissime autem Lentulus venit, credo quod in litteris
dandis praeter consuetudinem proxima nocte vigila-
rat. 7. Cum summis ac clarissimis hujus civitatis
viris (qui audita re frequentes ad me mane convene-
10 rant) litteras a me prius aperiri quam ad senatum deferrem placeret, — ne, si nihil esset inventum, temere
a me tantus tumultus injectus civitati videretur, — ne-
gavi me esse facturum, ut de periculo publico non ad
consilium publicum rem integram deferrem. Etenim,
15 Quirites, si ea quae erant ad me delata reperta non
essent, tamen ego non arbitrabar, in tantis rei publicae
periculis, esse mihi nimiam diligentiam pertimescendam. Senatum frequentem celeriter, ut vidistis, coëgi.
8. Atque interea statim, admonitu Allobrogum, C. Sul-
20 picium praetorem, fortem virum, misi, qui ex aedibus
Cethegi si quid telorum esset efferret: ex quibus ille
maximum sicarum numerum et gladiorum extulit. ±

IV. Introduxi Volturcium sine Gallis: fidem publicam jussu senatus dedi: hortatus sum, ut ea quae sci-
25 ret sine timore indicaret. Tum ille dixit, cum vix se
ex magno timore recreasset, ab Lentulo se habere
ad Catilinam mandata et litteras, ut servorum praesidio uteretur, ut ad urbem quam primum cum exercitu
accederet: id autem eo consilio, ut, cum urbem ex
30 omnibus partibus quem ad modum descriptum dis-
tributumque erat incendissent, caedemque infinitam
civium fecissent, praesto esset ille, qui et fugientis
exciperet, et se cum his urbanis ducibus conjungeret.
9. Introducti autem Galli jus jurandum sibi et litteras
35 ab Lentulo, Cethego, Statilio ad suam gentem data
esse dixerunt, atque ita sibi ab his et a L. Cassio esse

praescriptum, ut equitatum in Italiam quam primum mitterent; pedestris sibi copias non defuturas. Lentulum autem sibi confirmasse, ex fatis Sibyllinis haruspicumque responsis, se esse tertium illum Cornelium, ad quem regnum hujus urbis atque imperium pervenire esset necesse; Cinnam ante se et Sullam fuisse; eundemque dixisse fatalem hunc annum esse ad interitum hujus urbis atque imperi, qui esset annus decimus post virginum absolutionem, post Capitoli autem incensionem vicesimus. 10. Hanc autem Cethego cum ceteris controversiam fuisse dixerunt, quod Lentulo et aliis Saturnalibus caedem fieri atque urbem incendi placeret, Cethego nimium id longum videretur.

v. Ac ne longum sit, Quirites, tabellas proferri jussimus, quae a quoque dicebantur datae. Primum ostendimus Cethego signum: cognovit. Nos linum incidimus: legimus. Erat scriptum ipsius manu Allobrogum senatui et populo, sese quae eorum legatis confirmasset facturum esse; orare ut item illi facerent quae sibi eorum legati recepissent. Tum Cethēgus, qui paulo ante aliquid tamen de gladiis ac sicis, quae apud ipsum erant deprehensa, respondisset, dixissetque se semper bonorum ferramentorum studiosum fuisse, recitatis litteris debilitatus atque abjectus conscientia repente conticuit. Introductus est Statilius: cognovit et signum et manum suam. Recitatae sunt tabellae in eandem fere sententiam: confessus est. Tum ostendi tabellas Lentulo, et quaesivi cognosceretne signum. Adnuit. 'Est vero,' inquam, 'notum quidem signum, imago avi tui, clarissimi viri, qui amavit unice patriam et civis suos; quae quidem te a tanto scelere etiam muta revocare debuit.' 11. Leguntur eadem ratione ad senatum Allobrogum populumque litterae. Si quid de his rebus dicere vellet, feci potestatem. Atque ille primo quidem negavit; post autem aliquanto, toto jam indicio exposito atque edito, surrexit; quaesivit a Gal-

lis quid sibi esset cum eis, quam ob rem domum suam venissent, itemque a Volturcio. Qui cum illi breviter constanterque respondissent, per quem ad eum quotiensque venissent, quaesissentque ab eo nihilne
5 secum esset de fatis Sibyllinis locutus, tum ille subito, scelere demens, quanta conscientiae vis esset ostendit. Nam cum id posset infitiari, repente praeter opinionem omnium confessus est. Ita eum non modo ingenium illud et dicendi exercitatio, qua semper valuit, sed etiam
10 propter vim sceleris manifesti atque deprehensi impudentia, qua superabat omnis, improbitasque defecit.

12. Volturcius vero subito litteras proferri atque aperiri jubet, quas sibi a Lentulo ad Catilinam datas esse dicebat. Atque ibi vehementissime perturbatus Len-
15 tulus tamen et signum et manum suam cognovit. Erant autem [scriptae] sine nomine, sed ita : *Quis sim scies ex eo quem ad te misi. Cura ut vir sis, et cogita quem in locum sis progressus; vide ecquid tibi jam sit necesse, et cura ut omnium tibi auxilia adjun-*
20 *gas, etiam infimorum.* Gabinius deinde introductus, cum primo impudenter respondere coepisset, ad extremum nihil ex eis quae Galli insimulabant negavit.

13. Ac mihi quidem, Quirites, cum illa certissima visa sunt argumenta atque indicia sceleris, — tabellae, sig-
25 na, manus, denique unius cujusque confessio; tum multo certiora illa, — color, oculi, voltus, taciturnitas. Sic enim obstupuerant, sic terram intuebantur, sic furtim non numquam inter sese aspiciebant, ut non jam ab aliis indicari, sed indicare se ipsi viderentur.

30 **VI.** Indiciis expositis atque editis, senatum consului de summa re publica quid fieri placeret. Dictae sunt a principibus acerrimae ac fortissimae sententiae, quas senatus sine ulla varietate est secutus. Et quoniam nondum est perscriptum senatus consultum, ex memo-
35 ria vobis, Quirites, quid senatus censuerit exponam.

14. Primum mihi gratiae verbis amplissimis aguntur,

quod virtute, consilio, providentia mea res publica maximis periculis sit liberata : deinde L. Flaccus et C. Pomptinus praetores, quod eorum opera forti fidelique usus essem, merito ac jure laudantur; atque etiam viro forti, conlegae meo, laus impertitur, quod eos qui hujus conjurationis participes fuissent a suis et a rei publicae consiliis removisset. Atque ita censuerunt, ut P. Lentulus, cum se praetura abdicasset, in custodiam traderetur; itemque uti C. Cethegus, L. Statilius, P. Gabinius, qui omnes praesentes erant, in custodiam traderentur; atque idem hoc decretum est in L. Cassium, qui sibi procurationem incendendae urbis depoposcerat, in M. Ceparium, cui ad sollicitandos pastores Apuliam attributam esse erat indicatum, in P. Furium, qui est ex eis colonis quos Faesulas L. Sulla deduxit, in .Q. Annium Chilonem, qui una cum hoc Furio semper erat in hac Allobrogum sollicitatione versatus, in P. Umbrenum, libertinum hominem, a quo primum Gallos ad Gabinium perductos esse constabat. Atque ea lenitate senatus est usus, Quirites, ut ex tanta conjuratione, tantaque hac multitudine domesticorum hostium, novem hominum perditissimorum poena re publica conservata, reliquorum mentis sanari posse arbitraretur. 15. Atque etiam supplicatio dis immortalibus pro singulari eorum merito meo nomine decreta est, quod mihi primum post hanc urbem conditam togato contigit. Et his verbis decreta est: *quod urbem incendiis, caede civis, Italiam bello liberassem.* Quae supplicatio si cum ceteris conferatur, hoc interest, quod ceterae bene gesta, haec una conservata re publica constituta est. Atque illud, quod faciendum primum fuit, factum atque transactum est. Nam P. Lentulus — quamquam patefactis indiciis, confessionibus suis, judicio senatus non modo praetoris jus, verum etiam civis amiserat — tamen magistratu se abdicavit, ut, quae religio C. Mario, clarissimo viro, non fuerat, quo minus C. Glauciam, de quo nihil nominatim erat decretum, praetorem occideret, ea nos religione in privato P. Lentulo puniendo liberaremur.

5 VII. 16. Nunc quoniam, Quirites, consceleratissimi periculosissimique belli nefarios duces captos jam et comprehensos tenetis, existimare debetis omnis Catilinae copias, omnis spes atque opes, his depulsis urbis periculis concidisse. Quem quidem ego cum ex urbe 10 pellebam, hoc providebam animo, Quirites, — remoto Catilina, non mihi esse P. Lentuli somnum, nec L. Cassi adipes, nec C. Cethegi furiosam temeritatem pertimescendam. Ille erat unus timendus ex istis omnibus, sed tam diu, dum urbis moenibus contine-15 batur. Omnia norat, omnium aditus tenebat: appellare, temptare, sollicitare poterat, audebat: erat ei consilium ad facinus aptum, consilio autem neque manus neque lingua deërat. Jam ad certas res conficiendas certos homines delectos ac descriptos ha-20 bebat. Neque vero, cum aliquid mandarat, confectum putabat: nihil erat quod non ipse obiret, occurreret, vigilaret, laboraret. Frigus, sitim, famem, ferre poterat. 17. Hunc ego hominem tam acrem, tam audacem, tam paratum, tam callidum, tam in scelere 25 vigilantem, tam in perditis rebus diligentem, nisi ex domesticis insidiis in castrense latrocinium compulissem, — dicam id quod sentio, Quirites, — non facile hanc tantam molem mali a cervicibus vestris depulissem. Non ille nobis Saturnalia constituisset, neque 30 tanto ante exsili ac fati diem rei publicae denuntiavisset; neque commisisset ut signum, ut litterae suae testes manifesti sceleris deprehenderentur. Quae nunc illo absente sic gesta sunt, ut nullum in privata domo furtum umquam sit tam palam inventum, quam 35 haec tanta in re publica conjuratio manifesto inventa atque deprehensa est. Quod si Catilina in urbe

ad hanc diem remansisset, quamquam, quoad fuit, omnibus ejus consiliis occurri atque obstiti, tamen, ut levissime dicam, dimicandum nobis cum illo fuisset; neque nos umquam, cum ille in urbe hostis esset, tantis periculis rem publicam tanta pace, tanto otio, tanto silentio liberassemus.

VIII. 18. Quamquam haec omnia, Quirites, ita sunt a me administrata, ut deorum immortalium nutu atque consilio et gesta et provisa esse videantur; idque cum conjectura consequi possumus, quod vix videtur humani consili tantarum rerum gubernatio esse potuisse; tum vero ita praesentes his temporibus opem et auxilium nobis tulerunt, ut eos paene oculis videre possemus. Nam ut illa omittam, — visas nocturno tempore ab occidente faces, ardoremque caeli, ut fulminum jactus, ut terrae motus relinquam, ut omittam cetera, quae tam multa nobis consulibus facta sunt, ut haec, quae nunc fiunt, canere di immortales viderentur, — hoc certe, quod sum dicturus, neque praetermittendum neque relinquendum est.

19. Nam profecto memoria tenetis, Cotta et Torquato consulibus, compluris in Capitolio res de caelo esse percussas, cum et simulacra deorum depulsa sunt, et statuae veterum hominum dejectae, et legum aera liquefacta: tactus est etiam ille qui hanc urbem condidit Romulus, quem inauratum in Capitolio, parvum atque lactentem, uberibus lupinis inhiantem, fuisse meministis. Quo quidem tempore cum haruspices ex tota Etruria convenissent, caedes atque incendia et legum interitum et bellum civile ac domesticum, et totius urbis atque imperi occasum appropinquare dixerunt, nisi di immortales, omni ratione placati, suo numine prope fata ipsa flexissent. 20 Itaque illorum responsis tum et ludi per decem dies facti sunt, neque res ulla quae ad placandos deos pertineret praetermissa est; idemque jusserunt simulacrum Jovis facere

majus, et in excelso conlocare, et (contra atque antea fuerat) ad orientem convertere; ac se sperare dixerunt, si illud signum, quod videtis, solis ortum et forum curiamque conspiceret, fore ut ea consilia, quae
5 clam essent inita contra salutem urbis atque imperi, inlustrarentur, ut a senatu populoque Romano perspici possent. Atque [illud signum] conlocandum consules illi locaverunt; sed tanta fuit operis tarditas, ut neque superioribus consulibus, neque nobis ante hodiernum
10 diem, conlocaretur.

IX. 21. Hic quis potest esse tam aversus a vero, tam praeceps, tam mente captus, qui neget haec omnia quae videmus, praecipueque hanc urbem, deorum immortalium nutu ac potestate administrari? Etenim
15 cum esset ita responsum, caedes, incendia, interitum rei publicae comparari, et ea per civis, — quae tum propter magnitudinem scelerum non nullis incredibilia videbantur, — ea non modo cogitata a nefariis civibus, verum etiam suscepta esse sensistis. Illud vero nonne
20 ita praesens est, ut nutu Jovis Optimi Maximi factum esse videatur, ut, cum hodierno die mane per forum meo jussu et conjurati et eorum indices in aedem Concordiae ducerentur, eo ipso tempore signum statueretur? quo conlocato atque ad vos senatumque con-
25 verso, omnia [et senatus et vos] quae erant cogitata contra salutem omnium, inlustrata et patefacta vidistis. 22. Quo etiam majore sunt isti odio supplicioque digni, qui non solum vestris domiciliis atque tectis, sed etiam deorum templis atque delubris sunt funestos ac nefa-
30 rios ignis inferre conati. Quibus ego si me restitisse dicam, nimium mihi sumam, et non sim ferendus. Ille, ille Juppiter restitit: ille Capitolium, ille haec templa, ille cunctam urbem, ille vos omnis salvos esse voluit. Dis ego immortalibus ducibus hanc mentem,
35 Quirites, voluntatemque suscepi, atque ad haec tanta indicia perveni. Jam vero [illa Allobrogum sollici-

tatio] ab Lentulo ceterisque domesticis hostibus tam
dementer tantae res creditae et ignotis et barbaris
[commissae litterae] numquam essent profecto, nisi ab
dis immortalibus huic tantae audaciae consilium esset
ereptum. Quid vero? ut homines Galli, ex civitate 5
male pacata, quae gens una restat quae bellum populo
Romano facere posse et non nolle videatur, spem
imperi ac rerum maximarum ultro sibi a patriciis
hominibus oblatam neglegerent, vestramque salutem
suis opibus anteponerent, id non divinitus esse factum 10
putatis? praesertim qui nos non pugnando, sed tacendo
superare potuerint?

x. 23. Quam ob rem, Quirites, quoniam ad omnia
pulvinaria supplicatio decreta est, celebratote illos dies
cum conjugibus ac liberis vestris. Nam multi saepe 15
honores dis immortalibus justi habiti sunt ac debiti,
sed profecto justiores numquam. Erepti enim estis
ex crudelissimo ac miserrimo interitu; erepti sine
caede, sine sanguine, sine exercitu, sine dimicatione.
Togati me uno togato duce et imperatore vicistis. 20
24. Etenim recordamini, Quirites, omnis civilis dissensiones: non solum eas quas audistis, sed eas quas
vosmet ipsi meministis atque vidistis. L. Sulla P.
Sulpicium oppressit; [ejecit ex urbe] C. Marium,
custodem hujus urbis, multosque fortis viros partim 25
ejecit ex civitate, partim interemit. Cn. Octavius
consul armis expulit ex urbe conlegam: omnis hic
locus acervis corporum et civium sanguine redundavit.
Superavit postea Cinna cum Mario: tum vero, clarissimis viris interfectis, lumina civitatis exstincta sunt. 30
Ultus est hujus victoriae crudelitatem postea Sulla:
ne dici quidem opus est quanta diminutione civium,
et quanta calamitate rei publicae. Dissensit M. Lepidus a clarissimo ac fortissimo viro Q. Catulo: attulit
non tam ipsius interitus rei publicae luctum quam 35
ceterorum. 25. Atque illae tamen omnes dissensiones

erant ejus modi, quae non ad delendam, sed ad commutandam rem publicam pertinerent. Non illi nullam esse rem publicam, sed in ea quae esset, se esse principes; neque hanc urbem conflagrare, sed se in hac
5 urbe florere voluerunt. [Atque illae tamen omnes dissensiones, quarum nulla exitium rei publicae quaesivit, ejus modi fuerunt, ut non reconciliatione concordiae, sed internecione civium dijudicatae sint.] In hoc autem uno post hominum memoriam maximo crudelis-
10 simoque bello, quale bellum nulla umquam barbaria cum sua gente gessit, quo in bello lex haec fuit a Lentulo, Catilina, Cethego, Cassio constituta, ut omnes, qui salva urbe salvi esse possent, in hostium numero ducerentur, ita me gessi, Quirites, ut salvi
15 omnes conservaremini; et cum hostes vestri tantum civium superfuturum putassent, quantum infinitae caedi restitisset, tantum autem urbis, quantum flamma obire non potuisset, et urbem et civis integros incolumisque servavi.

20 XI. 26. Quibus pro tantis rebus, Quirites, nullum ego a vobis praemium virtutis, nullum insigne honoris, nullum monumentum laudis postulo, praeterquam hujus diei memoriam sempiternam. In animis ego vestris omnis triumphos meos, omnia ornamenta ho-
25 noris, monumenta gloriae, laudis insignia condi et conlocari volo. Nihil me mutum potest delectare, nihil tacitum, nihil denique ejus modi, quod etiam minus digni adsequi possint. Memoria vestra, Quirites, res nostrae alentur, sermonibus crescent, lit-
30 terarum monumentis inveterascent et conroborabuntur; eandemque diem intellego, quam spero aeternam fore, propagatam esse et ad salutem urbis et ad memoriam consulatus mei; unoque tempore in hac re publica duos civis exstitisse, quorum alter finis vestri
35 imperi non terrae, sed caeli regionibus terminaret, alter ejusdem imperi domicilium sedisque servaret.

XII. 27. Sed quoniam earum rerum quas ego gessi
non eadem est fortuna atque condicio quae illorum
qui externa bella gesserunt, — quod mihi cum eis
vivendum est quos vici ac subegi, isti hostis aut in-
terfectos aut oppressos reliquerunt, — vestrum est, 5
Quirites, si ceteris facta sua recte prosunt, mihi
mea ne quando obsint providere. Mentes enim
hominum audacissimorum sceleratae ac nefariae ne
vobis nocere possent ego providi; ne mihi noceant
vestrum est providere. Quamquam, Quirites, mihi 10
quidem ipsi nihil ab istis jam noceri potest. Magnum enim est in bonis praesidium, quod mihi in
perpetuum comparatum est; magna in re publica
dignitas, quae me semper tacita defendet; magna vis
conscientiae, quam qui neglegunt, cum me violare 15
volent, se [ipsi] indicabunt. 28. Est etiam nobis is
animus, Quirites, ut non modo nullius audaciae ce-
damus, sed etiam omnis improbos ultro semper laces-
samus. Quod si omnis impetus domesticorum hostium,
depulsus a vobis, se in me unum convertit, vobis 20
erit videndum, Quirites, qua condicione posthac eos
esse velitis, qui se pro salute vestra obtulerint invidiae periculisque omnibus: mihi quidem ipsi, quid
est quod jam ad vitae fructum possit adquiri, cum
praesertim neque in honore vestro, neque in gloria vir- 25
tutis, quicquam videam altius, quo mihi libeat ascendere? 29. Illud profecto perficiam, Quirites, ut ea quae
gessi in consulatu privatus tuear atque ornem: ut si
qua est invidia conservanda re publica suscepta, lae-
dat invidos, mihi valeat ad gloriam. Denique ita me 30
in re publica tractabo, ut meminerim semper quae
gesserim, curemque ut ea virtute, non casu gesta esse
videantur. Vos, Quirites, quoniam jam nox est, vene-
rati Jovem, illum custodem hujus urbis ac vestrum,
in vestra tecta discedite; et ea, quamquam jam est 35
periculum depulsum, tamen aeque ac priore nocte

custodiis vigiliisque defendite. Id ne vobis diutius faciendum sit, atque ut in perpetua pace esse possitis, providebo.

4. *Sentence of the Conspirators.*

In the Senate, Dec. 5.

Two days later the Senate was convened, to determine what was to be done with the prisoners. It was a fundamental principle of the Roman Constitution that no citizen should be put to death without the right of appeal to the people. Against the view of Cæsar, which favored perpetual confinement, Cicero urged the very lame argument that, by the fact of taking up arms against the Republic, they had forfeited their citizenship, and the law therefore did not protect them. This view prevailed, and the conspirators — Lentulus, Cethegus, Statilius, Gabinius, and Cæparius — were strangled by the public executioners.

This was one of those acts of excessive vigor and severity which a man who feels himself deficient in decision of character — as Cicero was, at bottom — will sometimes force himself to commit. Had he had the strength to maintain himself as a leader in public affairs, it need not have hurt him in the end. As it was, he was soon pushed aside by men of genuine executive power, Pompey and Cæsar, and was made to suffer severely for his illegal act.

I. 1. Video, patres conscripti, in me omnium vestrum ora atque oculos esse conversos. Video vos non solum de vestro ac rei publicae, verum etiam, si id depulsum sit, de meo periculo esse sollicitos. Est mihi jucunda in malis et grata in dolore vestra erga me voluntas: sed eam, per deos immortalis, deponite; atque obliti salutis meae, de vobis ac de vestris liberis cogitate. Mihi si haec condicio consulatus data est, ut omnis acerbitates, omnis dolores cruciatusque perferrem, feram non solum fortiter, verum etiam libenter, dum modo meis laboribus vobis populoque Romano dignitas salusque pariatur. 2. Ego sum ille consul, patres conscripti, cui non forum, in quo omnis aequitas continetur, non campus consularibus auspiciis consecratus, non curia, summum auxilium omnium gentium, non domus, commune perfugium, non lectus ad quietem datus, non denique haec sedes honoris [sella curulis] umquam vacua mortis periculo atque insidiis fuit. Ego multa tacui, multa pertuli, multa concessi, multa meo quodam dolore in vestro timore sanavi. Nunc si hunc exitum consulatus mei di immortales esse voluerunt, ut vos populumque Romanum ex caede miserrima, conjuges liberosque vestros virginesque Vestalis ex acerbissima vexatione, templa atque delubra, hanc pulcherrimam patriam omnium nostrum ex foedissima flamma, totam Italiam ex bello et vastitate eriperem, quaecumque mihi uni proponetur fortuna, subeatur. Etenim si P. Lentulus suum nomen, inductus a vatibus, fatale ad perniciem rei publicae fore putavit, cur ego non laeter meum consulatum ad salutem populi Romani prope fatalem exstitisse?

II. 3. Qua re, patres conscripti, consulite vobis, prospicite patriae, conservate vos, conjuges, liberos fortunasque vestras, populi Romani nomen salutemque defendite: mihi parcere ac de me cogitare desinite. Nam primum debeo sperare omnis deos, qui huic urbi praesident, pro eo mihi ac mereor relaturos esse gratiam; deinde, si quid obtigerit, aequo animo paratoque moriar. Nam neque turpis mors forti viro potest accidere, neque immatura consulari, nec misera sapienti. Nec tamen ego sum ille ferreus, qui fratris carissimi atque amantissimi praesentis maerore non movear, horumque omnium lacrimis, a quibus me circumsessum videtis. Neque meam mentem non domum saepe revocat exanimata uxor, et abjecta metu filia, et parvolus filius, quem mihi videtur amplecti res publica tamquam obsidem consulatus mei, neque ille, qui exspectans hujus exitum diei adstat in conspectu meo gener. Moveor his rebus omnibus, sed in eam partem, uti salvi sint vobiscum omnes, etiam si me vis aliqua oppresserit, potius quam et illi et nos una rei publicae peste pereamus.

4. Qua re, patres conscripti, incumbite ad salutem rei publicae, circumspicite omnis procellas, quae impendent nisi providetis. Non Ti. Gracchus, quod iterum tribunus plebis fieri voluit, non C. Gracchus, quod agrarios concitare conatus est, non L. Saturninus, quod C. Memmium occidit, in discrimen aliquod atque in vestrae severitatis judicium adducitur: tenentur ei qui ad urbis incendium, ad vestram omnium caedem, ad Catilinam accipiendum, Romae restiterunt; tenentur litterae, signa, manus, denique unius cujusque confessio; sollicitantur Allobroges, servitia excitantur, Catilina arcessitur; id est initum consilium, ut interfectis omnibus nemo ne ad deplorandum quidem populi Romani nomen atque ad lamentandam tanti imperi calamitatem relinquatur.

III. 5. Haec omnia indices detulerunt, rei confessi sunt, vos multis jam judiciis judicavistis: primum quod mihi gratias egistis singularibus verbis, et mea virtute atque diligentia perditorum hominum conjurationem patefactam esse decrevistis; deinde quod P. Lentulum se abdicare praetura coëgistis; tum quod eum et ceteros, de quibus judicastis, in custodiam dandos censuistis; maximeque quod meo nomine supplicationem decrevistis, qui honos togato habitus ante me est nemini; postremo hesterno die praemia legatis Allobrogum Titoque Volturcio dedistis amplissima. Quae sunt omnia ejus modi, ut ei qui in custodiam nominatim dati sunt sine ulla dubitatione a vobis damnati esse videantur.

6. Sed ego institui referre ad vos, patres conscripti, tamquam integrum, et de facto quid judicetis, et de poena quid censeatis. Illa praedicam quae sunt con-

sulis. Ego magnum in re publica versari furorem, et nova quaedam misceri et concitari mala jam pridem videbam; sed hanc tantam, tam exitiosam haberi conjurationem a civibus numquam putavi. Nunc quicquid est, quocumque vestrae mentes inclinant atque sententiae, statuendum vobis ante noctem est. Quantum facinus ad vos delatum sit videtis. Huic si paucos putatis adfinis esse, vehementer erratis. Latius opinione disseminatum est hoc malum: manavit non solum per Italiam, verum etiam transcendit Alpis, et obscure serpens multas jam provincias occupavit. Id opprimi sustentando ac prolatando nullo pacto potest. Quacumque ratione placet, celeriter vobis vindicandum est.

IV. 7. Video adhuc duas esse sententias: unam D. Silani, qui censet eos, qui haec delere conati sunt, morte esse multandos; alteram C. Caesaris, qui mortis poenam removet, ceterorum suppliciorum omnis acerbitates amplectitur. Uterque et pro sua dignitate et pro rerum magnitudine in summa severitate versatur. Alter eos qui nos omnis, [qui populum Romanum,] vita privare conati sunt, qui delere imperium, qui populi Romani nomen exstinguere, punctum temporis frui vita et hoc communi spiritu non putat oportere; atque hoc genus poenae saepe in improbos civis in hac re publica esse usurpatum recordatur. Alter intellegit mortem ab dis immortalibus non esse supplici causa constitutam, sed aut necessitatem naturae, aut laborum ac miseriarum quietem. Itaque eam sapientes numquam inviti, fortes saepe etiam libenter oppetiverunt. Vincula vero et ea sempiterna certe ad singularem poenam nefarii sceleris inventa sunt. Municipiis dispertiri jubet. Habere videtur ista res iniquitatem si imperare velis, difficultatem si rogare. Decernatur tamen, si placet. 8. Ego enim suscipiam, et (ut spero) reperiam qui id quod salutis omnium causa statueritis, non putent esse suae dignitatis recusare. Adjungit

gravem poenam municipibus, si quis eorum vincula
ruperit: horribilis custodias circumdat, et dignas scelere hominum perditorum; sancit ne quis eorum
poenam, quos condemnat, aut per senatum aut per
5 populum, levare possit; eripit etiam spem, quae sola
hominem in miseriis consolari solet; bona praeterea
publicari jubet; vitam solam relinquit nefariis hominibus, quam si eripuisset, multos uno dolores animi
atque corporis et omnis scelerum poenas ademisset.
10 Itaque, ut aliqua in vita formido improbis esset posita,
apud inferos ejus modi quaedam illi antiqui supplicia
impiis constituta esse voluerunt, quod videlicet intelle-
gebant, eis remotis, non esse mortem ipsam pertimescendam.
15 V. 9. Nunc, patres conscripti, ego mea video quid
intersit. Si eritis secuti sententiam C. Caesaris, quoniam hanc is in re publica viam quae popularis habetur secutus est, fortasse minus erunt — hoc auctore et
cognitore hujusce sententiae — mihi populares impetus
20 pertimescendi: sin illam alteram, nescio an amplius mihi
negoti contrahatur. Sed tamen meorum periculorum
rationes utilitas rei publicae vincat. Habemus enim a
Caesare, sicut ipsius dignitas et majorum ejus amplitudo postulabat, sententiam tamquam obsidem perpe-
25 tuae in rem publicam voluntatis. Intellectum est quid
interesset inter levitatem contionatorum et animum vere
popularem, saluti populi consulentem. 10. Video de
istis, qui se popularis haberi volunt, abesse non neminem, ne de capite videlicet civium Romanorum sen-
30 tentiam ferat. *At* is et nudius tertius in custodiam
civis Romanos dedit, et supplicationem mihi decrevit,
et indices hesterno die maximis praemiis adfecit. Jam
hoc nemini dubium est, qui reo custodiam, quaesitori
gratulationem, indici praemium decrevit, quid de tota re
35 et causa judicarit. At vero C. Caesar intellegit legem
Semproniam esse de civibus Romanis constitutam; qui

autem rei publicae sit hostis, eum civem nullo modo esse posse; denique ipsum latorem Semproniae legis jussu populi poenas rei publicae dependisse. Idem ipsum Lentulum, largitorem et prodigum, non putat, cum de pernicie populi Romani, exitio hujus urbis tam acerbe, tam crudeliter cogitarit, etiam appellari posse popularem. Itaque homo mitissimus atque lenissimus non dubitat P. Lentulum aeternis tenebris vinculisque mandare, et sancit in posterum, ne quis hujus supplicio levando se jactare, et in perniciem populi Romani posthac popularis esse possit: adjungit etiam publicationem bonorum, ut omnis animi cruciatus et corporis etiam egestas ac mendicitas consequatur.

VI. II. Quam ob rem, sive hoc statueritis, dederitis mihi comitem ad contionem populo carum atque jucundum; sive Silani sententiam sequi malueritis, facile me [atque vos] crudelitatis vituperatione exsolveritis, atque obtinebo eam multo leniorem fuisse. Quamquam, patres conscripti, quae potest esse in tanti sceleris immanitate punienda crudelitas? Ego enim de meo sensu judico. Nam ita mihi salva re publica vobiscum perfrui liceat, ut ego, quod in hac causa vehementior sum, non atrocitate animi moveor — quis est enim me mitior? — sed singulari quadam humanitate et misericordia. Videor enim mihi videre hanc urbem, lucem orbis terrarum atque arcem omnium gentium, subito uno incendio concidentem. Cerno animo sepulta in patria miseros atque insepultos acervos civium. Versatur mihi ante oculos aspectus Cethegi, et furor in vestra caede bacchantis. 12. Cum vero mihi proposui regnantem Lentulum, sicut ipse ex fatis se sperasse confessus est, purpuratum esse huic Gabinium, cum exercitu venisse Catilinam, tum lamentationem matrum familias, tum fugam virginum atque puerorum ac vexationem virginum Vestalium perhorresco; et quia mihi vehementer haec videntur misera atque

miseranda, idcirco in eos qui ea perficere voluerunt me
severum vehementemque praebeo. Etenim quaero, si
quis pater familias, liberis suis a servo interfectis, uxore
occisa, incensa domo, supplicium de servo non quam
5 acerbissimum sumpserit, utrum is clemens ac misericors, an inhumanissimus et crudelissimus esse videatur?' Mihi vero importunus ac ferreus, qui non dolore
et cruciatu nocentis suum dolorem cruciatumque le-
nierit. ' Sic nos in his hominibus, — qui nos, qui con-
10 juges, qui liberos nostros trucidare voluerunt ; qui
singulas unius cujusque nostrum domos et hoc universum rei publicae domicilium delere conati sunt; qui
id egerunt, ut gentem Allobrogum in vestigiis hujus
urbis atque in cinere deflagrati imperi conlocarent, —
15 si vehementissimi fuerimus, misericordes habebimur :
sin remissiores esse voluerimus, summae nobis crudelitatis in patriae civiumque pernicie fama subeunda est.
13. Nisi vero cuipiam L. Caesar, vir fortissimus et amantissimus rei publicae, crudelior nudius tertius visus est,
20 cum sororis suae, feminae lectissimae, virum praesentem et audientem vita privandum esse dixit, cum avum
suum jussu consulis interfectum, filiumque ejus impu-
berem, legatum a patre missum, in carcere necatum
esse dixit. Quorum quod simile factum ? quod initum
25 delendae rei publicae consilium? Largitionis voluntas
tum in re publica versata est, et partium quaedam
contentio. Atque eo tempore hujus avus Lentuli, vir
clarissimus, armatus Gracchum est persecutus. Ille
etiam grave tum volnus accepit, ne quid de summa re
30 publica deminueretur: hic ad evertenda rei publicae
fundamenta Gallos arcessit, servitia concitat, Catilinam vocat, attribuit nos trucidandos Cethego, et
ceteros civis interficiendos Gabinio, urbem inflammandam Cassio, totam Italiam vastandam diripien-
35 damque Catilinae. Vereamini, censeo, ne in hoc
scelere tam immani ac nefando nimis aliquid severe

statuisse videamini : multo magis est verendum ne remissione poenae crudeles in patriam, quam ne severitate animadversionis nimis vehementes in acerbissimos hostis, fuisse videamur.

VII. 14. Sed ea quae exaudio, patres conscripti, dissimulare non possum. Jaciuntur enim voces, quae perveniunt ad auris meas, eorum qui vereri videntur ut habeam satis praesidi ad ea quae vos statueritis hodierno die transigunda. Omnia et provisa et parata et constituta sunt, patres conscripti, cum mea summa cura atque diligentia, tum multo etiam majore populi Romani ad summum imperium retinendum et ad communis fortunas conservandas voluntate. Omnes adsunt omnium ordinum homines, omnium denique aetatum : plenum est forum, plena templa circum forum, pleni omnes aditus hujus templi ac loci. Causa est enim post urbem conditam haec inventa sola, in qua omnes sentirent unum atque idem, praeter eos qui, cum sibi viderent esse pereundum, cum omnibus potius quam soli perire voluerunt. 15. Hosce ego homines excipio et secerno libenter, neque in improborum civium, sed in acerbissimorum hostium numero habendos puto. Ceteri vero, di immortales! qua frequentia, quo studio, qua virtute ad communem salutem dignitatemque consentiunt! Quid ego hic equites Romanos commemorem? qui vobis ita summam ordinis consilique concedunt, ut vobiscum de amore rei publicae certent; quos ex multorum annorum dissensione hujus ordinis ad societatem concordiamque revocatos hodiernus dies vobiscum atque haec causa conjungit: quam si conjunctionem, in consulatu confirmatam meo, perpetuam in re publica tenuerimus, confirmo vobis nullum posthac malum civile ac domesticum ad ullam rei publicae partem esse venturum. Pari studio defendundae rei publicae convenisse video tribunos aerarios, fortissimos viros; scribas item universos, quos cum casu hic dies ad aerarium frequentasset, video ab exspectatione sortis ad salutem communem esse conversos. 16. Omnis ingenuorum adest multitudo, etiam tenuissimorum. Quis est enim cui non haec templa, aspectus urbis, possessio libertatis, lux denique haec ipsa et [hoc] commune patriae solum, cum sit carum tum vero dulce atque jucundum?

VIII. Operae pretium est, patres conscripti, libertinorum hominum studia cognoscere, qui, sua virtute fortunam hujus civitatis consecuti, hanc suam patriam judicant, — quam quidam hic nati, et summo loco nati, non patriam suam sed urbem hostium esse judicaverunt. Sed quid ego hosce homines ordinesque commemoro, quos privatae fortunae, quos communis res publica, quos denique libertas, ea quae dulcissima est, ad salutem patriae defendendam excitavit? Servus est nemo, qui modo tolerabili condicione sit servitutis, qui non audaciam civium perhorrescat, qui non haec stare cupiat, qui non quantum audet et quantum potest conferat ad salutem voluntatis. 17. Qua re si quem vestrum forte commovet hoc, quod auditum est, lenonem quendam Lentuli concursare circum tabernas, pretio sperare sollicitari posse animos egentium atque imperitorum, — est id quidem coeptum atque temptatum; sed nulli sunt inventi tam aut fortuna miseri aut voluntate perditi, qui non illum ipsum sellae atque operis et quaestus cotidiani locum, qui non cubile ac lectulum suum, qui denique non cursum hunc otiosum vitae suae salvum esse velint. Multo vero maxima pars eorum qui in tabernis sunt, immo vero — id enim potius est dicendum — genus hoc universum, amantissimum est oti. Etenim omne instrumentum, omnis opera atque quaestus frequentia civium sustentatur, alitur otio: quorum si quaestus occlusis tabernis minui solet, quid tandem incensis futurum fuit?

18. Quae cum ita sint, patres conscripti, vobis populi

Romani praesidia non desunt: vos ne populo Romano
deesse videamini providete. ⊥ IX. Habetis consulem ex
plurimis periculis et insidiis atque ex media morte, non
ad vitam suam, sed ad salutem vestram reservatum.
Omnes ordines ad conservandam rem publicam mente,
voluntate, voce consentiunt. Obsessa facibus et telis
impiae conjurationis vobis supplex manus tendit patria
communis; vobis se, vobis vitam omnium civium, vobis
arcem et Capitolium, vobis aras Penatium, vobis illum
ignem Vestae sempiternum, vobis omnium deorum
templa atque delubra, vobis muros atque urbis tecta
commendat. Praeterea de vestra vita, de conjugum
vestrarum atque liberorum anima, de fortunis omnium,
de sedibus, de focis vestris, hodierno die vobis judicandum est. 19. Habetis ducem memorem vestri, oblitum
sui, quae non semper facultas datur: habetis omnis
ordines, omnis homines, universum populum Romanum — id quod in civili causa hodierno die primum
videmus — unum atque idem sentientem. Cogitate
quantis laboribus fundatum imperium, quanta virtute
stabilitam libertatem, quanta deorum benignitate auc-
tas exaggeratasque fortunas, una nox paene delerit.
Id ne umquam posthac non modo non confici, sed ne
cogitari quidem possit a civibus, hodierno die provi-
dendum est. Atque haec non ut vos, qui mihi studio
paene praecurritis, excitarem, locutus sum; sed ut mea
vox, quae debet esse in re publica princeps, officio
functa consulari videretur.

X. 20. Nunc, ante quam ad sententiam redeo, de
me pauca dicam. Ego, quanta manus est conjuratorum, quam videtis esse permagnam, tantam me inimicorum multitudinem suscepisse video: sed eam judico
esse turpem et infirmam et abjectam. Quod si aliquando alicujus furore et scelere concitata manus ista
plus valuerit quam vestra ac rei publicae dignitas, me
tamen meorum factorum atque consiliorum numquam,

patres conscripti, poenitebit. Etenim mors, quam illi fortasse minitantur, omnibus est parata: vitae tantam laudem, quanta vos me vestris decretis honestastis, nemo est adsecutus. Ceteris enim semper bene gesta, mihi uni conservata re publica, gratulationem decrevistis. 21. Sit Scipio ille clarus, cujus consilio atque virtute Hannibal in Africam redire atque Italia decedere coactus est; ornetur alter eximia laude Africanus, qui duas urbis huic imperio infestissimas, Karthaginem Numantiamque, delevit; habeatur vir egregius Paulus ille, cujus currum rex potentissimus quondam et nobilissimus Perses honestavit; sit aeterna gloria Marius, qui bis Italiam obsidione et metu servitutis liberavit; anteponatur omnibus Pompeius, cujus res gestae atque virtutes isdem quibus solis cursus regionibus ac terminis continentur: erit profecto inter horum laudes aliquid loci nostrae gloriae, — nisi forte majus est patefacere nobis provincias quo exire possimus, quam curare ut etiam illi qui absunt habeant quo victores revertantur. 22. Quamquam est uno loco, condicio melior externae victoriae quam domesticae, — quod hostes alienigenae aut oppressi serviunt, aut recepti in amicitiam beneficio se obligatos putant; qui autem ex numero civium, dementia aliqua depravati, hostes patriae semel esse coeperunt, eos cum a pernicie rei publicae reppuleris, nec vi coercere nec beneficio placare possis. Qua re mihi cum perditis civibus aeternum bellum susceptum esse video. Id ego vestro bonorumque omnium auxilio, memoriaque tantorum periculorum, — quae non modo in hoc populo, qui servatus est, sed in omnium gentium sermonibus ac mentibus semper haerebit, — a me atque a meis facile propulsari posse confido. Neque ulla profecto tanta vis reperietur, quae conjunctionem vestram equitumque Romanorum, et tantam conspirationem bonorum omnium, confringere et labefactare possit.

XI. 23. Quae cum ita sint, pro imperio, pro exercitu, pro provincia, quam neglexi, pro triumpho ceterisque laudis insignibus, quae sunt a me propter urbis vestraeque salutis custodiam repudiata, pro clientelis hospitiisque provincialibus, quae tamen urbanis opibus non minore labore tueor quam comparo, pro his igitur omnibus rebus, pro meis in vos singularibus studiis, proque hac quam perspicitis ad conservandam rem publicam diligentia, nihil a vobis nisi hujus temporis totiusque mei consulatus memoriam postulo : quae dum erit vestris fixa mentibus, tutissimo me muro saeptum esse arbitrabor. Quod si meam spem vis improborum fefellerit atque superaverit, commendo vobis parvum meum filium, cui profecto satis erit praesidi non solum ad salutem, verum etiam ad dignitatem, si ejus, qui haec omnia suo solius periculo conservarit, illum filium esse memineritis. 24. Quapropter de summa salute vestra populique Romani, de vestris conjugibus ac liberis, de aris ac focis, de fanis atque templis, de totius urbis tectis ac sedibus, de imperio ac libertate, de salute Italiae, de universa re publica, decernite diligenter, ut instituistis, ac fortiter. Habetis eum consulem qui et parere vestris decretis non dubitet, et ea quae statueritis, quoad vivet, defendere et per se ipsum praestare possit.

THE CITIZENSHIP OF ARCHIAS.

B.C. 62.

THE case of Archias, though not a public one, yet had its origin in the politics of the time. The aristocratic faction, suspecting that much of the strength of their opponents was derived from the fraudulent votes of those who were not citizens, procured in B.C. 65 the passage of the *Lex Papia*, by which "all the strangers, who possessed neither Roman nor Latin burgess-rights, were ejected from the capital" (Mommsen). Archias, a native of Antioch, but for many years a Roman citizen, a friend of Lucius Lucullus, was accused in B.C. 62, by a certain Gratius, under this law, on the ground that he was not a citizen. The case was tried before the prætor Quintus Cicero, brother of the orator.

It was a very small matter to disprove the charge, and completely establish Archias's claims to citizenship. The greater part of the speech, therefore, is made up of an eulogy upon the poet, and upon poetry and literature in general. It is, for this reason, one of the most agreeable of Cicero's orations, and perhaps the greatest favorite of them all.

SI QUID est in me ingeni, judices, quod sentio quam sit exiguum, aut si qua exercitatio dicendi, in qua me non infitior mediocriter esse versatum, aut si hujusce rei ratio aliqua ab optimarum artium studiis
5 ac disciplina profecta, a qua ego nullum confiteor aetatis meae tempus abhorruisse, earum rerum omnium vel in primis hic A. Licinius fructum a me repetere prope suo jure debet. Nam quoad longissime potest mens mea respicere spatium praeteriti temporis, et pueritiae
10 memoriam recordari ultimam, inde usque repetens hunc video mihi principem et ad suscipiendam et ad ingrediendam rationem horum studiorum exstitisse. Quod si haec vox, hujus hortatu praeceptisque conformata, non nullis aliquando saluti fuit, a quo id
15 accepimus quo ceteris opitulari et alios servare possemus, huic profecto ipsi, quantum est situm in nobis,

et opem et salutem ferre debemus. 2. Ac ne quis a nobis hoc ita dici forte miretur, quod alia quaedam in hoc facultas sit ingeni, neque haec dicendi ratio aut disciplina, ne nos quidem huic uni studio penitus umquam dediti fuimus. Etenim omnes artes, quae ad humanitatem pertinent, habent quoddam commune vinculum, et quasi cognatione quadam inter se continentur.

II. 3. Sed ne cui vestrum mirum esse videatur me in quaestione legitima et in judicio publico — cum res agatur apud praetorem populi Romani, lectissimum virum, et apud severissimos judices, tanto conventu hominum ac frequentia — hoc uti genere dicendi, quod non modo a consuetudine judiciorum, verum etiam a forensi sermone abhorreat; quaeso a vobis, ut in hac causa mihi detis hanc veniam, adcommodatam huic reo, vobis (quem ad modum spero) non molestam, ut me pro summo poëta atque eruditissimo homine dicentem, hoc concursu hominum literatissimorum, hac vestra humanitate, hoc denique praetore exercente judicium, patiamini de studiis humanitatis ac litterarum paulo loqui liberius, et in ejus modi persona, quae propter otium ac studium minime in judiciis periculisque tractata est, uti prope novo quodam et inusitato genere dicendi. 4. Quod si mihi a vobis tribui concedique sentiam, perficiam profecto ut hunc A. Licinium non modo non segregandum, cum sit civis, a numero civium, verum etiam si non esset, putetis asciscendum fuisse.

III. Nam ut primum ex pueris excessit Archias, atque ab eis artibus quibus aetas puerilis ad humanitatem informari solet se ad scribendi studium contulit, primum Antiochiae — nam ibi natus est loco nobili — celebri quondam urbe et copiosa, atque eruditissimis hominibus liberalissimisque studiis adfluenti, celeriter antecellere omnibus ingeni gloria contigit. Post in

ceteris Asiae partibus cunctaeque Graeciae sic ejus
adventus celebrabantur, ut famam ingeni exspectatio
hominis, exspectationem ipsius adventus admiratioque
superaret. 5. Erat Italia tunc plena Graecarum artium
ac disciplinarum, studiaque haec et in Latio vehementius tum colebantur quam nunc eisdem in oppidis, et
hic Romae propter tranquillitatem rei publicae non
neglegebantur. Itaque hunc et Tarentini et Regini
et Neapolitani civitate ceterisque praemiis donarunt;
et omnes, qui aliquid de ingeniis poterant judicare,
cognitione atque hospitio dignum existimarunt. Hac
tanta celebritate famae cum esset jam absentibus notus,
Romam venit Mario consule et Catulo. Nactus est
primum consules eos, quorum alter res ad scriben-
dum maximas, alter cum res gestas tum etiam studium
atque auris adhibere posset. Statim Luculli, cum
praetextatus etiam tum Archias esset, eum domum
suam receperunt. Sic etiam hoc non solum ingeni
ac litterarum, verum etiam naturae atque virtutis, ut
domus, quae hujus adulescentiae prima fuit, eadem
esset familiarissima senectuti. 6. Erat temporibus
illis jucundus Metello illi Numidico et ejus Pio filio;
audiebatur a M. Aemilio; vivebat cum Q. Catulo et
patre et filio; a L. Crasso colebatur; Lucullos vero et
Drusum et Octavios et Catonem et totam Hortensiorum
domum devinctam consuetudine cum teneret, adficie-
batur summo honore, quod eum non solum colebant
qui aliquid percipere atque audire studebant, verum
etiam si qui forte simulabant. IV. Interim satis longo
intervallo, cum esset cum M. Lucullo in Siciliam profectus, et cum ex ea provincia cum eodem Lucullo
decederet, venit Heracliam: quae cum esset civitas
aequissimo jure ac foedere, ascribi se in eam civitatem voluit; idque, cum ipse per se dignus putaretur,
tum auctoritate et gratia Luculli ab Heracliensibus
impetravit.

7. Data est civitas Silvani lege et Carbonis: *Si qui foederatis civitatibus ascripti fuissent; si tum, cum lex ferebatur, in Italia domicilium habuissent; et si sexaginta diebus apud praetorem essent professi.* Cum hic domicilium Romae multos jam annos haberet, professus est apud praetorem Q. Metellum familiarissimum suum. 8. Si nihil aliud nisi de civitate ac lege dicimus, nihil dico amplius: causa dicta est. Quid enim horum infirmari, Grati, potest? Heracliaene esse tum ascriptum negabis? Adest vir summa auctoritate et religione et fide, M. Lucullus, qui se non opinari sed scire, non audisse sed vidisse, non interfuisse sed egisse dicit. Adsunt Heraclienses legati, nobilissimi homines: hujus judici causa cum mandatis et cum publico testimonio [venerunt]; qui hunc ascriptum Heracliensem dicunt. Hic tu tabulas desideras Heracliensium publicas: quas Italico bello incenso tabulario interisse scimus omnis. Est ridiculum ad ea quae habemus nihil dicere, quaerere quae habere non possumus; et de hominum memoria tacere, litterarum memoriam flagitare; et, cum habeas amplissimi viri religionem, integerrimi municipi jus jurandum fidemque, ea quae depravari nullo modo possunt repudiare, tabulas, quas idem dicis solere corrumpi, desiderare.

9. An domicilium Romae non habuit is, qui tot annis ante civitatem datam sedem omnium rerum ac fortunarum suarum Romae conlocavit? At non est professus. Immo vero eis tabulis professus, quae solae ex illa professione conlegioque praetorum obtinent publicarum tabularum auctoritatem. v. Nam — cum Appi tabulae neglegentius adservatae dicerentur; Gabini, quam diu incolumis fuit, levitas, post damnationem calamitas omnem tabularum fidem resignasset — Metellus, homo sanctissimus modestissimusque omnium, tanta diligentia fuit, ut ad L. Lentulum praetorem et ad judices venerit, et unius nominis litura se commo-

tum esse dixerit. *In* his igitur tabulis nullam lituram in nomine A. Licini videtis.

10. Quae cum ita sint, quid est quod de ejus civitate dubitetis, praesertim cum aliis quoque in civitatibus fuerit ascriptus ? Etenim cum mediocribus multis et aut nulla aut humili aliqua arte praeditis gratuito civitatem in Graecia homines impertiebant, Reginos credo aut Locrensis aut Neapolitanos aut Tarentinos, quod scenicis artificibus largiri solebant, id huic summa ingeni praedito gloria noluisse! Quid? cum ceteri non modo post civitatem datam, sed etiam post legem Papiam aliquo modo in eorum municipiorum tabulas inrepserunt, hic, qui ne utitur quidem illis in quibus est scriptus, quod semper se Heracliensem esse voluit, reicietur ? **11.** Census nostros requiris scilicet. Est enim obscurum proximis censoribus hunc cum clarissimo imperatore L. Lucullo apud exercitum fuisse; superioribus, cum eodem quaestore fuisse in Asia; primis Julio et Crasso nullam populi partem esse censam. Sed — quoniam census non jus civitatis confirmat, ac tantum modo indicat eum qui sit census [ita] se jam tum gessisse pro cive — eis temporibus quibus tu criminaris ne ipsius quidem judicio in civium Romanorum jure esse versatum, et testamentum saepe fecit nostris legibus, et adiit hereditates civium Romanorum, et in beneficiis ad aerarium delatus est a L. Lucullo pro consule. **VI.** Quaere argumenta, si qua potes : numquam enim hic neque suo neque amicorum judicio revincetur.

12. Quaeres a nobis, Grati, cur tanto opere hoc homine delectemur. Quia suppeditat nobis ubi et animus ex hoc forensi strepitu reficiatur, et aures convitio defessae conquiescant. An tu existimas aut suppetere nobis posse quod cotidie dicamus in tanta varietate rerum, nisi animos nostros doctrina excolamus; aut ferre animos tantam posse contentionem, nisi eos doctrina eadem relaxemus? Ego vero fateor me his studiis esse deditum: ceteros pudeat, si qui se ita litteris abdiderunt ut nihil possint ex eis neque ad communem adferre fructum, neque in aspectum lucemque proferre: me autem quid pudeat, qui tot annos ita vivo, judices, ut a nullius umquam me tempore aut commodo aut otium meum abstraxerit, aut voluptas avocarit, aut denique somnus retardarit? 13. Qua re quis tandem me reprehendat, aut quis mihi jure suscenseat, si, quantum ceteris ad suas res obeundas, quantum ad festos dies ludorum celebrandos, quantum ad alias voluptates et ad ipsam requiem animi et corporis conceditur temporum, quantum alii tribuunt tempestivis conviviis, quantum denique alveolo, quantum pilae, tantum mihi egomet ad haec studia recolenda sumpsero? Atque hoc ideo mihi concedendum est magis, quod ex his studiis haec quoque crescit oratio et facultas; quae, quantacumque in me *est*, numquam amicorum periculis defuit. Quae si cui levior videtur, illa quidem certe, quae summa sunt, ex quo fonte hauriam sentio. 14. Nam nisi multorum praeceptis multisque litteris mihi ab adulescentia suasissem, nihil esse in vita magno opere expetendum nisi laudem atque honestatem, in ea autem persequenda omnis cruciatus corporis, omnia pericula mortis atque exsili parvi esse ducenda, numquam me pro salute vestra in tot ac tantas dimicationes atque in hos profligatorum hominum cotidianos impetus objecissem. Sed pleni omnes sunt libri, plenae sapientium voces, plena exemplorum vetustas: quae jacerent in tenebris omnia, nisi litterarum lumen accederet. Quam multas nobis imagines — non solum ad intuendum, verum etiam ad imitandum — fortissimorum virorum expressas scriptores et Graeci et Latini reliquerunt? Quas ego mihi semper in administranda re publica proponens, animum et mentem meam ipsa cogitatione hominum excellentium conformabam.

VII. 15. Quaeret quispiam: 'Quid? illi ipsi summi viri, quorum virtutes litteris proditae sunt, istane doctrina, quam tu effers laudibus, eruditi fuerunt?' Difficile est hoc de omnibus confirmare, sed tamen est
5 certe quod respondeam. Ego multos homines excellenti animo ac virtute fuisse, et sine doctrina naturae ipsius habitu prope divino per se ipsos et moderatos et gravis exstitisse, fateor: etiam illud adjungo, saepius ad laudem atque virtutem naturam sine doctrina quam
10 sine natura valuisse doctrinam. Atque idem ego contendo, cum ad naturam eximiam atque inlustrem accesserit ratio quaedam conformatioque doctrinae, tum illud nescio quid praeclarum ac singulare solere exsistere. 16. Ex hoc esse hunc numero, quem patres nostri vide-
15 runt, divinum hominem Africanum; ex hoc C. Laelium, L. Furium, moderatissimos homines et continentissimos; ex hoc fortissimum virum et illis temporibus doctissimum, M. Catonem illum senem: qui profecto si nihil ad percipiendam [colendam] virtutem litteris adju-
20 varentur, numquam se ad earum studium contulissent. Quod si non hic tantus fructus ostenderetur, et si ex his studiis delectatio sola peteretur, tamen (ut opinor) hanc animi adversionem humanissimam ac liberalissimam judicaretis. Nam ceterae neque temporum sunt
25 neque aetatum omnium neque locorum: haec studia adulescentiam alunt, senectutem oblectant, secundas res ornant, adversis perfugium ac solacium praebent, delectant domi, non impediunt foris, pernoctant nobiscum, peregrinantur, rusticantur.
30 17. Quod si ipsi haec neque attingere neque sensu nostro gustare possemus, tamen ea mirari deberemus, etiam cum in aliis videremus. VIII. Quis nostrum tam animo agresti ac duro fuit, ut Rosci morte nuper non commoveretur? qui cum esset senex mortuus, tamen
35 propter excellentem artem ac venustatem videbatur omnino mori non debuisse. Ergo ille corporis motu

tantum amorem sibi conciliarat a nobis omnibus: nos animorum incredibilis motus celeritatemque ingeniorum neglegemus? 18. Quotiens ego hunc Archiam vidi, judices, — utar enim vestra benignitate, quoniam me in hoc novo genere dicendi tam diligenter attenditis, — quotiens ego hunc vidi, cum litteram scripsisset nullam, magnum numerum optimorum versuum de eis ipsis rebus quae tum agerentur dicere ex tempore! Quotiens revocatum eandem rem dicere, commutatis verbis atque sententiis! Quae vero adcurate cogitateque scripsisset, ea sic vidi probari, ut ad veterum scriptorum laudem perveniret. Hunc ego non diligam? non admirer? non omni ratione defendendum putem?

Atque sic a summis hominibus eruditissimisque accepimus, ceterarum rerum studia et doctrina et praeceptis et arte constare: poëtam natura ipsa valere, et mentis viribus excitari, et quasi divino quodam spiritu inflari. Qua re suo jure noster ille Ennius sanctos appellat poëtas, quod quasi deorum aliquo dono atque munere commendati nobis esse videantur. 19. Sit igitur, judices, sanctum apud vos, humanissimos homines, hoc poëtae nomen, quod nulla umquam barbaria violavit. Saxa et solitudines voci respondent, bestiae saepe immanes cantu flectuntur atque consistunt: nos, instituti rebus optimis, non poëtarum voce moveamur? Homerum Colophonii civem esse dicunt suum, Chii suum vindicant, Salaminii repetunt, Smyrnaei vero suum esse confirmant, itaque etiam delubrum ejus in oppido dedicaverunt: permulti alii praeterea pugnant inter se atque contendunt. IX. Ergo illi alienum, quia poëta fuit, post mortem etiam expetunt: nos hunc vivum, qui et voluntate et legibus noster est, repudiabimus? praesertim cum omne olim studium atque omne ingenium contulerit Archias ad populi Romani gloriam laudemque celebrandam? Nam et

Cimbricas res adulescens attigit, et ipsi illi C. Mario, qui durior ad haec studia videbatur, jucundus fuit.

20. Neque enim quisquam est tam aversus a Musis, qui non mandari versibus aeternum suorum laborum facile praeconium patiatur. Themistoclem illum, summum Athenis virum, dixisse aiunt, cum ex eo quaereretur, quod acroama aut cujus vocem libentissime audiret : *Ejus, a quo sua virtus optime praedicaretur.* Itaque ille Marius item eximie L. Plotium dilexit, cujus ingenio putabat ea quae gesserat posse celebrari.

21. Mithridaticum vero bellum, magnum atque difficile et in multa varietate terra marique versatum, totum ab hoc expressum est : qui libri non modo L. Lucullum, fortissimum et clarissimum virum, verum etiam populi Romani nomen inlustrant. Populus enim Romanus aperuit Lucullo imperante Pontum, et regiis quondam opibus et ipsa natura et regione vallatum : populi Romani exercitus, eodem duce, non maxima manu innumerabilis Armeniorum copias fudit : populi Romani laus est urbem amicissimam Cyzicenorum ejusdem consilio ex omni impetu regio atque totius belli ore ac faucibus ereptam esse atque servatam : nostra semper feretur et praedicabitur, L. Lucullo dimicante, cum interfectis ducibus depressa hostium classis, et incredibilis apud Tenedum pugna illa navalis : nostra sunt tropaea, nostra monimenta, nostri triumphi. Quae quorum ingeniis efferuntur, ab eis populi Romani fama celebratur.

22. Carus fuit Africano superiori noster Ennius, itaque etiam in sepulcro Scipionum putatur is esse constitutus ex marmore. At eis laudibus certe non solum ipse qui laudatur, sed etiam populi Romani nomen ornatur. In caelum hujus proavus Cato tollitur : magnus honos populi Romani rebus adjungitur. Omnes denique illi Maximi, Marcelli, Fulvii, non sine communi omnium nostrum laude decorantur. x. Ergo illum, qui haec fecerat, Rudinum -hominem, majores

nostri in civitatem receperunt: nos hunc Heracliensem, multis civitatibus expetitum, in hac autem legibus constitutum, de nostra civitate eiciemus?

23. Nam si quis minorem gloriae fructum putat ex Graecis versibus percipi quam ex Latinis, vehementer errat: propterea quod Graeca leguntur in omnibus fere gentibus, Latina suis finibus, exiguis sane, continentur. Qua re si res eae quas gessimus orbis terrae regionibus definiuntur, cupere debemus, quo manuum nostrarum tela pervenerint, eodem gloriam famamque penetrare; quod cum ipsis populis de quorum rebus scribitur, haec ampla sunt, tum eis certe, qui de vita gloriae causa dimicant, hoc maximum et periculorum incitamentum est et laborum. 24. Quam multos scriptores rerum suarum magnus ille Alexander secum habuisse dicitur! Atque is tamen, cum in Sigeo ad Achillis tumulum astitisset: *O fortunate* inquit *adulescens, qui tuae virtutis Homerum praeconem inveneris!* Et vere. Nam nisi Ilias illa exstitisset, idem tumulus, qui corpus ejus contexerat, nomen etiam obruisset. Quid? noster hic Magnus, qui cum virtute fortunam adaequavit, nonne Theophanem Mytilenaeum, scriptorem rerum suarum, in contione militum civitate donavit; et nostri illi fortes viri, sed rustici ac milites, dulcedine quadam gloriae commoti, quasi participes ejusdem laudis, magno illud clamore approbaverunt?

25. Itaque, credo, si civis Romanus Archias legibus non esset, ut ab aliquo imperatore civitate donaretur perficere non potuit. Sulla cum Hispanos donaret et Gallos, credo hunc petentem repudiasset: quem nos in contione vidimus, cum ei libellum malus poëta de populo subjecisset, quod epigramma in eum fecisset, tantummodo alternis versibus longiusculis, statim ex eis rebus quas tunc vendebat jubere ei praemium tribui, sed ea condicione, ne quid postea scriberet.

Qui sedulitatem mali poëtae duxerit aliquo tamen praemio dignam, hujus ingenium et virtutem in scribendo et copiam non expetisset? 26. Quid? a Q. Metello Pio, familiarissimo suo, qui civitate multos
5 donavit, neque per se neque per Lucullos impetravisset? qui praesertim usque eo de suis rebus scribi cuperet, ut etiam Cordubae natis poëtis, pingue quiddam sonantibus atque peregrinum, tamen auris suas dederet.
10 XI. Neque enim est hoc dissimulandum (quod obscurari non potest) sed prae nobis ferendum: trahimur omnes studio laudis, et optimus quisque maxime gloria ducitur. Ipsi illi philosophi, etiam in eis libellis quos de contemnenda gloria scribunt, nomen suum
15 inscribunt: in eo ipso, in quo praedicationem nobilitatemque despiciunt, praedicari de se ac nominari volunt. 27. Decimus quidem Brutus, summus vir et imperator, Acci, amicissimi sui, carminibus templorum ac monumentorum aditus exornavit suorum. Jam
20 vero ille, qui cum Aetolis Ennio comite bellavit, Fulvius, non dubitavit Martis manubias Musis consecrare. Qua re in qua urbe imperatores prope armati poëtarum nomen et Musarum delubra coluerunt, in ea non debent togati judices a Musarum honore et a poëtarum
25 salute abhorrere.

28. Atque ut id libentius faciatis, jam me vobis, judices, indicabo, et de meo quodam amore gloriae, nimis acri fortasse verum tamen honesto vobis, confitebor. Nam quas res nos in consulatu nostro vobiscum simul
30 pro salute hujusce imperi et pro vita civium proque universa re publica gessimus, attigit hic versibus atque inchoavit: quibus auditis, quod mihi magna res et jucunda visa est, hunc ad perficiendum adornavi. Nullam enim virtus aliam mercedem laborum
35 periculorumque desiderat, praeter hanc laudis et gloriae: qua quidem detracta, judices, quid est quod in

hoc tam exiguo vitae curriculo [et tam brevi] tantis nos in laboribus exerceamus? 29. Certe si nihil animus praesentiret in posterum, et si quibus regionibus vitae spatium circumscriptum est, eisdem omnis cogitationes terminaret suas; nec tantis se laboribus frangeret, neque tot curis vigiliisque angeretur, nec totiens de ipsa vita dimicaret. Nunc insidet quaedam in optimo quoque virtus, quae noctis ac dies animum gloriae stimulis concitat, atque admonet non cum vitae tempore esse dimittendam commemorationem nominis nostri, sed cum omni posteritate adaequandam.

XII. 30. An vero tam parvi animi videamur esse omnes, qui in re publica atque in his vitae periculis laboribusque versamur, ut, cum usque ad extremum spatium nullum tranquillum atque otiosum spiritum duxerimus, nobiscum simul moritura omnia arbitremur? An statuas et imagines, non animorum simulacra sed corporum, studiose multi summi homines reliquerunt; consiliorum relinquere ac virtutum nostrarum effigiem nonne multo malle debemus, summis ingeniis expressam et politam? Ego vero omnia quae gerebam, jam tum in gerendo spargere me ac disseminare arbitrabar in orbis terrae memoriam sempiternam. Haec vero sive a meo sensu post mortem afutura est, sive — ut sapientissimi homines putaverunt — ad aliquam mei partem pertinebit, nunc quidem certe cogitatione quadam speque delector.

31. Qua re conservate, judices, hominem pudore eo, quem amicorum videtis comprobari cum dignitate tum etiam vetustate; ingenio autem tanto, quantum id convenit existimari, quod summorum hominum ingeniis expetitum esse videatis; causa vero ejus modi, quae beneficio legis, auctoritate municipi, testimonio Luculli, tabulis Metelli comprobetur. Quae cum ita sint, petimus a vobis, judices, si qua non modo humana, verum etiam divina in tantis ingeniis com-

mendatio debet esse, ut eum qui vos, qui vestros imperatores, qui populi Romani res gestas semper ornavit, qui etiam his recentibus nostris vestrisque domesticis periculis aeternum se testimonium laudis daturum esse profitetur, estque ex eo numero qui semper apud omnis sancti sunt habiti itaque dicti, sic in vestram accipiatis fidem, ut humanitate vestra levatus potius quam acerbitate violatus esse videatur.

32. Quae de causa pro mea consuetudine breviter simpliciterque dixi, judices, ea confido probata esse omnibus. Quae autem remota a mea judicialique consuetudine, et de hominis ingenio et communiter de ipsius studio locutus sum, ea, judices, a vobis spero esse in bonam partem accepta; ab eo qui judicium exercet, certo scio.

CICERO'S EXILE AND RETURN.

(*Extract from the Defence of Sestius.*)

B. C. 56.

THE year B. C. 60 is marked by the coalition between Cæsar, Pompey, and Crassus, — sometimes called the First Triumvirate, — of which the immediate result was the election of Cæsar to the consulship for the following year. During the existence of this coalition, the Senate was almost wholly stripped of power. The chief act of Cæsar's administration was his iniquitous law for dividing the fertile and populous territory of Campania among needy citizens of Rome; which was carried with such a degree of mob violence, that Bibulus, Cæsar's colleague, after vainly resisting it, shut himself up in his house, leaving affairs of state to their own course. Cicero had refused to serve as one of the Board (*viginti viri*) for executing this law, and thus brought upon himself the resentment of the party in power; whose leaders, while claiming to be his personal friends, gave him no support in the attacks which were presently made upon him. His most active enemy was Publius Clodius, a man of patrician birth (of the great Claudian house, whence his name Clodius), who, in order to hold the plebeian office of Tribune, caused himself to be adopted as son into a plebeian family. As Tribune, early in B. C. 58, he introduced a bill (apparently never passed) aimed at Cicero, making it penal to put to death a Roman citizen without trial. Upon this, Cicero and his friends — as many, it is said, as 20,000 — went into mourning. The consuls, Gabinius and Piso, refused to interfere. Pompey would not meet or see his eloquent advocate. Cæsar, just departing for his campaigns in Gaul, waited till he should be assured of Clodius's triumph. As the affair was just coming to blows, Cicero withdrew into voluntary exile, which was followed, the next day, by a decree (*privilegium*) forbidding him by name the use of fire or water — the regular formula for a sentence of banishment — anywhere within four hundred miles of Rome.

The year of his exile Cicero spent mostly in Thessalonica, with his friend Plancius, quæstor of Macedonia, the same whom he afterwards defended on a charge of bribery. In the summer of the following year he was restored, "by the late but earnest efforts of Pompey, by the vows of Italy, by the resolutions of the Senate, by the courage and energy of the tribune Annius Milo" (Vell. Paterc.). The consuls of this year, Lentulus and Metellus, with eight of the tribunes, actively favored Cicero's recall. But it was violently resisted by Clodius, who attempted to prevent it by an appeal to terror; and the disorders which followed led the way to that period of party passion and mob rule, which culminated in the civil war and the dictatorship of Julius Cæsar. The most full and authentic account of these disorders is contained in Cicero's defence of Publius Sestius, a colleague of Milo in the tribuneship, who was brought to trial on a charge of assault (*de vi*). The following extracts include nearly a third of this great speech.

FUERAT ille annus jam in re publica, judices, cum in magno motu et multorum timore intentus *est* arcus in me unum, sicut volgo ignari rerum loquebantur; re quidem vera in universam rem publicam, traductione ad plebem furibundi hominis ac perditi, mihi irati, sed multo acrius oti et communis salutis inimici. Hunc vir clarissimus mihique multis repugnantibus amicissimus, Cn. Pompeius, omni cautione, foedere, exsecratione devinxerat nihil in tribunatu contra me esse facturum. Quod ille nefarius, ex omnium scelerum colluvione natus, parum se foedus violaturum arbitratus est, nisi ipsum cautorem alieni periculi suis propriis periculis terruisset. 2. Sed fuit profecto quaedam illa rei publicae fortuna fatalis, ut ille caecus atque amens tribunus plebis nancisceretur, — quid dicam? consules? hocine ut ego nomine appellem eversores hujus imperi, proditores vestrae dignitatis, hostis bonorum omnium? — qui ad delendum senatum, adfligendum equestrem ordinem, exstinguenda omnia jura atque instituta majorum se illis fascibus ceterisque insignibus summi honoris atque imperi ornatos esse arbitrabantur. Quorum (per deos immortalis!) si nondum scelera volneraque inusta rei publicae voltis recordari, voltum atque incessum animis intuemini. Facilius eorum facta occurrent mentibus vestris, si ora ipsa oculis proposueritis.

3. Alter unguentis adfluens, calamistrata coma, despiciens conscios stuprorum ac veteres vexatores aetatulae suae, puteali et faeneratorum gregibus inflatus,— a quibus compulsus olim, ne in Scyllaeo illo aeris alieni tamquam [in] fretu ad columnam adhaeresceret, in tribunatus portum perfugerat,— contemnebat equites Romanos, minitabatur senatui, venditabat se operis, atque ab eis se ereptum, ne de ambitu causam diceret, praedicabat, ab isdemque se etiam invito senatu provinciam sperare dicebat: eamque nisi adeptus esset, se incolumem nullo modo fore arbitrabatur.

4. Alter, O di boni! quam taeter incedebat! quam truculentus! quam terribilis aspectu!— unum aliquem te ex barbatis illis, exemplum imperi veteris, imaginem antiquitatis, columen rei publicae diceres intueri: vestitus aspere nostra hac purpura plebeia ac paene fusca; capillo ita horrido, ut Capua, in qua ipsa tum imaginis ornandae causa duumviratum gerebat, Seplasiam sublaturus videretur. Nam quid ego de supercilio dicam, quod tum hominibus non supercilium, sed pignus rei publicae videbatur? [Tanta erat gravitas in oculo, tanta contractio frontis, ut illo supercilio annus ille niti tamquam *vade* videretur]. 5. Erat hic omnium sermo: ' Est tamen rei publicae magnum firmumque subsidium; habeo quem opponam labi illi atque caeno; voltu, me dius fidius, conlegae sui libidinem levitatemque franget; habebit senatus in hunc annum quem sequatur; non deerit auctor et dux bonis.' Mihi denique homines praecipue gratulabantur, quod habiturus essem, contra tribunum plebis furiosum et audacem, cum amicum et adfinem, tum etiam fortem et gravem consulem.

6. Atque eorum alter fefellit neminem. Quis enim clavum tanti imperi tenere, et gubernacula rei publicae tractare in maximo cursu ac fluctibus, posse arbitraretur hominem emersum subito ex diuturnis tenebris

lustrorum ac stuprorum, vino, ganeis, lenociniis adulteriisque confectum? cum is praeter spem in altissimo gradu alienis opibus positus esset, qui non modo tempestatem impendentem intueri temulentus, sed ne lucem quidem insolitam aspicere posset? 7. Alter multos plane in omnis partis fefellit. Erat enim hominum opinioni nobilitate ipsa, blanda conciliatricula, commendatus. Omnes boni semper nobilitati favemus, et quia utile est rei publicae nobilis homines esse dignos majoribus suis, et quia valet apud nos clarorum hominum et bene de re publica meritorum memoria etiam mortuorum. Quia tristem semper, quia taciturnum, quia subhorridum atque incultum videbant, et quod erat eo nomine, ut ingenerata familiae frugalitas videretur, favebant, gaudebant, et ad integritatem majorum spe sua hominem vocabant, materni generis obliti. 8. Ego autem — vere dicam, judices — tantum esse in homine sceleris, audaciae, crudelitatis, quantum ipse cum re publica sensi, numquam putavi. Nequam esse hominem et levem et [falsa opinione] errore hominum ab adulescentia commendatum sciebam. Etenim animus ejus voltu, flagitia parietibus tegebantur; sed haec obstructio nec diuturna est, neque obducta ita ut curiosis oculis perspici non possit.

9. Videbamus genus vitae, desidiam, inertiam: inclusas ejus libidines qui paulo propius accesserant intuebantur: denique etiam sermones ansas dabant, quibus reconditos ejus sensus tenere possemus. Laudabat homo doctus philosophos nescio quos, neque eorum tamen nomina poterat dicere: sed tamen eos laudabat maxime qui dicuntur praeter ceteros esse auctores et laudatores voluptatis — cujus et quo tempore et quo modo non quaerebat; verbum ipsum omnibus animi et corporis *sensibus* devorabat: eosdemque praeclare dicere aiebat, sapientis omnia sua causa facere; rem publicam capessere hominem bene sanum non opor-

tere; nihil esse praestabilius otiosa vita, plena et conferta voluptatibus ; eos autem, qui dicerent dignitati esse serviendum, rei publicae consulendum, offici rationem in omni vita, non commodi esse ducendam, adeunda pro patria pericula, volnera excipienda, mortem oppetendam, vaticinari atque insanire dicebat.
10. Ex his adsiduis ejus cotidianisque sermonibus, et quod videbam quibuscum hominibus in interiore parte aedium viveret, et quod ita domus ipsa fumabat ut multa ejus sermonis indicia redolerent, statuebam sic, boni nihil ab illis nugis esse exspectandum, mali quidem certe nihil pertimescendum. Sed ita est, judices, ut, si gladium parvo puero aut si imbecillo seni aut debili dederis, ipse impetu suo nemini noceat, sin ad nudum vel fortissimi viri corpus accesserit, possit acie ipsa et ferri viribus volnerare; *sic* cum hominibus enervatis atque exsanguibus consulatus tamquam gladius esset datus, qui per se pungere neminem umquam potuissent, ei summi imperi nomine armati totam rem publicam contrucidaverunt. Foedus fecerunt cum tribuno plebis palam, ut ab eo provincias acciperent quas ipsi vellent; exercitum et pecuniam quantam vellent ea lege, si ipsi prius tribuno plebis adflictam et constrictam rem publicam tradidissent : id autem foedus meo sanguine ici posse dicebant. Qua re patefacta — neque enim dissimulari tantum scelus poterat nec latere — promulgantur uno eodemque tempore rogationes ab eodem tribuno de mea pernicie et de provinciis consulum nominatim. . . .
11. Erat igitur in luctu senatus ; squalebat civitas, publico consilio veste mutata ; nullum erat Italiae municipium, nulla colonia, nulla praefectura, nulla Romae societas vectigalium, nullum conlegium aut concilium aut omnino aliquod commune consilium, quod tum non honorificentissime de mea salute decrevisset : cum subito edicunt duo consules, ut ad suum

vestitum senatores redirent. Quis umquam consul senatum ipsius decretis parere prohibuit? Quis tyrannus miseros lugere vetuit? Parumne est, Piso — ut omittam Gabinium — quod tantum homines fefellisti, ut neglegeres auctoritatem senatus, optimi cujusque consilia contemneres, rem publicam proderes, consulare nomen adfligeres? Etiamne edicere audebas, ne maererent homines meam, suam, rei publicae calamitatem? ne hunc suum dolorem veste significarent? Sive illa vestis mutatio ad luctum ipsorum, sive ad deprecandum valebat, quis umquam tam crudelis fuit qui prohiberet quemquam aut sibi maerere aut ceteris supplicare? 12. Quid? sua sponte homines in amicorum periculis vestitum mutare non solent? Pro te ipso, Piso, nemone mutabit? ne isti quidem, quos [legatos] non modo nullo senatus consulto, sed etiam repugnante senatu tibi tute legasti? Ergo hominis desperati et proditoris rei publicae casum lugebunt fortasse qui volent : civis florentissimi benevolentia bonorum et optime de salute patriae meriti periculum conjunctum cum periculo civitatis lugere senatui non licebit? Eidemque consules (si appellandi sunt consules, quos nemo est quin non modo ex memoria, sed etiam ex fastis evellendos putet), pacto jam foedere provinciarum, producti in circo Flaminio in contionem ab illa furia ac peste patriae, maximo cum gemitu vestro illa omnia voce ac sententia sua comprobaverunt. Isdem consulibus sedentibus atque inspectantibus lata lex est, *Ne auspicia valerent, ne quis obnuntiaret, ne quis legi intercederet: ut omnibus fastis diebus legem ferri liceret: ut lex Aelia, lex Fufia ne valeret:* qua una rogatione quis est qui non intellegat universam rem publicam esse deletam? 13. Isdemque consulibus inspectantibus, servorum dilectus habebantur pro tribunali Aurelio nomine conlegiorum, cum vicatim homines conscriberentur, decuriarentur, ad vim, ad manus, ad caedem, ad direptionem incitarentur. Isdemque consulibus arma in templum Castoris palam comportabantur; gradus ejusdem templi tollebantur; armati homines forum et contiones tenebant; caedes lapidationesque fiebant. Nullus erat senatus, nihil reliqui magistratus; unus omnem omnium potestatem armis et latrociniis possidebat, non aliqua vi sua, sed cum duo consules a re publica provinciarum foedere retraxisset, insultabat, dominabatur, [aliis pollicebatur,] terrore ac metu multos, pluris etiam spe et promissis tenebat.

14. Quae cum essent ejus modi, judices, — cum senatus duces nullos ac pro ducibus proditores aut potius apertos hostis haberet, equester ordo reus a consulibus citaretur, Italiae totius auctoritas repudiaretur, alii nominatim relegarentur, alii metu et periculo terrerentur, arma essent in templis, armati in foro, eaque non silentio consulum dissimularentur, sed et voce et sententia comprobarentur, cum omnes urbem nondum excisam et eversam, sed jam captam atque oppressam videremus, — tamen his tantis malis tanto bonorum studio, judices, restitissemus: sed me alii metus atque aliae curae suspitionesque moverunt. 15. Exponam enim hodierno die, judices, omnem rationem facti et consili mei, neque huic vestro tanto studio audiendi nec vero huic tantae multitudini, quanta mea memoria numquam ullo in judicio fuit, deëro. Nam si ego — in causa tam bona, tanto studio senatus, consensu tam incredibili bonorum omnium, tam parato, tota denique Italia ad omnem contentionem expedita — cessi tribuni plebis, despicatissimi hominis, furori, contemptissimorum consulum levitatem audaciamque pertimui, nimium me timidum, nullius animi, nullius consili fuisse confiteor.

16. Erat autem mihi contentio non cum victore exercitu, sed cum operis conductis et ad diripiendam urbem concitatis. Habebam inimicum non C. Marium, ter-

rorem hostium, spem subsidiumque patriae, sed duo importuna prodigia, quos egestas, quos aeris alieni magnitudo, quos levitas, quos improbitas tribuno plebis constrictos addixerat. Quos homines si — id quod facile factu fuit, et quod fieri debuit, quodque a me optimi et fortissimi cives flagitabant — vi armisque superassem, non verebar ne quis aut vim vi depulsam reprehenderet, aut perditorum civium [vel potius domesticorum hostium] mortem maereret. 17. Sed me illa moverunt. Omnibus in contionibus illa furia clamabat se quae faceret contra salutem meam facere auctore Cn. Pompeio, clarissimo viro mihique et nunc et quoad licuit amicissimo. M. Crassus, quocum mihi omnes erant amicitiae necessitudines, vir fortissimus, ab eadem illa peste infestissimus esse meis fortunis praedicabatur. C. Caesar, qui a me nullo meo merito alienus esse debebat, inimicissimus esse meae saluti ab eodem cotidianis contionibus dicebatur. His se tribus auctoribus in consiliis capiendis, adjutoribus in re gerenda esse usurum dicebat: ex quibus unum habere exercitum in Italia maximum; duo, qui privati tum essent, et praesto esse et parare, si vellent, exercitum posse, idque facturos esse dicebat. 18. Nec mihi ille judicium populi, nec legitimam aliquam contentionem, nec disceptationem aut causae dictionem, sed vim, arma, exercitus, imperatores, castra denuntiabat. Quid ergo? inimici oratio, vana praesertim, tam improbe in clarissimos viros conjecta me movit? Me vero non illius oratio, sed eorum taciturnitas, in quos illa oratio tam improba conferebatur: qui tum, quamquam ob alias causas tacebant, tamen hominibus omnia timentibus tacendo loqui, non infitiando confiteri videbantur. Illi autem alio tum timore perterriti [quod acta illa atque omnis res anni superioris labefactari a praetoribus, infirmari a senatu atque principibus civitatis putabant], tribunum popularem a se alienare nolebant, suaque

sibi propiora esse pericula quam mea loquebantur.
19. Sed tamen et Crassus a consulibus meam causam suscipiendam esse dicebat, et eorum fidem Pompeius implorabat, neque se privatum publice susceptae causae defuturum esse dicebat. Quem virum studiosum mei, cupidissimum rei publicae conservandae [domi meae], certi homines [ad eam rem positi] monuerunt, ut esset cautior, ejusque vitae a me insidias apud me domi positas esse dixerunt; atque hanc ejus suspitionem alii litteris mittendis, alii nuntiis, alii coram ipsi excitaverunt, ut ille, cum a me certe nihil timeret, ab illis ne quid meo nomine molirentur sibi cavendum putaret. Ipse autem Caesar, quem maxime homines ignari veritatis mihi esse iratum putabant, erat ad portas, erat cum imperio; erat in Italia ejus exercitus, inque eo exercitu ipsius tribuni plebis, inimici mei, fratrem praefecerat.

20. Unum enim mihi restabat illud, quod forsitan non nemo vir fortis et acris animi magnique dixerit: 'Restitisses, repugnasses, mortem pugnans oppetisses.' De quo te, te, inquam, patria, testor, et vos, penates patriique dei, me vestrarum sedum templorumque causa, me propter salutem meorum civium, quae mihi semper fuit mea carior vita, dimicationem caedemque fugisse. Etenim si mihi in aliqua nave cum meis amicis naviganti hoc, judices, accidisset, ut multi ex multis locis praedones classibus eam navem se oppressuros minitarentur, nisi me unum sibi dedidissent, si id vectores negarent, ac mecum simul interire quam me tradere hostibus mallent, jecissem ipse me potius in profundum, ut ceteros conservarem, quam illos mei tam cupidos non modo ad certam mortem, sed in magnum vitae discrimen adducerem. **21.** Cum vero in hanc rei publicae navem, ereptis senatui, gubernaculis, fluitantem in alto tempestatibus seditionum ac discordiarum, armatae tot classes, nisi ego essem unus deditus, incursurae viderentur, — cum proscriptio, caedes, direptio denuntiaretur; cum alii me suspitione periculi sui non defenderent, alii vetere odio bonorum incitarentur, alii inviderent, alii obstare sibi me arbitrarentur, alii ulcisci dolorem aliquem suum vellent, alii rem ipsam publicam atque hunc bonorum statum otiumque odissent, et ob hasce causas tot tamque varias me unum deposcerent, — depugnarem potius cum summo non dicam exitio, sed periculo certe vestro liberorumque vestrorum quam [non] id, quod omnibus impendebat, unus pro omnibus susciperem ac subirem?

22. 'Victi essent improbi.' At cives, at ab eo privato, qui sine armis etiam consul rem publicam conservarat. Sin victi essent boni, qui superessent? nonne ad servos videtis rem publicam venturam fuisse? An mihi ipsi, ut quidam putant, fuit mors aequo animo oppetenda? Quid? tum mortemne fugiebam? an erat res ulla quam mihi magis optandam putarem? aut ego illas res tantas in tanta improborum multitudine cum gerebam, non mihi mors, non exitium ob oculos versabatur? non haec denique a me tum tamquam fata in ipsa re gerenda canebantur? 23. An erat mihi in tanto luctu meorum, tanta dijunctione, tanta acerbitate, tanta spoliatione omnium rerum, quas mihi aut natura aut fortuna dederat, vita retinenda? Tam eram rudis, tam ignarus rerum, tam expers consili aut ingeni? nihil audieram? nihil videram? nihil ipse legendo quaerendoque cognoveram? Nesciebam vitae brevem esse cursum, gloriae sempiternum? cum esset omnibus definita mors, optandum esse ut vita, quae necessitati deberetur, patriae potius donata quam reservata naturae videretur? Nesciebam inter sapientissimos homines hanc contentionem fuisse, ut alii dicerent animos hominum sensusque morte restingui, alii autem tum mentis maxime sapientium ac fortium virorum, cum ex corpore excessissent, sentire ac vi-

gere? Quorum alterum fugiendum non esse, carere sensu : alterum etiam optandum, meliore esse sensu.

24. Haec ego et multa alia cogitans hoc videbam, si causam publicam mea mors peremisset, neminem umquam fore qui auderet suscipere contra improbos civis salutem rei publicae. Itaque non solum si vi interissem, sed etiam si morbo exstinctus essem, fore putabam ut exemplum rei publicae conservandae mecum simul interiret. Quis enim umquam — me a senatu populoque Romano tanto omnium bonorum studio non restituto, quod certe, si essem interfectus, accidere non potuisset — ullam rei publicae partem cum sua minima invidia auderet attingere? Servavi igitur rem publicam discessu meo, judices : caedem a vobis liberisque vestris, vastitatem, incendia, rapinas meo dolore luctuque depuli, et unus bis rem publicam servavi, semel gloria, iterum aerumna mea. 25. Neque enim in hoc me hominem esse infitiabor umquam, ut me optimo fratre, carissimis liberis, fidissima conjuge, vestro conspectu, patria, hoc honoris gradu, sine dolore caruisse glorier. Quod si fecissem, quod a me beneficium haberetis, cum pro vobis ea, quae mihi essent vilia, reliquissem? Hoc meo quidem animo summi in patriam amoris mei signum esse debet certissimum, quod, cum abesse ab ea sine summo dolore non possem, hunc me perpeti quam illam labefactari ab improbis malui.

26. Memineram, judices, divinum illum virum, atque ex isdem quibus nos radicibus natum ad salutem hujus imperi, C. Marium, summa senectute, cum vi prope justorum armorum profugisset, primo senile corpus paludibus occultasse demersum, deinde ad infimorum ac tenuissimorum hominum [Minturnis] misericordiam confugisse; inde navigio perparvo, cum omnis portus terrasque fugeret, in oras Africae desertissimas pervenisse. 27. Atque ille vitam suam, ne inultus esset, ad incertissimam spem et ad rei publicae

fatum reservavit: ego, qui (quem ad modum multi in senatu me absente dixerunt) periculo rei publicae vivebam, quique ob eam causam consularibus litteris de senatus sententia exteris nationibus commendabar, nonne, si meam vitam deseruissem, rem publicam prodidissem? in qua quidem nunc me restituto vivit mecum simul exemplum fidei publicae. Quod si immortale retinetur, quis non intellegit immortalem hanc civitatem futuram? 28. Nam externa bella regum, gentium, nationum jam pridem ita exstincta sunt, ut praeclare cum eis agamus, quos pacatos esse patiamur. Denique ex bellica victoria non fere quemquam est invidia civium consecuta. Domesticis malis et audacium civium consiliis saepe est resistendum, eorumque periculorum est in re publica retinenda medicina: quam omnem, judices, perdidissetis, si meo interitu senatui populoque Romano doloris sui de me declarandi potestas esset erepta. Qua re moneo vos, adulescentes, atque hoc meo jure praecipio, qui dignitatem, qui rem publicam, qui gloriam spectatis, ne, si quae vos aliquando necessitas ad rem publicam contra improbos civis defendendam vocabit, segniores sitis, et recordatione mei casus a consiliis fortibus refugiatis. 29. Primum, non est periculum ne quis umquam incidat in ejus modi consules, praesertim si erit eis id quod debetur persolutum. Deinde numquam jam, ut spero, quisquam improbus consilio et auxilio bonorum se oppugnare rem publicam dicet illis tacentibus, nec armati exercitus terrorem opponet togatis; neque erit justa causa ad portas sedenti imperatori, qua re suum terrorem falso jactari opponique patiatur. Numquam denique erit tam oppressus senatus, ut ei ne supplicandi quidem ac lugendi sit potestas; tam captus equester ordo, ut equites Romani a consule relegentur. Quae cum omnia atque etiam multo alia majora, quae consulto praetereo, accidissent, videtis me tamen in meam pristinam dignitatem, brevi tempore doloris interjecto, rei publicae voce esse revocatum.

30. Sed (ut revertar ad illud quod mihi in hac omni est oratione propositum, omnibus malis illo anno scelere consulum rem publicam esse confectam) primum illo ipso die, qui mihi funestus fuit, omnibus bonis luctuosus, — cum ego me e complexu patriae conspectuque vestro eripuissem, et metu vestri periculi, non mei, furori hominis, sceleri, perfidiae, telis minisque cessissem, patriamque, quae mihi erat carissima, propter ipsius patriae caritatem reliquissem; cum meum illum casum tam horribilem, tam gravem, tam repentinum non solum homines, sed tecta urbis ac templa lugerent, nemo vestrum forum, nemo curiam, nemo lucem aspicere vellet, — illo, inquam, ipso die, die dico? immo hora atque etiam puncto temporis eodem, mihi reique publicae pernicies, Gabinio et Pisoni provincia rogata est. 31. Pro dei immortales, custodes et conservatores hujus urbis atque imperi! quaenam illa in re publica monstra, quae scelera vidistis! Civis erat expulsus is, qui rem publicam ex senatus auctoritate cum omnibus bonis defenderat, et expulsus non alio aliquo, sed eo ipso crimine. Erat autem expulsus sine judicio, vi, lapidibus, ferro, servitio denique concitato: lex erat lata vasto ac relicto foro et sicariis servisque tradito; et ea lex, quae ut ne ferretur, senatus fuerat veste mutata. 32. Hac tanta perturbatione civitatis ne noctem quidem consules inter meum interitum et suam praedam interesse passi sunt: statim me perculso ad meum sanguinem hauriendum, et spirante etiam re publica ad ejus spolia detrahenda advolaverunt. Omitto gratulationes, epulas, partitionem aerari, beneficia, spem, promissa, praedam, laetitiam paucorum in luctu omnium. Vexabatur uxor mea: liberi ad necem quaerebantur: gener, et Piso gener a Pi-

sonis consulis pedibus supplex reiciebatur: bona diripiebantur, eaque ad consules deferebantur: domus ardebat in Palatio: consules epulabantur. Quod si meis incommodis laetabantur, urbis tamen periculo commoverentur. . . .

33. Hic aliquando, serius quam ipse vellet, Cn. Pompeius, invitissimis eis qui mentem optimi ac fortissimi viri suis consiliis fictisque terroribus a defensione meae salutis averterant, excitavit illam suam non sopitam, sed suspitione aliqua retardatam consuetudinem reipublicae bene gerendae. Non est passus ille vir — qui sceleratissimos civis, qui acerrimos hostis, qui maximas nationes, qui reges, qui gentis feras atque inauditas, qui praedonum infinitam manum, qui etiam servitia virtute victoriaque domuisset, qui omnibus bellis terra marique compressis imperium populi Romani orbis terrarum terminis definisset — rem publicam everti scelere paucorum, quam ipse non solum consiliis, sed etiam sanguine suo saepe servasset. **34.** Accessit ad causam publicam: restitit auctoritate sua reliquis rebus: questus est de praeteritis. Fieri quaedam ad meliorem spem inclinatio visa est. Decrevit senatus frequens de meo reditu Kalendis Juniis, dissentiente nullo, referente L. Ninnio, cujus in mea causa numquam fides virtusque contremuit. De meo reditu octo tribuni promulgaverunt. Ex quo intellectum est non mihi absenti *de*crevisse amicos, in ea praesertim fortuna, in qua non nulli etiam, quos esse putaveram, non erant, sed eos voluntatem semper eandem, libertatem non eandem semper habuisse. Nam ex novem tribunis, quos tamen habueram, unus me absente defluxit, qui cognomen sibi ex Aeliorum imaginibus adripuit, quo magis nationis ejus esse quam generis videretur.

35. Abiit ille annus: veniunt Kalendae Januariae. Vos haec melius scire potestis; equidem audita dico: quae tum frequentia senatus, quae exspectatio populi, qui concursus legatorum ex Italia cuncta, quae virtus, actio, gravitas P. Lentuli consulis fuerit, quae etiam conlegae ejus moderatio de me; qui cum inimicitias sibi mecum ex rei publicae dissensione susceptas esse dixisset, eas se patribus conscriptis dixit et temporibus rei publicae permissurum. **36.** Tum princeps rogatus sententiam L. Cotta dixit — id quod dignissimum re publica fuit — nihil de me actum esse jure, nihil more majorum, nihil legibus; non posse quemquam de civitate tolli sine judicio; de capite non modo ferri sed ne judicari quidem posse nisi comitiis centuriatis; vim fuisse illam, flammam quassatae rei publicae perturbatorumque temporum jure judiciisque sublatis; magna rerum permutatione impendente, declinasse me paulum, et spe reliquae tranquillitatis praesentis fluctus tempestatemque fugisse: qua re, cum absens rem publicam non minus magnis periculis quam quodam tempore praesens liberassem, non restitui me solum, sed etiam ornari a senatu decere. Disputavit etiam multa prudenter, ita de me illum amentissimum et profligatissimum hostem pudoris et pudicitiae scripsisse quae scripsisset, eis verbis, rebus, sententiis, ut, etiam si jure esset rogatum, tamen vim habere non posset: qua re me, qui nulla lege abessem, non restitui lege, sed revocari senatus auctoritate oportere. **37.** Hunc nemo erat quin verissime sentire diceret. Sed post eum rogatus Cn. Pompeius, approbata laudataque Cottae sententia, dixit sese oti mei causa, ut omni populari concitatione defungerer, censere ut ad senatus auctoritatem populi quoque Romani beneficium erga me adjungeretur. Cum omnes certatim, aliusque alio gravius atque ornatius de mea salute dixisset, fieretque sine ulla varietate discessio, surrexit (ut scitis) Atilius hic Gavianus, nec ausus est, cum esset emptus, intercedere: noctem sibi ad deliberandum postulavit. Clamor senatus: querellae, preces, socer ad pedes abjectus. Ille se adfirmare postero die moram nullam esse facturum. Creditum est: discessum est. Illi interea deliberatori merces, longa interposita nocte, duplicata est. Consecuti dies pauci omnino Januario mense per quos senatum haberi liceret: sed tamen actum nihil nisi de me.

38. Cum omni mora, ludificatione, calumnia senatus auctoritas impediretur, venit tandem concilio de me agendi dies VIII. Kalendas Februarias. Princeps rogationis, vir mihi amicissimus, Q. Fabricius, templum aliquanto ante lucem occupavit. Quietus eo die Sestius, is qui est de vi reus: actor hic defensorque causae meae nihil progreditur; consilia exspectat inimicorum meorum. Quid illi, quorum consilio P. Sestius in judicium vocatur, quo se pacto gerunt? Cum forum, comitium, curiam multa de nocte armatis hominibus ac servis plerisque occupavissent, impetum faciunt in Fabricium; manus adferunt, occidunt non nullos, volnerant multos. **39.** Venientem in forum, virum optimum et constantissimum, M. Cispium, tribunum plebis, vi depellunt: caedem in foro maximam faciunt: universique, destrictis gladiis et cruentis, in omnibus fori partibus fratrem meum [virum optimum, fortissimum meique amantissimum] oculis quaerebant, voce poscebant. Quorum ille telis libenter in tanto luctu ac desiderio mei [non repugnandi, sed moriendi causa] corpus obtulisset suum, nisi suam vitam ad spem mei reditus reservasset. Subiit tamen vim illam nefariam consceleratorum latronum, et, cum ad fratris salutem a populo Romano deprecandam venisset, pulsus e rostris in comitio jacuit, seque servorum et libertorum corporibus obtexit, vitamque tum suam noctis et fugae praesidio, non juris judiciorumque defendit. **40.** Meministis tum, judices, corporibus civium Tiberim compleri, cloacas refarciri, e foro spongiis effingi sanguinem, ut omnes tantam illam copiam et tam magnificum apparatum non privatum aut plebeium, sed patricium et praetorium esse arbitrarentur.

Nihil neque ante hoc tempus neque hoc ipso turbulentissimo die criminamini Sestium. 'Atqui vis in foro versata est.' Certe: quando enim major? Lapidationes persaepe vidimus: non ita saepe, sed nimium tamen saepe gladios. Caedem vero tantam, tantos acervos corporum exstructos, nisi forte illo Cinnano atque Octaviano die, quis umquam in foro vidit? qua ex concitatione animorum? Nam ex pertinacia aut constantia intercessoris oritur saepe seditio, culpa atque improbitate latoris *oblato* commodo aliquo imperitis aut largitione; oritur ex concertatione magistratuum; oritur sensim ex clamore primum, deinde aliqua discessione contionis: vix, sero et raro ad manus pervenitur. Nullo vero verbo facto, nulla contione advocata, nulla *lata* lege, concitatam nocturnam seditionem quis audivit? 41. An veri simile est, ut civis Romanus aut homo liber quisquam cum gladio in forum descenderit ante lucem, ne de me ferri pateretur, praeter eos qui ab illo pestifero ac perdito civi jam pridem rei publicae sanguine saginantur? Hic jam de ipso accusatore quaero, qui P. Sestium queritur cum multitudine in tribunatu et cum praesidio magno fuisse, num illo die fuerit? Certe non fuit. Victa igitur est causa rei publicae, et victa non auspiciis, non intercessione, non suffragiis, sed vi, manu, ferro. Nam si obnuntiasset [Fabricio] is *praetor* qui se servasse de caelo dixerat, accepisset res publica plagam, sed eam quam acceptam gemere posset: si intercessisset conlega Fabricio, laesisset rem publicam, sed [rem publicam] jure laesisset. Gladiatores tu novicios, pro exspectata aedilitate suppositos, cum sicariis e carcere emissis ante lucem immittas? magistratus templo deicias? caedem maximam facias? forum spurces? et, cum omnia vi et armis egeris, accuses eum qui se praesidio munierit, non ut te oppugnaret, sed ut vitam suam posset defendere?

42. Atqui ne ex eo quidem tempore id egit Sestius, ut a suis munitus tuto in foro magistratum gereret, rem publicam administraret. Itaque fretus sanctitate tribunatus, cum se non modo contra vim et ferrum, sed etiam contra verba atque interfationem legibus sacratis esse armatum putaret, venit in templum Castoris, obnuntiavit consuli: cum subito manus illa Clodiana, in caede civium saepe jam victrix, exclamat, incitatur, invadit; inermem atque imparatum tribunum alii gladiis adoriuntur, alii fragmentis saeptorum et fustibus: a quibus hic, multis volneribus acceptis, [ac] debilitato corpore et contrucidato, se abjecit exanimatus; neque ulla alia re ab se mortem nisi opinione mortis depulit. Quem cum jacentem et concisum plurimis volneribus, extremo spiritu exsanguem et confectum viderent, defetigatione magis et errore quam misericordia et modo aliquando caedere destiterunt.

43. Adiit ad rem publicam [tribunus plebis] Milo, — de cujus laude plura dicam, non quo aut ipse haec dici quam existimari malit, aut ego hunc laudis fructum praesenti libenter impertiam, praesertim cum verbis consequi non possim; sed quod existimo, si Milonis causam accusatoris voce conlaudatam probaro, vos in hoc crimine parem Sesti causam existimaturos. Adiit igitur T. Annius ad causam rei publicae sic, ut civem patriae recuperare vellet ereptum. Simplex causa, constans ratio, plena consensionis omnium, plena concordiae. Conlegas adjutores habebat: consulis alterius summum studium, alterius animus paene placatus; de praetoribus unus alienus; senatus incredibilis voluntas, equitum Romanorum animi ad causam excitati, erecta Italia. Duo soli erant empti ad impediendum: qui si homines despecti et contempti tantam rem sustinere non potuissent, se causam quam susceperat nullo labore peracturum videbat. Agebat auctoritate, agebat consilio, agebat per summum ordinem, agebat exemplo bonorum et fortium civium. Quid republica, quid se dignum esset, quis ipse esset, quid sperare, quid majoribus suis reddere deberet, diligentissime cogitabat. **44.** Huic gravitati hominis videbat ille gladiator se, si moribus ageret, parem esse non posse. Ad cotidianam caedem, incendia, rapinas se cum exercitu suo contulit: domum oppugnare, itineribus occurrere, vi lacessere et terrere coepit. Non movit hominem summa gravitate summaque constantia. Sed — quamquam dolor animi, innata libertas, prompta excellensque virtus fortissimum virum hortabatur, vi vim oblatam, praesertim saepius, ut frangeret et refutaret — tanta moderatio fuit hominis, tantum consilium, ut contineret dolorem, neque eadem se re ulcisceretur qua esset lacessitus; sed illum, tot jam in funeribus rei publicae exsultantem ac tripudiantem, legum, si posset, laqueis constringeret. **45.** Descendit ad accusandum. Quis umquam tam proprie rei publicae causa? nullis inimicitiis, nullis praemiis, nulla hominum postulatione aut etiam opinione id eum umquam esse facturum. Fracti erant animi hominis: hoc enim accusante, pristini illius sui judici turpitudinem desperabat. Ecce tibi consul, praetor, tribunus plebis nova novi generis edicta proponunt: *Ne reus adsit, ne citetur, ne quaeratur, ne mentionem omnino cuiquam judicum aut judiciorum facere liceat.* Quid ageret vir ad virtutem, dignitatem, gloriam natus, vi sceleratorum hominum conroborata, legibus judiciisque sublatis? Cervices tribunus plebis privato, praestantissimus vir profligatissimo homini daret? an causam susceptam adfligeret? an se domi contineret? Et vinci turpe putavit, et deterreri, et latere. Perfecit ut, quoniam sibi in illum legibus uti non liceret, illius vim neque in suo neque in rei publicae periculo pertimesceret.

46. Quo modo igitur hoc in genere [praesidi comparati] accusas Sestium, cum idem laudes Milonem?

An qui sua tecta defendit, qui ab aris, focis, ferrum flammamque depellit, qui sibi licere volt tuto esse in foro, in templo, in curia, jure praesidium comparat; qui volneribus, quae cernit cotidie toto corpore, monetur ut aliquo praesidio caput et cervices et jugulum ac latera tutetur, — hunc de vi accusandum putas?

47. Quis enim nostrum, judices, ignorat ita naturam rerum tulisse, ut quodam tempore homines, nondum neque naturali neque civili jure descripto, fusi per agros ac dispersi vagarentur, tantumque haberent quantum manu ac viribus per caedem ac volnera aut eripere aut retinere potuissent? Qui igitur primi virtute et consilio praestanti exstiterunt, ei, perspecto genere humanae docilitatis atque ingeni, dissipatos unum in locum congregarunt, eosque ex feritate illa ad justitiam atque ad mansuetudinem transduxerunt. Tum res ad communem utilitatem quas publicas appellamus; tum conventicula hominum, quae postea civitates nominatae sunt; tum domicilia conjuncta, quas urbis dicimus, invento et divino jure et humano *ut* moenibus saepserunt. **48.** Atque inter hanc vitam perpolitam humanitate et illam immanem nihil tam interest quam jus atque vis. Horum utro uti nolumus, altero est utendum. Vim volumus exstingui: jus valeat necesse est, — id est, judicia, quibus omne jus continetur. Judicia displicent aut nulla sunt: vis dominetur necesse est. Hoc vident omnes. Milo et vidit et fecit [ut jus experiretur, vim depelleret]. Altero uti voluit, ut virtus audaciam vinceret; altero usus necessario est, ne virtus ab audacia vinceretur. Eademque ratio fuit Sesti, si minus in accusando — neque enim per omnis fuit idem fieri necesse — at certe in necessitate defendendae salutis suae, praesidioque contra vim et manum comparando. . . .

49. Reditus vero meus qui fuerit quis ignorat? quem ad modum mihi advenienti tamquam totius Italiae atque ipsius patriae dextram porrexerint Brundisini, — cum ipsis Nonis Sextilibus idem dies adventus mei fuisset reditus*que*, qui natalis idem carissimae filiae, quam ex gravissimo tum primum desiderio luctuque conspexi; idem etiam ipsius coloniae Brundisinae; idem (ut scitis) *aedis Salutis:* cumque me domus eadem optimorum et doctissimorum virorum, M. Laeni Flacci et patris et fratris ejus, laetissima accepisset, quae proximo anno maerens receperat et suo praesidio periculoque defenderat; cumque itinere toto urbes Italiae festos dies agere adventus mei videbantur; viae multitudine legatorum undique missorum celebrabantur; ad urbem accessus incredibili hominum multitudine et gratulatione florebat; iter a porta, in Capitolium ascensus, domum reditus erat ejus modi, ut summa in laetitia illud dolerem, civitatem tam gratam tam miseram atque oppressam fuisse.

50. Sed me repente, judices, de fortissimorum et clarissimorum civium dignitate et gloria dicentem et plura etiam dicere parantem, horum aspectus in ipso cursu orationis repressit. Video P. Sestium — meae salutis, vestrae auctoritatis, publicae causae defensorem, propugnatorem, actorem — reum. Video hunc praetextatum ejus filium oculis lacrimantibus me intuentem. Video Milonem, vindicem vestrae libertatis, custodem salutis meae, subsidium adflictae rei publicae, exstinctorem domestici latrocini, repressorem caedis cotidianae, defensorem templorum atque tectorum, praesidium curiae, sordidatum et reum. Video P. Lentulum, cujus ego patrem deum ac parentem statuo fortunae ac nominis mei et fratris rerumque nostrarum, in hoc misero squalore et sordibus: cui superior annus idem et virilem patris et praetextam populi judicio togam dederit, hunc hoc anno in hac toga rogationis injustissimae subitam acerbitatem pro patre fortissimo et clarissimo cive deprecantem.

51. Atque hic tot et talium civium squalor, hic luctus, hae sordes susceptae sunt propter unum me: quia me defenderunt, quia meum casum luctumque doluerunt, quia me lugenti patriae, flagitanti senatui, poscenti Italiae, vobis omnibus orantibus reddiderunt. Quod tantum est in me scelus? Quid tanto opere deliqui illo die, cum ad vos indicia, litteras, confessiones communis exiti detuli, cum parui vobis? Ac si scelestum est amare patriam, pertuli poenarum satis. Eversa domus est, fortunae vexatae, dissipati liberi, raptata conjux, frater optimus, incredibili pietate, amore inaudito, maximo in squalore volutatus est ad pedes inimicissimorum. Ego pulsus aris, focis, dis penatibus, distractus a meis, carui patria, quam, ut levissime dicam, certe dilexeram: pertuli crudelitatem inimicorum, scelus infidelium, fraudem invidorum.

52. Si hoc non est satis, quod haec omnia deleta videntur reditu meo, multo mihi, multo (inquam), judices, praestat in eandem illam recidere fortunam, quam tantam importare meis defensoribus et conservatoribus calamitatem. An ego in hac urbe esse possim, his pulsis qui me hujus urbis compotem fecerunt? Non ero, non potero esse, judices. Neque hic umquam puer, qui his lacrimis qua sit pietate declarat, amisso patre suo propter me, me ipsum incolumem videbit; nec quotienscumque me viderit, ingemescet ac pestem suam ac patris sui se dicet videre. Ego vero hos in omni fortuna, quaecumque erit oblata, complectar; nec me ab eis quos meo nomine sordidatos videtis umquam ulla fortuna divellet; neque eae nationes, quibus me senatus commendavit, quibus de me gratias egit, hunc exsulem propter me sine me videbunt.

DEFENCE OF MILO.

B. C. 52.

DURING the absence of Cæsar in Gaul, and after the disastrous campaign of Crassus in the East (B. C. 54), Pompey remained in Rome, with an influence which would have amounted to absolute power, if he had been a man of more political sagacity, and had known his own mind better. The real leader of the popular party at this time was Clodius, a man of versatile and brilliant gifts, of high birth but infamous life, a bitter and unscrupulous partisan in politics; while, after the death of Crassus, the unnatural coalition was dissolved, and Pompey drifted easily into the ranks of the oligarchy, where his real sympathies attached him. The strife of parties, which had broken out at the time of Cicero's recall, soon raged with more violence than ever. The organized mob, headed by Clodius, was resisted by a troop of professional bullies and prize-fighters (*gladiatores*), purchased and led by Milo. This was greatly praised in him as a mark of public spirit. (De Off. ii. 17.) His hearty partisanship, his lavish use of money, his personal courage, his headstrong temper, and his friendly relations with many members of the aristocracy, made him a recognized leader; while Cicero himself was personally grateful to him for his bold and unhesitating defence at the time of his darkest fortunes.

Under the auspices of these two leaders, the old political strife was turned into a contest of bludgeons. The disorders were so great, that the year B. C. 53 was half over before consuls were elected — who should have been chosen six months before the beginning of the year. The next year began with the same disorder, and with no consuls. Milo was a candidate for the consulship, but his election had been successfully resisted by Clodius. On the 18th of January, the quarrel came to a bloody crisis. Milo had set out from Rome, towards nightfall, with a large retinue, including his troop of armed guards or dependants, for Lanuvium, a village about twenty miles S.E. of Rome, where he held an office of some local dignity. He was met on the Appian Way, a few miles out, by Clodius, returning on horseback, with thirty armed attendants, from one of his estates. As they passed each other, their mob of followers came to blows. Clodius was wounded, and driven into a shop or tavern by the wayside. Here Milo, not to leave so dangerous an enemy alive, followed him up; and Clodius with a dozen others, including the owner of the tavern, was killed. The meeting was probably accidental on both sides. But each had openly threatened the other's life: each party violently charged the other with premeditated assault, and actual or intended murder. Anarchy broke loose in Rome. The funeral of Clodius was an occasion of riot and conflagration. Other disorders followed. Quiet was only restored at last by the appointment of Pompey as "consul without colleague," who for about six months held the city under a sort of martial law.

A special court was organized early in the year, to try all cases arising out of the brawl in the Appian Way. The trial of Milo, before this court, on the charge of assault and homicide, took place about the 10th of April. Cicero undertook his defence both from political motives and from personal regard. The court was guarded by armed troops — a strange sight then in Rome — from the violence of the mob which raged outside. Cicero, whose nerves were shaken by the uproar, lost his self-command, and spoke "not with his usual firmness." Milo was condemned by thirty-eight votes out of fifty-one, and went into exile at Marseilles. Cicero, dissatisfied with the speech actually delivered, as taken down by short-hand, wrote out at his leisure the master-piece of eloquence and specious argument which follows.

ETSI vereor, judices, ne turpe sit pro fortissimo viro dicere incipientem timere, minimeque deceat, cum T. Annius ipse magis de rei publicae salute quam de sua perturbetur, me ad ejus causam parem animi magnitudinem adferre non posse, tamen haec novi judici nova forma terret oculos, qui, quocumque inciderunt, consuetudinem fori et pristinum morem judiciorum requirunt. Non enim corona consessus vester cinctus est, ut solebat; non usitata frequentia stipati sumus: 2. non illa praesidia, quae pro templis omnibus cernitis, etsi contra vim conlocata sunt, non adferunt tamen [oratori] aliquid, ut in foro et in judicio, quamquam praesidiis salutaribus et necessariis saepti sumus, tamen ne non timere quidem sine aliquo timore possimus. Quae si opposita Miloni putarem, cederem tempori, judices, nec inter tantam vim armorum existimarem esse oratori locum. Sed me recreat et reficit Cn. Pompei, sapientissimi et justissimi viri, consilium, qui profecto nec justitiae suae putaret esse, quem reum sententiis judicum tradidisset, eundem telis militum dedere, nec sapientiae, temeritatem concitatae multitudinis auctoritate publica armare. 3. Quam ob rem illa arma, centuriones, cohortes non periculum nobis, sed praesidium denuntiant; neque solum ut quieto, sed etiam ut magno animo simus hortantur; neque auxilium modo defensioni meae, verum etiam silentium pollicentur. Reliqua vero multitudo, quae quidem est civium, tota nostra est; neque eorum quisquam, quos undique intuentis, unde aliqua fori pars aspici potest, et hujus exitum judici exspectantis videtis, non cum virtuti Milonis favet, tum de se, de liberis suis, de patria, de fortunis hodierno die decertari putat.

II. Unum genus est adversum infestumque nobis, eorum quos P. Clodi furor rapinis et incendiis et omnibus exitiis publicis pavit: qui hesterna etiam contione incitati sunt, ut vobis voce praeirent quid judicaretis. Quorum clamor si qui forte fuerit, admonere vos debebit, ut eum civem retineatis, qui semper genus illud hominum clamoresque maximos prae vestra salute neglexit. 4. Quam ob rem adeste animis, judices, et timorem si quem habetis deponite. Nam — si umquam de bonis et fortibus viris, si umquam de bene meritis civibus potestas [vobis] judicandi fuit, si denique umquam locus amplissimorum ordinum delectis viris datus est, ut sua studia erga fortis et bonos civis, quae voltu et verbis saepe significassent, re et sententiis declararent — hoc profecto tempore eam potestatem omnem vos habetis, ut statuatis utrum nos, qui semper vestrae auctoritati dediti fuimus, semper miseri lugeamus, an, diu vexati a perditissimis civibus, aliquando per vos ac per vestram fidem, virtutem, sapientiamque recreemur. 5. Quid enim nobis duobus, judices, laboriosius, quid magis sollicitum, magis exercitum dici aut fingi potest, qui, spe amplissimorum praemiorum ad rem publicam adducti, metu crudelissimorum suppliciorum carere non possumus ? Equidem ceteras tempestates et procellas in illis dum taxat fluctibus contionum semper putavi Miloni esse subeundas, quia semper pro bonis contra improbos senserat; in judicio vero, et in eo consilio in quo ex cunctis ordinibus amplissimi viri judicarent, numquam existimavi spem ullam esse habituros Milonis inimicos, ad ejus non modo salutem exstinguendam, sed etiam gloriam per talis viros infringendam. 6. Quamquam in hac causa, judices, T. Anni tribunatu, rebusque omnibus pro salute rei publicae gestis ad hujus criminis defensionem non abutemur. Nisi oculis videritis insidias Miloni a Clodio factas, nec deprecaturi sumus ut crimen hoc nobis propter multa praeclara in rem publicam merita condonetis, nec postulaturi, ut si mors P. Clodi salus vestra fuerit, idcirco eam virtuti Milonis potius quam populi Romani felicitati adsignetis. Sed si illius insidiae clariores hac luce fuerint, tum denique obsecrabo obtestaborque vos, judices, si cetera amisimus, hoc saltem nobis ut relinquatur, ab inimicorum audacia telisque vitam ut impune liceat defendere.

III. 7. Sed ante quam ad eam orationem venio quae est propria vestrae quaestionis, videntur ea esse refutanda, quae et in senatu ab inimicis saepe jactata sunt, et in contione ab improbis, et paulo ante ab accusatoribus, ut omni errore sublato, rem plane quae veniat in judicium videre possitis. Negant intueri lucem esse fas ei qui a se hominem occisum esse fateatur. In qua tandem urbe hoc homines stultissimi disputant ? nempe in ea quae primum judicium de capite vidit M. Horati, fortissimi viri, qui nondum libera civitate, tamen populi Romani comitiis liberatus est, cum sua manu sororem esse interfectam fateretur. 8. An est quisquam qui hoc ignoret, cum de homine occiso quaeratur, aut negari solere omnino esse factum aut recte et jure factum esse defendi? Nisi vero existimatis dementem P. Africanum fuisse, qui cum a C. Carbone [tribuno plebis seditiose] in contione interrogaretur quid de Ti. Gracchi morte sentiret, responderit jure caesum videri. Neque enim posset aut Ahala ille Servilius, aut P. Nasica, aut L. Opimius, aut C. Marius, aut me consule senatus, non nefarius haberi, si sceleratos civis interfici nefas esset. Itaque hoc, judices, non sine causa etiam fictis fabulis doctissimi homines memoriae prodiderunt, eum qui patris ulciscendi causa matrem necavisset, variatis hominum sententiis, non solum divina, sed etiam sapientissimae deae sententia liberatum. 9. Quod si duodecim tabulae nocturnum furem quoquo modo, diurnum autem, si se telo defenderet, interfici impune voluerunt, quis est qui, quoquo modo quis interfectus sit, puniendum putet, cum videat aliquando gladium nobis ad hominem occidendum ab ipsis porrigi legibus.

IV. Atqui si tempus est ullum jure hominis necandi, quae multa sunt, certe illud est non modo justum, verum etiam necessarium, cum vi vis inlata defenditur. Pudicitiam cum eriperet militi tribunus militaris in exercitu C. Mari, propinquus ejus imperatoris, interfectus ab eo est, cui vim adferebat. Facere enim probus adulescens periculose quam perpeti turpiter maluit. Atque hunc ille summus vir scelere solutum periculo liberavit. 10. Insidiatori vero et latroni quae potest inferri injusta nex? Quid comitatus nostri, quid gladii volunt? quos habere certe non liceret, si uti illis nullo pacto liceret. Est igitur haec, judices, non scripta, sed nata lex; quam non didicimus, accepimus, legimus, verum ex natura ipsa adripuimus, hausimus, expressimus; ad quam non docti sed facti, non instituti sed imbuti sumus, — ut, si vita nostra in aliquas insidias, si in vim et in tela aut latronum aut inimicorum incidisset, omnis honesta ratio esset expediendae salutis. 11. Silent enim leges inter arma; nec se exspectari jubent, cum ei qui exspectare velit, ante injusta poena luenda sit, quam justa repetenda. Etsi persapienter et quodam modo tacite dat ipsa lex potestatem defendendi, quae non hominem occidi, sed esse cum telo hominis occidendi causa vetat; ut, cum causa non telum quaereretur, qui sui defendendi causa telo esset usus non hominis occidendi causa habuisse telum judicaretur. Quapropter hoc maneat in causa, judices: non enim dubito quin probaturus sim vobis defensionem meam, si id memineritis quod oblivisci non potestis, insidiatorem jure interfici posse.

V. 12. Sequitur illud, quod a Milonis inimicis saepissime dicitur, caedem in qua P. Clodius occisus est senatum judicasse contra rem publicam esse factam. Illam vero senatus non sententiis suis solum, sed etiam studiis comprobavit. Quotiens enim est illa causa a nobis acta in senatu! quibus adsensionibus universi ordinis, quam nec tacitis nec occultis! Quando enim frequentissimo senatu quattuor aut summum quinque sunt inventi qui Milonis causam non probarent? Declarant hujus ambusti tribuni plebis illae intermortuae contiones, quibus cotidie meam potentiam invidiose criminabatur, cum diceret senatum non quod sentiret, sed quod ego vellem decernere. Quae quidem si potentia est appellanda — potius quam aut propter magna in rem publicam merita mediocris in bonis causis auctoritas, aut propter hos officiosos labores meos non nulla apud bonos gratia, — appelletur ita sane, dum modo ea nos utamur pro salute bonorum contra amentiam perditorum.

13. Hanc vero quaestionem, etsi non est iniqua, numquam tamen senatus constituendam putavit. Erant enim leges, erant quaestiones vel de caede vel de vi; nec tantum maerorem ac luctum senatui mors P. Clodi adferebat, ut nova quaestio constitueretur. Cujus enim de illo incesto stupro judicium decernendi senatui potestas esset erepta, de ejus interitu quis potest credere senatum judicium novum constituendum putasse? Cur igitur incendium curiae, oppugnationem aedium M. Lepidi, caedem hanc ipsam contra rem publicam senatus factam esse decrevit? quia nulla vis umquam est in libera civitate suscepta inter civis non contra rem publicam. 14. Non enim est illa defensio contra vim umquam optanda, sed non numquam est necessaria. Nisi vero aut ille dies quo Ti. Gracchus est caesus, aut ille quo Gaius, aut quo arma Saturnini *oppressa sunt*, etiam si e re publica oppressa sunt, rem publicam tamen non volnerarunt. VI. Itaque ego ipse decrevi, cum caedem in Appia factam esse constaret, non eum qui se defendisset contra rem publicam fecisse, sed, cum inesset in re vis et insidiae, crimen judicio reservavi, rem notavi. Quod si per furiosum illum tribunum senatui quod sentiebat perficere licuisset, novam quaestionem nullam haberemus. Decernebat enim, ut veteribus legibus, tantum modo extra ordinem, quaereretur. Divisa sententia est, postulante nescio quo: nihil enim necesse est omnium me flagitia proferre. Sic reliqua auctoritas senatus empta intercessione sublata est.

15. At enim Cn. Pompeius rogatione sua et de re et de causa judicavit: tulit enim de caede quae in Appia via facta esset, in qua P. Clodius occisus esset. Quid ergo tulit? nempe ut quaereretur. Quid porro quaerendum est? Factumne sit? at constat. A quo? at paret. Vidit igitur, etiam in confessione facti, juris tamen defensionem suscipi posse. Quod nisi vidisset posse

absolvi eum qui fateretur, cum videret nos fateri, neque quaeri umquam jussisset, nec vobis tam hanc salutarem in judicando litteram quam illam tristem dedisset. Mihi vero Cn. Pompeius non modo nihil gravius contra Milonem judicasse, sed etiam statuisse videtur quid vos in judicando spectare oporteret. Nam qui non poenam confessioni, sed defensionem dedit, is causam interitus quaerendam, non interitum putavit. 16. Jam illud ipse dicet profecto, quod sua sponte fecit, Publione Clodio tribuendum putarit an tempori.

VII. Domi suae nobilissimus vir, senatus propugnator, atque illis quidem temporibus paene patronus, avunculus hujus judicis nostri, fortissimi viri, M. Catonis, tribunus plebis M. Drusus occisus est. Nihil de ejus morte populus consultus, nulla quaestio decreta a senatu est. Quantum luctum in hac urbe fuisse a nostris patribus accepimus, cum P. Africano domi suae quiescenti illa nocturna vis esset inlata? Quis tum non gemuit? Quis non arsit dolore, quem immortalem, si fieri posset, omnes esse cuperent, ejus ne necessariam quidem exspectatam esse mortem ! Num igitur ulla quaestio de Africani morte lata est? certe nulla. 17. Quid ita? quia non alio facinore clari homines, alio obscuri necantur. Intersit inter vitae dignitatem summorum atque infimorum : mors quidem inlata per scelus isdem et poenis teneatur et legibus. Nisi forte magis erit parricida, si qui consularem patrem quam si quis humilem necarit : aut eo mors atrocior erit P. Clodi, quod is in monumentis majorum suorum sit interfectus — hoc enim ab istis saepe dicitur ; proinde quasi Appius ille Caecus viam muniverit, non qua populus uteretur, sed ubi impune sui posteri latrocinarentur !

18. Itaque in eadem ista Appia via cum ornatissimum equitem Romanum P. Clodius M. Papirium occidisset, non fuit illud facinus puniendum, homo

enim nobilis in suis monumentis equitem Romanum occiderat: nunc ejusdem Appiae nomen quantas tragoedias excitat! Quae cruentata antea caede honesti atque innocentis viri silebatur, eadem nunc crebro usurpatur, postea quam latronis et parricidae sanguine imbuta est. Sed quid ego illa commemoro? Comprehensus est in templo Castoris servus P. Clodi, quem ille ad Cn. Pompeium interficiendum collocarat: extorta est ei confitenti sica de manibus: caruit foro postea Pompeius, caruit senatu, caruit publico: janua se ac parietibus, non jure legum judiciorumque texit. 19. Num quae rogatio lata, num quae nova quaestio decreta est? Atqui si res, si vir, si tempus ullum dignum fuit, certe haec in illa causa summa omnia fuerunt. Insidiator erat in foro conlocatus, atque in vestibulo ipso senatus; ei viro autem mors parabatur, cujus in vita nitebatur salus civitatis; eo porro rei publicae tempore, quo, si unus ille occidisset, non haec solum civitas, sed gentes omnes concidissent. Nisi vero quia perfecta res non est, non fuit poenienda: proinde quasi exitus rerum, non hominum consilia legibus vindicentur. Minus dolendum fuit re non perfecta, sed poeniendum certe nihilo minus. 20. Quotiens ego ipse, judices, ex P. Clodi telis et ex cruentis ejus manibus effugi! ex quibus si me non vel mea vel rei publicae fortuna servasset, quis tandem de interitu meo quaestionem tulisset?

VIII. Sed stulti sumus qui Drusum, qui Africanum, Pompeium, nosmet ipsos cum P. Clodio conferre audeamus. Tolerabilia fuerunt illa: P. Clodi mortem aequo animo ferre nemo potest. Luget senatus, maeret equester ordo, tota civitas confecta senio est, squalent municipia, adflictantur coloniae, agri denique ipsi tam beneficum, tam salutarem, tam mansuetum civem desiderant. 21. Non fuit ea causa, judices, profecto, non fuit, cur sibi censeret Pompeius quaestionem feren-

dam; sed homo sapiens atque alta et divina quadam
mente praeditus multa vidit: fuisse illum sibi inimicum,
familiarem Milonem; in communi omnium laetitia, si
etiam ipse gauderet, timuit ne videretur infirmior fides
reconciliatae gratiae; multa etiam alia vidit, sed illud
maxime, quamvis atrociter ipse tulisset, vos tamen
fortiter judicaturos. Itaque delegit ex florentissimis
ordinibus ipsa lumina: neque vero, quod non nulli dictitant, secrevit in judicibus legendis amicos meos. Neque enim hoc cogitavit vir justissimus; neque in bonis
viris legendis id adsequi potuisset, etiam si cupisset.
Non enim mea gratia familiaritatibus continetur, quae
late patere non possunt, propterea quod consuetudines
victus non possunt esse cum multis; sed, si quid possumus, ex eo possumus, quod res publica nos conjunxit
cum bonis: ex quibus ille cum optimos viros legeret,
idque maxime ad fidem suam pertinere arbitraretur,
non potuit legere non studiosos mei. 22. Quod vero
te, L. Domiti, huic quaestioni praeesse maxime voluit,
nihil quaesivit [aliud] nisi justitiam, gravitatem, humanitatem, fidem. Tulit ut consularem necesse esset:
credo, quod principum munus esse ducebat resistere
et levitati multitudinis et perditorum temeritati. Ex
consularibus te creavit potissimum: dederas enim
quam contemneres popularis insanias jam ab adulescentia documenta maxima.

IX. 23. Quam ob rem, judices, ut aliquando ad causam crimenque veniamus, — si neque omnis confessio
facti est inusitata, neque de causa nostra quicquam
aliter ac nos vellemus a senatu judicatum est, et lator
ipse legis, cum esset controversia nulla facti, juris
tamen disceptationem esse voluit, et ei lecti judices
isque praepositus *est* quaestioni, qui haec juste sapien-
terque disceptet, — reliquum est, judices, ut nihil jam
quaerere aliud debeatis, nisi uter utri insidias fecerit.
Quod quo facilius argumentis perspicere possitis, rem

gestam vobis dum breviter expono, quaeso, diligenter attendite.

24. P. Clodius cum statuisset omni scelere in praetura vexare rem publicam, videretque ita tracta esse comitia anno superiore, ut non multos mensis praeturam gerere posset, — qui non honoris gradum spectaret, ut ceteri, sed et L. Paulum conlegam effugere vellet, singulari virtute civem, et annum integrum ad dilacerandam rem publicam quaereret, — subito reliquit annum suum, seseque in annum proximum transtulit: non (ut fit) religione aliqua, sed ut haberet, quod ipse dicebat, ad praeturam gerendam, hoc est, ad evertendam rem publicam, plenum annum atque integrum. 25. Occurrebat ei mancam ac debilem praeturam futuram suam consule Milone: eum porro summo consensu populi Romani consulem fieri videbat. Contulit se ad ejus competitores, sed ita, totam ut petitionem ipse solus etiam invitis illis gubernaret, tota ut comitia suis, ut dictitabat, umeris sustineret. Convocabat tribus, se interponebat, Collinam novam dilectu perditissimorum civium conscribebat. Quanto ille plura miscebat, tanto hic magis in dies convalescebat. Ubi vidit homo ad omne facinus paratissimus fortissimum virum, inimicissimum suum, certissimum consulem, idque intellexit non solum sermonibus, sed etiam suffragiis populi Romani saepe esse declaratum, palam agere coepit, et aperte dicere occidendum Milonem. 26. Servos agrestis et barbaros, quibus silvas publicas depopulatus erat Etruriamque vexarat, ex Apennino deduxerat, quos videbatis. Res erat minime obscura. Etenim palam dictitabat consulatum Miloni eripi non posse, vitam posse. Significavit hoc saepe in senatu, dixit in contione. Quin etiam M. Favonio, fortissimo viro, quaerenti ex eo qua spe fureret Milone vivo, respondit triduo illum aut summum quadriduo esse periturum: quam vocem ejus ad hunc M. Catonem statim Favonius detulit.

X. 27. Interim cum sciret Clodius — neque enim erat difficile scire — iter sollemne, legitimum, necessarium ante diem XIII. Kalendas Februarias Miloni esse Lanuvium ad flaminem prodendum, [quod erat dictator Lanuvi Milo,] Roma subito ipse profectus pridie est, ut ante suum fundum, quod re intellectum est, Miloni insidias conlocaret. Atque ita profectus est, ut contionem turbulentam, in qua ejus furor desideratus est, [quae illo ipso die habita est,] relinqueret, quam nisi obire facinoris locum tempusque voluisset, numquam reliquisset. 28. Milo autem cum in senatu fuisset eo die, quoad senatus est dimissus, domum venit; calceos et vestimenta mutavit; paulisper, dum se uxor (ut fit) comparat, commoratus est; dein profectus id temporis cum jam Clodius, si quidem eo die Romam venturus erat, redire potuisset. Ob viam fit ei Clodius, expeditus, in equo, nulla raeda, nullis impedimentis; nullis Graecis comitibus, ut solebat; sine uxore, quod numquam fere : cum hic insidiator, qui iter illud ad caedem faciendam apparasset, cum uxore veheretur in raeda, paenulatus, magno et impedito et muliebri ac delicato ancillarum puerorumque comitatu. 29. Fit ob viam Clodio ante fundum ejus hora fere undecima, aut non multo secus. Statim complures cum telis in hunc faciunt de loco superiore impetum : adversi raedarium occidunt. Cum autem hic de raeda rejecta paenula desiluisset, seque acri animo defenderet, illi qui erant cum Clodio, gladiis eductis, partim recurrere ad raedam, ut a tergo Milonem adorirentur; partim, quod hunc jam interfectum putarent, caedere incipiunt ejus servos, qui post erant: ex quibus qui animo fideli in dominum et praesenti fuerunt, partim occisi sunt, partim, cum ad raedam pugnari viderent, domino succurrere prohiberentur, Milonem occisum et ex ipso Clodio audirent et re vera putarent, fecerunt id servi Milonis — dicam enim aperte, non derivandi criminis causa, sed ut factum est — nec imperante nec sciente nec praesente domino, quod suos quisque servos in tali re facere voluisset.

XI. 30. Haec, sicuti exposui, ita gesta sunt, judices. Insidiator superatus est, vi victa vis, vel potius oppressa virtute audacia est. Nihil dico quid res publica consecuta sit, nihil quid vos, nihil quid omnes boni : nihil sane id prosit Miloni, qui hoc fato natus est, ut ne se quidem servare potuerit, quin una rem publicam vosque servaret. Si id jure fieri non potuit, nihil habeo quod defendam. Sin hoc et ratio doctis, et necessitas barbaris, et mos gentibus, et feris etiam beluis natura ipsa praescripsit, — ut omnem semper vim, quacumque ope possent, a corpore, a capite, a vita sua propulsarent, — non potestis hoc facinus improbum judicare, quin simul judicetis omnibus, qui in latrones inciderint, aut illorum telis aut vestris sententiis esse pereundum. 31. Quod si ita putasset, certe optabilius Miloni fuit dare jugulum P. Clodio, non semel ab illo neque tum primum petitum, quam jugulari a vobis, quia se non jugulandum illi tradidisset. Sin hoc nemo vestrum ita sentit, non illud jam in judicium venit, occisusne sit (quod fatemur), sed jure an injuria, quod multis in causis saepe quaesitum est. Insidias factas esse constat, et id est quod senatus contra rem publicam factum judicavit : ab utro factae sint incertum est. De hoc igitur latum est ut quaereretur. Ita et senatus rem non hominem notavit, et Pompeius de jure non de facto quaestionem tulit. XII. Num quid igitur aliud in judicium venit, nisi uter utri insidias fecerit? Profecto nihil : si hic illi, ut ne sit impune ; si ille huic, ut scelere solvamur.

32. Quonam igitur pacto probari potest insidias Miloni fecisse Clodium? Satis est in illa quidem tam audaci, tam nefaria belua, docere magnam ei causam, magnam spem in Milonis morte propositam, magnas

utilitates fuisse. Itaque illud Cassianum *cui bono fuerit* in his personis valeat; etsi boni nullo emolumento impelluntur in fraudem, improbi saepe parvo. Atqui Milone interfecto Clodius haec adsequebatur, non modo ut praetor esset non eo consule quo sceleris nihil facere posset; sed etiam ut eis consulibus praetor esset, quibus si non adjuvantibus at coniventibus certe, speraret posse se eludere in illis suis cogitatis furoribus: cujus illi conatus, ut ipse ratiocinabatur, nec cuperent reprimere si possent, cum tantum beneficium ei se debere arbitrarentur; et, si vellent, fortasse vix possent frangere hominis sceleratissimi conroboratam jam vetustate audaciam.

33. An vero, judices, vos soli ignoratis? vos hospites in hac urbe versamini? vestrae peregrinantur aures, neque in hoc pervagato civitatis sermone versantur, quas ille leges — si leges nominandae sunt ac non faces urbis, pestes rei publicae — fuerit impositurus nobis omnibus atque inusturus? Exhibe, quaeso, Sexte Clodi, exhibe librarium illud legum vestrarum, quod te aiunt eripuisse e domo et ex mediis armis turbaque nocturna tamquam Palladium sustulisse, ut praeclarum videlicet munus atque instrumentum tribunatus ad aliquem, si nactus esses, qui tuo arbitrio tribunatum gereret, deferre posses. Atque per . . . an hujus ille legis quam Clodius a se inventam gloriatur, mentionem facere ausus esset vivo Milone, non dicam consule? De nostrum enim omnium — non audeo totum dicere. Videte quid ea viti lex habitura fuerit, cujus periculosa etiam reprehensio est. Et aspexit me illis quidem oculis, quibus tum solebat cum omnibus omnia minabatur. Movet me quippe lumen curiae! **XIII.** Quid? tu me tibi iratum, Sexte, putas, cujus inimicissimum multo crudelius etiam poenitus es, quam erat humanitatis meae postulare? Tu P. Clodi cruentum cadaver ejecisti domo; tu in publicum abjecisti; tu spoliatum imaginibus, exsequiis, pompa, laudatione, infelicissimis lignis semiustilatum, nocturnis canibus dilaniandum reliquisti. Qua re, etsi nefarie fecisti, tamen quoniam in meo inimico crudelitatem exprompsisti tuam, laudare non possum, irasci certe non debeo.

34. *Audistis, judices, quantum Clodi inter*fuerit occidi Milonem: convertite animos nunc vicissim ad Milonem. Quid Milonis intererat interfici Clodium? Quid erat cur Milo non dicam admitteret, sed optaret? 'Obstabat in spe consulatus Miloni Clodius.' At eo repugnante fiebat, immo vero eo fiebat magis; nec me suffragatore meliore utebatur quam Clodio. Valebat apud vos, judices, Milonis erga me remque publicam meritorum memoria; valebant preces et lacrimae nostrae, quibus ego tum vos mirifice moveri sentiebam; sed plus multo valebat periculorum impendentium timor. Quis enim erat civium qui sibi solutam P. Clodi praeturam sine maximo rerum novarum metu proponeret? Solutam autem fore videbatis, nisi esset is consul, qui eam auderet possetque constringere. Eum Milonem unum esse cum sentiret universus populus Romanus, quis dubitaret suffragio suo se metu, periculo rem publicam liberare? At nunc, Clodio remoto, usitatis jam rebus enitendum est Miloni, ut tueatur dignitatem suam: singularis illa et huic uni concessa gloria, quae cotidie augebatur frangendis furoribus Clodianis, jam Clodi morte cecidit. Vos adepti estis, ne quem civem metueretis: hic exercitationem virtutis, suffragationem consulatus, fontem perennem gloriae suae perdidit. Itaque Milonis consulatus, qui vivo Clodio labefactari non poterat, mortuo denique temptari coeptus est. Non modo igitur nihil prodest, sed obest etiam Clodi mors Miloni.

35. 'At valuit odium, fecit iratus, fecit inimicus, fuit ultor injuriae, poenitor doloris sui.' Quid? si haec non dico majora fuerunt in Clodio quam in Milone,

sed in illo maxima, nulla in hoc? quid voltis amplius?
Quid enim odisset Clodium Milo, segetem ac materiem suae gloriae, praeter hoc civile odium, quo omnis improbos odimus? Ille erat ut odisset, primum defensorem salutis meae, deinde vexatorem furoris, domitorem armorum suorum, postremo etiam accusatorem suum: reus enim Milonis lege Plotia fuit Clodius, quoad vixit. Quo tandem animo hoc tyrannum illum tulisse creditis? quantum odium illius, et in homine injusto quam etiam justum fuisse?

XIV. 36. Reliquum est ut jam illum natura ipsius consuetudoque defendat, hunc autem haec eadem coarguat. Nihil per vim umquam Clodius, omnia per vim Milo. Quid? ego, judices, cum maerentibus vobis urbe cessi, judiciumne timui? non servos, non arma, non vim? Quae fuisset igitur justa causa restituendi mei, nisi fuisset injusta eiciendi? Diem mihi, credo, dixerat, multam inrogarat, actionem perduellionis intenderat: et mihi videlicet in causa aut mala aut mea, non et praeclarissima et vestra, judicium timendum fuit. Servorum et egentium civium et facinorosorum armis meos civis, meis consiliis periculisque servatos, pro me obici nolui. 37. Vidi enim, vidi hunc ipsum Q. Hortensium, lumen et ornamentum rei publicae, paene interfici servorum manu, cum mihi adesset: qua in turba C. Vibienus senator, vir optimus, cum hoc cum esset una, ita est mulcatus, ut vitam amiserit. Itaque quando illius postea sica illa, quam a Catilina acceperat, conquievit? Haec intentata nobis est; huic ego vos obici pro me non sum passus; haec insidiata Pompeio est; haec istam Appiam, monimentum sui nominis, nece Papiri cruentavit; haec eadem longo intervallo conversa rursus est in me: nuper quidem, ut scitis, me ad regiam paene confecit.

38. Quid simile Milonis? cujus vis omnis haec semper fuit, ne P. Clodius, cum in judicium detrahi non

posset, vi oppressam civitatem teneret. Quem si interficere voluisset, quantae quotiens occasiones, quam praeclarae fuerunt!. Potuitne, cum domum ac deos penatis suos illo oppugnante defenderet, jure se ulcisci? Potuitne, civi egregio et viro fortissimo, P. Sestio, conlega suo, volnerato? Potuitne, Q. Fabricio, viro optimo, cum de reditu meo legem ferret, pulso, crudelissima in foro caede facta? Potuitne, L. Caecili, justissimi fortissimique praetoris, oppugnata domo? Potuitne illo die, cum est lata lex de me; cum totius Italiae concursus, quem mea salus concitarat, facti illius gloriam libens agnovisset, ut, etiam si id Milo fecisset, cuncta civitas eam laudem pro sua vindicaret?

xv. 39. At quod erat tempus? Clarissimus et fortissimus consul, inimicus Clodio, [P. Lentulus,] ultor sceleris illius, propugnator senatus, defensor vestrae voluntatis, patronus publici consensus, restitutor salutis meae; septem praetores, octo tribuni plebei, illius adversarii, defensores mei; Cn. Pompeius, auctor et dux mei reditus, illius hostis, cujus sententiam senatus [omnis] de salute mea gravissimam et ornatissimam secutus est, qui populum Romanum est cohortatus, qui cum de me decretum Capuae fecisset, ipse cunctae Italiae cupienti et ejus fidem imploranti signum dedit, ut ad me restituendum Romam concurrerent; omnium denique in illum odia civium ardebant desiderio mei, quem qui tum interemisset, non de impunitate ejus, sed de praemiis cogitaretur. 40. Tamen se Milo continuit, et P. Clodium in judicium bis, ad vim numquam vocavit. Quid? privato Milone et reo ad populum accusante P. Clodio, cum in Cn. Pompeium pro Milone dicentem impetus factus est, quae tum non modo occasio, sed etiam causa illius opprimendi fuit! Nuper vero cum M. Antonius summam spem salutis bonis omnibus attulisset, gravissimamque adulescens nobilissimus rei publicae partem fortissime suscepisset, atque illam

beluam, judici laqueos declinantem, jam inretitam
teneret, qui locus, quod tempus illud, di immortales,
fuit! cum se ille fugiens in scalarum tenebris abdi-
disset, magnum Miloni fuit conficere illam pestem
nulla sua invidia, M. vero Antoni maxima gloria?
41. Quid? comitiis in campo quotiens potestas fuit!
cum ille in saepta ruisset, gladios destringendos,
lapides jaciendos curavisset; dein subito, voltu Milonis
perterritus, fugeret ad Tiberim, vos et omnes boni vota
faceretis, ut Miloni uti virtute sua liberet.

XVI. Quem igitur cum omnium gratia noluit, hunc
voluit cum aliquorum querella? quem jure, quem loco,
quem tempore, quem impune non est ausus, hunc
injuria, iniquo loco, alieno tempore, periculo capitis,
non dubitavit occidere? **42.** praesertim, judices, cum
honoris amplissimi contentio et dies comitiorum subesset, quo quidem tempore — scio enim quam timida sit
ambitio, quantaque et quam sollicita sit cupiditas consulatus — omnia, non modo quae reprehendi palam,
sed etiam obscure quae cogitari possunt timemus,
rumorem, fabulam fictam, levem perhorrescimus, ora
omnium atque oculos intuemur. Nihil est enim
tam molle, tam tenerum, tam aut fragile aut flexibile, quam voluntas erga nos sensusque civium,
qui non modo improbitati irascuntur candidatorum,
sed etiam in recte factis saepe fastidiunt. **43.** Hunc
igitur diem campi speratum atque exoptatum sibi proponens Milo, cruentis manibus scelus et facinus prae
se ferens et confitens, ad illa augusta centuriarum
auspicia veniebat? Quam hoc non credibile in hoc!
quam idem in Clodio non dubitandum, cum se ille
interfecto Milone regnaturum putaret! Quid? (quod
caput est [audaciae], judices) quis ignorat maximam
inlecebram esse peccandi impunitatis spem? In utro
igitur haec fuit? in Milone, qui etiam nunc reus est
facti aut praeclari aut certe necessarii, an in Clodio,

qui ita judicia poenamque contempserat, ut eum nihil
delectaret quod aut per naturam fas esset, aut per
leges liceret.
  44. Sed quid ego argumentor? quid plura disputo?
Te, Q. Petili, appello, optimum et fortissimum civem:
te, M. Cato, testor, quos mihi divina quaedam sors
dedit judices. Vos ex M. Favonio audistis Clodium
sibi dixisse, et audistis vivo Clodio, periturum Milonem
triduo. Post diem tertium gesta res est quam dixerat.
Cum ille non dubitarit aperire quid cogitaret, vos
potestis dubitare quid fecerit? XVII. **45.** Quem ad
modum igitur eum dies non fefellit? Dixi equidem
modo. Dictatoris Lanuvini stata sacrificia nosse negoti nihil erat. Vidit necesse esse Miloni proficisci
Lanuvium illo ipso quo est profectus die. Itaque
antevertit. At quo die? Quo, ut ante dixi, fuit insa-
nissima contio ab ipsius mercenario tribuno plebis
concitata: quem diem ille, quam contionem, quos
clamores, nisi ad cogitatum facinus approperaret,
numquam reliquisset. Ergo illi ne causa quidem
itineris, etiam causa manendi: Miloni manendi nulla
[facultas], exeundi non causa solum, sed etiam necessitas fuit. Quid? si, ut ille scivit Milonem fore eo die
in via, sic Clodium Milo ne suspicari quidem potuit?
46. Primum quaero qui id scire potuerit? quod vos
idem in Clodio quaerere non potestis. Ut enim neminem alium nisi T. Patinam, familiarissimum suum,
rogasset, scire potuit illo ipso die Lanuvi a dictatore
Milone prodi flaminem necesse esse. Sed erant permulti alii, ex quibus id facillime scire posset: [omnes
scilicet Lanuvini.] Milo de Clodi reditu unde quaesivit? Quaesierit sane — videte quid vobis largiar:
servum etiam, ut Q. Arrius, meus amicus, dixit, cor-
ruperit. Legite testimonia testium vestrorum. Dixit
C. Causinius Schola, Interamnas, familiarissimus et
idem comes Clodi, — cujus jam pridem testimonio

Clodius eadem hora Interamnae fuerat et Romae, — P. Clodium illo die in Albano mansurum fuisse; sed subito ei esse nuntiatum Cyrum architectum esse mortuum, itaque repente Romam constituisse proficisci. Dixit hoc comes item P. Clodi, C. Clodius.

XVIII. 47. Videte, judices, quantae res his testimoniis sint confectae. Primum certe liberatur Milo non eo consilio profectus esse, ut insidiaretur in via Clodio: quippe, si ille obvius ei futurus omnino non erat. Deinde — non enim video cur non meum quoque agam negotium — scitis, judices, fuisse qui in hac rogatione suadenda dicerent Milonis manu caedem esse factam, consilio vero majoris alicujus. Me videlicet latronem ac sicarium abjecti homines et perditi describebant. Jacent suis testibus [ei] qui Clodium negant eo die Romam, nisi de Cyro audisset, fuisse rediturum. Respiravi, liberatus sum; non vereor ne, quod ne suspicari quidem potuerim, videar id cogitasse. 48. Nunc persequar cetera. Nam occurrit illud: 'Igitur ne Clodius quidem de insidiis cogitavit, quoniam fuit in Albano mansurus.' Si quidem exiturus ad caedem e villa non fuisset. Video enim illum, qui dicatur de Cyri morte nuntiasse, non id nuntiasse, sed Milonem appropinquare. Nam quid de Cyro nuntiaret, quem Clodius Roma proficiscens reliquerat morientem? Una fui, testamentum simul obsignavi cum Clodio: testamentum autem palam fecerat, et illum heredem et me scripserat. Quem pridie hora tertia animam efflantem reliquisset, eum mortuum postridie hora decima denique ei nuntiabatur?

XIX. 49. Age, sit ita factum. Quae causa cur Romam properaret? cur in noctem se coniceret? Ecquid adferebat festinationis, quod heres erat? Primum, erat nihil cur properato opus esset: deinde, si quid esset, quid tandem erat quod ea nocte consequi posset, amitteret autem si postridie Romam mane venisset? Atque ut illi nocturnus ad urbem adventus vitandus potius quam expetendus fuit, sic Miloni, cum insidiator esset, si illum ad urbem nocte accessurum sciebat, subsidendum atque exspectandum fuit. 50. Nemo ei neganti non credidisset, quem esse omnes salvum etiam confitentem volunt. Sustinuisset hoc crimen primum ipse ille latronum occultator et receptor locus, cum neque muta solitudo indicasset neque caeca nox ostendisset Milonem; deinde ibi multi ab illo violati, spoliati, bonis expulsi, multi haec etiam timentes in suspitionem caderent, tota denique rea citaretur Etruria. 51. Atque illo die certe Aricia rediens devertit Clodius ad Albanum. Quod ut sciret Milo illum Ariciae fuisse, suspicari tamen debuit eum, etiam si Romam illo die reverti vellet, ad villam suam, quae viam tangeret, deversurum. Cur neque ante occurrit, ne ille in villa resideret, nec eo in loco subsedit, quo ille noctu venturus esset?

Video adhuc constare, judices, omnia: — Miloni etiam utile fuisse Clodium vivere, illi ad ea quae concupierat optatissimum interitum Milonis; odium fuisse illius in hunc acerbissimum, nullum hujus in illum; consuetudinem illius perpetuam in vi inferenda, hujus tantum in repellenda; 52. mortem ab illo denuntiatam Miloni et praedicatam palam, nihil umquam auditum ex Milone; profectionis hujus diem illi notum, reditus illius huic ignotum fuisse; hujus iter necessarium, illius etiam potius alienum; hunc prae se tulisse illo die Roma exiturum, illum eo die se dissimulasse rediturum; hunc nullius rei mutasse consilium, illum causam mutandi consili finxisse; huic, si insidiaretur, noctem prope urbem exspectandam, illi, etiam si hunc non timeret, tamen accessum ad urbem nocturnum fuisse metuendum.

XX. 53. Videamus nunc (id quod caput est) locus ad insidias ille ipse, ubi congressi sunt, utri tandem fuerit aptior. Id vero, judices, etiam dubitandum et diutius cogitandum est? Ante fundum Clodi, quo in fundo propter insanas illas substructiones facile hominum mille versabantur valentium, edito adversari atque excelso loco, superiorem se fore putarat Milo, et ob eam rem eum locum ad pugnam potissimum elegerat? an in eo loco est potius exspectatus ab eo qui ipsius loci spe facere impetum cogitarat? Res loquitur ipsa, judices, quae semper valet plurimum. 54. Si haec non gesta audiretis, sed picta videretis, tamen appareret uter esset insidiator, uter nihil cogitaret mali, cum alter veheretur in raeda paenulatus, una sederet uxor. Quid horum non impeditissimum? vestitus an vehiculum an comes? Quid minus promptum ad pugnam, cum paenula inretitus, raeda impeditus, uxore paene constrictus esset? Videte nunc illum, primum egredientem e villa, subito: cur? vesperi: quid necesse est? tarde: qui convenit, praesertim id temporis? Devertit in villam Pompei. Pompeium ut videret? sciebat in Alsiensi esse: villam ut perspiceret? miliens in ea fuerat. Quid ergo erat? morae et tergiversationes: dum hic veniret, locum relinquere noluit.

XXI. 55. Age nunc; iter expediti latronis cum Milonis impedimentis comparate. Semper ille antea cum uxore, tum sine ea; numquam nisi in raeda, tum in equo; comites Graeculi, quocumque ibat, etiam cum in castra Etrusca properabat, tum nugarum in comitatu nihil. Milo, qui numquam, tum casu pueros symphoniacos uxoris ducebat et ancillarum greges. Ille, qui semper secum scorta, semper exoletos, semper lupas duceret, tum neminem, nisi ut virum a viro lectum esse diceres. Cur igitur victus est? Quia non semper viator a latrone, non numquam etiam latro a viatore occiditur: quia, quamquam paratus in imparatos Clodius, tamen mulier inciderat in viros. 56. Nec vero sic erat umquam non paratus Milo contra illum, ut non satis fere esset paratus. Semper [ille] et quantum interesset P. Clodi se perire, et quanto illi odio esset, et quantum ille auderet cogitabat. Quam ob rem vitam suam, quam maximis praemiis propositam et paene addictam sciebat, numquam in periculum sine praesidio et sine custodia proiciebat. Adde casus, adde incertos exitus pugnarum Martemque communem, qui saepe spoliantem jam et exsultantem evertit et perculit ab abjecto: adde inscitiam pransi, poti, oscitantis ducis, qui cum a tergo hostem interclusum reliquisset, nihil de ejus extremis comitibus cogitavit, in quos incensos ira vitamque domini desperantis cum incidisset, haesit in eis poenis, quas ab eo servi fideles pro domini vita expetiverunt.

57. Cur igitur eos manu misit? Metuebat scilicet ne indicaretur, ne dolorem perferre non possent, ne tormentis cogerentur occisum esse a servis Milonis in Appia via P. Clodium confiteri. Quid opus est tortore? quid quaeris? Occideritne? occidit. Jure an injuria? nihil ad tortorem: facti enim in eculeo quaestio est, juris in judicio. XXII. Quod igitur in causa quaerendum est, indagamus hic: quod tormentis invenire vis, id fatemur. Manu vero cur miserit, si id potius quaeris, quam cur parum amplis adfecerit praemiis, nescis inimici factum reprehendere. 58. Dixit enim hic idem, qui omnia semper constanter et fortiter, M. Cato, et dixit in turbulenta contione, quae tamen hujus auctoritate placata est, non libertate solum, sed etiam omnibus praemiis dignissimos fuisse, qui domini caput defendissent. Quod enim praemium satis magnum est tam benevolis, tam bonis, tam fidelibus servis, propter quos vivit? Etsi id quidem non tanti est, quam quod propter eosdem non sanguine et volneribus suis crudelissimi inimici mentem oculosque satiavit. Quos nisi manu misisset, tormentis etiam dedendi fuerunt conser-

vatores domini, ultores sceleris, defensores necis. Hic vero nihil habet in his malis quod minus moleste ferat, quam, etiam si quid ipsi accidat, esse tamen illis meritum praemium persolutum.

59. Sed quaestiones urgent Milonem, quae sunt habitae nunc in atrio Libertatis. Quibusnam de servis? rogas? de P. Clodi. Quis eos postulavit? Appius. Quis produxit? Appius. Unde? ab Appio. Di boni! quid potest agi severius? [De servis nulla lege quaestio est in dominum nisi de incestu, ut fuit in Clodium.] Proxime deos accessit Clodius, propius quam tum cum ad ipsos penetrarat, cujus de morte tamquam de caerimoniis violatis quaeritur. Sed tamen majores nostri in dominum [de servo] quaeri noluerunt, non quin posset verum inveniri, sed quia videbatur indignum esse et [domini] morte ipsa tristius. In reum de servo accusatoris cum quaeritur, verum inveniri potest? 60. Age vero, quae erat aut qualis quaestio? 'Heus tu, Rufio' (verbi causa) 'cave sis mentiaris. Clodius insidias fecit Miloni?' 'Fecit:' 'certa crux.' 'Nullas fecit:' 'sperata libertas.' Quid hac quaestione certius? Subito abrepti in quaestionem, tamen separantur a ceteris et in arcas coniciuntur, ne quis cum eis conloqui possit. Hi centum dies penes accusatorem cum fuissent, ab eo ipso accusatore producti sunt. Quid hac quaestione dici potest integrius, quid incorruptius?

XXIII. 61. Quod si nondum satis cernitis, cum res ipsa tot tam claris argumentis signisque luceat, pura mente atque integra Milonem, nullo scelere imbutum, nullo metu perterritum, nulla conscientia exanimatum Romam revertisse, recordamini (per deos immortalis!) quae fuerit celeritas reditus ejus, qui ingressus in forum ardente curia, quae magnitudo animi, qui voltus, quae oratio. Neque vero se populo solum, sed etiam senatui commisit; neque senatui modo, sed etiam publicis praesidiis et armis; neque his tantum, verum etiam ejus potestati, cui senatus totam rem publicam, omnem Italiae pubem, cuncta populi Romani arma commiserat: cui numquam se hic profecto tradidisset, nisi causae suae confideret, praesertim omnia audienti, magna metuenti, multa suspicanti, non nulla credenti. Magna vis est conscientiae, judices, et magna in utramque partem, ut neque timeant qui nihil commiserint, et poenam semper ante oculos versari putent qui peccarint.

62. Neque vero sine ratione certa causa Milonis semper a senatu probata est. Videbant enim sapientissimi homines facti rationem, praesentiam animi, defensionis constantiam. An vero obliti estis, judices, recenti illo nuntio necis Clodianae, non modo inimicorum Milonis sermones et opiniones, sed non nullorum etiam imperitorum? Negabant eum Romam esse rediturum. **63.** Sive enim illud animo irato ac percito fecisset, ut incensus odio trucidaret inimicum, arbitrabantur eum tanti mortem P. Clodi putasse, ut aequo animo patria careret, cum sanguine inimici explesset odium suum; sive etiam illius morte patriam liberare voluisset, non dubitaturum fortem virum quin, cum suo periculo salutem populo Romano attulisset, cederet aequo animo [legibus], secum auferret gloriam sempiternam, nobis haec fruenda relinqueret, quae ipse servasset. Multi etiam Catilinam atque illa portenta loquebantur: 'Erumpet, occupabit aliquem locum, bellum patriae faciet.' Miseros interdum civis optime de re publica meritos, in quibus homines non modo res praeclarissimas obliviscuntur, sed etiam nefarias suspicantur! **64.** Ergo illa falsa fuerunt, quae certe vera exstitissent, si Milo admisisset aliquid quod non posset honeste vereque defendere.

XXIV. Quid? quae postea sunt in eum congesta, quae quemvis etiam mediocrium delictorum conscientia perculissent, ut sustinuit, di immortales! Sustinuit? immo vero ut contempsit ac pro nihilo putavit, quae neque maximo animo nocens neque innocens nisi fortissimus vir neglegere potuisset! Scutorum, gladiorum, frenorum, pilorumque etiam multitudo deprehendi posse indicabatur; nullum in urbe vicum, nullum angiportum esse dicebant, in quo Miloni conducta non esset domus; arma in villam Ocriculanam devecta Tiberi, domus in clivo Capitolino scutis referta, plena omnia malleolorum ad urbis incendia comparatorum: haec non delata solum, sed paene credita, nec ante repudiata sunt quam quaesita. 65. Laudabam equidem incredibilem diligentiam Cn. Pompei, sed dicam ut sentio, judices. Nimis multa audire coguntur, neque aliter facere possunt, ei quibus tota commissa est res publica. Quin etiam fuit audiendus popa Licinius nescio qui de Circo maximo, servos Milonis, apud se ebrios factos, sibi confessos esse de interficiendo Pompeio conjurasse, dein postea se gladio percussum esse ab uno de illis, ne indicaret. Pompeio in hortos nuntiavit; arcessor in primis; de amicorum sententia rem defert ad senatum. Non poteram in illius mei patriaeque custodis tanta suspitione non metu exanimari; sed mirabar tamen credi popae, confessionem servorum audiri, volnus in latere, quod acu punctum videretur, pro ictu gladiatoris probari. 66. Verum, ut intellego, cavebat magis Pompeius quam timebat, non ea solum quae timenda erant, sed omnia, ne vos aliquid timeretis. Oppugnata domus C. Caesaris, clarissimi et fortissimi viri, per multas noctis horas nuntiabatur. Nemo audierat tam celebri loco, nemo senserat: tamen audiebatur. Non poteram Cn. Pompeium, praestantissima virtute virum, timidum suspicari: diligentiam, tota republica suscepta, nimiam nullam putabam. Frequentissimo senatu nuper in Capitolio senator inventus est qui Milonem cum telo esse diceret. Nudavit se in sanctissimo templo, quoniam vita talis et civis et viri fidem non faciebat, ut eo tacente res ipsa loqueretur.

XXV. 67. Omnia falsa atque insidiose ficta comperta sunt. Cum tamen, si metuitur etiam nunc Milo, non jam hoc Clodianum crimen timemus, sed tuas, Cn. Pompei — te enim jam appello, et ea voce ut me exaudire possis — tuas, tuas, inquam, suspitiones perhorrescimus: si Milonem times; si hunc de tua vita nefarie aut nunc cogitare aut molitum aliquando aliquid putas; si Italiae dilectus (ut non nulli conquisitores tui dictitarunt), si haec arma, si Capitolinae cohortes, si excubiae, si vigiliae, si dilecta juventus quae tuum corpus domumque custodit contra Milonis impetum armata est, atque illa omnia in hunc unum instituta, parata, intenta sunt, — magna in hoc certe vis et incredibilis animus, et non unius viri vires atque opes judicantur, si quidem in hunc unum et praestantissimus dux electus et tota res publica armata est. 68. Sed quis non intellegit omnis tibi rei publicae partis aegras et labantis, ut eas his armis sanares et confirmares, esse commissas? Quod si locus Miloni datus esset, probasset profecto tibi ipsi neminem umquam hominem homini cariorem fuisse quam te sibi; nullum se umquam periculum pro tua dignitate fugisse; cum ipsa illa taeterrima peste se saepissime pro tua gloria contendisse; tribunatum suum ad salutem meam, quae tibi carissima fuisset, consiliis tuis gubernatum; se a te postea defensum in periculo capitis, adjutum in petitione praeturae; duos se habere semper amicissimos sperasse, te tuo beneficio, me suo. Quae si non probaret, si tibi ita penitus inhaesisset ista suspitio nullo ut evelli modo posset, si denique Italia a dilectu, urbs ab armis sine Milonis clade numquam esset conquietura, ne ille haud dubitans cessisset patria, is qui ita natus est et ita consuevit: te, Magne, tamen antestaretur, quod nunc etiam facit.

XXVI. 69. Vide quam sit varia vitae commutabilisque ratio, quam vaga volubilisque fortuna, quantae infidelitates in amicis, quam ad tempus aptae simulationes, quantae in periculis fugae proximorum, quantae timiditates. Erit, erit illud profecto tempus, et inlucescet aliquando ille dies, cum tu — salutaribus, ut spero, rebus tuis, sed fortasse motu aliquo communium temporum, qui quam crebro accidat experti scire debemus — et amicissimi benevolentiam et gravissimi hominis fidem et unius post homines natos fortissimi viri magnitudinem animi desideres. 70. Quamquam quis hoc credat, Cn. Pompeium, juris publici, moris majorum, rei denique publicae peritissimum, cum senatus ei commiserit ut videret *Ne quid res publica detrimenti caperet* (quo uno versiculo satis armati semper consules fuerunt, etiam nullis armis datis), hunc exercitu, hunc dilectu dato, judicium exspectaturum fuisse in ejus consiliis vindicandis, qui vi judicia ipsa tolleret? Satis judicatum est a Pompeio, satis, falso ista conferri in Milonem, qui legem tulit, qua, ut ego sentio, Milonem absolvi a vobis oporteret, ut omnes confitentur, liceret. 71. Quod vero in illo loco atque illis publicorum praesidiorum copiis circumfusus sedet, satis declarat se non terrorem inferre vobis — quid enim minus illo dignum quam cogere ut vos eum condemnetis, in quem animadvertere ipse et more majorum et suo jure posset? sed praesidio esse, ut intellegatis contra hesternam illam contionem licere vobis quod sentiatis libere judicare.

XXVII. 72. Nec vero me, judices, Clodianum crimen movet, nec tam sum demens tamque vestri sensus ignarus atque expers, ut nesciam quid de morte Clodi sentiatis. De qua, si jam nollem ita diluere crimen, ut dilui, tamen impune Miloni palam clamare ac mentiri gloriose liceret: 'Occidi, occidi, non Sp. Maelium, qui annona levanda jacturisque rei familiaris, quia nimis amplecti plebem videbatur, in suspitionem incidit regni appetendi; non Ti. Gracchum, qui conlegae magistratum per seditionem abrogavit, quorum interfectores impleverunt orbem terrarum nominis sui gloria; sed eum — auderet enim dicere, cum patriam periculo suo liberasset — cujus nefandum adulterium in pulvinaribus sanctissimis nobilissimae feminae comprehenderunt; 73. eum cujus supplicio senatus sollemnis religiones expiandas saepe censuit; eum quem cum sorore germana nefarium stuprum fecisse L. Lucullus juratus se quaestionibus habitis dixit comperisse; eum qui civem quem senatus, quem populus Romanus, quem omnes gentes urbis ac vitae civium conservatorem judicarant, servorum armis exterminavit; eum qui regna dedit, ademit, orbem terrarum quibuscum voluit partitus est; eum qui, plurimis caedibus in foro factis, singulari virtute et gloria civem domum vi et armis compulit; eum cui nihil umquam nefas fuit, nec in facinore nec in libidine; eum qui aedem Nympharum incendit, ut memoriam publicam recensionis tabulis publicis impressam exstingueret; 74. eum denique, cui jam nulla lex erat, nullum civile jus, nulli possessionum termini; qui non calumnia litium, non injustis vindiciis ac sacramentis alienos fundos, sed castris, exercitu, signis inferendis petebat; qui non solum Etruscos — eos enim penitus contempserat — sed hunc P. Varium, fortissimum atque optimum civem, judicem nostrum, pellere possessionibus armis castrisque conatus est; qui cum architectis et decempedis villas multorum hortosque peragrabat; qui Janiculo et Alpibus spem possessionum terminarat suarum; qui, cum ab equite Romano splendido et forti, M. Paconio, non impetrasset ut sibi insulam in lacu Prilio venderet, repente luntribus in eam insulam materiem, calcem, caementa, arma convexit, dominoque trans ripam inspectante, non dubitavit exstruere aedificium in alieno; 75. qui huic T. Furfanio, — cui viro, di immortales! quid enim ego de muliercula Scantia, quid de adulescente P. Apinio dicam? quorum utrique mortem est minitatus, nisi sibi hortorum possessione cessissent, — sed ausum esse Furfanio dicere, si sibi pecuniam, quantam poposcerat, non dedisset, mortuum se in domum ejus inlaturum, qua invidia huic esset tali viro conflagrandum; qui Appium fratrem, hominem mihi conjunctum fidissima gratia, absentem de possessione fundi dejecit; qui parietem sic per vestibulum sororis instituit ducere, sic agere fundamenta, ut sororem non modo vestibulo privaret, sed omni aditu et limine.

XXVIII. 76. Quamquam haec quidem jam tolerabilia videbantur, etsi aequabiliter in rem publicam, in privatos, in longinquos, in propinquos, in alienos, in suos inruebat; sed nescio quo modo jam usu obduruerat et percalluerat civitatis incredibilis patientia. Quae vero aderant jam et impendebant, quonam modo ea aut depellere potuissetis aut ferre? Imperium ille si nactus esset, — omitto socios, exteras nationes, reges, tetrarchas; vota enim faceretis, ut in eos se potius immitteret quam in vestras possessiones, vestra tecta, vestras pecunias: — pecunias dico? a liberis (me dius fidius) et a conjugibus vestris numquam ille effrenatas suas libidines cohibuisset. Fingi haec putatis, quae patent, quae nota sunt omnibus, quae tenentur? servorum exercitus illum in urbe conscripturum fuisse, per quos totam rem publicam resque privatas omnium possideret? 77. Quam ob rem si cruentum gladium tenens clamaret T. Annius: 'Adeste, quaeso, atque audite, cives: P. Clodium interfeci; ejus furores, quos nullis jam legibus, nullis judiciis frenare poteramus, hoc ferro et hac dextera a cervicibus vestris reppuli, per me ut unum jus, aequitas, leges, libertas, pudor, pudicitia in civitate maneret!' esset vero timendum, quonam modo id ferret civitas! Nunc enim quis est qui non probet, qui non laudet, qui non unum post hominum memoriam T. Annium plurimum rei publicae profuisse, maxima laetitia populum Romanum, cunctam Italiam, nationes omnis adfecisse et dicat et sentiat? Non queo vetera illa populi Romani gaudia quanta fuerint judicare: multas tamen jam summorum imperatorum clarissimas victorias aetas nostra vidit, quarum nulla neque tam diuturnam attulit laetitiam nec tantam. 78. Mandate hoc memoriae, judices. Spero multa vos liberosque vestros in re publica bona esse visuros: in eis singulis ita semper existimabitis, vivo P. Clodio nihil eorum vos visuros fuisse. In spem maximam, et (quem ad modum confido) verissimam sumus adducti, hunc ipsum annum, hoc ipso summo viro consule, compressa hominum licentia, cupiditatibus fractis, legibus et judiciis constitutis, salutarem civitati fore. Num quis est igitur tam demens, qui hoc P. Clodio vivo contingere potuisse arbitretur? Quid? ea quae tenetis, privata atque vestra, dominante homine furioso quod jus perpetuae possessionis habere potuissent?

XXIX. Non, timeo, judices, ne odio inimicitiarum mearum inflammatus libentius haec in illum evomere videar quam verius. Etenim si praecipuum esse debebat, tamen ita communis erat omnium ille hostis, ut in communi odio paene aequaliter versaretur odium meum. Non potest dici satis, ne cogitari quidem, quantum in illo sceleris, quantum exiti fuerit. 79. Quin sic attendite, judices. Nempe haec est quaestio de interitu P. Clodi. Fingite animis — liberae sunt enim nostrae cogitationes, et quae volunt sic intuentur ut ea cernimus quae videmus — fingite igitur cogitatione imaginem hujus condicionis meae, si possim efficere ut Milonem absolvatis, sed ita, si P. Clodius revixerit. Quid voltu extimuistis? quonam modo ille vos vivus adficeret, quos mortuus inani cogitatione percussit? Quid! si ipse Cn. Pompeius, qui ea virtute ac fortuna est ut ea potuerit semper quae nemo praeter illum, si is, inquam, potuisset aut quaestionem de morte P. Clodi ferre aut ipsum ab inferis excitare, utrum putatis potius facturum fuisse? Etiam si propter amicitiam vellet illum ab inferis evocare, propter rem publicam non fecisset. Ejus igitur mortis sedetis ultores, cujus vitam si putetis per vos restitui posse, nolitis; et de ejus nece lata quaestio est, qui si lege eadem reviviscere posset, lata lex numquam esset. Hujus ergo interfector si esset, in confitendo ab eisne poenam timeret quos liberavisset? 80. Graeci homines deorum honores tribuunt eis viris qui tyrannos necaverunt. Quae ego vidi Athenis! quae aliis in urbibus Graeciae! quas res divinas talibus institutas viris! quos cantus, quae carmina! prope ad immortalitatis et religionem et memoriam consecrantur. Vos tanti conservatorem populi, tanti sceleris ultorem non modo honoribus nullis adficietis, sed etiam ad supplicium rapi patiemini? Confiteretur, confiteretur, inquam, si fecisset, et magno animo et libenter fecisse se libertatis omnium causa, quod esset ei non confitendum modo, verum etiam praedicandum.

XXX. 81. Etenim si id non negat ex quo nihil petit nisi ut ignoscatur, dubitaret id fateri ex quo etiam praemia laudis essent petenda? nisi vero gratius putat esse vobis sui se capitis quam vestri defensorem fuisse, cum praesertim [in] ea confessione, si grati esse velletis, honores adsequeretur amplissimos. Si factum vobis non probaretur — quamquam qui poterat salus sua cuiquam non probari? — sed tamen si minus fortissimi viri virtus civibus grata cecidisset, magno animo constantique cederet ex ingrata civitate. Nam quid esset ingratius quam laetari ceteros, lugere eum solum propter quem ceteri laetarentur? 82. Quamquam hoc animo semper omnes fuimus in patriae proditoribus opprimendis, ut, quoniam nostra futura esset gloria, periculum quoque et invidiam nostram putaremus. Nam quae mihi ipsi tribuenda laus esset, cum tantum in consulatu meo pro vobis ac liberis vestris ausus essem, si id, quod conabar sine maximis dimicationibus meis me esse ausurum arbitrarer? Quae mulier sceleratum ac perniciosum civem interficere non auderet, si periculum non timeret? Proposita invidia, morte, poena, qui nihilo segnius rem publicam defendit, is vir vere putandus est. Populi grati est praemiis adficere bene meritos de re publica civis; viri fortis ne suppliciis quidem moveri ut fortiter fecisse paeniteat. 83. Quam ob rem uteretur eadem confessione T. Annius qua Ahala, qua Nasica, qua Opimius, qua Marius, qua nosmet ipsi; et, si grata res publica esset, laetaretur: si ingrata, tamen in gravi fortuna conscientia sua niteretur.

Sed hujus benefici gratiam, judices, fortuna populi Romani et vestra felicitas et di immortales sibi deberi putant. Nec vero quisquam aliter arbitrari potest, nisi qui nullam vim esse ducit numenve divinum; quem neque imperi nostri magnitudo neque sol ille nec caeli signorumque motus nec vicissitudines rerum atque ordines movent, neque (id quod maximum est) majorum sapientia, qui sacra, qui caerimonias, qui auspicia et ipsi sanctissime coluerunt, et nobis suis posteris prodiderunt. XXXI. 84. Est, est profecto illa vis: neque in his corporibus atque in hac imbecillitate nostra inest quiddam quod vigeat et sentiat, et non inest in hoc tanto naturae tam praeclaro motu. Nisi forte idcirco non putant, quia non apparet nec cernitur: proinde quasi nostram ipsam mentem qua sapimus, qua providemus, qua haec ipsa agimus ac dicimus, videre aut plane qualis aut ubi sit sentire possimus. Ea vis igitur ipsa, quae saepe incredibilis huic urbi felicitates atque opes attulit, illam perniciem exstinxit ac sustulit; cui primum mentem injecit, ut vi irritare ferroque lacessere fortissimum virum auderet, vincereturque ab eo, quem si vicisset habiturus esset impunitatem et licentiam sempiternam.

85. Non est humano consilio, ne mediocri quidem, judices, deorum immortalium cura, res illa perfecta. Religiones me hercule ipsae, quae illam beluam cadere viderunt, commosse se videntur, et jus in illo suum retinuisse. Vos enim jam, Albani tumuli atque luci, vos, inquam, imploro atque obtestor; vosque, Albanorum obrutae arae, sacrorum populi Romani sociae et aequales, quas ille praeceps amentia, caesis prostratisque sanctissimis lucis, substructionum insanis molibus oppresserat. Vestrae tum [arae] vestrae religiones viguerunt; vestra vis valuit, quam ille omni scelere polluerat. Tuque ex tuo edito monte, Latiaris sancte Juppiter, cujus ille lacus, nemora finisque saepe omni nefario stupro et scelere macularat, aliquando ad eum poeniendum oculos aperuisti. Vobis illae, vobis vestro in conspectu serae, sed justae tamen et debitae poenae solutae sunt. 86. Nisi forte hoc etiam casu factum esse dicemus, ut ante ipsum sacrarium Bonae deae, quod est in fundo T. Sergi Galli, in primis honesti et ornati adulescentis, ante ipsam, inquam, Bonam deam, cum proelium commisisset, primum illud volnus acciperet, quo taeterrimam mortem obiret; ut non absolutus judicio illo nefario videretur, sed ad hanc insignem poenam reservatus. XXXII. Nec vero non eadem ira deorum hanc ejus satellitibus injecit amentiam, ut sine imaginibus, sine cantu atque ludis, sine exsequiis, sine lamentis, sine laudationibus, sine funere, oblitus cruore et luto, spoliatus illius supremi diei celebritate, cui cedere inimici etiam solent, ambureretur abjectus. Non fuisse credo fas clarissimorum virorum formas illi taeterrimo parricidae aliquid decoris adferre, neque ullo in loco potius mortem ejus lacerari quam in quo vita esset damnata.

87. Dura (me dius fidius) mihi jam Fortuna populi Romani et crudelis videbatur, quae tot annos illum in hanc rem publicam insultare pateretur. Polluerat stupro sanctissimas religiones, senatus gravissima decreta perfregerat, pecunia se a judicibus palam redemerat, vexarat in tribunatu senatum, omnium ordinum consensu pro salute rei publicae gesta resciderat, me patria expulerat, bona diripuerat, domum incenderat, liberos, conjugem meam vexarat, Cn. Pompeio nefarium bellum indixerat, magistratuum privatorumque caedis effecerat, domum mei fratris incenderat, vastarat Etruriam, multos sedibus ac fortunis ejecerat. Instabat, urgebat. Capere ejus amentiam civitas, Italia, provinciae, regna non poterant. Incidebantur jam domi leges, quae nos servis nostris addicerent. Nihil erat cujusquam, quod quidem ille adamasset, quod non hoc anno suum fore putaret. **88.** Obstabat ejus cogitationibus nemo praeter Milonem. Illum ipsum, qui obstare poterat, novo reditu in gratiam quasi devinctum arbitrabatur : Caesaris potentiam suam esse dicebat : bonorum animos in meo casu contempserat : Milo unus urgebat.

XXXIII. Hic di immortales, ut supra dixi, mentem illi perdito ac furioso dederunt, ut huic faceret insidias. Aliter perire pestis illa non potuit : numquam illum res publica suo jure esset ulta. Senatus (credo) praetorem eum circumscripsisset. Ne cum solebat quidem id facere, in privato eodem hoc aliquid profecerat. **89.** An consules in praetore coërcendo fortes fuissent? Primum, Milone occiso habuisset suos consules : deinde quis in eo praetore consul fortis esset, per quem tribunum virtutem consularem crudelissime vexatam esse meminisset? Oppressisset omnia, possideret, teneret : lege nova [quae est inventa apud eum cum reliquis legibus Clodianis] servos nostros libertos suos fecisset : postremo, nisi eum di immortales in eam mentem impulissent, ut homo effeminatus fortissimum virum conaretur occidere, hodie rem publicam nullam haberetis. 90. An ille praetor, ille vero consul, — si modo haec templa atque ipsa moenia stare eo vivo tam diu et consulatum ejus exspectare potuissent, — ille denique vivus mali nihil fecisset, qui mortuus, uno ex suis satellitibus [Sex. Clodio] duce, curiam incenderit? Quo quid miserius, quid acerbius, quid luctuosius vidimus? Templum sanctitatis, amplitudinis, mentis, consili publici, caput urbis, aram sociorum, portum omnium gentium, sedem ab universo populo concessam uni ordini, inflammari, exscindi, funestari? neque id fieri a multitudine imperita — quamquam esset miserum id ipsum — sed ab uno? Qui cum tantum ausus sit ustor pro mortuo, quid signifer pro vivo non esset ausus? In curiam potissimum abjecit, ut eam mortuus incenderet, quam vivus everterat. 91. Et sunt qui de via Appia querantur, taceant de curia! et qui ab eo spirante forum putent potuisse defendi, cujus non restiterit cadaveri curia! Excitate, excitate ipsum, si potestis, a mortuis. Frangetis impetum vivi, cujus vix sustinetis furias insepulti? Nisi vero sustinuistis eos qui cum facibus ad curiam cucurrerunt, cum falcibus ad Castoris, cum gladiis toto foro volitarunt. Caedi vidistis populum Romanum, contionem gladiis disturbari, cum audiretur silentio M. Caelius, tribunus plebis, vir et in re publica fortissimus, et in suscepta causa firmissimus, et bonorum voluntati et auctoritati senatus deditus, et in hac Milonis sive invidia sive fortuna singulari, divina et incredibili fide.

XXXIV. 92. Sed jam satis multa de causa: extra causam etiam nimis fortasse multa. Quid restat nisi ut orem obtesterque vos, judices, ut eam misericordiam tribuatis fortissimo viro, quam ipse non implorat, ego etiam repugnante hoc et imploro et exposco? Nolite, si in nostro omnium fletu nullam lacrimam aspexistis Milonis, si voltum semper eundem, si vocem, si orationem stabilem ac non mutatam videtis, hoc minus ei parcere: haud scio an multo sit etiam adjuvandus magis. Etenim si in gladiatoriis pugnis et infimi generis hominum condicione atque fortuna timidos atque supplices et ut vivere liceat obsecrantis etiam odisse solemus, fortis atque animosos et se acriter ipsos morti offerentis servare cupimus, eorumque nos magis miseret qui nostram misericordiam non requirunt quam qui illam efflagitant, — quanto hoc magis in fortissimis civibus facere debemus? 93. Me quidem, judices, exanimant et interimunt hae voces Milonis, quas audio adsidue et quibus intersum cotidie. 'Valeant,' inquit, 'valeant cives mei: sint incolumes, sint florentes, sint beati: stet haec urbs praeclara mihique patria carissima, quoquo modo erit merita de me. Tranquilla re publica mei cives, quoniam mihi cum illis non licet, sine me ipsi, sed propter me tamen perfruantur. Ego cedam atque abibo: si mihi bona re publica frui non licuerit, at carebo mala, et quam primum tetigero bene moratam et liberam civitatem, in ea conquiescam. 94. O frustra,' inquit, ' mihi suscepti labores! O spes fallaces et cogitationes inanes meae! Ego cum tribunus plebis re publica oppressa me senatui dedissem, quem exstinctum acceperam, equitibus Romanis, quorum vires erant debiles, bonis viris, qui omnem auctoritatem Clodianis armis abjecerant, mihi umquam bonorum praesidium defuturum putarem? ego cum te' — mecum enim saepissime loquitur — 'patriae reddidissem, mihi putarem in patria non futurum locum? Ubi nunc senatus est, quem secuti sumus? ubi equites Romani illi [illi],' inquit, ' tui? ubi studia municipiorum? ubi Italiae voces? ubi denique tua illa, M. Tulli, quae plurimis fuit auxilio, vox atque defensio? mihine ea soli, qui pro te totiens morti me obtuli, nihil potest opitulari?'

XXXV. 95. Nec vero haec, judices, ut ego nunc, flens, sed hoc eodem loquitur voltu quo videtis. Negat enim, negat ingratis civibus fecisse se quae fecerit; timidis et omnia circumspicientibus pericula non negat. Plebem et infimam multitudinem, quae P. Clodio duce fortunis vestris imminebat, eam, quo tutior esset vestra vita, se fecisse commemorat ut non modo virtute flecteret, sed etiam tribus suis patrimoniis deleniret; nec timet ne, cum plebem muneribus placarit, vos non conciliarit meritis in rem publicam singularibus. Senatus erga se benevolentiam temporibus his ipsis saepe esse perspectam, vestras vero et vestrorum ordinum occursationes, studia, sermones, quemcumque cursum fortuna dederit, se secum ablaturum esse dicit. 96. Meminit etiam sibi vocem praeconis modo defuisse, quam minime desiderarit; populi vero cunctis suffragiis, quod unum cupierit, se consulem declaratum: nunc denique, si haec contra se sint futura, sibi facinoris suspitionem, non facti crimen obstare. Addit haec, quae certe vera sunt: fortis et sapientis viros non tam praemia sequi solere recte factorum, quam ipsa recte facta; se nihil in vita nisi praeclarissime fecisse, si quidem nihil sit praestabilius viro quam periculis patriam liberare; beatos esse quibus ea res honori fuerit a suis civibus, 97. nec tamen eos miseros qui beneficio civis suos vicerint; sed tamen ex omnibus praemiis virtutis, si esset habenda ratio praemiorum, amplissimum esse praemium gloriam: esse hanc unam quae brevitatem vitae posteritatis memoria consolaretur; quae efficeret ut absentes adessemus, mortui viveremus; hanc denique esse, cujus gradibus etiam in caelum homines viderentur ascendere. 98. 'De me,' inquit, 'semper populus Romanus, semper omnes gentes loquentur, nulla umquam obmutescet vetustas. Quin hoc tempore ipso, cum omnes a meis inimicis faces invidiae meae subiciantur, tamen omni in hominum coetu gratiis agendis et gratulationibus habendis et omni sermone celebramur.' Omitto Etruriae festos et actos et institutos dies: centesima lux est haec ab interitu P. Clodi, et (opinor) altera. Qua fines imperi populi Romani sunt, ea non solum fama jam de illo, sed etiam laetitia peragravit. Quam ob rem 'Ubi corpus hoc sit non,' inquit, 'laboro, quoniam omnibus in terris et jam versatur et semper habitabit nominis mei gloria.'

XXXVI. 99. Haec tu mecum saepe his absentibus, sed isdem audientibus haec ego tecum, Milo: 'Te quidem, cum isto animo es, satis laudare non possum; sed, quo est ista magis divina virtus, eo majore a te dolore divellor. Nec vero, si mihi eriperis, reliqua est illa tamen ad consolandum querella, ut eis irasci possim, a quibus tantum volnus accepero. Non enim inimici mei te mihi eripient, sed amicissimi; non male aliquando de me meriti, sed semper optime.' Nullum umquam, judices, mihi tantum dolorem inuretis — etsi quis potest esse tantus? — sed ne hunc quidem ipsum, ut obliviscar quanti me semper feceritis. Quae si vos cepit oblivio, aut si in me aliquid offendistis, cur non id meo capite potius luitur quam Milonis? Praeclare enim vixero, si quid mihi acciderit prius quam hoc tantum mali videro. 100. Nunc me una consolatio sustentat, quod tibi, T. Anni, nullum a me amoris, nullum studi, nullum pietatis officium defuit. Ego inimicitias potentium pro te appetivi; ego meum saepe corpus et vitam objeci armis inimicorum tuorum; ego me plurimis pro te supplicem abjeci; bona, fortunas meas ac liberorum meorum in communionem tuorum temporum contuli: hoc denique ipso die, si quae vis est parata, si quae dimicatio capitis futura, deposco. Quid jam restat? Quid habeo quod faciam pro tuis in me meritis, nisi ut eam fortunam, quaecumque erit tua, ducam meam? Non recuso, non abnuo;

vosque obsecro, judices, ut vestra beneficia, quae in me contulistis, aut in hujus salute augeatis, aut in ejusdem exitio occasura esse videatis.

XXXVII. 101. His lacrimis non movetur Milo. Est quodam incredibili robore animi. Exsilium ibi esse putat, ubi virtuti non sit locus; mortem naturae finem esse, non poenam. Sed hic ea mente qua natus est. Quid vos, judices? quo tandem animo eritis? Memoriam Milonis retinebitis, ipsum eicietis? et erit dignior locus in terris ullus qui hanc virtutem excipiat, quam hic qui procreavit? Vos, vos appello, fortissimi viri, qui multum pro re publica sanguinem effudistis: vos in viri et in civis invicti appello periculo, centuriones, vosque milites: vobis non modo inspectantibus, sed etiam armatis et huic judicio praesidentibus, haec tanta virtus ex hac urbe expelletur, exterminabitur, proicietur? 102. O me miserum! O me infelicem! Revocare tu me in patriam, Milo, potuisti per hos: ego te in patria per eosdem retinere non potero? Quid respondebo liberis meis, qui te parentem alterum putant? Quid tibi, Quinte frater, qui nunc abes, consorti mecum temporum illorum? Mene non potuisse Milonis salutem tueri per eosdem, per quos nostram ille servasset? At in qua causa non potuisse? quae est grata gentibus . . . . non potuisse? eis qui maxime P. Clodi morte acquierunt: quo deprecante? me. 103. Quodnam ego concepi tantum scelus, aut quod in me tantum facinus admisi, judices, cum illa indicia communis exiti indagavi, patefeci, protuli, exstinxi? Omnes in me meosque redundant ex fonte illo dolores. Quid me reducem esse voluistis? an ut inspectante me expellerentur ei per quos essem restitutus? Nolite, obsecro vos, acerbiorem mihi pati reditum esse, quam fuerit ille ipse discessus. Nam qui possum putare me restitutum esse, si distrahar ab his, per quos restitutus sum?

XXXVIII. Utinam di immortales fecissent — pace tua, patria, dixerim; metuo enim ne scelerate dicam in te quod pro Milone dicam pie — utinam P. Clodius non modo viveret, sed etiam praetor, consul, dictator esset, potius quam hoc spectaculum viderem! **104.** O di immortales! fortem et a vobis, judices, conservandum virum! 'Minime, minime,' inquit. 'Immo vero poenas ille debitas luerit: nos subeamus, si ita necesse est, non debitas.' Hicine vir, patriae natus, usquam nisi in patria morietur? aut, si forte, pro patria? Hujus vos animi monumenta retinebitis, corporis in Italia nullum sepulcrum esse patiemini? Hunc sua quisquam sententia ex hac urbe expellet, quem omnes urbes expulsum a vobis ad se vocabunt? **105.** O terram illam beatam, quae hunc virum exceperit: hanc ingratam, si ejecerit; miseram, si amiserit!

Sed finis sit: neque enim prae lacrimis jam loqui possum, et hic se lacrimis defendi vetat. Vos oro obtestorque, judices, ut in sententiis ferendis, quod sentietis id audeatis. Vestram virtutem, justitiam, fidem, mihi credite, is maxime probabit, qui in judicibus legendis optimum et sapientissimum et fortissimum quemque elegit.

THE PARDON OF MARCELLUS.

B. C. 46.

MARCUS CLAUDIUS MARCELLUS (consul B. C. 51) had been an honest but active and bitter partisan of the Senate in the struggle which finally broke out in civil war. It was he who introduced the several decrees which set a limit to Cæsar's power, and put him in the attitude of a public enemy After the defeat at Pharsalia, and the death of Pompey, he still refused to make terms with the victor, but remained in voluntary exile at Mitylene. When, contrary to the general fear, no massacre or proscription followed Cæsar's victory, his friends were encouraged to hope for a full pardon; and, in the summer of B. C. 46, in a meeting of the Senate, Cæsar was openly entreated in his behalf. In reply, the dictator reminded the senators of the intense and persistent hostility of Marcellus; but added, that he would not stand in the way if the Senate desired his restoration. The senators were then, in regular form, called up for the expression of their wishes; and, when it came to Cicero's name, he expressed the formal thanks of the body in the following speech. It is remarkable — especially in contrast to the language which Cicero used two years later — for the tone of its eulogy of Cæsar, and for the hope it expresses of an era of good feeling and a restored republic.

Marcellus set out for Rome, but never arrived. He was assassinated at the Piræus, and buried in the Academy near Athens. (See the letter of Sulpicius, Fam. iv. 12.)

DIUTURNI silenti, patres conscripti, quo eram his temporibus usus — non timore aliquo, sed partim dolore, partim verecundia — finem hodiernus dies attulit, idemque initium quae vellem quaeque sentirem meo pristino more dicendi. Tantam enim mansuetudinem, tam inusitatam inauditamque clementiam, tantum in summa potestate rerum omnium modum, tam denique incredibilem sapientiam ac paene divinam, tacitus praeterire nullo modo possum. 2. M. enim Marcello vobis, patres conscripti, reique publicae reddito, non illius solum, sed etiam meam vocem et auctoritatem et vobis et rei publicae conservatam ac restitutam puto. Dolebam enim, patres conscripti, et vehementer angebar, virum talem, cum in eadem causa in qua ego fuisset, non in eadem esse fortuna; nec mihi persuadere poteram, nec fas esse ducebam, versari me in nostro vetere curriculo, illo aemulo atque imitatore studiorum ac laborum meorum, quasi quodam socio a me et comite, distracto.

Ergo et mihi meae pristinae vitae consuetudinem, C. Caesar, interclusam aperuisti, et his omnibus ad bene de [omni] re publica sperandum quasi signum aliquod sustulisti. 3. Intellectum est enim mihi quidem in multis, et maxime in me ipso, sed paulo ante [in] omnibus, cum M. Marcellum senatui reique publicae concessisti, commemoratis praesertim offensionibus, te auctoritatem hujus ordinis dignitatemque rei publicae tuis vel doloribus vel suspitionibus anteferre. Ille quidem fructum omnis ante actae vitae hodierno die maximum cepit, cum summo consensu senatus, tum judicio tuo gravissimo et maximo. Ex quo profecto intellegis quanta in dato beneficio sit laus, cum in accepto sit tanta gloria. Est vero fortunatus ille, cujus ex salute non minor paene ad omnis quam ad ipsum ventura sit laetitia pervenerit. 4. Quod quidem ei merito atque optimo jure contigit. Quis enim est illo aut nobilitate aut probitate aut optimarum artium studio aut innocentia aut ullo laudis genere praestantior?

II. Nullius tantum flumen est ingeni, nullius dicendi aut scribendi tanta vis, tanta copia, quae non dicam exornare, sed enarrare, C. Caesar, res tuas gestas possit. Tamen adfirmo, et hoc pace dicam tua, nullam in his esse laudem ampliorem quam eam quam hodierno die consecutus es. 5. Soleo saepe ante oculos ponere, idque libenter crebris usurpare sermonibus, omnis nostrorum imperatorum, omnis exterarum gentium potentissimorumque populorum, omnis clarissimorum regum res gestas, cum tuis nec contentionum magnitudine nec numero proeliorum nec varietate regionum nec celeritate conficiendi nec dissimilitudine bellorum posse conferri; nec vero disjunctissimas terras citius passibus cujusquam potuisse peragrari, quam tuis non dicam cursibus, sed victoriis lustratae sunt. 6. Quae quidem ego nisi ita magna esse fatear, ut ea vix cujusquam mens aut cogitatio capere possit, amens sim: sed tamen sunt alia majora. Nam bellicas laudes solent quidam extenuare verbis, easque detrahere ducibus, communicare cum multis, ne propriae sint imperatorum. Et certe in armis militum virtus, locorum opportunitas, auxilia sociorum, classes, commeatus multum juvant: maximam vero partem quasi suo jure Fortuna sibi vindicat, et quicquid prospere gestum est, id paene omne ducit suum. 7. At vero hujus gloriae, C. Caesar, quam es paulo ante adeptus, socium habes neminem: totum hoc quantumcumque est (quod certe maximum est) totum est, inquam, tuum. Nihil sibi ex ista laude centurio, nihil praefectus, nihil cohors, nihil turma decerpit: quin etiam illa ipsa rerum humanarum domina, Fortuna, in istius societatem gloriae se non offert: tibi cedit; tuam esse totam et propriam fatetur. Numquam enim temeritas cum sapientia commiscetur, neque ad consilium casus admittitur.

III. 8. Domuisti gentis immanitate barbaras, multitudine innumerabilis, locis infinitas, omni copiarum genere abundantis: sed tamen ea vicisti, quae et naturam et condicionem ut vinci possent habebant. Nulla est enim tanta vis, quae non ferro et viribus debilitari frangique possit. Animum vincere, iracundiam cohibere, victoriam temperare, adversarium nobilitate, ingenio, virtute praestantem non modo extollere jacentem, sed etiam amplificare ejus pristinam dignitatem, haec qui facit, non ego eum cum summis viris comparo, sed simillimum deo judico. 9. Itaque, C. Caesar, bellicae tuae laudes celebrabuntur illae quidem non solum nostris, sed paene omnium gentium litteris atque linguis, nec ulla umquam aetas de tuis laudibus conticescet. Sed tamen ejus modi res nescio quo modo etiam cum leguntur, obstrepi clamore militum videntur et tubarum sono. At vero cum aliquid clementer, mansuete, juste, moderate, sapienter factum — in iracundia praesertim, quae est inimica consilio, et in victoria, quae natura insolens et superba est — audimus aut legimus, quo studio incendimur, non modo in gestis rebus, sed etiam in fictis, ut eos saepe, quos numquam vidimus, diligamus! 10. Te vero, quem praesentem intuemur, cujus mentem sensusque et os cernimus, ut, quicquid belli fortuna reliquum rei publicae fecerit, id esse salvum velis, quibus laudibus efferemus? quibus studiis prosequemur? qua benevolentia complectemur? Parietes (me dius fidius) ut mihi videtur hujus curiae tibi gratias agere gestiunt, quod brevi tempore futura sit illa auctoritas in his majorum suorum et suis sedibus. IV. Equidem cum C. Marcelli, viri optimi et commemorabili pietate praediti, lacrimas modo vobiscum viderem, omnium Marcellorum meum pectus memoria obfudit, quibus tu etiam mortuis, M. Marcello conservato, dignitatem suam reddidisti, nobilissimamque familiam jam ad paucos redactam paene ab interitu vindicasti. 11. Hunc tu igitur diem tuis maximis et innumerabilibus gratulationibus jure antepones. Haec enim res unius est propria C. Caesaris: ceterae duce te gestae magnae illae quidem, sed tamen multo magnoque comitatu. Hujus autem rei tu idem es et dux et comes: quae quidem tanta est, ut tropaeis et monumentis tuis adlatura finem sit aetas, — nihil est enim opere et manu factum, quod non [aliquando] conficiat et consumat vetustas: — 12. at haec [tua justitia et lenitas animi] florescet cotidie magis, ita ut quantum tuis operibus diuturnitas detrahet, tantum adferat laudibus. Et ceteros quidem omnis victores bellorum civilium jam ante aequitate et misericordia viceras: hodierno vero die te ipsum vicisti. Vereor ut hoc, quod dicam, perinde intellegi possit auditum atque ipse cogitans sentio: ipsam victoriam vicisse videris, cum ea quae illa erat adepta victis remisisti. Nam cum ipsius victoriae condicione omnes victi occidissemus, clementiae tuae judicio conservati sumus. Recte igitur unus invictus es, a quo etiam ipsius victoriae condicio visque devicta est.

v. 13. Atque hoc C. Caesaris judicium, patres conscripti, quam late pateat attendite. Omnes enim, qui ad illa arma fato sumus nescio quo rei publicae misero funestoque compulsi, etsi aliqua culpa tenemur erroris humani, scelere certe liberati sumus. Nam cum M. Marcellum deprecantibus vobis rei publicae conservavit, me et mihi et item rei publicae, nullo deprecante, reliquos amplissimos viros et sibi ipsos et patriae reddidit: quorum et frequentiam et dignitatem hoc ipso in consessu videtis. Non ille hostis induxit in curiam, sed judicavit a plerisque ignoratione potius et falso atque inani metu quam cupiditate aut crudelitate bellum esse susceptum. 14. Quo quidem in bello semper de pace audiendum putavi, semperque dolui non modo pacem, sed etiam orationem civium pacem flagitantium repudiari. Neque enim ego illa nec ulla umquam secutus sum arma civilia; semperque mea consilia pacis et togae socia, non belli atque armorum fuerunt. Hominem sum secutus privato consilio, non publico; tantumque apud me grati animi fidelis memoria valuit, ut nulla non modo cupiditate, sed ne spe quidem, prudens et sciens tamquam ad interitum ruerem voluntarium. 15. Quod quidem meum consilium minime obscurum fuit. Nam et in hoc ordine integra re multa de pace dixi, et in ipso bello eadem etiam cum capitis mei periculo sensi. Ex quo nemo jam erit tam injustus existimator rerum, qui dubitet quae Caesaris de bello voluntas fuerit, cum pacis auctores conservandos statim censuerit, ceteris fuerit iratior. Atque id minus mirum fortasse tum, cum esset incertus exitus et anceps fortuna belli : qui vero victor pacis auctores diligit, is profecto declarat se maluisse non dimicare quam vincere.

VI. 16. Atque hujus quidem rei M. Marcello sum testis. Nostri enim sensus ut in pace semper, sic tum etiam in bello congruebant. Quotiens ego eum et quanto cum dolore vidi, cum insolentiam certorum hominum tum etiam ipsius victoriae ferocitatem extimescentem! Quo gratior tua liberalitas, C. Caesar, nobis, qui illa vidimus, debet esse. Non enim jam causae sunt inter se, sed victoriae comparandae. 17. Vidimus tuum victoriam proeliorum exitu terminatam : gladium vagina vacuum in urbe non vidimus. Quos amisimus civis, eos Martis vis perculit, non ira victoriae ; ut dubitare debeat nemo quin multos, si fieri posset, C. Caesar ab inferis excitaret, quoniam ex eadem acie conservat quos potest. Alterius vero partis nihil amplius dicam quam (id quod omnes verebamur) nimis iracundam futuram fuisse victoriam. 18. Quidam enim non modo armatis, sed interdum etiam otiosis minabantur; nec quid quisque sensisset, sed ubi fuisset cogitandum esse dicebant: ut mihi quidem videantur di immortales, etiam si poenas a populo Romano ob aliquod delictum expetiverunt, qui civile bellum tantum et tam luctuosum excitaverunt, vel placati jam vel satiati aliquando, omnem spem salutis ad clementiam victoris et sapientiam contulisse.

19. Qua re gaude tuo isto tam excellenti bono, et fruere cum fortuna et gloria, tum etiam natura et mo-

ribus tuis: ex quo quidem maximus est fructus jucunditasque sapienti. Cetera cum tua recordabere, etsi persaepe virtuti, tamen plerumque felicitati tuae gratulabere: de nobis, quos in re publica tecum simul esse voluisti, quotiens cogitabis, totiens de maximis tuis beneficiis, totiens de incredibili liberalitate, totiens de singulari sapientia tua cogitabis: quae non modo summa bona, sed nimirum audebo vel sola dicere. Tantus est enim splendor in laude vera, tanta in magnitudine animi et consili dignitas, ut haec a virtute donata, cetera a fortuna commodata esse videantur. 20. Noli igitur in conservandis bonis viris defetigari — non cupiditate praesertim aliqua aut pravitate lapsis, sed opinione offici stulta fortasse, certe non improba, et specie quadam rei publicae: non enim tua culpa est si te aliqui timuerunt, contraque summa laus, quod minime timendum fuisse senserunt.

VII. 21. Nunc venio ad gravissimam querellam et atrocissimam suspitionem tuam, quae non tibi ipsi magis quam cum omnibus civibus tum maxime nobis, qui a te conservati sumus, providenda est: quam etsi spero falsam esse, tamen numquam extenuabo verbis. Tua enim cautio nostra cautio est, ut si in alterutro peccandum sit, malim videri nimis timidus quam parum prudens. Sed quisnam est iste tam demens? De tuisne? — tametsi qui magis sunt tui quam quibus tu salutem insperantibus reddidisti? — an ex hoc numero, qui una tecum fuerunt? Non est credibilis tantus in ullo furor, ut quo duce omnia summa sit adeptus, hujus vitam non anteponat suae. An si nihil tui cogitant sceleris, cavendum est ne quid inimici? Qui? omnes enim, qui fuerunt, aut sua pertinacia vitam amiserunt, aut tua misericordia retinuerunt; ut aut nulli supersint de inimicis, aut qui fuerunt sint amicissimi. 22. Sed tamen cum in animis hominum tantae latebrae sint et tanti recessus, augeamus sane suspitionem tuam; simul enim augebimus diligentiam. Nam quis est omnium tam ignarus rerum, tam rudis in re publica, tam nihil umquam nec de sua nec de communi salute cogitans, qui non intellegat tua salute contineri suam, et ex unius tua vita pendere omnium? Equidem de te dies noctisque (ut debeo) cogitans, casus dumtaxat humanos et incertos eventus valetudinis et naturae communis fragilitatem extimesco; doleoque, cum res publica immortalis esse debeat, eam in unius mortalis anima consistere. **23.** Si vero ad humanos casus incertosque motus valetudinis sceleris etiam accedit insidiarumque consensio, quem deum, si cupiat, posse opitulari rei publicae credamus?

VIII. Omnia sunt excitanda tibi, C. Caesar, uni, quae jacere sentis, belli ipsius impetu, quod necesse fuit, perculsa atque prostrata: constituenda judicia, revocanda fides, comprimendae libidines, propaganda suboles: omnia, quae dilapsa jam diffluxerunt, severis legibus vincienda sunt. **24.** Non fuit recusandum in tanto civili bello, tanto animorum ardore et armorum, quin quassata res publica, quicumque belli eventus fuisset, multa perderet et ornamenta dignitatis et praesidia stabilitatis suae; multaque uterque dux faceret armatus, quae idem togatus fieri prohibuisset. Quae quidem tibi nunc omnia belli volnera sananda sunt, quibus praeter te nemo mederi potest. **25.** Itaque illam tuam praeclarissimam et sapientissimam vocem invitus audivi: 'Satis diu vel naturae vixi vel gloriae.' Satis, si ita vis, fortasse naturae, addo etiam, si placet, gloriae: at, quod maximum est, patriae certe parum. Qua re omitte istam, quaeso, doctorum hominum in contemnenda morte prudentiam: noli nostro periculo esse sapiens. Saepe enim venit ad auris meas, te idem istud nimis crebro dicere, tibi satis te vixisse. Credo: sed tum id audirem, si tibi soli viveres, aut si tibi etiam soli natus esses. Omnium salutem civium

cunctamque rem publicam res tuae gestae complexae
sunt: tantum abes a perfectione maximorum operum,
ut fundamenta nondum quae cogitas jeceris. Hic tu
modum vitae tuae non salute rei publicae, sed aequitate animi definies? Quid, si istud ne gloriae tuae
quidem satis est? cujus te esse avidissimum, quamvis sis sapiens, non negabis. 26. Parumne igitur,
inquies, magna relinquemus? Immo vero aliis quamvis multis satis, tibi uni parum. Quicquid est enim,
quamvis amplum sit, id est parum tum, cum est aliquid amplius. Quod si rerum tuarum immortalium,
C. Caesar, hic exitus futurus fuit, ut devictis adversariis rem publicam in eo statu relinqueres in quo nunc
est, vide, quaeso, ne tua divina virtus admirationis
plus sit habitura quam gloriae: si quidem gloria est
inlustris ac pervagata magnorum vel in suos vel in
patriam vel in omne genus hominum fama meritorum.

IX. 27. Haec igitur tibi reliqua pars est: hic restat
actus, in hoc elaborandum est, ut rem publicam con-
stituas, eaque tu in primis summa tranquillitate et
otio perfruare: tum te, si voles, cum et patriae quod
debes solveris, et naturam ipsam expleveris satietate
vivendi, satis diu vixisse dicito. Quid est enim [om-
nino] hoc ipsum diu, in quo est aliquid extremum?
quod cum venit, omnis voluptas praeterita pro nihilo
est quia postea nulla est futura. Quamquam iste tuus
animus numquam his angustiis, quas natura nobis ad
vivendum dedit, contentus fuit: semper immortalitatis
amore flagravit. 28. Nec vero haec tua vita ducenda
est, quae corpore et spiritu continetur. Illa, inquam,
illa vita est tua, quae vigebit memoria saeculorum omnium, quam posteritas alet, quam ipsa aeternitas semper
tuebitur. Huic tu inservias, huic te ostentes oportet,
quae quidem quae miretur jam pridem multa habet:
nunc etiam quae laudet exspectat. Obstupescent posteri certe imperia, provincias, Rhenum, Oceanum,

Nilum, pugnas innumerabilis, incredibilis victorias, monimenta, munera, triumphos audientes et legentes tuos. 29. Sed nisi haec urbs stabilita tuis consiliis et institutis erit, vagabitur modo tuum nomen longe atque late: sedem stabilem et domicilium certum non habebit. Erit inter eos etiam qui nascentur, sicut inter nos fuit, magna dissensio, cum alii laudibus ad caelum res tuas gestas efferent, alii fortasse aliquid requirent, idque vel maximum, nisi belli civilis incendium salute patriae restinxeris, ut illud fati fuisse videatur, hoc consili. Servi igitur eis etiam judicibus, qui multis post saeculis de te judicabunt, et quidem haud scio an incorruptius quam nos. Nam et sine amore et sine cupiditate et rursus sine odio et sine invidia judicabunt. 30. Id autem etiam si tum ad te, ut quidam falso putant, non pertinebit, nunc certe pertinet esse te talem, ut tuas laudes obscuratura nulla umquam sit oblivio.

x. Diversae voluntates civium fuerunt, distractaeque sententiae. Non enim consiliis solum et studiis, sed armis etiam et castris dissidebamus. Erat enim obscuritas quaedam; erat certamen inter clarissimos duces: multi dubitabant quid optimum esset, multi quid sibi expediret, multi quid deceret, non nulli etiam quid liceret. 31. Perfuncta res publica est hoc misero fatalique bello: vicit is, qui non fortuna inflammaret odium suum, sed bonitate leniret; neque omnis quibus iratus esset, eosdem [etiam] exsilio aut morte dignos judicaret. Arma ab aliis posita, ab aliis erepta sunt. Ingratus est injustusque civis, qui, armorum periculo liberatus, animum tamen retinet armatum; ut etiam ille melior sit qui in acie cecidit, qui in causa animam profudit. Quae enim pertinacia quibusdam, eadem aliis constantia videri potest. 32. Sed jam omnis fracta dissensio est armis, exstincta aequitate victoris: restat ut omnes unum velint, qui modo habent aliquid non solum sapientiae, sed etiam sanitatis. Nisi te, C.

Caesar, salvo, et in ista sententia qua cum antea tum hodie vel maxime usus es manente, salvi esse non possumus. Qua re omnes te, qui haec salva esse volumus, et hortamur et obsecramus, ut vitae tuae et saluti consulas; omnesque tibi, ut pro aliis etiam loquar quod de me ipse sentio, quoniam subesse aliquid putas quod cavendum sit, non modo excubias et custodias, sed etiam laterum nostrorum oppositus et corporum pollicemur.

XI. 33. Sed, ut unde est orsa, in eodem terminetur oratio, — maximas tibi omnes gratias agimus, C. Caesar, majores etiam habemus. Nam omnes idem sentiunt, quod ex omnium precibus et lacrimis sentire potuisti: sed quia non est omnibus stantibus necesse dicere, a me certe dici volunt, cui necesse est quodam modo, et quod fieri decet — M. Marcello a te huic ordini populoque Romano et rei publicae reddito — fieri id intellego. Nam laetari omnis non de unius solum, sed de communi omnium salute sentio. 34. Quod autem summae benevolentiae est, quae mea erga illum omnibus semper nota fuit, ut vix C. Marcello, optimo et amantissimo fratri, praeter eum quidem cederem nemini, cum id sollicitudine, cura, labore tam diu praestiterim, quam diu est de illius salute dubitatum, certe hoc tempore, magnis curis, molestiis, doloribus liberatus, praestare debeo. Itaque, C. Caesar, sic tibi gratias ago, ut omnibus me rebus a te non conservato solum, sed etiam ornato, tamen ad tua in me unum innumerabilia merita, quod fieri jam posse non arbitrabar, maximus hoc tuo facto cumulus accesserit.

PLEA FOR LIGARIUS.

B. C. 46.

THOUGH the case of Ligarius is of no importance in itself, the speech of Cicero in his defence ranks among the first of his orations in rhetorical merit; and is interesting, besides, for the glimpse it gives of the state of feeling in Rome during Cæsar's dictatorship.

Quintus Ligarius had held a subordinate position in Africa, in the Pompeian army under P. Attius Varus, in the first year of the Civil War. In this capacity it had fallen to him to prevent the landing of L. Ælius Tubero, whom the Senate had sent to take command in Africa, but to whom Varus refused to give up the post. When then the war was over, Cæsar spared the life of Ligarius, but kept him in exile, until a personal application was made by his brother for his recall. Quintus Tubero (afterwards a distinguished jurist) came forward to oppose this, on the ground that Ligarius had not merely taken sides in the Civil War, but had stood with Juba and the foreign enemies of Rome against his native country. The case was argued in the Forum before Cæsar himself, sitting in judgment as Dictator. Cæsar, with characteristic magnanimity, gave Ligarius a full pardon. This Ligarius requited, a year and a half later, by joining in the plot for Cæsar's murder.

NOVUM crimen, C. Caesar, et ante hunc diem non auditum propinquus meus ad te Q. Tubero detulit, Q. Ligarium in Africa fuisse; idque C. Pansa, praestanti vir ingenio, fretus fortasse familiaritate ea quae est ei tecum, ausus est confiteri. Itaque quo me vertam nescio. Paratus enim veneram, cum tu id neque per te scires neque audire aliunde potuisses, ut ignoratione tua ad hominis miseri salutem abuterer. Sed quoniam diligentia inimici investigatum est quod latebat, confitendum est, opinor, praesertim cum meus necessarius Pansa fecerit ut id integrum jam non esset; omissaque controversia, omnis oratio ad misericordiam tuam conferenda est, qua plurimi sunt conservati, cum a te non liberationem culpae, sed errati veniam impetravissent. 2. Habes igitur, Tubero, quod est accusatori maxime optandum, confitentem reum; sed tamen hoc confitentem, se in ea parte fuisse qua te, qua virum omni laude dignum, patrem tuum. Itaque prius de vestro delicto confiteamini necesse est, quam Ligari ullam culpam reprehendatis.

Q. enim Ligarius, cum esset nulla belli suspitio, legatus in Africam [cum] C. Considio profectus est. Qua in legatione et civibus et sociis ita se probavit, ut decedens Considius provincia satis facere hominibus non posset, si quemquam alium provinciae praefecisset. Itaque Ligarius, cum diu recusans nihil profecisset, provinciam accepit invitus: cui sic praefuit in pace, ut et civibus et sociis gratissima esset ejus integritas ac fides. 3. Bellum subito exarsit, quod qui erant in Africa ante audierunt geri quam parari. Quo audito, partim cupiditate inconsiderata, partim caeco quodam timore primo salutis, post etiam studi sui, quaerebant aliquem ducem; cum Ligarius, domum spectans, ad suos redire cupiens, nullo se implicari negotio passus est. Interim P. Attius Varus, qui praetor Africam obtinuerat, Uticam venit. Ad eum statim concursum est. Atque ille non mediocri cupiditate adripuit imperium, — si illud imperium esse potuit, quod ad privatum clamore multitudinis imperitae, nullo publico consilio, deferebatur. 4. Itaque Ligarius, qui omne tale negotium cuperet effugere, paulum adventu Vari conquievit.

11. Adhuc, C. Caesar, Q. Ligarius omni culpa vacat. Domo est egressus non modo nullum ad bellum, sed ne ad minimam quidem suspitionem belli: legatus in pace profectus est: in provincia pacatissima ita se gessit, ut ei pacem esse expediret. Profectio certe animum tuum non debet offendere: num igitur remansio? Multo minus. Nam profectio voluntatem habuit non turpem, remansio necessitatem etiam ho-

nestam. Ergo haec duo tempora carent crimine: unum cum est legatus profectus, alterum, cum ecflagitatus a provincia praepositus Africae est. 5. Tertium tempus est quod post adventum Vari in Africa restitit, quod si est criminosum, necessitatis crimen est, non voluntatis. An ille, si potuisset ullo modo evadere, Uticae quam Romae, cum P. Attio quam cum concordissimis fratribus, cum alienis esse quam cum suis maluisset? Cum ipsa legatio plena desideri ac sollicitudinis fuisset propter incredibilem quendam fratrum amorem, hic aequo animo esse potuit, belli discidio distractus a fratribus?

6. Nullum igitur habes, Caesar, adhuc in Q. Ligario signum alienae a te voluntatis. Cujus ego causam animadverte, quaeso, qua fide defendam: prodo meam. O clementiam admirabilem atque omnium laude, praedicatione, litteris, monumentisque decorandam! cum M. Cicero apud te defendit alium in ea voluntate non fuisse, in qua se ipsum confitetur fuisse; nec tuas tacitas cogitationes extimescit, nec quid tibi de alio audienti de se ipso occurrat reformidat. III. Vide quam non reformidem: vide quanta lux liberalitatis et sapientiae tuae mihi apud te dicenti oboriatur. Quantum potero, voce contendam ut [hoc] populus Romanus exaudiat. 7. Suscepto bello Caesar, gesto etiam ex parte magna, nulla vi coactus, judicio ac voluntate, ad ea arma profectus sum quae erant sumpta contra te. Apud quem igitur hoc dico? Nempe apud eum, qui, cum hoc sciret, tamen me, ante quam vidit, rei publicae reddidit; qui ad me ex Aegypto litteras misit, ut essem idem qui fuissem; qui cum ipse imperator in toto imperio populi Romani unus esset, esse me alterum passus est; a quo, hoc ipso C. Pansa mihi hunc nuntium perferente, concessos fascis laureatos tenui, quoad tenendos putavi; qui mihi tum denique se salutem putavit reddere, si eam nullis spoliatam orna-

mentis dedisset. 8. Vide, quaeso, Tubero, ut qui de meo facto non dubitem, de Ligari non audeam confiteri. Atque haec propterea de me dixi, ut mihi Tubero, cum de se eadem dicerem, ignosceret: cujus ego industriae gloriaeque faveo, vel propter propinquam cognationem, vel quod ejus ingenio studiisque delector, vel quod laudem adulescentis propinqui existimo etiam ad meum aliquem fructum redundare. 9. Sed hoc quaero: Quis putat esse crimen fuisse in Africa? Nempe is, qui et ipse in eadem Africa esse voluit, et prohibitum se a Ligario queritur, et certe contra ipsum Caesarem est congressus armatus. Quid enim tuus ille, Tubero, destrictus in acie Pharsalica gladius agebat? Cujus latus ille mucro petebat? Qui sensus erat armorum tuorum? quae tua mens, oculi, manus, ardor animi? quid cupiebas? quid optabas? Nimis urgeo: commoveri videtur adulescens: ad me revertar: isdem in armis fui.

IV. 10. Quid autem aliud egimus, Tubero, nisi ut quod hic potest nos possemus? Quorum igitur impunitas, Caesar, tuae clementiae laus est, eorum ipsorum ad crudelitatem te acuit oratio. Atque in hac causa non nihil equidem, Tubero, etiam tuam, sed multo magis patris tui prudentiam desidero, quod homo, cum ingenio tum etiam doctrina excellens, genus hoc causae quod esset non viderit. Nam si vidisset, quovis profecto quam isto modo a te agi maluisset.

Arguis fatentem. Non est satis: accusas eum qui causam habet aut (ut ego dico) meliorem quam tu, aut (ut tu vis) parem. 11. Haec admirabilia: sed prodigi simile est quod dicam. Non habet eam vim ista accusatio ut Q. Ligarius condemnetur, sed ut necetur. Hoc egit civis Romanus ante te nemo. Externi isti mores usque ad sanguinem incitari [solent] odio, aut levium Graecorum, aut immanium barbarorum. Nam quid agis aliud? Romae ne sit? ut domo careat? ne cum optimis fratribus, ne cum hoc T. Broccho avunculo, ne cum ejus filio consobrino suo, ne nobiscum vivat? ne sit in patria? Num est? num potest magis carere his omnibus quam caret? Italia prohibetur; exsulat. Non tu ergo eum patria privare, qua caret, sed vita vis. 12. At istud ne apud eum quidem dictatorem, qui omnis quos oderat morte multabat, quisquam egit isto modo. Ipse jubebat occidi nullo postulante; praemiis etiam invitabat: quae tamen crudelitas ab hoc eodem aliquot annis post, quem tu nunc crudelem esse vis, vindicata est. v. 'Ego vero istud non postulo,' inquies. Ita me hercule existimo, Tubero. Novi enim te, novi patrem, novi domum nomenque vestrum; studia generis ac familiae vestrae virtutis, humanitatis, doctrinae, plurimarum artium atque optimarum, nota mihi sunt. 13. Itaque certo scio vos non petere sanguinem, sed parum attenditis. Res enim eo spectat, ut ea poena, in qua adhuc Q. Ligarius est, non videamini esse contenti. Quae est igitur alia praeter mortem? Si enim est in exsilio, sicuti est, quid amplius postulatis? An, ne ignoscatur? Hoc vero multo acerbius multoque est durius. Quod nos [domi] petimus precibus, lacrimis, strati ad pedes, non tam nostrae causae fidentes quam hujus humanitati, id ne impetremus oppugnabis, et in nostrum fletum inrumpes, et nos jacentis ad pedes supplicum voce prohibebis? 14. Si, cum hoc domi faceremus, — quod et fecimus et, ut spero, non frustra fecimus, — tu repente inruisses et clamare coepisses: 'C. Caesar, cave ignoscas, cave te fratrum pro fratris salute obsecrantium misereat,' nonne omnem humanitatem exuisses? Quanto hoc durius, quod nos domi petimus, id te in foro oppugnare, et in tali miseria multorum perfugium misericordiae tollere! Dicam plane, Caesar, quod sentio. 15. Si in [hac] tanta tua fortuna lenitas tanta non esset, quam tu per te, per te inquam, obtines, — intellego quid loquar, — acerbissimo luctu redundaret ista victoria. Quam multi enim essent de victoribus qui te crudelem esse vellent, cum etiam de victis reperiantur! quam multi qui, cum a te ignosci nemini vellent, impedirent clementiam tuam, cum etiam hi, quibus ipse ignovisti, nolint te esse in alios misericordem. 16. Quod si probare Caesari possemus in Africa Ligarium omnino non fuisse, si honesto et misericordi mendacio saluti civi calamitoso esse vellemus, tamen hominis non esset, in tanto discrimine et periculo civis, refellere et redarguere nostrum mendacium; et, si esset alicujus, ejus certe non esset, qui in eadem causa et fortuna fuisset. Sed tamen aliud est errare Caesarem nolle, aliud nolle misereri. Tunc diceres, 'Caesar, cave credas: fuit in Africa, tulit arma contra te.' Nunc quid dicis? 'Cave ignoscas.' Haec nec hominis nec ad hominem vox est: qua qui apud te, C. Caesar, utitur, suam citius abiciet humanitatem quam extorquebit tuam.

VI. 17. Ac primus aditus et postulatio Tuberonis haec, ut opinor, fuit: velle se de Q. Ligari scelere dicere. Non dubito quin admiratus sis, vel quod de nullo alio [quisquam], vel quod is qui in eadem causa fuisset, vel quidnam novi [sceleris] adferret. Scelus tu illud vocas, Tubero? Cur? isto enim nomine illa adhuc causa caruit. Alii errorem appellant, alii timorem; qui durius, spem, cupiditatem, odium, pertinaciam; qui gravissime, temeritatem: scelus praeter te adhuc nemo. Ac mihi quidem, si proprium et verum nomen nostri mali quaeritur, fatalis quaedam calamitas incidisse videtur, et improvidas hominum mentis occupavisse, ut nemo mirari debeat humana consilia divina necessitate esse superata. 18. Liceat esse miseros: quamquam hoc victore esse non possumus. Sed non loquor de nobis: de illis loquor qui occiderunt. Fuerint cupidi, fuerint irati, fuerint pertinaces: sceleris vero crimine, furoris, parricidi liceat Cn. Pompeio mortuo, liceat multis aliis carere. Quando hoc quisquam ex te, Caesar, audivit? aut tua quid aliud arma voluerunt, nisi a te contumeliam propulsare? Quid egit tuus invictus exercitus, nisi ut suum jus tueretur et dignitatem tuam? Quid? tu, cum pacem esse cupiebas, idne agebas, ut tibi cum sceleratis, an ut cum bonis civibus conveniret? 19. Mihi vero, Caesar, tua in me maxima merita tanta certe non viderentur, si me ut sceleratum a te conservatum putarem. Quo modo autem tu de re publica bene meritus esses, cum tot sceleratos incolumi dignitate esse voluisses? Secessionem tu illam existimavisti, Caesar, initio, non bellum; neque hostile odium, sed civile discidium, utrisque cupientibus rem publicam salvam, sed partim consiliis, partim studiis a communi utilitate aberrantibus. Principum dignitas erat paene par, non par fortasse eorum qui sequebantur: causa tum dubia, quod erat aliquid in utraque parte quod probari posset; nunc melior ea judicanda est, quam etiam di adjuverunt. Cognita vero clementia tua, quis non eam victoriam probet, in qua occiderit nemo nisi armatus?

VII. 20. Sed — ut omittam communem causam, veniamus ad nostram — utrum tandem existimas facilius fuisse, Tubero, Ligarium ex Africa exire, an vos in Africam non venire? 'Poteramusne,' inquies, 'cum senatus censuisset?' Si me consulis, nullo modo. Sed tamen Ligarium senatus idem legaverat. Atque ille eo tempore paruit, cum parere senatui necesse erat: vos tunc paruistis, cum paruit nemo qui noluit. Reprehendo igitur? Minime vero. Neque enim licuit aliter vestro generi, nomini, familiae, disciplinae. Sed hoc non concedo, ut, quibus rebus gloriemini in vobis, easdem in aliis reprehendatis. 21. Tuberonis sors conjecta est ex senatus consulto, cum ipse non adesset, morbo etiam impediretur. Statuerat excusare. Haec ego novi propter omnis necessitudines quae mihi sunt cum L. Tuberone: domi una eruditi, militiae contubernales, post adfines, in omni denique vita familiares: magnum etiam vinculum, quod isdem studiis semper usi sumus. Scio igitur Tuberonem domi manere voluisse: sed ita quidam agebat, ita rei publicae sanctissimum nomen opponebat, ut, etiam si aliter sentiret, verborum tamen ipsorum pondus sustinere non posset. 22. Cessit auctoritati amplissimi viri, vel potius paruit. Una est profectus cum eis, quorum erat una causa: tardius iter fecit; itaque in Africam venit jam occupatam. Hinc in Ligarium crimen oritur, vel ira potius. Nam si crimen est [illum] voluisse, non minus magnum est vos Africam, arcem omnium provinciarum, natam ad bellum contra hanc urbem gerundum, obtinere voluisse, quam aliquem se maluisse. Atque is tamen aliquis Ligarius non fuit. Varus imperium se habere dicebat: fascis certe habebat. 23. Sed quoquo modo se illud habet, haec querella Tubero, vestra, quid valet? 'Recepti in provinciam non sumus.' Quid, si essetis? Caesarine eam traditur fuistis, an contra Caesarem retenturi? VIII. Vide quid licentiae, Caesar, nobis tua liberalitas det, vel potius audaciae. Si responderit Tubero, Africam, quo senatus eum sorsque miserat, tibi patrem suum traditurum fuisse, non dubitabo apud ipsum te, cujus id eum facere interfuit, gravissimis verbis ejus consilium reprehendere. Non enim, si tibi ea res grata fuisset, esset etiam probata.

24. Sed jam hoc totum omitto, non tam ne offendam tuas patientissimas auris, quam ne Tubero quod numquam cogitavit facturus fuisse videatur. Veniebatis igitur in Africam, provinciam unam ex omnibus huic victoriae maxime infestam, in qua erat rex potentissimus, inimicus huic causae, aliena voluntas, conventus firmi atque magni. Quaero: quid facturi fuistis?

quamquam quid facturi fueritis dubitem, cum videam quid feceritis? Prohibiti estis in provincia vestra pedem ponere, et prohibiti summa injuria. 25. Quo modo id tulistis? acceptae injuriae querellam ad quem detulistis? Nempe ad eum, cujus auctoritatem secuti in societatem belli veneratis. Quod si Caesaris causa in provinciam veniebatis, ad eum profecto exclusi provincia venissetis. Venistis ad Pompeium. Quae est ergo apud Caesarem querella, cum eum accusetis, a quo queramini prohibitos esse vos contra Caesarem gerere bellum? Atque in hoc quidem vel cum mendacio, si voltis, gloriemini per me licet, vos provinciam fuisse Caesari tradituros. Etiam si a Varo et a quibusdam aliis prohibiti estis, ego tamen confiteor culpam esse Ligari, qui vos tantae laudis occasione privaverit.

IX. 26. Sed vide, quaeso, Caesar, constantiam ornatissimi viri [Tuberonis], quam ego, quamvis ipse probarem, ut probo, tamen non commemorarem, nisi a te cognovissem in primis eam virtutem solere laudari. Quae fuit igitur umquam in ullo homine tanta constantia? Constantiam dico? nescio an melius patientiam possim dicere. Quotus enim istud quisque fecisset, ut, a quibus partibus in dissensione civili non esset receptus, esset etiam cum crudelitate rejectus, ad eos ipsos rediret? Magni cujusdam animi atque ejus viri est, quem de suscepta causa propositaque sententia nulla contumelia, nulla vis, nullum periculum possit depellere. 27. Ut enim cetera paria Tuberoni cum Varo fuissent, — honos, nobilitas, splendor, ingenium, quae nequaquam fuerunt, — hoc certe praecipuum Tuberonis, quod justo cum imperio ex senatus consulto in provinciam suam venerat. Hinc prohibitus non ad Caesarem, ne iratus, non domum, ne iners, non in aliquam regionem, ne condemnare causam illam quam secutus erat, videretur: in Macedoniam ad Cn. Pompei castra venit, in eam ipsam causam a qua erat rejectus injuria. 28. Quid? cum ista res nihil commovisset ejus animum ad quem veneratis, languidiore (credo) studio in causa fuistis: tantum modo in praesidiis eratis, animi vero a causa abhorrebant: an, ut fit in civilibus bellis . . . . nec in vobis magis quam in reliquis; omnes enim vincendi studio tenebamur. Pacis equidem semper auctor fui, sed tum sero: erat enim amentis, cum aciem videres, pacem cogitare. Omnes, inquam, vincere volebamus: tu certe praecipue, qui in eum locum veneras, ubi tibi esset pereundum nisi vicisses. Quamquam, ut nunc se res habet, non dubito quin hanc salutem anteponas illi victoriae. x. 29. Haec ego non dicerem, Tubero, si aut vos constantiae vestrae aut Caesarem benefici sui paeniteret. Nunc quaero utrum vestras injurias an rei publicae persequamini: si rei publicae, quid de vestra in illa causa perseverantia respondebitis? si vestras, videte ne erretis, qui Caesarem vestris inimicis iratum fore putetis, cum ignoverit suis.

Itaque num tibi videor in causa Ligari esse occupatus? num de ejus facto dicere? Quicquid dixi, ad unam summam referri volo, vel humanitatis, vel clementiae, vel misericordiae tuae. 30. Causas, Caesar, egi multas equidem tecum, dum te in foro tenuit ratio honorum tuorum, certe numquam hoc modo: 'Ignoscite, judices: erravit, lapsus est, non putavit; si umquam posthac'— ad parentem sic agi solet: ad judices, 'Non fecit, non cogitavit: falsi testes, fictum crimen.' Dic te, Caesar, de facto Ligari judicem esse; quibus in praesidiis fuerit quaere: taceo, ne haec quidem conligo, quae fortasse valerent etiam apud judicem: 'Legatus ante bellum profectus, relictus in pace, bello oppressus, in eo ipso non acerbus, jam est totus animo ac studio tuus.' Ad judicem sic, sed ego apud parentem loquor: 'Erravit, temere fecit, paenitet: ad clementiam tuam confugio, delicti veniam peto, ut ignoscatur oro.' Si nemo impetravit, adroganter: si plurimi, tu idem fer opem, qui spem dedisti. **31.** An sperandi Ligario causa non sit, cum mihi apud te locus sit etiam pro altero deprecandi? Quamquam nec in hac oratione spes est posita causae, nec in eorum studiis qui a te pro Ligario petunt, tui necessarii. **XI.** Vidi enim et cognovi quid maxime spectares, cum pro alicujus salute multi laborarent: causas apud te rogantium gratiosiores esse quam voltus; neque te spectare quam tuus esset necessarius is qui te oraret, sed quam illius, pro quo laboraret. Itaque tribuis tu quidem tuis ita multa, ut mihi beatiores illi videantur interdum qui tua liberalitate fruuntur, quam tu ipse, qui illis tam multa concedas. Sed video tamen apud te causas, ut dixi, valere plus quam preces; ab eisque te moveri maxime, quorum justissimum videas dolorem in petendo.

32. In Q. Ligario conservando multis tu quidem gratum facies necessariis tuis, sed hoc, quaeso, considera, quod soles. Possum fortissimos viros, Sabinos, tibi probatissimos, totumque agrum Sabinum, florem Italiae ac robur rei publicae, proponere. Nosti optimos homines. Animadverte horum omnium maestitiam et dolorem: hujus T. Brocchi (de quo non dubito quid existimes) lacrimas, squaloremque ipsius et fili vides. **33.** Quid de fratribus dicam? Noli, Caesar, putare de unius capite nos agere. Aut tres tibi Ligarii retinendi in civitate sunt, aut tres ex civitate exterminandi: [nam] quodvis exsilium his est optatius quam patria, quam domus, quam di penates, uno illo exsulante. Si fraterne, si pie, si cum dolore faciunt, moveant te horum lacrimae, moveat pietas, moveat germanitas: valeat tua vox illa, quae vicit. Te enim dicere audiebamus nos omnis adversarios putare, nisi qui nobiscum essent; te omnis qui contra te non essent, tuos. Videsne igitur hunc splendorem omnium, hanc Brocchorum domum, hunc L. Marcium, C. Caesetium, L. Corfidium, hos omnis equites Romanos, qui adsunt veste mutata, non solum notos tibi, verum etiam probatos viros, qui tecum fuerunt? Atque his irascebamur, hos requirebamus, his non nulli etiam minabamur. Conserva igitur tuis suos, ut, quem ad modum cetera quae dicta sunt a te, sic hoc verissimum reperiatur.

XII. 34. Quod si penitus perspicere posses concordiam Ligariorum, omnis fratres tecum judicares fuisse. An potest quisquam dubitare quin, si Q. Ligarius in Italia esse potuisset, in eadem sententia fuerit futurus, in qua fratres fuerunt? Quis est qui horum consensum conspirantem et paene conflatum in hac prope aequalitate fraterna [non] noverit? qui hoc non sentiat, quidvis prius futurum fuisse, quam ut hi fratres diversas sententias fortunasque sequerentur? Voluntate igitur omnes tecum fuerunt: tempestate abreptus est unus, qui si consilio id fecisset, esset eorum similis, quos tu tamen salvos esse voluisti. 35. Sed ierit ad bellum, dissenserit non a te solum, verum etiam a fratribus: hi te orant tui. Equidem, cum tuis omnibus negotiis interessem, memoria teneo qualis T. Ligarius quaestor urbanus fuerit erga te et dignitatem tuam. Sed parum est me hoc meminisse: spero etiam te (qui oblivisci nihil soles nisi injurias, quoniam hoc est animi, quoniam etiam ingeni tui) te aliquid de hujus illo quaestorio officio, etiam de aliis quibusdam quaestoribus reminiscentem, recordari. 36. Hic igitur T. Ligarius, qui tum nihil egit aliud — neque enim haec divinabat — nisi ut tui eum studiosum et bonum virum judicares, nunc a te supplex fratris salutem petit: quam hujus admonitus officio cum utrisque his dederis, tris fratres optimos et integerrimos non solum sibi ipsos, neque his tot talibus viris, neque nobis necessariis tuis, sed etiam rei publicae condonaveris.

37. Fac igitur, quod de homine nobilissimo et clarissimo fecisti nuper in curia, nunc idem in foro de optimis et huic omni frequentiae probatissimis fratribus. Ut concessisti illum senatui, sic da hunc populo, cujus voluntatem carissimam semper habuisti; et, si ille dies tibi gloriosissimus, populo Romano gratissimus fuit, noli, obsecro, dubitare, C. Caesar, similem illi gloriae laudem quam saepissime quaerere. Nihil est tam populare quam bonitas, nulla de virtutibus tuis plurimis nec admirabilior nec gratior misericordia est. **38.** Homines enim ad deos nulla re propius accedunt quam salutem hominibus dando. Nihil habet nec fortuna tua majus quam ut possis, nec natura melius quam ut velis, servare quam plurimos. Longiorem orationem causa forsitan postulet, tua certe natura breviorem. Qua re cum utilius esse arbitrer te ipsum quam me aut quemquam loqui tecum, finem jam faciam: tantum te admonebo, si illi absenti salutem dederis, praesentibus his omnibus te daturum.

THE STRUGGLE AGAINST ANTONY.

B. C. 43.

JULIUS CÆSAR was assassinated on the Ides of March (March 15), B. C. 44, by a band of conspirators, headed by Marcus Junius Brutus and Caius Cassius Longinus. The conspirators fancied that if the dictator were out of the way the Republic could be restored. But the success of Cæsar had made any return to the republic impossible. Nor had the conspirators made any provision for their own safety, much less for getting control of the government. The only question was, who should succeed to the power of the murdered dictator. And the only persons who had any chance of doing so were Mark Antony, Cæsar's surviving colleague in the consulship, and the young Caius Cæsar Octavianus, Cæsar's grand nephew, adopted son, and heir, afterwards the emperor Augustus.

Antony had come into possession of Cæsar's papers and estates, caused his "acts" to be legally confirmed, seized the public funds, abolished the office of dictator, and secured as large a share of authority as he could. He was a man of inordinate ambition, controlled only by an equally unbounded self-indulgence, utterly without principle or scruple, and (if we may trust the character of him drawn by Cicero) a monster of profligacy and crime. He had married for his third wife Fulvia, widow of Publius Clodius, and shared, with her, that tribune's vindictive hate of Cicero. His colleague, Publius Cornelius Dolabella, Cicero's son-in-law, had been appointed by Cæsar to succeed him as consul, and assumed the office at his death. He dallied with the conspirators, suppressed the violence of the mob that threatened them, and might have had some pretensions to the power, with the support of the aristocracy, but was easily outgeneralled or bought off by Antony. Lepidus, who had a military command, and in whom the aristocracy had some hope, was also gained over by Antony. Octavianus, now twenty years old, hastened from Epirus to claim his inheritance, and take part in the conflict which he saw approaching. He was a young man of precocious talent, of cool and wary temper, of ambition equal to Antony's, and of a political sagacity which, through his long life, seems never to have been at fault.

Neither of the two chief claimants was strong enough alone to be quite independent of the other; though at first they stood in the attitude of rivals, and in their antagonism there seemed still some hope for the republic. Each endeavored to secure the countenance of the Senate, and to gain control over the public armies; and each succeeded in attaching to himself a considerable force, while neither was strong enough to hold the capital against the other.

Meanwhile Cicero, who at first hailed the death of Cæsar as the restoration of the republic, lost courage, and set out in July for Greece. Detained, however, by contrary winds, and receiving more favorable news from Rome, he returned to the city at the end of August, to find that all his hopes were void. Still, he made an effort at conciliation, in a speech in the Senate, on the 2d of September. In this he replied severely to an attack made upon him by Antony the day before, but still took pains to leave the door open for a restoration of good-will. It was to no purpose. Antony replied, September 19, with such bitterness — directly charging Cicero with the murder of Clodius and of Cæsar — that it was clear he meant there should be no alternative but civil war. Cicero did not venture to answer him in the Senate; but replied, ten weeks later, in a pamphlet — by many regarded as his masterpiece — as bitter and uncompromising as the consul's attack. From its likeness in tone to the famous invectives of Demosthenes, this was called a "Philippic;" and the term has been extended to the entire series of fourteen orations against Antony, commencing with that of September 2, and ending with the triumphant speech (given below) with which his political career closed.

The winter was spent in attempts at negotiation, every stage illustrated by the running commentary of Cicero's Philippics. At last, in the spring of B. C. 43, diplomacy was at an end. Actual hostilities broke out first in Cisalpine Gaul (North Italy), where Decimus Brutus — who had taken command of that province, according to Cæsar's will — held the town of Mutina (*Modena*) to resist Antony; Octavianus, with his independent force, having also ranged himself on the side of the Senate. The consuls, Aulus Hirtius and C. Vibius Pansa, had after some hesitation vigorously taken up the same cause. In April the consuls met Antony in two battles, — on the 15th at Bononia (*Bologna*), on the 27th near Mutina. In both battles Antony was defeated; but in the first the consul Pansa was mortally wounded, and in the second Hirtius was killed. It was on the reception of the news of the victory at

Bononia, while Pansa's fate was unknown, that Cicero, in the Senate, delivered his fourteenth and last Philippic.

The rejoicings were soon at an end. Octavianus found that his own interests were best served by uniting with Antony against the Senate. These two — with Lepidus as a third *triumvir* — came easily into possession of supreme power. A remorseless proscription followed, in which the most illustrious victim was Cicero, sacrificed to Antony's resentment, the vindictive hate of Fulvia, and the cold ingratitude of Octavianus.

Of the fourteen Philippics, the Second is by far the most famous. It is a long and elaborate invective, — in some parts exceedingly bitter and coarse, — reviewing the domestic and political career of Mark Antony, charging him with every personal vice and almost every public crime. In its allusions to the public acts of Cæsar, its hostility is uncompromising, vindictive, often scornful. The revival of the title "perpetual dictator" seems to have inspired Cicero with hatred, horror, and fear ; and his real hostility was no longer disguised after Cæsar's death. This oration contains the celebrated portrait of him, interesting as the only extant testimony, publicly spoken at the time, of one who was at once contemporary, peer, and rival : —

Fuit in illo ingenium, ratio, memoria, litteræ, cura, cogitatio, diligentia. Res bello gesserat, quamvis rei publicæ calamitosas, at tamen magnas. Multos annos regnare meditatus, magno labore, multis periculis, quod cogitarat effecerat. Muneribus, monimentis, congiariis, epulis multitudinem imperitam delenierat : suos præmiis, adversarios clementiæ specie devinxerat. Quid multa? attulerat jam liberæ civitati, partim metu partim patientia, consuetudinem serviendi. Sed ex plurimis malis, quæ ab illo rei publicæ sunt inusta, hoc tamen boni est, quod didicit jam populus Romanus quantum cuique crederet, quibus se committeret, a quibus caveret.

The Fourteenth Philippic has a unique interest as the last free voice of the Roman Senate, and from its ill-timed confidence in the future emperor. It is also interesting as an example of labored and stately panegyric on patriots fallen in battle, after the manner of the Greeks, and from the formal resolution of thanks and honor with which it closes. Its immediate occasion was a resolution of P. Servilius, that the citizens should lay aside the military garb, and that a public thanksgiving should be celebrated in honor of the victory.

SI, ut ex litteris quae recitatae sunt, patres conscripti, sceleratissimorum hostium exercitum caesum fusumque cognovi, sic id quod et omnes maxime optamus, et ex ea victoria quae parta est consecutum arbitramur, D. Brutum egressum jam Mutina esse cognovissem, propter cujus periculum ad saga issemus, propter ejusdem salutem redeundum ad pristinum vestitum sine ulla dubitatione censerem. Ante vero quam sit ea res, quam avidissime civitas exspectat, adlata, laetitia frui satis est maximae praeclarissimaeque pugnae : reditum ad vestitum confectae victoriae reservate. Confectio autem hujus belli est D. Bruti salus.

2. Quae autem est ista sententia, ut in hodiernum diem vestitus mutetur, deinde cras sagati prodeamus? Nos vero cum semel ad eum quem cupimus optamusque vestitum redierimus, id agamus, ut eum in perpetuum retineamus. Nam hoc quidem cum turpe est, tum ne dis quidem immortalibus gratum, ab eorum aris, ad quas togati adierimus, ad saga sumenda discedere. 3. Atque animadverto, patres conscripti, quosdam huic favere sententiae, quorum ea mens idque consilium est, ut, cum videant gloriosissimum illum D. Bruto futurum diem, quo die propter ejus salutem redierimus, hunc ei fructum eripere cupiant, ne memoriae posteritatique prodatur propter unius civis periculum populum Romanum ad saga isse, propter ejusdem salutem redisse ad togas. Tollite hanc : nullam tam pravae sententiae causam reperietis. Vos vero, patres conscripti, conservate auctoritatem vestram, manete in sententia, tenete vestra memoria, quod saepe ostendistis, hujus totius belli in unius viri fortissimi et maximi vita positum esse discrimen.

II. 4. Ad D. Brutum liberandum legati missi principes civitatis, qui illi hosti ac parricidae denuntiarent ut a Mutina discederet. Ejusdem D. Bruti conservandi gratia consul sortitu ad bellum profectus A.

Hirtius, cujus imbecillitatem valetudinis animi virtus et spes victoriae confirmavit. Caesar, cum exercitu per se comparato cum primum pestibus rem publicam liberasset, ne quid postea sceleris oreretur, profectus est ad eundem Brutum liberandum, vicitque dolorem aliquem domesticum patriae caritate. 5. Quid C. Pansa egit aliud dilectibus habendis, pecunia comparanda, senatus consultis faciendis gravissimis in Antonium, nobis cohortandis, populo Romano ad causam libertatis vocando, nisi ut D. Brutus liberaretur? A quo populus Romanus frequens ita salutem D. Bruti una voce depoposcit, ut eam non solum commodis suis, sed etiam necessitati victus anteferret. Quod sperare nos quidem debemus, patres conscripti, aut inibi esse aut jam esse confectum. Sed spei fructum rei convenit et evento reservari, ne aut deorum immortalium beneficium festinatione praeripuisse, aut vim fortunae stultitia contempsisse videamur.

6. Sed quoniam significatio vestra satis declarat quid hac de re sentiatis, ad litteras veniam, quae sunt a consulibus et a propraetore missae, si pauca ante quae ad ipsas litteras pertineant dixero. III. Imbuti gladii sunt, patres conscripti, legionum exercituumque nostrorum, vel madefacti potius duobus duorum consulum, tertio Caesaris proelio. Si hostium fuit ille sanguis, summa militum pietas: nefarium scelus, si civium. Quo usque igitur is, qui omnis hostis scelere superavit, nomine hostis carebit? nisi mucrones etiam nostrorum militum tremere voltis, dubitantis utrum in cive an in hoste figantur. 7. Supplicationem decernitis; hostem non appellatis. Gratae vero nostrae dis immortalibus gratulationes erunt, gratae victimae, cum interfecta sit civium multitudo! 'De improbis' inquit 'et audacibus.' Nam sic eos appellat clarissimus vir: quae sunt urbanarum maledicta litium, non inustae belli internecivi notae. Testamenta (credo) subiciunt aut eiciunt

vicinos, aut adulescentulos circumscribunt: [his enim vitiis adfectos et talibus malos aut audacis appellare consuetudo solet.] 8. Bellum inexpiabile infert quattuor consulibus unus omnium latronum taeterrimus. Gerit idem bellum cum senatu populoque Romano. Omnibus — quamquam ruit ipse suis cladibus — pestem, vastitatem, cruciatum, tormenta denuntiat. Dolabellae ferum et immane facinus, quod nulla barbaria posset agnoscere, id suo consilio factum esse testatur: quaeque esset facturus in hac urbe, nisi eum hic ipse Juppiter ab hoc templo atque moenibus reppulisset, declaravit in Parmensium calamitate, quos optimos viros honestissimosque homines, maxime cum auctoritate hujus ordinis populique Romani dignitate conjunctos, crudelissimis exemplis interemit propudium illud et portentum, L. Antonius, insigne odium omnium hominum vel (si etiam di oderunt quos oportet) deorum. 9. Refugit animus, patres conscripti, eaque dicere reformidat quae L. Antonius in Parmensium liberis et conjugibus effecerit. Quas enim turpitudines Antoni libenter [cum dedecore] subierunt, easdem per vim laetantur aliis se intulisse. Sed vis calamitosa est, quam illis intulerunt: libido flagitiosa, qua Antoniorum oblita est vita. Est igitur quisquam, qui hostis appellare non audeat, quorum scelere crudelitatem Karthaginiensium victam esse fateatur? IV. Qua enim in urbe tam immanis Hannibal capta quam in Parma surrepta Antonius? Nisi forte hujus coloniae et ceterarum, in quas eodem est animo, non est hostis putandus. 10. Si vero coloniarum et municipiorum sine ulla dubitatione hostis est, quid tandem hujus censetis urbis, quam ille ad explendas egestates latrocini sui concupivit? quam jam peritus metator et callidus decempeda sua Saxa diviserat? Recordamini, per deos immortalis! patres conscripti, quid hoc biduo timuerimus a domesticis hostibus, rumoribus improbissimis dissipatis. Quis liberos, quis conjugem aspicere poterat sine fletu? quis domum? quis tecta? quis larem familiarem? Aut foedissimam mortem omnes aut miserabilem fugam cogitabant. Haec a quibus timebantur, eos hostis appellare dubitamus? Gravius si quis attulerit nomen, libenter adsentiar: hoc volgari contentus vix sum, leviore non utar.

11. Itaque cum supplicationes justissimas ex eis litteris quae recitatae sunt decernere debeamus, Serviliusque decreverit, augebo omnino numerum dierum, praesertim cum non uni sed tribus ducibus sint decernendae. Sed hoc primum faciam, ut imperatores appellem eos, quorum virtute, consilio, felicitate, maximis periculis servitutis atque interitus liberati sumus. Etenim cui viginti his annis supplicatio decreta est, ut non imperator appellaretur, aut minimis rebus gestis aut plerumque nullis? Quam ob rem aut supplicatio ab eo qui ante dixit decernenda non fuit, aut usitatus honos pervolgatusque tribuendus eis, quibus etiam novi singularesque debentur. v. 12. An si quis Hispanorum aut Gallorum aut Threcum mille aut duo milia occidisset, eum hac consuetudine quae increbuit imperatorem appellaret senatus: tot legionibus caesis, tanta multitudine hostium interfecta — hostium dico? ita inquam, hostium, quamvis hoc isti hostes domestici nolint — clarissimis ducibus supplicationum honorem tribuemus, imperatorium nomen adimemus? Quanto enim honore, laetitia, gratulatione in hoc templum ingredi debent illi ipsi hujus urbis liberatores, cum hesterno die propter eorum res gestas me ovantem et prope triumphantem populus Romanus in Capitolium domo tulerit, domum inde reduxerit? 13. Is enim demum est (mea quidem sententia) justus triumphus ac verus, cum bene de re publica meritis testimonium a consensu civitatis datur. Nam sive in communi gaudio populi Romani uni gratulabantur, magnum

judicium; sive uni gratias agebant, eo majus; sive utrumque, nihil magnificentius cogitari potest.

'Tu igitur ipse de te?' dixerit quispiam. Equidem invitus, sed injuriae dolor facit me praeter consuetudinem gloriosum. Nonne satis est ab hominibus virtutis ignaris gratiam bene merentibus non referri? Etiam in eos qui omnis suas curas in rei publicae salute defigunt, impietatis crimine invidia quaeretur? 14. Scitis enim per hos dies creberrimum fuisse sermonem, me Parilibus, qui dies hodie est, cum fascibus descensurum. In aliquem credo hoc gladiatorem aut latronem aut Catilinam esse conlatum, non in eum qui ne quid tale in re publica fieri posset effecerit. An [ut] ego, qui Catilinam haec molientem sustulerim, everterim, adflixerim, ipse exsisterem repente Catilina? Quibus auspiciis istos fascis augur acciperem? quatenus haberem? cui traderem? Quemquamne fuisse tam sceleratum qui hoc fingeret, tam furiosum qui crederet? Unde igitur ista suspitio, vel potius unde iste sermo? VI. 15. Cum, ut scitis, hoc triduo vel quadriduo tristis a Mutina fama manaret, inflati laetitia atque insolentia impii cives unum se in locum, ad illam curiam furiis potius suis quam rei publicae infelicem congregabant. Ibi cum consilia inirent de caede nostra, partirenturque inter se qui Capitolium, qui rostra, qui urbis portas occuparent, ad me concursum futurum civitatis putabant. Quod ut cum invidia mea fieret, et cum vitae etiam periculo, famam istam fascium dissipaverunt: fascis ipsi ad me delaturi fuerunt. Quod cum esset quasi mea voluntate factum, tum in me impetus conductorum hominum quasi in tyrannum parabatur: ex quo caedes esset vestrum omnium consecuta. Quae res patefecit, patres conscripti, sed suo tempore totius hujus sceleris fons aperietur.

16. Itaque P. Apuleius, tribunus plebis, meorum omnium consiliorum periculorumque jam inde a con-

sulatu meo testis, conscius, adjutor, dolorem ferre non potuit doloris mei. Contionem habuit maximam, populo Romano unum atque idem sentiente. In qua contione cum me pro summa nostra conjunctione et familiaritate liberare suspitione fascium vellet, una voce cuncta contio declaravit nihil esse a me umquam de re publica nisi optime cogitatum. Post hanc habitam contionem duabus tribusve horis, optatissimi nuntii et litterae venerunt: ut idem dies non modo iniquissima me invidia liberarit, sed etiam celeberrima populi Romani gratulatione auxerit.

17. Haec interposui, patres conscripti, non tam ut pro me dicerem — male enim mecum ageretur, si parum vobis essem sine defensione purgatus — quam ut quosdam nimis jejuno animo et angusto monerem, id quod semper ipse fecissem, uti excellentium civium virtutem imitatione dignam, non invidia putarent. Magnus est in re publica campus, ut sapienter dicere Crassus solebat, multis apertus cursus ad laudem. VII. Utinam quidem illi principes viverent, qui me post meum consulatum, cum eis ipse cederem, principem non inviti videbant! Hoc vero tempore, in tanta inopia constantium et fortium consularium, quo me dolore adfici creditis, cum alios male sentire, alios nihil omnino curare videam, alios parum constanter in suscepta causa permanere, sententiamque suam non semper utilitate rei publicae, sed tum spe tum timore moderari? 18. Quod si quis de contentione principatus laborat, quae nulla esse debet, stultissime facit, si vitiis cum virtute contendit: ut enim cursu cursus, sic in viris fortibus virtus virtute superatur. Tu, si ego de re publica optime sentiam, ut me vincas, ipse pessime senties? aut, si ad me bonorum concursum fieri videbis, ad te improbos invitabis? Nollem, primum rei publicae causa, deinde etiam dignitatis tuae. Sed si principatus ageretur, quem numquam expetivi, quid

tandem mihi esset optatius? Ego enim malis sententiis vinci non possum, bonis forsitan possim et libenter. 19. Haec populum Romanum videre, animadvertere, judicare quidam moleste ferunt. Poteratne fieri ut non proinde homines *de* quoque, ut quisque mereretur, judicarent? Ut enim de universo senatu populus Romanus verissime judicat, nullis rei publicae temporibus hunc ordinem firmiorem aut fortiorem fuisse, sic de uno quoque nostrum et maxime, qui hoc loco sententias dicimus, sciscitantur omnes, avent audire quid quisque senserit: ita de quoque, ut quemque meritum arbitrantur, existimant. Memoria tenent me ante diem XIII. Kalendas Januarias principem revocandae libertatis fuisse: me ex Kalendis Januariis ad hanc horam invigilasse rei publicae: 20. meam domum measque auris dies noctisque omnium praeceptis monitisque patuisse: meis litteris, meis nuntiis, meis cohortationibus omnis qui ubique essent ad patriae praesidium excitatos: meis sententiis a Kalendis Januariis numquam legatos ad Antonium: semper illum hostem, semper hoc bellum, ut ego, qui omni tempore verae pacis auctor fuissem, huic essem nomini pestiferae pacis inimicus: 21. idem P. Ventidium, cum alii tr. pl. † volusenum, ego semper hostem. Has in sententias meas si consules discessionem facere voluissent, omnibus istis latronibus auctoritate ipsa senatus jam pridem de manibus arma cecidissent.

VIII. Sed quod tum non licuit, patres conscripti, id hoc tempore non solum licet, verum etiam necesse est, — eos qui re sunt hostes [verbis notari], sententiis nostris hostis judicari. 22. Antea cum hostem ac bellum nominassem, semel et saepius sententiam meam de numero sententiarum sustulerunt: quod in hac causa jam fieri non potest. Ex litteris enim C. Pansae A. Hirtii consulum, C. Caesaris pro praetore, de honore dis immortalibus habendo sententias dicimus.

Supplicationem modo qui decrevit, idem imprudens hostis judicavit: numquam enim in civili bello supplicatio decreta est. Decretam dico? ne victoris quidem litteris postulata est. 23. Civile bellum consul Sulla gessit: legionibus in urbem adductis, quos voluit expulit; quos potuit occidit: supplicationis mentio nulla. Grave bellum Octavianum insecutum est: supplicatio [Cinnae] nulla victori. Cinnae victoriam imperator ultus est Sulla: nulla supplicatio decreta a senatu. Ad te ipsum, P. Servili, num misit ullas conlega litteras de illa calamitosissima pugna Pharsalia? Num te de supplicatione voluit referre? Profecto noluit. At misit postea de Alexandria, de Pharnace. Pharsaliae vero pugnae ne triumphum quidem egit. Eos enim civis pugna illa sustulerat, quibus non modo vivis, sed etiam victoribus, incolumis et florens civitas esse posset. 24. Quod idem contigerat superioribus bellis civilibus. Nam mihi consuli supplicatio nullis armis sumptis, non ob caedem hostium, sed ob conservationem civium, novo et inaudito genere decreta est. Quam ob rem aut supplicatio re publica pulcherrime gesta postulantibus nostris imperatoribus deneganda est, quod praeter A. Gabinium contigit nemini; aut, supplicatione decernenda, hostis eos de quibus decernitis judicetis necesse est.

IX. Quod ergo ille re, id ego etiam verbo, cum imperatores eos appello: hoc ipso nomine et eos qui jam devicti sunt, et eos qui supersunt, hostis judico [cum victores appello imperatores]. 25. Quo modo enim potius Pansam appellem? etsi habet honoris nomen amplissimi. Quo Hirtium? Est ille quidem consul, sed alterum nomen benefici populi Romani est, alterum virtutis atque victoriae. Quid? Caesarem, deorum beneficio rei publicae procreatum, dubitemne appellare imperatorem? qui primus Antoni immanem et foedam crudelitatem non solum a jugulis nostris, sed etiam a membris et visceribus avertit. Unius autem diei quot et quantae virtutes, di immortales, fuerunt! 26. Princeps enim omnium Pansa proeli faciendi et cum Antonio confligendi fuit: dignus imperator legione Martia, digna legio imperatore. Cujus si acerrimum impetum cohibere Pansa potuisset, uno proelio confecta res esset. Sed cum libertatis avida legio effrenatius in aciem hostium inrupisset, ipseque in primis Pansa pugnaret, duobus periculosis volneribus acceptis, sublatus e proelio, rei publicae vitam reservavit. Ego vero hunc non solum imperatorem sed etiam clarissimum imperatorem judico, qui, cum aut morte aut victoria se satis facturum rei publicae spopondisset, alterum fecit, alterius di immortales omen avertant!

X. 27. Quid dicam de Hirtio? qui, re audita, e castris duas legiones eduxit incredibili studio atque virtute; quartam illam, quae relicto Antonio se olim cum Martia legione conjunxit, et septimam, quae, constituta ex veteranis, docuit hoc proelio militibus eis qui Caesaris beneficia servassent, senatus populique Romani carum nomen esse. His viginti cohortibus, nullo equitatu, Hirtius ipse aquilam quartae legionis cum inferret, qua nullius pulcriorem speciem imperatoris accepimus, cum tribus Antoni legionibus equitatuque conflixit, hostisque nefarios, huic Jovis Optimi Maximi ceterisque deorum immortalium templis, urbis tectis, libertati populi Romani, nostrae vitae sanguinique imminentis prostravit, fudit, occidit, ut cum admodum paucis, nocte tectus, metu perterritus, princeps latronum duxque fugerit. O solem ipsum beatissimum, qui, ante quam se abderet, stratis cadaveribus parricidarum, cum paucis fugientem vidit Antonium!

28. An vero quisquam dubitabit appellare Caesarem imperatorem? Aetas ejus certe ab hac sententia neminem deterrebit, quando quidem virtute superavit

aetatem. Ac mihi semper eo majora beneficia C. Caesaris visa sunt, quo minus erant ab aetate illa postulanda. Cui cum imperium dabamus, eodem tempore etiam spem ejus nominis deferebamus : quod cum esset consecutus, auctoritatem nostri decreti rebus gestis suis comprobavit. Hic ergo adulescens maximi animi, ut verissime scribit Hirtius, castra multarum legionum paucis cohortibus tutatus est, secundumque proelium fecit. Ita trium imperatorum virtute, consilio, felicitate uno die locis pluribus res publica est conservata. XI. 29. Decerno igitur eorum trium nomine quinquaginta dierum supplicationes : causas, ut honorificentissimis verbis consequi potuero, complectar · ipsa sententia.

Est autem fidei pietatisque nostrae declarare fortissimis militibus, quam memores simus quamque grati. Quam ob rem promissa nostra, atque ea quae legionibus bello confecto tributuros nos spopondimus, hodierno senatus consulto renovanda censeo : aequum est enim militum, talium praesertim, honorem conjungi. 30. Atque utinam, patres conscripti, [civibus] omnibus solvere nobis praemia liceret! Quamquam nos ea quae promisimus studiose cumulata reddemus. Sed id quidem restat (ut spero) victoribus, quibus senatus fides praestabitur : quam quoniam difficillimo rei publicae tempore secuti sunt, eos numquam oportebit consili sui paenitere. Sed facile est bene agere cum eis a quibus etiam tacentibus flagitari videmur : illud admirabilius et majus maximeque proprium senatus sapientis est, grata eorum virtutem memoria prosequi, qui pro patria vitam profuderunt.

31. Quorum de honore utinam mihi plura in mentem venirent! Duo certe non praeteribo, quae maxime occurrunt : quorum alterum pertinet ad virorum fortissimorum gloriam sempiternam, alterum ad leniendum maerorem et luctum proximorum.

XII. Placet igitur mihi, patres conscripti, legionis Martiae militibus, et eis qui una pugnantes occiderunt, monumentum fieri quam amplissimum. Magna atque incredibilia sunt in rem publicam hujus merita legionis. Haec se prima latrocinio abrupit Antoni; haec tenuit Albam; haec se ad Caesarem contulit; hanc imitata quarta legio parem virtutis gloriam consecuta est. Quarta victrix desiderat neminem: ex Martia non nulli in ipsa victoria conciderunt. O fortunata mors, quae naturae debita pro patria est potissimum reddita! 32. Vos vero patriae natos judico: quorum etiam nomen a Marte est, ut idem deus urbem hanc gentibus, vos huic urbi genuisse videatur. In fuga foeda mors est: in victoria gloriosa. Etenim Mars ipse ex acie fortissimum quemque pignerari solet. Illi igitur impii, quos cecidistis, etiam ad inferos poenas parricidi luent: vos vero, qui extremum spiritum in victoria effudistis, piorum estis sedem et locum consecuti. Brevis a natura nobis vita data est: at memoria bene redditae vitae sempiterna. Quae si non esset longior quam haec vita, quis esset tam amens qui maximis laboribus et periculis ad summam laudem gloriamque contenderet? 33. Actum igitur praeclare vobiscum, fortissimi, dum vixistis, nunc vero etiam sanctissimi milites, quod vestra virtus neque oblivione eorum qui nunc sunt, nec reticentia posterorum sepulta esse poterit, cum vobis immortale monimentum suis paene manibus senatus populusque Romanus exstruxerit. Multi saepe exercitus Punicis, Gallicis, Italicis bellis clari et magni fuerunt, nec tamen ullis tale genus honoris tributum est. Atque utinam majora possemus, quando quidem a vobis maxima accepimus! Vos ab urbe furentem Antonium avertistis: vos redire molientem reppulistis. Erit igitur exstructa moles opere magnifico incisaeque litterae, divinae virtutis testes sempiternae: numquamque de vobis eorum, qui aut videbunt vestrum monimentum aut audient, gratissimus sermo conticescet. Ita pro mortali condicione vitae immortalitatem estis consecuti.

XIII. 34. Sed quoniam, patres conscripti, gloriae munus optimis et fortissimis civibus monimenti honore persolvitur, consolemur eorum proximos, quibus optima est haec quidem consolatio: parentibus, quod tanta rei publicae praesidia genuerunt; liberis, quod habebunt domestica exempla virtutis; conjugibus, quod eis viris carebunt, quos laudare quam lugere praestabit; fratribus, quod in se ut corporum, sic virtutum similitudinem esse confident. Atque utinam his omnibus abstergere fletum sententiis nostris consultisque possemus, vel aliqua talis eis adhiberi publice posset oratio, qua deponerent maerorem atque luctum, gauderentque potius, cum multa et varia impenderent hominibus genera mortis, id genus quod esset pulcherrimum suis obtigisse, eosque nec inhumatos esse nec desertos, quod tamen ipsum pro patria non miserandum putatur, nec dispersis bustis humili sepultura crematos, sed contectos publicis operibus atque muneribus, eaque exstructione quae sit ad memoriam aeternitatis ara Virtutis. 35. Quam ob rem maximum quidem solacium erit propinquorum eodem monimento declarari et virtutem suorum, et populi Romani pietatem, et senatus fidem, et crudelissimi memoriam belli: in quo nisi tanta militum virtus exstitisset, parricidio M. Antoni nomen populi Romani occidisset. Atque etiam censeo, patres conscripti, quae praemia militibus promisimus nos re publica recuperata tributuros, ea vivis victoribusque cumulate, cum tempus venerit, persolvenda; qui autem ex eis quibus illa promissa sunt pro patria occiderunt, eorum parentibus, liberis, conjugibus, fratribus eadem tribuenda censeo.

XIV. 36. Sed, ut aliquando sententia complectar, ita censeo:

Cum C. Pansa consul, imperator, initium cum hostibus confligendi fecerit, quo proelio legio Martia admirabili incredibilique virtute libertatem populi Romani defenderit, quod idem legiones tironum fecerint; ipseque C. Pansa consul, imperator, cum inter media hostium tela versaretur, volnera acceperit; cumque A. Hirtius consul, imperator, [proelio audito,] re cognita, fortissimo praestantissimoque animo exercitum castris eduxerit, impetumque in M. Antonium exercitumque hostium fecerit, ejusque copias occidione occiderit, suo exercitu ita incolumi ut ne unum quidem militem desiderarit; 37. cumque C. Caesar pro praetore, imperator, consilio diligentiaque sua castra feliciter defenderit, copiasque hostium quae ad castra accesserant profligarit, occiderit; — ob eas res senatum existimare et judicare eorum trium imperatorum virtute, imperio, consilio, gravitate, constantia, magnitudine animi, felicitate, populum Romanum foedissima crudelissimaque servitute liberatum. Cumque rem publicam, urbem, templa deorum immortalium, bona fortunasque omnium liberosque conservarint dimicatione et periculo vitae suae, uti ob eas res, bene fortiter feliciterque gestas, C Pansa A. Hirtius consules, imperatores, alter ambove, aut (si aberunt) M. Cornutus, praetor urbanus, supplicationes per dies quinquaginta ad omnia pulvinaria constituat. 38. Cumque virtus legionum digna clarissimis imperatoribus exstiterit, senatum, quae, sit antea pollicitus legionibus exercitibusque nostris, ea summo studio re publica recuperata soluturum. Cumque legio Martia princeps cum hostibus conflixerit, atque ita cum majore numero hostium contenderit, *ut* cum plurimos caederent, caderent non nulli, cumque sine ulla retractatione pro patria vitam profuderint; cumque simili virtute reliquarum legionum milites pro salute et libertate populi Romani mortem oppetiverint, senatui placere ut C. Pansa A. Hirtius consules, imperatores, alter ambove, si eis videatur, eis qui sanguinem pro vita, libertate, fortunis populi Romani, pro urbe, templis deorum immortalium profudissent, monimentum quam amplissimum locandum faciundumque curent; quaestores*que* urbanos ad

eam rem pecuniam dare, attribuere, solvere jubeant, ut
exstet ad memoriam posteritatis sempiternam scelus crudelissimorum hostium militumque divina virtus; utique,
quae praemia senatus militibus ante constituit, ea solvan-
tur eorum qui hoc bello pro patria occiderunt parentibus, liberis, conjugibus, fratribus; eisque tribuantur quae
militibus ipsis tribui oporteret, si vivi vicissent, qui morte
vicerunt.

NOTES.

NOTES.

DEFENCE OF ROSCIUS.

Argument.

[Omitted portions in brackets.]

CHAP. 1. *Exordium.* Cicero's reasons for undertaking the case. — [2. Political aspect of the trial, showing (*a*) why others refused to undertake it; (*b*) why the jury ought to be especially cautious] — *Narratio.* 6. The murder. — 7. Circumstances pointing to Magnus as the procurer: Chrysogonus informed, and a conspiracy made with him by Capito and Magnus. — 8. Proscription and sale of property: Chrysogonus buys it up for a nominal sum. Sex. Roscius dispossessed. — 9. Amerians take up his cause and apply to Sulla, but are staved off by Capito, who was on the committee. — 10. Roscius flies to his friends at Rome: the conspirators commence the prosecution. — 11. Commiseration of his client's position, with review of the circumstances. — 13. *Partitio:* (*a*) the charge; (*b*) the reckless villany of the two T. R.; (*c*) influence of Chrysogonus. — *Defensio:* I. 14. The crime not in accordance with the character of the defendant: no motive can be shown: no enmity between father and son. — 15-17. His rustic employment: this is no evidence of ill-will. — 19. Alleged intention to disinherit: no proof. — 20. No case made out: hence the accuser (Erucius) is attacked for bringing such a charge. — 21. The case rests only on the negligence of the Court, and supposed friendlessness of defendant. — 22. For the conspirators' manner changed when they found there would be a real defence. — Recapitulation: no motive existed; enormity of the crime, and severity of its punishment. — 23-26. Instances from real life and fiction. — 27, 28. No means of committing the crime. — [29. Again: the accuser's presumption in trying to force a conviction. — II. 30 Countercharge: T. Roscius the probable murderer: in his case there are motives. — 31. It was for his advantage. — 32. He was the murdered man's enemy. — 33. He had opportunities (compare the two cases). — 34. His acts after the murder: hasty message to Capito (his character). — 36. His testimony at the trial. — 37. Speedy announcement to Chrysogonus — apparently from the Roscii, for they have received the reward and possess the property. — 38, 39. Capito's perfidy to the committee. — 41. Magnus refuses the slaves for question. — 42. Influence of Chrysogonus.] — III. 43. Chrysogonus the purchaser: the sale illegal, for proscriptions had ceased. — 44-47. Lawlessness and insolence of Chrysogonus: Sulla artfully excused. — 48 No political necessity of conviction. — 49. Responsibility of the attack on Chrysogonus is Cicero's: Roscius asks only his life. — *Peroratio.* 50-51 Simulated appeal to Chrysogonus, to stir sympathy of the jury: incidental mention of the powerful friends of the defendant. — 52, 53. But if Chrysogonus does not spare him, he appeals confidently to the Court.

PAGE

2. § 1. **Credo ... periculum vitant.** This paragraph may be analyzed as an example of the involved periodic style of Latin writers. The main clause is **credo ego**; the rest of the sentence is all the object of **credo** in the indirect discourse (§ **67,** 1).* The main verb of the discourse is **mirari** (changed from **miramini**),

---

* The references are to the sections of Allen and Greenough's Latin Grammar.

with **vos** in the accusative as its subject. The object of **mirari** is the indirect question **quid sit quod**, etc., embracing all the rest, changed from a direct question **quid est quod**, etc. Again, the subject of **sit** is all that follows, being a clause with **quod** (§ **70**, 5), of which **surrexerim** is the main verb, and all the other clauses are modifiers. — The clause **cum ... sedeant** is a kind of adverbial modifier of **surrexerim**, while the clause **qui ... sim ... comparandus** is a kind of adjective modifier of **ego** the subject of **surrexerim**, and **qui sedeant** is a kind of adjective modifier of **his**. — **omnes hi**, etc., is an independent sentence, but is connected in thought with the preceding, and explains the fact at which the jurors are supposed to be surprised, i.e., *I suppose you wonder*, etc., *but the fact is*, etc.

N.B. Notice, as a practical guide, that in Latin (as in all languages) *the verb next following a relative is its verb*, — unless another relative intervenes, in which case the latter relative has its verb first, and the first relative clause is suspended ; but even then, the next following verb will belong to the former relative. A careful attention to analysis, like that above, and the observance of this obvious but often forgotten rule, will carry a student safely through the most involved constructions.

ego: not emphatic itself, but only expressed to set off **vos**, which is. The Latin is so fond of putting pronouns in antithesis, that one is often (as here) expressed on purpose. — **judices**: not *judges*, but rather *jurors*. They were persons selected by law to try facts (under the presidency of a *prætor* or *judex quæstionis*), and were often quite numerous, from a single one to fifty or more.

In the year B. C. 149, an important reform was introduced into the criminal procedure of Rome, by establishing a *Quæstio Perpetua*, or standing Criminal Court, for trial of cases of extortion by provincial governors: the object of the suit was *res repetere* (to recover property), and the court was known as the *Quæstio Rerum Repetundarum*, or simply *Repetundarum*. A second court of murder — *de Sicariis et Veneficis* — was (according to Mommsen) established shortly after, by Caius Gracchus ; and perhaps others followed. The whole system was revised by Sulla, and six or eight separate courts were established, embracing the entire field of criminal offences. Each was under the presidency of a *Prætor*, appointed by lot, or *Judex Quæstionis*, appointed by the prætor for the special case. These new and remodelled courts went into operation in B C. 80, and the case of Roscius was the first that came before them. His trial was before the *Quæstio inter Sicarios*, under the presidency of the prætor, Marcus Fannius The *judices*, or jury in all these courts, were originally selected from the Senators ; Caius Gracchus had transferred the right to the *Equites*, or wealthy middle class ; Sulla restored it to the Senators, but ten years later (B. C. 70) a new arrangement was made (see Verr. i. 15).

quid sit quod, *why it is that*. Here **quod ... surrexerim** is a clause of *fact* (§ **70**, 5), taking the subj. on account of the indirect question. — **summi oratores, homines nobilissimi**: notice the inversion (*chiasmos*, § **76**, 1, *f*). — **sedeant**: subj. because **cum** is *causal* (§ **63**, 2, *b*), though to be translated *when*, or *while*. Since Sulla's victory had restored the aristocracy to power, it might be expected that men of rank (*nobilissimi*) would have courage to come forward to defend Roscius : their presence (*sedeant*) showed their sympathies. — **ego**: emphatic, as opposed to the orators and men of rank. — **potissimum**, *rather than any other* (§ **17**, 4). — **ætate**: Cicero was now but 26 years old. — **auctoritate**, *personal influence*, paticularly that derived from rank, or office. — **sim**: in direct disc. this might be either subj. to indicate the character of Cicero, or ind. to denote a mere fact about him; but here necessarily subj. on account of the indirect question (§ **66**, 2). — **hi**: strongly demonstrative and accompanied, perhaps, with a gesture, — *these men here.* — **injuriam**, *injustice.* — **novo scelere** (abl. of means), *the strange charge* of parricide. — **conflatam**, *got up*, implying a conspiracy to effect it. — **oportere**: this verb is always impersonal; its subject here is the clause **injuriam defendi**. The verb **defendere** signifies not *to defend*, but to *strike down*, hence to *ward off*, or *avert.* — **ipsi**, agreeing with the subject of **audent**; not (as we might expect) with that of **defendere**, which is a *complementary infinitive* (§ **57**, 8, *c*). Supply *but* in translating. — **iniquitatem temporum**, i. e. the disturbed state of politics, while the wounds of the civil war were still fresh. — **ita fit**: the subject is the clause **ut adsint**, etc. (§ **70**, 4, *a*). — **propterea** = **propter** (compar. of **prope**) **ea**, *near* (hence *caused by*, or *on account of*) *these things:* distinguish carefully from **præterea**, which is **præter** (compar. of **præ**) **ea**, *along by* (*beyond* and so *besides*) *these things.* — **officium**, *duty*, arising from their relation to the murdered man, who had stood in relation of *hospitium* with some of the highest families. — **adsint**: the friends of the parties to a suit (called *advocati*) attended court to give them the weight of their influence (compare Cæs. B. G. i. 4). Hence the word *suit*, which originally meant *following* of witnesses and friends.

§ 2. **ergo**, **at**: for the force of these conjunctions, see Gr. § 43, 3, *b* and *e.* — **officiosior**, *with a stronger sense of duty.* — **ne . . . quidem**, *not . . . either*, enclosing, as usual, the emphatic word (§ **41**, 3, **a**). — **istius**, i.e., *which is in your thoughts* (§ **20**, 2, *c*). — **sim**, *conjunctivus modestiæ* (§ **60**, 2, *b*). — **aliis**, dat. (§ **51**, 2, *e*). — **præreptam**: **præ** gives here the force of *getting the start of others* in snatching it (compare *prevent*, from *præ-venio*). — **me**: emphatic from its position between **quæ** and **igitur** (§ **76**, 2). — **Rosci**: gen. (§ **10**, 4, *b*). — **reciperem**, *undertake* a case offered; **suscipere** is to take it up of one's own motion. (For the mood, see § **64**, 1; tense, § **58**, 10, *a*.) — **amplitudo**, *position*, from birth, wealth, office, or the like. — **do re publica**, *on politics.* — **id quod**, *a thing which* (§ **48**, 3, *e*). — **dixisset**: as a part of the case supposed in **si fecisset**, this must also be in the plup. subj. (see next note). — **putaretur**, apodosis of **fecisset** (§ **59**, 3, *b*), while the whole from **si verbum**, etc., is the apodosis of **si quis dixisset**. Translate, *if any one had spoken. in case he had alluded to politics, he would*, etc.

§ 3. **si dixero ... poterit**: for the form of condition, see § 59, 4, *e*. — **similiter**, *in like manner*, i.e. as if a man of rank had spoken. — **exire**, etc., i. e. this speech would not be quoted and talked over, nor on the other hand distorted and misinterpreted. — **emānare**, *leak out* (cf. mănēre). — **volgus** = **vulgus** (§ 1, 2, *b*). — **deinde quod**: the second reason, corresponding to **quia** above. — **ceterorum**, opposed to **ego**, below.

<small>The learner is greatly assisted (as, indeed, the Romans themselves must have been) in the understanding of a sentence like this, by noticing the way in which one word is set off against another. Thus, besides the case just mentioned, *dictum obscurum esse* is opposed to *temere dicto concedi*; so *propter nobilitatem* is opposed to *propter ætatem*, and *occultum*, etc., to *ignosci*, etc. At the same time, *occultum* is parallel with *obscurum*, and *ignosci* with *concedi*. These antitheses are indicated in various ways, — (*a*) by emphatic and similar or chiastic position, as here *ceterorum* precedes *neque* and *ego* precedes *siquid*, though the connective is usually placed first; (*b*) by particles, as the correlative *neque* ... *neque*, and *vel* ... *vel*.</small>

dictum is a noun limited by **ceterorum** (*in the case of the others*); **dicto** is also a noun, though modified by an adverb (see examples under § 72, 2, *a*). — **concedi** (impersonal, § 51, 2, *f*), *allowed*, or *put up with*. — **nondum ... accessi**, *I have not yet gone into public life*, i. e. become candidate for any office. Cicero began his political career five years later, with the quæstorship. — **tametsi**, *although*, in its so-called "corrective" use, — the concession coming after the general statement, as a kind of limitation of it. — **ignosci** has a subject supplied from **si quid** (§ 51, 2, *c*). — **ignoscendi ratio**, *the idea of pardon*. As Latin has few abstract nouns, their place is supplied in various other ways. The thought is, *not only pardoning, but even official investigation* (**cognoscendi**) *has ceased in the state* (in consequence of the stormy times of Sulla). But this thought can hardly be expressed in any other way than by the general word **ratio** with a genitive, which we may translate as above.

<small>"This is boldly said, at a time when the tyrant Sulla was in power. Sulla never pardoned, and inquiry in legal form was out of fashion; at least such a trial as an innocent man could rely on. The legislation of Sulla had excluded the *Equites* from the office of *judices*; and the senators, who were his tools, were the class from which *judices* were now taken" (Long). It should be observed, however, that during the period in which the *equites* were in possession of the courts, they showed themselves — in spite of Cicero's assertion (see Verr. i. 13) — quite as corrupt as the Senators. The fact is, each class was under a temptation to pass unjust judgments, since the provincial governors belonged to the Senatorial order, and the farmers of revenue to the Equestrian.</small>

3. § 4. **accedit**, *is added:* used as a kind of passive of **addo**. — **quod**, *that* (§ 70, 5). — **a ceteris**, *from the others*, i. e. the nobles. (For the use of the prep., see § 52, 2, *c*, Rem.) — **petitum sit**, subj. by § 60, 2, *a*: it is, strictly, subj. of ind. question after **forsitan** (= **fors sit an**, *it is a chance whether*). — **ut dicerent** (sc. causam), *that they should plead:* a subst. clause (§ 70, 3, *a*), subject of **petitum sit**. — **dicere causam** is the technical expression for the counsel (*to argue* or *defend a case*), as well as for the defendant (*to be brought to trial*). — ut ... arbitrarentur, a clause of result, correlative with ita (§ 65, 1). — utrumvis, lit. *either* [of the two] *you please:* here, simply, *either at their option.* — salvo officio (abl. abs.), *without breach of duty.* — arbitrarentur; imperf. following petitum sit (§ 58, 10, *a*). — a me (opposed to a ceteris) contenderunt, *have compelled it from me:* preserve the antithesis by inserting, *but as to myself*, which is implied in the position of a me. — ei (simply correlative to qui, § 20, 2, *d*), *men:* not a demonstrative, like hic, etc. The noble friends of Roscius are here meant, who would desire his cause to be well conducted. — plurimum possunt, *have the greatest weight.* — debeam, subj. of characteristic (§ 65, 2). — ego: expressed to continue the emphasis of a me. — his: emphatic, referring to the reasons just mentioned; ego, as opposed to the others present. — causæ, dat. (§ 51, 7, *a*). — patronus, *advocate* (the word advocati meaning friends, as above). The term patronus, *protector*, — properly the correlative of cliens, a *dependant*, — was transferred to the *counsellor*, as the defender of his client; all the more easily, as the practice of the law was in the hands of the nobles, who were obliged to defend their friends and dependants gratis. It should be noticed, that cliens is never used in the modern sense of *client* in law, correlative to counsellor: the Roman *cliens* was necessarily a poor man, or one in humble station, or a foreigner. — electus, relictus: this antithesis (in sound as well as sense) suggests at once that ingenio is in the same construction as periculo, and that possem dicere must be supplied. — unus, *as the one.* — uti: older form for ut. — uti ne: in purpose clauses (§ 64, 1), the double form is often used instead of ne alone.

§ 5. municeps (munus-capio), lit. *sharing public duties*, and so, citizen of a *municipium* or free Italian town with Roman citizenship.

_{A native Italian town which had lost its original independence, and was absorbed in the Roman state, ceased to be a *civitas*, and became a *municipium;* its citizens now possessed Roman citizenship as well as that of their own town. This Roman citizenship was possessed in various degrees. Some towns lost all rights of self-government, without receiving any political rights at Rome in their place; that is, their political existence was extinguished, and their citizens became mere passive citizens of Rome, with civil rights, but no political ones: this worst condition of municipal liberties was called *jus Cæritum*, because the Etruscan town of Cære was taken as the type. The most favored class retained all powers of self-government, with magistrates of their own election, at the same time being full citizens of Rome. All furnished their contingent to the Roman army, and were under the civil jurisdiction of the Roman prætor; but they paid no taxes except for their own local concerns.}

Amerinus, *of Ameria* (§ 50, 1, *a*). — vicinitatis: i. e. probably the whole territory of Ameria, extending to the Tiber. — hospitium, *guest-friendship*. This was a relation between individuals of different cities or states, at a time when there were no international relations: it included the duties of hospitality and protection, was transmitted from father to son, and was vouched for by a ticket (tessera). — **domesticus**... **consuetudo**, *intercourse and companionship in their homes.* — **honestatis gratia** (so **honoris causa**, § 17), *with all honor:* it seems to have been held a liberty to mention the name of any person of quality; and it is generally done in some such form of compliment. — **hoc solum**, i. e. the *hospitium.* — **domestici**, *of his own house.* — **ereptum possident**, *have plundered and now hold* (§ 72, 3, *a*): **possidere** does not signify *to own*, in the modern sense, but only *to hold* or *occupy*. — **innocentis**, i. e. **filii**.

§ 6. **nobilitatis fautor**, i. e. of Sulla's party. — **hoc tumultu**, *this last disturbance* (euphemistic): i. e. the final scenes of the civil war of Marius and Sulla, which Cicero will not call **bellum**. — **in discrimen veniret**, *was at stake:* subj. of characteristic (*at a time when*, etc.). — **opera**, etc., *labor, zeal, influence.* — **se pugnare**, simply *to fight* (§ 70, 2, *d*): object of **putabat**, while **rectum** is in pred. apposition (§ 46, 2). — **honestate, honestissimum**, refer respectively to the rank and dignity of these great families, and the credit which his connection with them gave him in his own neighborhood. — **victoria**, i. e. of Sulla's party. — **constituta est, præscriberentur**: the first is of *absolute*, the second of *relative* time (§ 62, 2), describing the period by its *characteristics* (§ 65, 2). — **proscriberentur**: the number of the proscribed in Sulla's time was 4,700. — **frequens**: adj. for adv. (§ 47, 6).

"Whoever killed one of these outlaws was not only exempt from punishment, like an executioner duly fulfilling his office, but also obtained for the execution a compensation of 12,000 *denarii* (nearly $2,400); any one on the contrary who befriended an outlaw, even his nearest relative, was liable to the severest punishment. The property of the proscribed was forfeited to the state like the spoil of an enemy; their children and grandchildren were excluded from a political career, and yet, so far as of senatorial rank, were bound to undertake their share of senatorial burdens" (Mommsen). At first only the names of those who had justly forfeited their lives were proscribed; afterwards it became easy for friends and favorites of the dictator (as Chrysogonus, attacked in the oration for Roscius) to put upon the list the names of innocent men, and even of men already dead, so as to work confiscation of their property. These proscriptions nominally ceased June 1, B. C. 81.

4. § 7. **erant**, see § 76, 1, *b*. — **inimicitiæ**: plural of the abstract, signifying *causes* or *occasions of enmity* (§ 14, 1, *a*). — **accusatorum**: prosecutions might be brought by private persons (as by Cicero against Verres): these Roscii took their places as prosecutors along with Erucius (*coadjutores, subscriptores*). — **isti** (§ 20, 2, *c*). — **Capitoni** (§ 51, 3, *b*). — **palmarum**, *prizes:* sarcastically said of his acts of violence, as of so many victories in gladiatorial fights. — **nobilis**, *famous* (as of artists, actors, etc.). — **hic**, the one here present (Magnus); **eum**, referring to the one just mentioned, the absent one (Capito). — **lanistam**, a professional *trainer* or "*coach*": used sarcastically, like **palmarum**, above. — **quod sciam**, *so far as I know*, sc. **id** (adv. acc. § 52, 3, *b*): i. e. he must have been a mere apprentice (**tiro**) at the trade; this is the first of his actual murders that I know of.

§ 8. **hic**, *this man* (with a gesture), i. e. here at my side; **iste**, *that one*, i. e. there on the accusers' bench. — **cum ... esset**, parenthetical. — **iste**, T. Roscius: the repetition of the words **frequens**, etc., brings out the point that he was likeliest to be the murderer. — **Palacinas**: the reading is uncertain, and the place unknown. — **suspitio**: this word is not formed immediately from the verb-stem of **suspicio**, but the true derivative ending is -tio, and the long vowel seems to indicate contraction (§ 44, 1. *c*, 2). — **res ipsa**, *the fact itself.* — **hunc**, i. e. my client. — **judicatote** (§ 57, 7, *c*): the second or longer form of the imperative is regular where the action is not to be performed immediately, especially when a future appears in protasis (§ 59, 4).

§ 9. **Ameriam nuntiat**, *brings the news to Am.*: the acc. of *end of motion* (55, 3, *b*). — **quidam**, *one*. — **horam primam**: the night from sunset to sunrise was divided into 12 hours; these would be longer in the late autumn or winter, when the murder is thought to have been committed. — **nocturnis**, i. e. when the travelling would be more difficult and slow. — **cisiis**: the plural form shows that there were *relays of carriages*.

§ 10. **quadriduo**, i. e. *in the same space of four days:* we should say *within four days.* — **in castra**: the idea of motion, vividly conceived, suggests the acc. of place as well as person; we should say, TO *Sulla* IN *his camp* AT *V.* — **Volaterras**: a very ancient and important town of Etruria, on a high and very steep hill, about 30 miles S. W. of Florence. "Here some of the Etruscans and of these proscribed by Sulla made a stand and were blockaded for two years, and there surrendered on terms" (Strabo). — **defertur**: this word implies an *intentional* conveying of the information, in the manner of a formal report, or charge.

5. fundos, *estates*, i. e. lands or buildings, whether in town or country. — **tris** = **tres** (§ 16, 2, *b*): the acc. termination in **is** remained in this and a few other words for a considerable time after the form in **es** became more common. — **Tiberim** (§ 11, i. 3, *a*, 1): the river must add greatly to the value of these estates, whether for transportation or irrigation. — **splendidus**, *eminent:* the regular complimentary epithet of *equites*, and persons of similar rank; **gratiosus**, *in favor:* referring to his relations with great families. — **negotio**, *difficulty.* — **de medio tolli**, *put out of the way.* — **ne teneam**, *not to detain you:* a purpose clause after some verb of *saying*, etc., which is, as usual, omitted (§ 64, 1, *b*). — **societas**, *partnership.* — **coitur**: **coire**, as governing the accusative (52, 1, *e*), here takes the passive.

§ 11. **cum**, etc.: the proscriptions ceased June 1, B. C. 81; the murder was committed some months after this date (see below, § 39). — **jam** (with reference to time preceding), *already* (§ **41**, 3, *b*): **nunc** (referring only to the moment itself), *now*. — **defunctus**, *rid of*, sc. **esse**. — **Rosci** limits **nomen**. — **studiosissimi**, *devoted to* the party of Sulla, and so not likely to be proscribed. — **manceps** (**manu capio**), *purchaser* of confiscated goods and the like. — **iste**, *yonder*, on the accusers' benches. — **nomine**, i. e. as agent. — **impetum facit**, *makes a raid upon*, implying violence, as of a charge in battle. — **duobus milibus nummum**, i. e. about $100 (§ **85**); they are estimated in ch. ii. to have been worth $300,000 (*sexagies*).

§ 12. **imprudente**, *without the knowledge* (*prudens* = *providens*). — **certo scio**, *I am well aware* (§ **41**, 3, *c*). — **neque enim**, negative of **et enim** (§ **43**, 3, *d*), introducing a point obvious or indisputable, *for, you see*. — **mirum**, predicate of the clause **si...moliantur**, below (§ **70**, 5, R.). — **præparet**, *must provide for:* **cum** is causal, though to be rendered *when*. — **pacis...rationem**, i. e. the ordering of the new constitution. — **distentus**, *pulled different ways.* — **si aliquid** (more emphatic than **si quid**) **non animadvertat**, *if there is something he does not notice:* protasis with **si**, above. — **ut...moliantur**, *that as soon as he takes off his eyes they may get up something of this sort:* clause of purpose (§ **64**, 1); **despexerit**, perf. subj. (§ **66**, 2), for fut. perf. — **huc accedit**, *add to this*. — **quamvis felix sit** (§ **61**, 2), *however fortunate he may be:* Sulla was so impressed with his own good fortune, that he assumed the *agnomen* Felix, implying, by the ancient notion, peculiar favor of the gods. (See Manil. § 47). — **familia**, *household* of slaves and dependants. — **qui habeat**, *as to have* (§ **65**, 2, *a*). — **libertum**, *freedman:* he still remained attached to his former master as *patronus*, often lived in his family, did various services for him, and stood towards him in a relation somewhat like that of a son under the *patria potestas*. Towards others he was a *libertinus*, fully free, but with some political disqualifications ; towards his former master he was a *libertus*.

§ 13. **vir optimus**, sarcastic. — **qui...solvisset** (§ **65**, 2), *though he had not yet*, etc. — **justa**, *the due rites of burial:* these ended with a sacrifice on the ninth day (*novemdialia*) after the death or burial. — **eicit = ejicit:** in the compounds of jacio, the combination ji is properly, as here, written with a single letter (§ **1**, 3, *d*).

6. **pecuniæ**, *property*. — **dominus**, *master* in the sense of *owner*. — **qui...fuisset** (§ **65**, 2), *since he had been*, etc. — **ut fit**, *as generally happens*. — **insolens**, here, *extravagant*, etc. — **domum suam** (§ **55**, 3, *b*, *e*), *to his house*. — **auferebat** (§ **58**, 3, *c*), *began to*, etc. — **auctione**, verbal from **augeo**, i. e. *increasing the bids*. — **usque eo**, *to that degree*. — **urbe tota**, § **55**, 3, *f*.

§ 14. **iter**, *right of way:* this was usually reserved in case of the sale of any estate on which was a family burial-place: by the proscription this right was cut off. — **bonorum emptio**, the technical term denoting *purchase at public sale*. — **flagitiosa**, *flagrant* (cf. a "burning shame"), because of the fictitious proscription. — **furta** refers to **clam**; **rapinæ** to **palam**, above.

§ 15. **decurionum**: these were members of the municipal senate, or council. — **decem primi**: these were a committee of ten, in whom the administration was vested. T. Roscius Capito (see § 16) was one of this committee. — **qui vir**, *what sort of man*. — **ut ... velit**, *that he will consent*. — **decretum**: the decree was here read to the court, but is not given in the published speech. — **id quod**, *as* (§ 48, 3, *e*). — **nōbilīs**, acc. plur. (§ 16, 2, *b*). — **ab eis qui peterent** (§ 64, 1), *to beg of them*: **eis** refers to the **decem primi**. — **ne ... adirent**, obj. of peterent. — **vellent**, § 66, 1, *a*.

§ 16. **antiqui**, *of the old stamp*. — **ex sua natura**, *after their own nature*. — **ceteros**, subj. of **esse** understood, depending on **fingerent**, *imagined*. — **confirmaret**, *assured them*. — **appromitteret**, *promised in addition*.

7. **re inorata**, *without having pleaded their case*: the primary meaning of **oro** implies not *entreaty*, but *statement* or *argument* (cf. **orātor**). — **reverterunt**: the transitive force of this verb is found only in the tenses of the perfect stem; otherwise deponent. — **isti**, i. e. Chrysogonus and Capito. — **lentius**, *more slackly*. — **nihil agere**, *do nothing*, not even make a show of putting off. — **deludere**, *make fools of* the Amerians, i. e. treat them with contempt. — **id quod**, etc., *as we may easily infer*: this point is an inference, not like the rest an attested fact. — **neque**, *and not*, the negative qualifying **posse**: *and judge that they can no longer*, etc. In Latin the connective attracts the negative.

§ 17. **hic**, my client. — **cognatorum** (co-gnatus), *blood-relations*: these were accustomed to hold a *consilium*, or formal deliberation, on important family affairs. — **Cæciliam**, see § 50. — **id quod**, etc., i. e. she showed on this occasion (**nunc**) the generous traits all expected in her. — **quasi ... causa**, *as a model*. — **antiqui officii**, *old-fashioned fidelity*: **officium** means the performance of duties as well as the duties themselves. — **domo** (§ 55, 3, *a*), without the prep., while **bonis** requires **ex**. — **vivus ... referretur**, *brought alive to trial, rather than murdered and put on the proscription-list*.

§ 18. **consilium ceperunt**: this phrase is equivalent to a verb of *determining*, and so has the clause **ut ... pugnarent** for its object (§ 70, 3, *d*). — **nomen deferrent**, i. e. lay a formal charge. — **de parric.**, § 50, 4, *b*, R. — **veterem**, *old* in the trade: the reign of terror through which Rome had just passed had given ample practice. — **suspitio**, *ground of suspicion*. — **crimine**, *the charge* itself. — **poterant**: indic. as being Cicero's reason, not theirs. — **tempore**: partly the character of the time in general; partly the fact that the courts were now first reopened, after their reorganization by Sulla. — **loqui**: the thought of the conspirators put in ind. disc., the verb being implied in **consilium ceperunt**. — **tam diu**, during the long troubles. — **eum**, *any one*. — **qui primus**: this was the first case that came before the *Quæstio inter Sicarios*. —**adductus esset**: for fut. perf. of direct disc. — **huic**: opposed to the indefinite **qui primus**. — **gratjam**, *favor* or *influence*, i. e. with Sulla. — **fore ut**: the more usual form for the fut. infin. pass., which is rare (§ 28, 2, *h*). — **tolleretur**, *got out of the way:* a derivative meaning (*prægnans*) from the original sense of *lift*. — **nullo**: for the abl. of **nemo**, which is never used. — **atque adeo**, *or rather*. — **quem**: the antecedent is **eum**, below. — **jugulandum** (§ 73, 5, *c*), i. e. for judicial murder.

8. 19. **unde**, *where:* i. e. the point *whence* the argument proceeds. — **potissimum** (superl. of **potius**, as if *rathest*), *soonest*, or *rather than anywhere else*. — **summam**: i. e. of rendering a verdict. — **fidem**: i. e. the *protection* required by good faith. — **pater**, etc.: these nominatives are in no grammatical construction, but are simply a list of crimes (see § 72, 3, *a*). — **infesta**, *assailed*. — **nefariis**, abl. of instr. after **cumulant**: but translate, *upon these they heap up other infamies*. — **hujusce** (emphatic instead of **ejus**, the regular pronoun of reference, § 20, 2, *d*), *his own*. — **condicionem**, *terms* (or *dilemma*): as containing the idea of a bargain, it is followed by **ut** (§ 70, 3, *d*). — **cervices**: this word is used by early writers only in the plural. — **insutus in culeum**: the old punishment of parricide was to be "beaten with blood-red rods, then sewed into a sack, with a dog, a cock, a viper, and an ape, and thrown into the deep sea" (see below, § 29). — **patronos**: Cicero's modesty will not allow him to call himself a *patronus* (cf. note on § 4). — **qui dicat**, purpose-clause (§ 64, 1): the antecedent is the subj. of **deest**, below.

§ 20. **quantum**, *so far as* (adverbial acc.). — **crimen**, *the criminal charge:* with the other wrongs of the accused the advocate has nothing to do. — **conficionem**, *the getting up*. — **quid igitur est?** *how then?* The whole task implied in **oportere** is too large to be attempted in a single plea. He has only to argue the case on the charge: the jury must see that reckless audacity and coercion shall have no effect with them. — **primo quoque tempore**, *the very first opportunity* since the violence and disorder of the civil war.

§ 21. **quo uno maleficio**, *that in this one crime*. — **voltu**, *by a look*, showing lack of filial affection (*pietas*).

9. **si ... cogebant**, *would compel it if the case should require* (see § 59, 4, *f*): a future protasis, relative to the time of **cogebant**, which is past.—**auditum sit**, fut. cond. completed (§ 59, 4, *c*).—**tu** (emphatic), *you*, a professional prosecutor.—**censes**: the word used to express deliberate judgment, after discussion, etc.—**mores**, *character*, as resulting from habits of life; **naturam**, *natural disposition*. —**tu**, emphatic, as opposed to accusers generally.—**ne ... causa**, i. e. not even as a plausible charge.—**contulisti**, *brought home*.

§ 22. **qui homo?** *what sort of man?*—**adulescentulus**, *some young fellow:* the diminutive emphasizes the contrast in age.— **nequam**, agreeing with **hominibus**.—**major**, anomalous for the more usual **plus** or **amplius** (§ 54, 5, *c*).—**videlicet**, *no doubt* (ironical), Eng. *viz.*—**de luxuria**, abl. of charge (§ 50, 4, *b*, R.). **objecit**: the accuser made it a point in his charge, that the accused was of a gloomy and morose temper, shunning all society.— **officio**, *discharge of duty*.

§ 23. **justam**, *sufficient* or *well-grounded*.—**illud**, *this*, in appos. with the clause immediately following, i. e. the point previously treated; **hoc**, the new point now introduced.—**eodem**, *to the same point* as that treated in the preceding section.

10. qui odisset, *in that he hated* (according to their argument). —**constantissimus**, *most consistent*.—**illud** refers to **causam fuisse**.—**jam**, *by this time*.

§ 24. **jam prope cotidiana**, i. e. *which have come to be*, etc.— **convenisse ... videntur**, *seem to have converged upon one spot and to agree together:* the phrase **inter se** may express any sort of reciprocal relation.—**ingenio**, *power*.

§ 25. **expressa vestigia**, *distinct footprints*.—**ratione**, *contrivance*.

§ 26. **Tarracinensem**, *of Tarracina* (Anxur), a colony on the Latian coast, 40 miles from Rome.—**non obscurum**, *respectable*.

11. servus: here used as an adjective (cf. § 47, 3, *c*).—**id ætatis**, i. e. too old for the sound sleep of childhood.—**propter**, *near by*.—**autem**, *on the other hand*.—**potissimum**, *of all others*.

§ 27. **non modo ... possunt**, *not only cannot*, etc. (§ 41, 2, *e*): the verb is sufficiently negatived by **ne**.

§ 28. **singulare**, *special*.—**rerum natura**, *the universe*, represented by air (*cælum*), fire (*solem*), water, and earth, the elements "from which all things are said to be produced."

§ 29. **obicere**, *cast forth to*.—**ne bestiis ... uteremur**, *lest we should find the very beasts more savage* (**immanioribus**, in pred. appos.).—**sic nudos**, *naked as they were*.—**ipsum**, *even that*.—**violata**, *defiled*.—**expiari**: sea-water, as well as running water, was regarded as having a purifying quality,—a notion prevailing in various religions, and found in the forms of ablution, baptism, and the like.—**tam ... volgare**, *so cheap or so common*. —**etenim**: i. e. it needs no argument to show, etc.

12. ejectis, *to waifs.* — ita, *in such a way.*

§ 30. crimen, *accusation.* — talibus viris, "to this intelligent jury." — causam, *motive.* — emptores, i. e. men having the strongest interest in his conviction, with Chrysogonus himself as their presiding officer. — judicio, *the trial.* — venisses, *you should have come* (§ 57, 3, *d*). — utrum ... an, i. e. which is it — the nature of the question or the character of the court [another compliment to the jury] that you do not see? — admittere, *commit.*

§ 31. esto, *well then* (to quit that point). — causam proferre, to *allege a motive.* — vicisse debeo, *I ought to be already victorious*, i. e. by my past argument: *ought to have conquered* is vincere debui (§ 58, 11, *a*). — in alia causa, *in another case*, an implied condition to concederem. — qua re, *why*; quo modo, *how.* — ita, sic, i. e. I will deal with you on these terms. — meo loco, *in my place*, i. e. in the time allotted to the defence: this was determined for each party by the prætor.

§ 32. ipsum, sc. percussisse. — per alios, for abl. of means, when living persons are intended (§ 54, 4, *b*). — indidem Am., *from Ameria itself?* — hosce sicarios, *these cut-throats of ours.* — convenit, i. e. to bargain for the murder. — unde, i. e. where did he get the money?

13. caput, *fountain-head.* — tibi, dat. for poss. (§ 51, 7, *a*). — veniat, with facito (fac) for simple imperat. (§ 70, 3, *f*, R.). The fut. form of the imperat. is used, because it is a point for the accuser to reflect upon (§ 57, 7, *c*). — ferum atque agrestem, *rude and clownish* (not simply *countrified*). — in oppido constitisse, *to have stayed in any town:* oppidum is distinguished both from urbs, *the great city*, and vicus, *a country village*, or mere hamlet: it would be a place of some society and cultivation.

§ 33. poterat, *might*, i. e. if I chose to use it (§ 60, 2, *c*). — victu arido, *dry* or *meagre way of life.* — inculta, *uncouth.* — possis, potential subj. (§ 60, 2, *a*). — erumpat, *burst forth :* a strong word on account of audacia, *reckless daring.* — autem, *on the other hand.* — agrestem, *boorish.* — parsimoniæ, *thrift* (in a good sense).

§ 34. missa facio, *I let that pass:* such phrases are often used colloquially or with emphasis, for the simple verb (§ 72, 3, *c*). — per quos: these words are the interrogative expression with which the translation of the clause should begin; is homo is put first for emphasis. — suspitiose, i. e. so as to look suspicious. — suspitio, culpam: i. e. in so clear a case I will not ask proof of guilt; any suspicious circumstance will be enough. — credo, *I suppose :* ironical, as usual when thus used parenthetically. — causa dicitur, lit. *the case is argued* by the defendant: i. e. a charge is brought.

§ 35. quod [innocenti] relates to id, having in appos. the clause ut ... polliceatur. — quæstionem, *question* in the technical sense, i. e. examination by torture, the regular legal way of examining slaves. In a few special classes of cases, the slaves of the accused could be tortured in order to get evidence against their master (see Milo, ch. 22). The master might, however, of his own accord, offer them for torture (*polliceri*): in this case Roscius had lost his slaves, and so was deprived of this privilege. — **unus puer**, modified by **non**: the position makes the negative very emphatic. — **minister**, i. e. to wait upon him.

14. **familia**: this word, in its primary meaning, properly embraced the entire body of free persons, clients and slaves, under the patriarchal rule of the *paterfamilias*. In time, the meaning was divided, applying either (1) to a group of kinsfolk having a common name, — as Metellus, Scipio, Cicero, Cæsar; (2) to a body (or gang) of slaves. The latter is the meaning here. — **Scipio, Metelle**, these were, probably, P. Scipio Nasica, father of Metellus Scipio (a leader on Pompey's side in the civil war), and his cousin, Q. Metellus Nepos, brother of Cæcilia (§ 50), and father of the Celer and Nepos referred to in the orations against Catiline. — **advocatis**, *summoned* (as friends of the accused); **agentibus**, *taking active part*. The demand seems to have been formal, and these friends were present to attest it. — **aliquotiens**, *several times*. — **meministisne**, *don't you remember?* — **T**. **Roscium**, i. e. Magnus. — **sectantur**, *wait on*.

§ 36. **aureum**: the Greek name Chrysogonus means *gold-born*. — **latuit**: because his was the only name that appeared. — **alii quoque**, i. e. other purchasers of confiscated estates. — **sectorum**: these were the purchasers of confiscated property in the lump, who afterwards *divided* it (**seco**) to sell again in detail. The word also means both *cut-throat* and *cut-purse*, and was perhaps used here to imply, by the double meaning, that these men connived at the death of the proscribed.

§ 37. **venierunt**, *were sold* (§ 35, 2, *b*). — **tantus homo**, *such a great person:* a hint that more important men than he had suffered. In fact, all the really eminent victims of the civil war had perished before the proscription. — **Valeria**: the law by which Sulla was made perpetual dictator and invested with absolute power of life and death (B. C. 82): it was proposed by L. Valerius Flaccus as *interrex*. Laws were designated by the *gentile* name of their proposer: all laws, for example, carried by L. Cornelius Sulla were known as *Leges Corneliæ*. — **Cornelia**: this appears to have been enacted some time after the *lex Valeria*, in order to regulate the details of the proscription. Cicero's ignorance of the law is no doubt affected. — **novi**, I know the thing or person; **scio**, I know the fact: *I am not acquainted with the law, and do not know which it is*.

15. **proscripti sunt**: the indic. must mean those already proscribed when the law was passed. Future cases would be referred to by the subj. or fut. perf. (see Verr. ii. ch. 41, 42). — **adversariorum præsidiis**, *within the enemies' lines*, i. e. in arms. — **bona**, *the property*. — **veteres**, those of the regular code: **novas**, those of the Sullan revolution.

§ 38. **in eum**, i. e. Sulla. Here it is necessary for the orator to proceed with great caution: even if not himself present, Sulla would watch jealously the first case before his own criminal court. — **ab initio**, *from the beginning* of this trial; **omni tempore**, in his whole career. — **ut ... passus non sit**, clauses in appos. with **hæc omnia**: for the change of tense, see § 58, 5, *d*. — **apud adversarios**, *in the enemies' ranks* = in **præsidiis**, above. — **postea**: the passage referred to appears to have been lost out of the oration, probably in the gap in ch. 45. The scholiast represents Chrysogonus as saying that he had used the property in building a villa at Veii.

§ 39. **Kal. Junias**, acc. in the same constr. as **diem**. — **aliquot post mensis**, see introd. — **tabulas**, the records of confiscated property, which belonged to the State. — **nulla**, *not at all* (§ 47, 6). — **redierunt** = **relata sunt**. — **nebulone**, *knave*. — **facetius**, *more neatly :* in the case supposed, the proscription would be a mere trick, and the property would be taken without even the forms of law. — **corruptæ**, *tampered with*. — **ante tempus**, *prematurely*. — **reduviam curem**, *treat a sore finger* (a proverbial expression): i. e. in a case of life and death, I deal only with some trifling ailment. — **non rationem ducit**, *he does not take account* (a mercantile phrase).

§ 40. **partim pro me**, *partly in my own name*. To avoid entangling the case of his client with politics, Cicero makes himself responsible for all that might have a political bearing: he was a known partisan of the nobility, and could afford to speak freely.

16. **ad omnis pertinere**, *concerns all*. — **sensu ac dolore**, *feeling and pain*, i. e. painful feeling. The adjective idea is enforced by dwelling on it in the form of another noun (*hendiadys*). — **jam**, with the fut., *presently*.

§ 41. **ego**, opp. to *Roscio*. — **diem**, fem. (§ 13, 2, N.). — **præfinita**, *fixed in advance*, as the limit (**finio**). — **tantulo**, *so little*. — **patronum**, i. e. Sulla. (See note on *libertus*, § 12.) — **conferre**, *throw the responsibility*. — **imprudente**, *without the knowledge of*. — **egerit**, *will effect;* fut. perf. for fut. (§ 58, 7, R.).

§ 42. **placet**, *do I like?* i. e. *do I think it right?* — **imprudentia**, *want of foresight*. — **etenim si**, etc. The comparison is strained, and rather offensive to good taste; but. it is curious as showing the ancient notions as to the origin of evil, and at the same time Sulla's relation to the State as "lord protector." (Compare the oration for Marcellus.) — **pernicii** for **perniciei** (§ 13, 3). — **vi ipsa rerum**, *by the very violence of the elements.* — **possit, adepta sit**, informal ind. disc., as the thought of the person surprised. — **si ... sit**, clause with **mirum** (§ 70, 5, R.).

17. § 43. **tametsi**, *and yet.* — **meo jure**, *with perfect right* (as belonging to that party): **jure** alone would mean *justly;* **meo** limits it to the speaker's own case. The passage that follows is interesting, as showing the way in which Cicero regarded the general issues of the civil war, and the excesses of the victorious party. — **pro mea**, etc., *to the extent of my poor and feeble ability.* — **ut componeretur**, *that reconciliation should be made:* a clause of result in appos. with **id** (§ 70, 4). — **qui vicerunt**, *who did* (in fact) *conquer:* the subj. here would imply, whatever party might conquer. — **humilitatem**, not merely *low rank*, but meanness and vulgarity; **dignitate**, *personal worth*, from birth and services; **amplitudine**, *rank* or *position*. With all his arrogance, blood-thirstiness, and narrow conservatism, Sulla was, after all, the representative of orderly government against anarchy and mob-law. — **retineretur**, *would be preserved* (fut. cond. § 59, 4, *f*), the prot. being **quibus incolumibus**. — **quæ**, i. e. the reinstating of the nobility. — **gradum**, *rank*.

§ 44. **quod ... in eos**, *that those have been punished* (a mild expression for proscription). — **non debeo**, *I have no right.* — **in eo studio partium**, *in favor of that party:* **studium** is the regular word for partisan favor. — **id actum est**, *this was the object:* the clause **ut ... facerent** is in appos. with **id**. — **postremi**, *the lowest* in class or character. — **non modo**: understand **non** with **prohibere**.

§ 45. **male**: to *speak ill* is to *utter abuse* or calumny. — **causam communicare**, *make common cause*.

18. **equestrem**, referring to the struggle for the *judicia* (§ 11), and the extensive sympathy of the *equites* with the party of Marius. Compare note to Verr. § 1. — **servi**: Chrysogonus was a freedman of Sulla. — **dominationem**, *mastery* or *tyranny*. — **versabatur**, *displayed itself.* — **quam viam munitet**, *whither it is paving a way:* road-building, both literally and figuratively among the Romans, was spoken of by the engineering term **munire**. — **ad fidem**: i. e. after getting possession of the political power, these lowborn fellows were aiming at the courts, the one security of public faith and good government. — **jusjurandum**: the jurors were under oath to give a righteous judgment. — **hicine**, § 20, 1, N. — **neque ... possit**: this is exactly what good men said in New York ten years ago. — **verear**: subj. because it is not a real reason, but one introduced only to be contradicted (§ 66, 1. *d*, R.).

§ 46. **exspectata**, *so long waited for.* — **servoli**, dim. of contempt. — **bona,** *estates;* **fortunas** (more generally), *wealth.* — **id actum est,** *this was the object.* — **senserim,** *sided with them:* this verb, with its noun **sententia,** often refers to political opinions. — **inermis** : i. e. had he taken up arms, his regret would have been deeper. — **cuique,** *to every man* in proportion as he is, etc. (§ 17, 5, *c*). — **probe novit** : note the strong sarcasm. — **rationem,** *relations:* so that what touches one touches the other. — **læditur,** etc., *is injured* being separated, etc. Mommsen puts **cum** before læditur, in which case it means, "by owning himself injured he cuts himself off," etc.

§ 47. **mea,** emphatic : he will avoid prejudice to his client, by assuming the responsibility of these words. — **istorum,** *those men's.* — **morum,** *the customs of business.* — **more,** *in the regular way.* — **jure gentium** : the "law common to all nations" (Maine), as opposed to *jus civile,* or law of the state. It is thus used as nearly equivalent to *natural right.*

19. a nobis, i. e. once clear of guilt, and acquitted of a shocking crime, he will leave you unmolested. — **rogat** : a feigned appeal to his persecutors. — **in suam rem** : in a former passage, allusion is made to a charge that Roscius had fraudulently kept back part of his father's property. — **concessit,** etc., *has given up* [the immovable property], *counted and weighed* [the rest] ; by particularizing and dwelling upon different kinds of property, a stronger impression is produced. — **anulum,** probably the gold ring indicating his rank as an *eques.* — **neque ... excepit,** *and has reserved nothing else besides his naked self.*

§ 48. **quod, quia,** § 63, 1. — **hominem,** i. e. *the owner.* — **præter ceteros** : i. e. even if other purchasers had to refund, he the favorite had no cause to fear. — **patria,** *of their fathers.* — **ne quando** : i. e. some time when there comes a political reaction.

§ 49. **facis injuriam,** i. e. *you act unreasonably.* — **majorem spem** : Cicero artfully suggests that Chrysogonus has no confidence that Sulla's constitution will last; hence he wishes to remove a dangerous claimant in case of another overturn. — **monumenti,** *memorial,* or *keepsake.*

20. cruenta (pred.) : the thought is strengthened by the use of words only appropriate to an actual killing and stripping of the dead.

§ 50. **rem tuam,** *your interests.* — **quasi nescias,** *as if you did not know* (§ 61, 1). — **spectatissima,** *most estimable:* the friends of Roscius are purposely exalted, in order to influence the Court.*

---

* Cæcilia is called in § 17 daughter of Nepos; but the the statement here is probably correct. Q. Cæcilius Metellus Baliaricus was one of the four sons of Metellus Macedonicus — two of consular rank. the third consul, and the fourth candidate for the consulship — who accompanied the bier of their distinguished father (b. c. 115). The description of father, uncles, and brother applies, therefore, perfectly in this case ; but Nepos, son of Baliaricus and (as we assume) the *ornatissimum fratrem* referred to, had no brothers that

— **cum haberet,** *though she had.* — **cum esset,** *while she was,* etc.
— **femina, mulier :** observe the distinction between the words, the latter being always used when speaking of the tenderness of the feminine nature. — **quanto :** the usual correlative is supplied by **non minora,** *full as great.*

§ 51. **quod,** *the fact that.* — **pro hospitio,** *in accordance with his father's friendly relations and personal influence* (see above, § 1). — **pro eo quod,** *in view of the fact that.* — **sin ... vindicarent,** i. e. if all were disposed to right this wrong : hinting that the accusers would be in danger of violence. — **summa res publica,** i. e. the existence of the state itself. — **hæc,** these outrages. — **nunc,** opposed to the preceding suppositions. — **sane,** *certainly.*

§ 52. **quæ domi :** i. e. the protection of Roscius, supply of money, providing of witnesses, etc. — **fori ... rationem,** *the business of forum and court,* i. e. the preliminaries of the trial. — **ut videtis,** i. e. Messala* is here in court. — **sectorum,** see note to § 36. — **assiduitate,** *constant presence,* probably at the preliminary proceedings. — **hac nobilitate,** i. e. *such nobles as he.* — **hæc res,** *the present state of things was brought about.* — **ei nobiles,** i. e. the nobles expelled by Marius and Cinna.

21. § 53. **propria,** *his own;* **communis,** *common to all.* — **pristina,** *as of the olden time.* — **versata est,** *has prevailed.* — **id quod,** etc., *which surely can never be.* — **actum est,** *all is over.*

§ 54. **condemnaretis :** for the tense, see § 58, 10, *a;* so **potuissent,** *have not been able.* — **nimirum,** *doubtless.* — **consilium publicum :** the administration of justice, along with all other affairs of the state originally vested in the kings, was transferred to the people in their sovereign capacity, and exercised in the *comitia.* Hence the bodies to which it was afterwards delegated were *consilia,* — a term which includes (as here) the *body of jurors.*

§ 55. **an vero,** *or can it be true that,* etc. In this use of **an,** the first question is omitted (§ **71,** 2, *b*), and the second is often a *reductio ad absurdum,* as here. The full thought is, *Do you not agree with me, or can it really* (**vero**) *be,* etc. — **agi,** *is at stake :* **aliquid agere** is *to aim at something.* — **ut ... tollantur,** *be got rid of, in one way or another.* — **periculo,** often used of defendants.

22. **sectorem ... accusatorem,** i. e. T. Roscius Magnus, *at once purchaser, enemy, cut-throat, and accuser.* — **probatum suis,** *vouched for by his friends.*

---

are known, and on the other hand had *two* sons, — neither of whom, however, was old enough at this time to deserve this epithet. Both were active in the time of Catiline's conspiracy. Celer was consul B. C. 60, the younger Nepos in 57. Cæcilia, daughter of Baliaricus, married App. Claudius, and was mother of Cicero's bitter enemy Clodius.

* This is supposed to have been the one who was consul B. C. 53 (not the consul of 61). In this case he was father of the distinguished orator and soldier of the reign of Augustus. As appears from this passage, he was too young to undertake the case himself.

§ 56. **suscipere noluit**: the law by which the proscriptions were instituted was passed by the people, without the intervention of the Senate. — **more majorum**, i. e. that every capital judgment was subject to an appeal to the people in the *comitia centuriata*.

§ 57. **quibus**: the antecedent is **eis**. — **hominibus**, dat. (§ 51, 2, *e*). — **pati nolite**, *do not suffer*. — **consuetudine incommodorum**, *by familiarity with horrors*.

IMPEACHMENT OF VERRES.

Argument.

CHAP I. The jurors are congratulated on the opportunity of restoring the good name of the senatorial courts: character of the defendant. — 2, 3. Attempts of Verres to avoid the trial: he places all his hope in bribery. — 4, 5. His crimes in administration, of pillage, extortion, and cruelty, open and flagrant. — 6. His attempt to contract in advance for acquittal. — 7, 8. His hopes in the election of Hortensius as consul and Metellus as prætor. — 9, 10 Cicero's anxiety. The great effort to have the case tried before Metellus, which was to be effected by delaying the trial till after the holidays. — 11, 12. Cicero proposes to display his case at once, without argument, and so prevent its being laid over: he will meet the domineering Hortensius on that issue. — 13-15. The senatorial compared with the equestrian courts; their corruption and ill repute. Loss of confidence in Roman justice; ruin and misery of the provinces. — 16. The court itself on trial: acquital can have but one meaning. — 17. Appeal to Glabrio to prevent bribery. — 18. The Sicilians must not be baffled. Way in which Cicero proposes to conduct the prosecution: he will introduce witnesses at once, without previous argument. List of the charges, including the plunder of 4,000,000 sesterces from the Sicilians.

PAGE
25. § 1. **erat optandum** (§ 60, 2, *c*, not necessarily implying a protasis contrary to fact), *what was chiefly to be wished*. — **quod ... pertinebat**, *the one thing which most tended* (or, *was of chief importance*). — **invidiam infamiamque**, *odium and dishonor*, from the partisan use of the courts by the Senators (see Rosc. Am. § 3). These points are here emphasized, as being of quite equal importance with the conviction or acquittal of Verres. In fact, the trial turns more on the character of the court than on the guilt of the accused, which was notorious. — **vestri ordinis**, i. e. the senatorial, from which the *judices* were at this time taken. (See note on *judices*, R. A. § 1.) The word *Ordo* was used loosely to describe any recognized body of citizens — as freedmen, publicans, clerks; it was more especially used of the two powerful classes of the Roman Aristocracy, the Senatorial and the Equestrian, which struggled with each other for power during the last century of the Republic.

THE ROMAN ARISTOCRACY.

SENATORIAL ORDER. — Strictly speaking the *Ordo Senatorius* was only another name for the Senate, the members of which, by virtue of their life tenure of office, and their *esprit de corps*, formed a united body or "order" in the state. The list of senators, amounting in general to about 300, was formerly made up by the Censors from among those who had held high magistracies: after the time of Sulla every person who held the quæstorship — the first grade of the regular magistracy (see note § 11) — was entitled to a seat in the Senate. The number therefore fluctuated, running up to five or six hundred. The elections were so largely under the control of the Senate and the magistrates, that it was very hard for any person not belonging to the nobility (see note on § 15) to be chosen to any office: when any such person, *novus homo*, entered the Senate, — such as Cato the Censor, Marius and Cicero, — he belonged of course to the Senatorial order, although he was not a noble. Such cases, however, were so rare, that it may be laid down as a general truth, that the Senatorial order and the Nobility were identical, and "new men" became necessarily identified with the class to which their posterity would belong, rather than that from which they came. This double relation of Cicero — a member of the Senate, but sprung from the Equestrian order — goes a great way to explain what is inconsistent and vacillating in his political career.

EQUESTRIAN ORDER. — The title *Equites* was properly applied to the members of the eighteen centuries *equitum equo publico*; to whom a horse was assigned by the state, together with a certain sum of money yearly for its support. Those who served *equo publico* must have a fortune of 400,000 sesterces ($16,000), and the horses were assigned by the censors, as a rule, to the young men of senatorial families. The *centuriæ equitum* were therefore composed of young noblemen, [see "Celsi Ramnes," Hor. A. P. v. 342]. When they entered the Senate, they were (in the later years of the republic) obliged to give up the public horse; on becoming senators therefore they voted in the centuries of the first class, not with the Equites (see note on Assemblies, § 18). This aristocratic body had, however, long before this period, ceased to serve in the field: they formed a parade corps (somewhat like the Royal Guards in England), from which active officers of the legion, *tribuni*, were taken. When the Roman *equites* ceased to serve as cavalry, troops of horse were demanded of the allies; and in the time of Cæsar we find that the Roman legion consisted exclusively of infantry, the cavalry being made up of auxiliaries.

During the time that the *equites equo publico* still served in the field as cavalry, another body grew up by their side, of *equites equo privato*, that is, persons of the equestrian census, who had a property of 400,000 sesterces, who had not received a horse from the state, but who volunteered with horses of their own. This body consisted mainly of young men of wealth, who did not belong to noble (that is, senatorial) families. No very distinct line was, however, drawn between the two classes, until the *Lex Judiciaria* of Caius Gracchus (B. C. 123), which prescribed that the *judices* should no longer be taken from the senators, but from those who possessed equestrian census, and at the same time were not members of the Senate (see note on *judices*, R. A. § 1). This law did not formally exclude nobles who were not members of the Senate; but the entire body of nobility was so far identified in spirit and interest with this body, that an antagonism immediately grew up between them and this new judicial class. A principal cause of the antagonism was that members of the Senate were prohibited from being engaged in any trade or business; while, as has been shown above, the Senate, by its control over the elections, virtually filled its own vacancies, of course from the ranks of the nobility.

Since rich men of non-senatorial families were thus excluded from a political career, while Senators were excluded from a business life, there were formed during the last century of the republic two powerful aristocracies, — the nobles, or Senatorial order, a wealthy governing aristocracy of rank, and the Equestrian order, an aristocracy of wealth, the counterpart of the moneyed aristocracy of our day. The name *Ordo Equestris* was derived from the fact of its members possessing the equestrian census; that is, that amount of property which would have entitled them to a public horse. From the ranks of the nobility were taken the oppressive provincial governors; the equestrian order furnished the *publicani*, the equally oppressive tax-gatherers. It is easy to see, therefore, that neither the law of Gracchus, which placed the Court of *Repetundæ* in the exclusive power of the Equestrian order, nor that of Sulla, which gave it to the Senators exclusively, was calculated to protect the provincials against extortion.

The equestrian order, *ordo equestris*, is therefore not merely distinct from the *centuriæ equitum*, but strongly contrasted with them. The one is the wealthy middle class, the other the young nobility. The term *equites* is sometimes applied to both, although the strictly correct term for the members of the equestrian order was *judices*.

consilio, *foresight.* — **datum, oblatum**, refer respectively to **optandum** and **pertinebat**. — **summo**, *most critical:* the year of the consulship of Pompey and Crassus. — **inveteravit** (emphatic position), *there has come to be deeply rooted.* — **opinio**, *notion* (not so strong as *opinion*, which is **sententia**). — **neminem**, more emphatic than **nullum**, and often so used, especially by early writers.

§ 2. **contionibus et legibus**, *harangues and bills* (proposed laws). The proposition of the law which took the exclusive control of the courts from the Senators was even now pending, and it was promulgated before the case was decided.

actor, *complainant*, i. e. agent or *attorney* for conducting the suit in personal processes (*in personam*). — **ordinis**, *the body*, i. e. the Senate, from which the *judices* were at this time taken. The right of *judicium* was soon after restored to the *equites*. — **communi**, i. e. so far as it affected the whole state. — **reconciliare**, etc., *win back the lost repute.* — **depeculatorem**, etc.: for a more complete statement of these charges, see ch. iv. and v. — **juris urbani**, i. e. as *prætor urbanus*. — **labem**, *pest*.

§ 3. **vos**, opposed to **ego**, below. — **religiose**, *according to your oath.* — **judicaveritis**, fut. perf. (§ 59, 4, *c*). — **religionem veritatemque**; here, *feeling of obligation and regard for the truth.* — **judicium**, etc., i. e. the fault will be with the court, not with the prosecutors. — **equidem**, i. e. for my own part. — **quas partim**, *some of which* (partim is properly adv. acc. § 41, 1, *h*). — **devitarim**, subj. as part of concession (§ 66, 2).

26. **neque ... neque**, following **numquam**, do not destroy the negative, but are more emphatic than **aut ... aut**.

§ 4. **istius**, constantly used of an opponent. — **Glabrioni**, the prætor presiding. — **ordini ... senatorio**, i. e. *the senatorial order, nay, the very name of senator.* — **dictitat**, *constantly repeats* (§ 36, *b*). — **esse metuendum** (for erat met. in dir. disc., § 58, 11, *b*), i. e. *those would have to fear* if the case were theirs, *but he*, etc. — **quod**, i. e. *only what.* — **pecunia** belongs to both clauses, as is indicated by their parallelism.

§ 5. **esset**, imp. in prot. of a *continued* condition lasting till now. — **fefellisset**, *he would have foiled us.* — **cadit**: pres. of time lasting till now (§ 58, 2, *a*). — **corrumpendi judicii**, *of bribing the court.* — **tempus ... offenderet**, *he hit an unfavorable time;* because popular sentiment was so roused and exasperated in regard to the corruption of the courts.

§ 6. **invenit qui**, *he found some one who:* for the circumstances, see introd. The fictitious case was not brought against Verres. — **Brundisium**, *Brindisi*, the port whence the greater part of Italian travel, now as then, embarks for the East. — **obii**, *went throughout.* — **populorum**, *communities*. . The political system of the ancients was composed of an indefinite number of petty communities, all possessing a certain degree of independence. (See the beginning of note on *municeps*, R. A. § 5). — **qui ... obsideret**, *to block my opportunity*.

§ 7. **nunc**: i. e. now that his former scheme has failed.

27. socios, *allies:* citizens of communities which, although embraced within the boundaries of Roman provinces (see note § 11), had nevertheless, for special reasons, been allowed to retain a nominal independence, with their own laws and magistrates, — **cives**, *citizens*, travelling or doing business in the provinces, or provincials who had received the citizenship.

. **auctoritates**, *documents*, i. e. credentials, or (more probably) official testimony relating to the acts of Verres.

§ 8. **bonis**: here, as generally in Cicero, used in a partisan sense, *the aristocracy.* — **judicia**, *courts.* — **experiatur**, in apparent violation of the sequence of tenses: the imperf. would make it refer to the time of getting the money. — **tempus**: the present scheme of the defence is by corrupt means to stave off the judgment to a more advantageous time (see ch. 6–8). — **posset**, imperf. referring to the time of the purchase. — **criminum vim**, *the force of the charges.* — **poterat**, indic., the reason being Cicero's. (The whole passage is an instructive example of the freedom of a living language from its own trammels. Rules are made for the language, not language for the rules.)

§ 9. **non modo**, *not merely.* — **eloquentia, gratia**: even sophistical arguments and personal influence were respectable means of escape, to a criminal who had no case (**causa**). — **profecto**, *I am sure.* — **aucuparetur**, *fish for* (lit. *set nets for birds*). — **ut ... fieret**, *as to have some chosen to be put on trial* (see § 6): the Senate itself was insulted, by selecting one of its members to be set up as a man of straw, that Verres might get clear. — **hic**, i. e. Verres. — **causam diceret**, *stand trial.*

§ 10. **quibus rebus**, *from this* (abl. of means with **perspicio**). — **consilio**, "panel," i. e. the body of jurors. — **in rejectione judicavit**, *decided at the challenging* ("throwing out") *of the jury:* i. e. on seeing the kind of men challenged by the two sides respectively. The regular number to be challenged was three; but Verres, as senator, was permitted to challenge more. — **ea spe**: words of this class, used with a demonstrative, allow a clause of result instead of the more regular indir. disc. (compare § **65**, 2), as in **ut ... constitueret** and **ut ... arbitraretur**, which follow.

28. § 11. **adulescentiæ**, i. e. before he entered public life. — **quæstura**, *quæstorship*, the first grade of political honor.

<small>The quæstors were at this time twenty in number, two having charge of the treasury and archives in the city, while the others were assigned to the several military commanders and provincial governors, to serve as quartermasters and paymasters. Aspirants for honors were required to serve as quæstors before presenting themselves for the prætorship, which was, again, a requirement for the consulship. The office of curule ædile was regularly held — as by Cicero — between the quæstorship and prætorship. That this was not necessary, however, as is often assumed, is proved by the fact that there were six prætors, but only two curule ædiles. (See Mommsen Röm. Staatsrecht, vol. i. p. 443.)</small>

Carbonem: Carbo was the leader of the Marian faction after the death of Marius and Cinna. He was consul B. C. 82, the year of Sulla's return and victory. Verres was his quæstor, and went over to the enemy with the money-chest, when he saw which side was likely to prevail. — **necessitudinem religionemque**: the quæstor was originally nominated specially by the consul; and the peculiarly close and sacred relation (*necessitudo*) existing between them was known as *pietas*, — a sentiment of filial affection. (See Lange, Röm. Alt. vol. i. p. 633.) The designation by lot (**sors**) was also held to be a token of divine will, and so sacred (*religio*). — **legatio**: the *legatus*, or *aid*, was a member of the general's staff, and stood in something of the same relation to him as the quæstor. Verres, as *legatus*, served Dolabella much as he had served Carbo: not that either of those infamous commanders deserved better treatment. — **Asiæ**: the province of this name, the old kingdom of Pergamus, embraced the western part of Asia Minor. The province of Dolabella (B. C. 80–79) was Cilicia. His extortions and those of Verres were in the adjoining regions of Pamphylia, Pisidia, and parts of Asia. The word **totius** is therefore a rhetorical exaggeration.

<small>The term *provincia* was primarily used to designate the special field of operations assigned (by lot, agreement, or designation of the Senate) to a consul or other military commander. When a foreign territory was conquered and reduced to a subjection to Rome, the government of it was assigned to one of the prætors, or the *imperium* of a consul or prætor was extended (*prorogatum*) for a second year for this purpose. The foreign state thus organized as a Roman dependency was called by the old name *provincia*; and this special use of the word is more familiar in classic writers than its original meaning. Of the states here mentioned, Asia was an organized province, while Cilicia, Pisidia, and Pamphylia were provinces only in the early sense of the word: Cilicia, however, was the regular *provincia*, or special command, of a pro-prætor, whose field of operations was western Cilicia (Cilicia Aspera), with the adjoining coast-line of Pamphylia, and mountain region of Pisidia. — Cilicia was not formally organized as a province until B. C. 75. As governor of a province in the later sense of the word, the pro-prætor exercised direct rule only over those portions of the country which had been subjugated by Rome, while the geographical limits of his province enclosed also allied and independent communities, *civitates sociæ* and *liberæ* (see Kuhn, Verfassung des Röm. Reich. vol. ii. p. 14); some of which paid tribute, while others were tribute-free, *immunes*, as well as legally exempt from his authority in matters of administration. Practically, however, even these last were under his almost unlimited control.</small>

pro quæstore, *acting quæstor*: when there was a vacancy in a provincial quæstorship, the commander might appoint any person to perform its functions. (Mommsen, R. S. vol. i. p. 187).—**adduxit**: Dolabella was bad enough, but he had to bear the added infamy of Verres' outrageous acts, and after all Verres saved himself by turning against him (*oppugnavit*), appearing as witness in his trial for extortion.

§ 12. **prætura urbana**: this is the topic of the first oration of the *accusatio*.

There were at this time eight prætors, whose office it was to preside over the administration of justice; after the expiration of their year of office, they went as *pro-prætores* to govern provinces. Verres held the first and most important of the prætorships, that of *prætor urbanus*, who had the charge of civil cases between Roman citizens; the *prætor peregrinus* had civil cases in which aliens were a party; the other six presided over the *Quæstiones perpetuæ*. The *prætor urbanus*, having charge of all civil cases between citizens, had almost unlimited power of plunder, and this was used by Verres without scruple. His colleague, the *prætor peregrinus*, filled several books with cases in which he interceded, in order to oblige Verres to administer justice in accordance with his own rules. The functions of the prætor were summed up in these words DO (*judicem, vindicias*), DICO (*jus*), ADDICO (*rem*, etc.).

ædium, etc. The public buildings were under the charge of the ædile, not of the prætor: the cases referred to here were, therefore, not connected with any special official power of Verres, but certain flagrant instances of corruption and extortion arising out of contracts for public buildings in which the prætor had it in his power to interfere for his own advantage.—**in jure dicundo**; **jus dicere** (*jurisdictio*), *declaring the law*, was the primary function of the prætor; *bonorum addictio* is the adjudging of property to the claimant; *condonatio* (*grant*) is the giving it up to the defendant: in the case of Verres both are presumed to be unlawful. —**instituta**, *precedents*. The edicts of the prætors made up a body of common law, not absolutely binding, however, for their successors. — **posse**, virtually a fut. infin.

§ 13. **senatus consulta**, *decrees* (or executive orders) *of the Senate*.

The Senate had originally only advisory powers. It had therefore, strictly speaking, no authority to make laws or to enforce their execution; and its votes were simply *consulta*, i. e. matters agreed upon, as advisable, while its power was *auctoritas*. When the Senate came (in the 3d cent. B. C.) to be the actual governing power in the State, these *consulta* became *ordinances*, in which the Senate directed the administration of the whole empire. The organization of a new province, e. g., was not by a law of the people, but by an ordinance of the Senate; and in this ordinance was embodied the entire authority of Rome over the province, except so far as this was prescribed by general laws. This *suas leges* describes the native institutions of the several communities, so far as they were allowed to retain them: *communia jura*, the principles of justice recognized by all nations; *senatus consulta*, the regulations, laid down by the Senate, under which the province was organized and governed.

communia jura, the same as *jus gentium*, those laws common to all mankind (see note on *jus gentium*, R. A. § 47). The terms *leges, consulta, jura,* include the three sources of provincial law.

— **tenuerunt**, *retained.* — **subterfugit**, *escaped his notice.* — **tantum**, [only] *so much.*

ab eo, *away from him*, i. e. the possessor. — **aratorum**, *tenants* of public lands.

> The territory of conquered communities in the provinces was partly given or sold to individuals or allied states, as private property (*ager privatus*), paying a tax (*vectigal*) of a tenth of the products (*decuma*); partly retained as public domain (*ager publicus*), which was let by the censors, generally for a long term of years, sometimes as heritable. These tenants were called *aratores*. In Sicily the original proprietors received back their old estates on these terms, paying tithes, *decuma*, just as the proprietors of *ager privatus* did, from whom therefore they differed only in right of property, not in amount of tax or mode of payment. (Marquardt, Röm. Alt. iii. 2. p 141.) The collection of the tenth, as well as of other indirect revenues, was farmed out by auction to *publicani*, of the equestrian order; these paid a round sum into the treasury, for the chance of squeezing a larger amount in detail out of the provincials. From these *aratores* Verres had required a supply of corn, as he was entitled to do, and then commuted the demand for cash, valuing the corn at five or six times its market value. (Caecil. x.)

socii; these were the provincial states which retained independent self-government, either by treaty or by special enactment: to this class belonged Messana and Tauromenium. — **cruciati et necati**: a Roman citizen could not legally receive any punishment touching life or limb, except by judgment of his peers in Rome. Thus, Jesus was crucified by the Roman governor under the ordinary provincial law applying to Jews: while Paul, a Roman citizen of the free city Tarsus, appealed to Cæsar, and was sent to Rome for trial. (See extract from Verr. vi. pp. 51-56). — **judicio**, *by mock trial.*

29. **rei facti**, *accused*, (rei from reus). The details of these charges are given in the five orations of the *Accusatio*; it would require too much space to repeat them here. — **indicta**, *unpleaded.* — **ejecti**, *expelled* from the country. — **optimæ**, *best* in themselves; **opportunissimæ**, *most valuable* in the circumstances. — **populi Romani**, obj. gen.

§ 14. **regum**, the famous kings of Syracuse, — Hiero, Agathocles, etc. — **imperatorum**: Marcellus, who conquered Syracuse, and Scipio Africanus the elder, who had Sicily as his province, and crossed over from there for the conquest of Carthage. — **Deum**, i. e. statue of a god. — **commemorare**, complem. infin. for subj. with **ne** or **quominus** (§ 57, 8, *d*).

§ 15. **at enim** (a supposed objection), *but, you may say.* — **cognoscere**, *learn;* **recognoscere**, *review.*

> In Chap. vi. the orator returns to the charge of bribery. He has shown at close of Chap. iii. that Verres had been disappointed in the character of the jury: the two following chapters show that no favor could be expected from an honest jury in so patent a case. He now reviews the several schemes of bribery, leading at last to the final plot of staving off the trial till the next year.

eloquentiam, etc., see note on § 9; **gratia** and **auctoritate**

refer to his counsel, Hortensius ; **potentia,** to the noble family of the Metelli. — **inania nomina,** *empty names.*

30. nobiles, *noble* by birth ; **noti,** *well known* or *notorious.*

<small>The Roman nobility has been shown (see note § 1) to have been in the main identical with the Senatorial order. It was in point of fact an hereditary rank, although based directly upon the holding of office. Whoever held any curule office — that is, Dictator, Consul, Prætor, Magister Equitum, or Curule Ædile — secured to his posterity the *jus imaginum;* that is, the right to place in the hall and carry at funeral processions a wax mask of this ancestor, as well as of any other deceased members of the family of curule rank. All patricians were, as a matter of course, nobles: the nobility which governed Rome during the last three centuries of the republic was, therefore, composed of the entire patriciate, and those plebeian families, members of which had held curule office. Among patrician families were those of Cæsar, Sulla, Scipio, Lepidus: the most eminent of the plebeian nobility were Metellus, Catulus, Lucullus, Crassus, Gracchus.</small>

§ 16. **ut,** *how.* — **redemptio,** a contract with another party for buying up the court. — **in condicione,** *by the terms:* until the jury was made up, the bargain could not be absolutely concluded ; and when the character of the jury was known, the contractor renounced (*renuntiavit*) the bargain. — **rejectio :** after Cicero's careful challenging, the lot had fortunately given a trustworthy jury. — **istius** limits **spem.** — **istorum,** the partisans of Verres.

§ 17. **præclare,** *well* for the cause of justice. — **libelli,** *lists.* — **color :** in a former case, in which Hortensius had been counsel, in order to make sure that the bribed jurors voted as they had agreed, colored ballots were given to them. — **sententiis :** this is the word regularly used for a formal and official expression of opinion in the Senate (*vote*) or a court of justice (*verdict*). — **cum,** *whereupon.* — **ex alacri,** *from being,* etc. — **his diebus paucis,** *a few days ago :* the consular and other elections were held this year towards the end of July. — **famæ** and **fortunis,** dat. after **insidiæ comparantur.** — **per eosdem homines,** the same professional bribers ; the *redemptor,* etc., referred to in § 16. — **aperto,** etc., *when the door to suspicion had once been opened.*

§ 18. **reducebatur :** the successful candidate was escorted home by his friends after the election. — **Campo :** higher magistrates were elected in the *comitia centuriata,* which were in form a military organization of the people. As the military command, *imperium,* could not lawfully be exercised in the city (except for the purpose of celebrating a triumph), these *comitia* met in the *Campus Martius,* or military exercise-ground, north of the city.

<small>There were at this time two principal Assemblies, both of them having as their basis the thirty-five local tribes into which the whole people were divided for administrative purposes.
1. The *Comitia Centuriata,* or great comitia, which was established at the foundation of the republic upon the basis of the military organization of Servius Tullius. At a later period it was reorganized upon the basis of the tribes ; and, although there is no precise statement as to either the time or the manner of this reorganization, there is little doubt as to either. It must have been between the First and Second Punic Wars, and in the manner here described. The old division of the people into five classes, according to wealth, was retained :</small>

for each tribe there were now formed two centuries of each class, — one of *seniores*, one of *juniores*, — making in all 350 centuries. To these were added 18 centuries of *equites* (the young men of senatorial families, see note § 1), guilds of smiths, carpenters, hornblowers and trumpeters, and a century of freedmen and *capite censi* (those who had no property); 373 in all. Each century had one vote, determined by the majority of its voters. These *comitia* were regularly presided over by the consul; they elected all the higher magistrates, and had full power of making laws, as well as judicial power in capital cases, so far as this had not been transferred to the *Quæstiones Perpetuæ*. Legislation had, however, practically passed into the hands of the *Comitia Tributa*. 2. These were simply the assembly of the thirty-five tribes, each tribe having one vote. They were sometimes presided over by the prætor; but of far more importance was the tribal assembly of the plebeians exclusively, presided over by the Tribune of the People. Strictly speaking, this was not *comitia*, inasmuch as it was not composed of the whole people, *populus*, — the patricians being excluded from it. But the patricians were now reduced to a few noble families, whose members would not have cared to take part in this democratic assembly even if they had been permitted; and by the Hortensian Law, B. C. 287, acts of this assembly, *plebiscita*, received the validity of laws. (See Mommsen, Röm. Forschungen, i p. 208.)

Curio: C. Scribonius Curio was one of the leaders of the aristocratic party, always a good friend of Cicero. — **honoris causa**, see note R. A. § 5. — **ratio**, *consideration*.

31. § 19. **F. Fabianum**, *the Fabian Arch*, erected B. C. 109 by Q. Fabius Maximus Allobrogicus, — one of the earliest triumphal arches in Rome. — **immo vero**, *no, rather*. — **renuntio**, the word regularly used to announce the result of an election. — **defertur** means a formal announcement by some one person; **narrabat**, telling of a piece of news. — **criminum ratione**, *the logical relation of the charges*. — **positam**, *resting on*.

§ 20. **ratiocinabantur**, *reasoned:* the imperf. describing a state of mind, and in different persons. — **aperte**, *manifestly*. — **quod**, *the fact that*. — **publicæ**, *official*, from cities (as *auctoritates*, above). — **existimationem**, *opinion*, i. e. as weighed by their established tests in court. — **unius**, i. e. Hortensius. — **moderatione**, *control*. — **quidem** (concessive), *it is true:* this criminal may be rescued, but such a thing will not be allowed to happen again; the judicial power will be given to other hands. — **nos**, we Senators.

§ 21 **hominis amplissimi**, i. e. Curio. The congratulations of so respected a man showed the significance of the fact. — **cupiebam dissimulare**, etc., *I was anxious to conceal the fact*, etc.

32. **sortirentur**, *allotted*. The particular offices (posts) of coördinate magistrates were assigned by lot, for which the regular word is *obtingere*. — **Metello**: a brother of Q. Metellus Creticus, consul elect, and of L. Metellus, prætor in Sicily.*— **factam**, *offered*. — **pueros**, *slaves*.

§ 22. **sane**, *you may be sure*. — **ne hæc quidem**, *not this either*. — **neque intellegebam**: i. e. his confidence in the integrity of

---

* There were three principal branches of the powerful family of Metelli: 1. that of Metellus Pius, the colleague of Sulla; 2. that of Nepos (second cousin of Pius), whose sister, Cæcilia, was the friend of Roscius; 3. that of Creticus, the friend of Verres (of uncertain relation to the others).

Metellus was so great, that he did not even yet see through the
tricks of the defence. — **certis**, *trusty*. — **reperiebam** : the imperf.
denotes a succession of items of information. — **fiscos**, *wicker
baskets*, used for carrying money. The word came to mean *treas-
ure-chest*, or private treasury ; and, when the empire was established,
it was applied to the emperor's privy-purse. Hence the word *fiscal.*
— **Siciliense**, i. e. that extorted in Sicily. — **senatore**, etc. The
senator, a man of the same class as Verres, put the money to be
used in the elections and trial into the hands of an *eques*, one of
the class that had the management of all such financial operations.
He retained, however, say (**quasi**) ten baskets, to be used directly
to defeat Cicero's election to the ædileship. — **nomine**, *on account
of*. — **divisores**, *managers*. The money to be used at elections was
put into the hands of *sequestres* (election agents), who themselves
made use of *divisores* to approach the voters personally. On this
occasion, the exigency was so great that Verres himself (**istum**)
called the *divisores* to his house, without the mediation of *sequestres*.

§ 23. **omnia debere**, *was bound to do any thing for me.* —
proximis, *the last*. — **negasse audere**, *said they did not dare*. —
fortem, *stanch* (ironical), in allusion to **audere**. — **Romilia**, sc.
tribu. — **ex optima disciplina**, *from the best school* (ironical), i. e.
that of Verres' father. — **H. S.** (see § 85, 1–3) : the defeat of Cicero
would, therefore, cost about $25,000, which the purchasing power
of money made full twice as valuable then as now.

§ 24. A lively description of the embarrassment in which Cicero
was placed at the end of July by the election and the trial, both
coming on together. — **agere deterrebar**, *I was deterred from
doing* (§ 57, 8, *d*). — **petitioni**, *canvass*. — **ratio**, *my policy*.

33. § 25. **hoc ipso tempore**, in the midst of all. — **denuntiatum esse**, *that a message was sent*. This compound implies a
peremptory and threatening message. — **primum** corresponds to
arcessit, etc., § 27. — **sane liberos**, *quite free*, i. e. in refusing to
come. If he had been consul, instead of merely consul-elect, they
would have had to come. — **cursare**, *run hither and thither*. —
appellare et convenire, *accost and greet*.

§ 26. **M. Metellum** (see § 21), the friend of Verres, who had
obtained the presidency of the court of *Repetundæ* for the next
year. — **eo**, *this thing*, i. e. postponing the trial. — **prærogativam**,
indication. In the *comitia centuriata*, it was determined by lot
which century should first cast its vote. The vote of this century,
called *prærogativa* (**præ-rogo**), was regarded as an omen, and was
likely to decide the result. The *prærogativa* which Q. Metellus
gave to Verres, in return for the *prærogativæ* of the comitia, is
described in the next section.

§ 27. alter consul: Q. Cæcilius Metellus Creticus (see § 21).

The three brothers, fast friends of Verres, were so situated as to promise the greatest help the next year, when Quintus would be consul, and Marcus prætor, presiding over the court of *Repetundæ*, while Lucius was already pro-prætor in Sicily. Certain of the Sicilians, therefore, complied with the summons of Metellus, although they had disregarded that of Hortensius. The object of Metellus was to induce the Sicilians to withdraw the suit, or at any rate to refrain from appearing as witnesses.

34. § 28. **alienissimum**, *no kin of yours.* — **dictitat**, *says incessantly* (see next section). — **alicui** follows **videatur**.

§ 29. **ceteros**, etc.: the Metelli seemed born to hold office. The poet Nævius wrote, a hundred and fifty years before:

Fató Metelli Rómæ fiunt cónsules.

To this Cicero alludes in the word **fato.** — **populi existimationi**, *reputation with the people.* — **illud**, what follows. He here points out the changes in the jury which must follow from changes in the government with the new year. — **conlega**, *colleague* of Cicero: i. e. as ædile *designatus.* — **expediat**, subj. of charact. (§ 65, 2). — **Juniano consilio**, *the jury of Junius*. This was a case four years before, in which wholesale and unblushing bribery had been proved; so that the presiding prætor, Junius, as well as the entire *consilium* (body of jurors) had been stamped with infamy. Cæsonius, a member of the jury, had been proof against corruption. — **ex Kal. Jan.**, after the New Year; for at that time he would be transferred to another office.

§ 30. **Non. Dec.** (Dec. 5): on this day the new quæstors entered on their office. — **L. Cassius**: the family characteristic here stated was proverbial (*Cassiani judices*). — **tribuni militares**, at this time legion-commanders.

The legion, consisting of 6,000 men, was commanded by six *tribuni*, two at a time commanding for a term of two months. (Mommsen, R. S. i p. 79.) The 24 tribunes of the four regular legions were elected in the *comitia tributa*; the others were deputed by the commanders. After the time of Cæsar, a *legatus* was appointed over the six tribunes, as chief officer of the legion.

non judicabunt, *will not serve as jurors.* — **subsortiemur**, i. e. we shall draw another *to fill his place*. This is the regular use of **sub** in similar compounds: as *suffectus, subrogatus*, etc. — **prope toto**: the jury, therefore, apparently consisted of no more than twelve or fifteen.

35. § 31. **Nonæ**, etc.: it was, therefore, about 3 P.M. of the 5th of August (see § 84). — **votivos**, *in fulfilment of a vow*. These games were in celebration of Pompey's victory over Sertorius. — **continuo**, *directly after.* — **tum denique**, *not till then.*

The votive games would occupy from Aug. 16 to Sept. 1 (August had at this time only 29 days); Sept. 4 began the *Ludi Romani*, continuing till the 19th. The intervening days (Sept. 2, 3) were of no account for the trial, so that it could not be resumed before Sept. 20, a suspension of 34 days (*prope quadraginta*). The *Ludi Victoriæ* (Oct. 27 to Nov. 1) were established by Sulla in honor of his victory. The *Ludi Plebeii* (Nov 4 to 17) were established in the time of the dissensions of the orders early in the Republic, in imitation of the *Ludi Magni* or *Romani*, and were presided over by the plebeian ædiles.

perpauci: the month of December was full of festivals. — **rem integram**, i. e. from the beginning. The points of the prosecution would have been forgotten, the public interest would have cooled down, and the jury would be almost wholly new. The case must therefore be taken up *de novo*.

§ 32. **nunc**, opposed to **si diffisus essem**, above. — **jurato**, *on oath*. The *judices* were on oath; the *prætor*, not. Metellus might therefore be trusted to vote honestly as juror, but not to preside impartially. — **legitimo tempore**: he had a right to use twenty days for developing the points of the prosecution.

§ 33. **perpetua oratione**, *a continuous argument*, before bringing up the witnesses. This is what we possess in the five speeches of the *Accusatio*, which, in the usual order of proceeding, would have been delivered before bringing up the witnesses, but which were never delivered at all. — **percipi**, *reaped:* the regular term for gathering crops. — **potuit**, *might have been*. — **publicis**, *official*, i. e. of cities. — **tabulis**, *records;* **auctoritatibus**, *documents*. — **res omnis**. Here, before stating his plan, Cicero goes off on another digression against Hortensius, which shows clearly one of his principal motives in undertaking the prosecution. — **diluendi**, *refuting* (washing off).

36. explicandis, *unfolding.* — **nunc**, *as it is.* — **ex tua natura**: Hortensius, like M. Metellus, was personally an amiable and honorable man, though pledged to a bad cause. — **malitiose**, *in bad faith*. — **rationi**, *scheme*, looking to the means; **consilio**, *plan*, looking to the end. Cicero contrasts them more than once.

§ 34. **binos ludos**, i. e. Pompey's games and the Roman. — **comperendinem**, *adjourn over a day* (perendie).

After opening the case (as in the present speech), the usual course was for the prosecutor to present his proofs and arguments in a connected speech, or series of speeches (*perpetua oratio*), to which the counsel for the defence could answer, and then the witnesses would be brought forward. The case was now really complete; but it was required at this point *comperendinare*, i. e. adjourn over the second day, in order to make sure that the chain of evidence was complete. For this *actio secunda*, as it was properly called, a very short time only was necessary. The *comperendinatio* was therefore a sign that the trial was near its close. Cicero's determination to bring this about before Pompey's games — i. e. within ten days — settled the case in his favor; for, as has been shown, the only hope of the defence lay in putting off the trial.

necessarium, *unavoidable:* id refers to **eos velle**, etc. — **amplum et præclarum**, *honor and distinction*. — **periculum**, *trial* (from the same root found in **experior**). — **innocentiæ**, *purity of administration* in Sicily: an almost technical word for using with moderation the immense power in the hands of a Roman official in the provinces.

§ 35. potentia, *domineering.* — regnum judiciorum, *lording it over the courts.* — nunc, opposed to the time of videbatur. — homines, the corrupt Senatorial jurors. — inruere, etc., *bent on making themselves hateful and offensive.* — hoc, i. e. to break down Hortensius's control, and the corruption of a few senators. — nervos aetatis, *the sinews of my youth.* Cicero was now 36.

§ 36. ordo, the Senate. — odiosum, *filled with hate, unrelenting.* — magistratu, the aedileship of the coming year. — loco: the *Rostra*, the elevated place in the Forum adorned with beaks of ships, from which the magistrates addressed the people.

37. secum agere, the technical expression for transacting business in the *comitia*. The *jus agendi cum populo* belonged to the curule aediles only in the case here alluded to, — an appeal from a fine *de hominibus improbis*. (Mommsen, R. S. vol. i. p. 146. N. 4.). — munus aedilitatis, *service of the aedileship.*

<small>The *munera* (services) are generally distinguished from the *honores* (honors). The *honores* were conferred by election, the *munera* imposed by a magistrate. Strictly speaking, however, as in this case, the term *munus* included both; the more so, as the aedileship was quite as much a burden as an honor. (Kuhn. Verf. des Röm. Reichs, vol. i. p. 8.)

The Aediles (from *aedes*, a temple) were four magistrates, who had the general superintendence of the police of the city, the care of the games, public buildings, etc. Two of these were lower in grade, and were necessarily plebeians; the other two, the curule aediles, possessed also a limited jurisdiction, with power of imposing fines. The aedileship was not a necessary step in a political career, but it was eagerly sought, between the quaestorship and the praetorship, by ambitious men, for the reason that the superintendence of the public games gave great opportunity for gaining popular favor. A certain sum was appropriated from the public treasury for these games; but an aedile who wished to rise to higher positions, and not to be thought mean, took care to add a good sum from his own pocket.</small>

deponere, *deposit* with the *sequestres* (see note § 22); by *interpretes* (go-betweens) is probably meant the *divisores*. — polliceri, *offer.* — abstineant, *withhold.*

§ 37. imperio et potestate: these words are not contrasted, as implying classes or fields of power; but the idea of *imperium* (sovereign power) was contained in that of *potestas* (power in general). All magistrates possessed *potestas*; only the consul and praetor (of the regular magistrates) the *imperium*. — commemorabantur, *talked over;* agentur, *made ground of action.* — certis rebus, *well ascertained facts.* — inter decem annos, i. e. since Sulla's *Lex Judiciaria.*

§ 38. quinquaginta. i. e. from the law of Caius Gracchus, B.C. 123, to that of Sulla, B. C. 80. — ne tenuissima quidem suspitio: one of the exaggerations of the advocate.

<small>* The condition of the courts at the time spoken of (about B. C. 93) is thus described by Mommsen: "The commission regarding exactions [Court of *Repetundae*] was converted from a shield of the provincials into their worst scourge: the most notorious robber escaped with impunity, if he only indulged his fellow-robbers and did not refuse to allow part of the sums exacted to reach the jury; but any attempt to respond to the equitable demands of the provincials for right and justice sufficed for condemnation." If the courts were really worse in B. C. 70 than they had been in 90, it was simply because the times were worse.</small>

sublata, *taken away.* — **populi Romani**, etc., i. e. the power of the people to control the senatorial order. This refers to the suspension of the tribunician power by Sulla (see note § 44). — **Q. Calidius**, prætor, B. C. 79; condemned for extortion in Spain.

It seems, from an old note, that Calidius, being condemned *de repetundis*, with bitter irony assailed the bribed jurors on account of the smallness of the bribe, saying that it was not respectable (*honestum*) to condemn an ex-prætor for so small a sum. The allusion shows that the corruption was notorious and universal.

H. S. triciens (see § 85), 3,000,000 *sestertii*, = $150,000. — **prætorium**: an ex-magistrate always preserved the dignity of the office he had held, — as *consularis, prætorius, ædilicius.* — **honeste**, *in a gentlemanly manner.* — **P. Septimio** (Scævola), condemned B. C. 72; the damages were placed higher than they would have been, because of his connection with the odious *consilium Junianum* (see § 29). The amount extorted was estimated in a separate process (*litis æstimatio*); and the money taken in bribery was included in the reckoning.

§ 39. **peculatus**, *embezzlement*, and **majestas** (sc. **minuta**), *treason* (any thing affecting the dignity or the power of the state), were the object of two of the *Quæstiones perpetuæ* of Sulla.

The fact came out on these trials. Evidence under Roman law was not confined to the immediate issue, but might bear on other crimes of the accused, as now in France. All the offenders here mentioned were apparently connected with the infamous *judicium Junianum*. (See *Or. pro Cluentio*, ch. 30, seq.)

38. sortiente, *drawing the jury.* — **exirent**, etc., *were drawn for* [the case of] *a defendant, to condemn him without a hearing.*

§ 40. **jam vero**, *and finally* (introducing the climax of all). — **illam**, i. e. the one next described: *hoc factum esse*, etc. — **discoloribus signis**, see note on color, § 17. — **acturum esse**, *will attend to.* — **tandem**, *tell me.* — **violatum**, etc. (a kind of hendiadys), *that like violence has been done.* — **hominem**, i. e. Hortensius; **cujus**, obj. gen. — **secum** ... **agi**, *he was doing very well.* — **quæstum**, *gains.* — **in rem suam**, *into his own pocket.* — **patronis**, see note, R. A. § 4.

§ 41. **reic. judicibus** (loc. abl.), *at the time of challenging.* — **tolleretur**, *should be abolished.* — **victoriæ**, i. e. in the courts. They can satiate the avarice of any man, but cannot give enough to clear him when guilty.

39. § 42. **comparata sunt**, *were established.*

§ 43. **loco**, *point*, in the argument.

§ 44. **tribuniciam potestatem**: the overgrown power of the tribunes of the people had been greatly abridged by Sulla, but restored by a law of Pompey early in this year, B. C. 70.

The *Tribuni Plebis* (or *Plebi*), ten in number, were the magistrates of that portion of the people (a state within the state) known as the *Plebs*. The Plebeians at this epoch, however, composed the whole people, with the exception of the few families of the patrician aristocracy (such *gentes* as the Cornelian, Julian, Æmilian, Claudian). Not being magistrates of the city or the whole people, but only of a single class, the Tribunes did not possess the *imperium*, had no real executive power, and were not magistrates in the strict sense of the term. On the other hand they had two very important and wide reaching powers: 1. Negative, that of interfering, *jus intercedendi* ("veto"), to arrest almost any legislative or executive act. 2. Positive, to hold the assembly of the *plebs*, organized by tribes. In this assembly the plebeian magistrates (tribunes and plebeian ædiles) were chosen, and laws were passed, *plebi scita*, which of course were originally binding only upon the *plebs*, but which, by the Hortensian Law, B. C. 287, received the force of *leges* (see note, p. 17). Fines were likewise imposed by this assembly, and this is the power al uded to in the passage. Sulla had restricted this power of imposing fines, by punishing its abuse. He had further made the legi lative power of the plebeian assembly depend upon the initiation of the Senate. But these salutary provisions were abolished by Pompey, the people fancying that the corruptious of the courts could be remedied by restoring this mischievous power to the tribunes.

verbo, *in name;* **re vera**, *in fact;* **illam**, the tribunician power. — **Catulum** : Q. Lutatius Catulus was the best and most eminent man of the aristocracy. — **fugit**, *has escaped*. — **referente**, *bringing forward*, the technical expression for bringing a matter before the Senate for action.

The prefix *re*, implying the repetition of an act, describes the original process. In case of proposing a law, it was necessary, first, *ferre ad populum*, then, *referre ad Senatum*, for ratification, which ratification could only be refused on religious or constitutional grounds; but, in order to guard against any unfair use of this power, it was established that the ratification should come before the action of the *comitia*. The order of proceedings was then, to lay the matter, *referre*, before the Senate, then bring it, *ferre*, before the people.—Momm. Röm. Forsch. i. p. 245.

rogatus : each Senator in turn was asked his opinion, *sententia*, by the consul, or other presiding officer. — **patres [et] conscriptos** (the conjunction is often omitted in such combinations): *patres* were the patrician members of the Senate; *conscripti*, the plebeians enrolled in that originally patrician body. — **fuisse desideraturos**, *would have missed* (§ 67, 1, *c*).

§ 45. **contionem habuit**, *made a speech :* **contio** means, strictly, an assembly, for the purpose of discussion merely. — **ad urbem**, i. e. in the Campus Martius. Pompey was elected in his absence, and while still clothed with the military *imperium :* he could not therefore enter the city to meet the citizens, but called them to him outside the walls. — **ubi**, *in which*. — **in eo**, *at that point*.

40. strepitu, *confused noise*. — **clamore**, *shout*. — **voluntatem**, i. e. *what they felt*.

§ 46. **in speculis**, *on the look-out*. — **religione**, *regard for oath*. — **tribunicium**, i. e. reinstating the tribunes. — **unum senatorem**: there does not seem to be any reproach in this, as if it were *only one :* rather, *one, it is true;* but, under the circumstances, that means nothing. — **vel tenuissimum**, *a man of no means*.

§ 47. **hoc est judicium**, i. e. this will be a test. — **nihil sit**, i. e. there is no disturbing influence.

Cicero was mistaken in the hope here expressed, that an honest verdict in this case might yet prevent a reorganization of the courts. The Aurelian law, passed shortly after this time, provided that the *judices* should be taken, one-third from the Senators, the rest from the equestrian order; one-half of the equestrians (one-third of the whole) being required to have held the office of *Tribunus Ærarius*, that is, President of one of the 35 local Tribes. The title *ærarius* was due to the fact that the duties of these officers were largely financial. This regulation remained in force until the dictatorship of Cæsar, B. C. 45, when this third decuria, of Tribuni Ærarii, was abolished.

§ 48. agam, *conduct.* — res, *facts.* — manifestas, a technical word, denoting direct proof, not circumstantial evidence. — a vobis contendere, *urge upon you.* — certam, *definite.* — rationem, *plan.* — consequi, *get hold of.* — eorum, i. e. the defence.

§ 49. vos, opposed to former juries, which have occasioned the scandal. — post haec, etc., since the reorganization of the courts by Sulla. — utimur, *have the benefit of.* — splendore, *personal distinction,* from wealth and exploits; dignitate, *dignity,* from rank and office. — consilium, *body of jurors* ("panel"). — offensum, *slip* (a mild word).

41. § 50. opto, *pray.* Observe the adroit union of compliment and threat in this passage, which at the same time forms the transition to the appeal to the prætor presiding.

§ 51. is, referring to the Senate. — qui sis, *what sort of a man you are.* — reddere, *pay back:* he owes life and position to his ancestors. — legis Aciliæ; this (probably B. C. 101) provided that there should be neither *ampliatio* (further hearing) nor *comperendinatio* (see note § 34) in cases of *repetundæ*. All earlier laws were superseded by the Cornelian law of Sulla.

§ 52. summæ auctoritates, *strongest influences,* especially family traditions, &c.* — nocenti reo, etc., *for the criminal, his great wealth is of more account for a suspicion of guilt, than for any way of safety.*

§ 53. mihi certum est, *I am resolved.* — non committere, *to take no step:* committere governs the ut clause, in the sense of *bringing it to pass* by mistake or fault. — nobis (eth. dat.), *our.*

42. novo exemplo, *an unheard-of manner.* — lictores: each consul was attended by twelve lictors, who had the power of arresting and coercing. The consul elect, of course, had no such attendants, but could only send messages by his slaves. — eorum: this word connects the Metelli, &c., with Verres in the original conspiracy. — jus suum, *their* [lost] *rights.* — potestatem (contrasted with imperium): a hint that not only their liberties, but their lives, were in peril.

* The elder Glabrio married Mucia, daughter of P. Mucius Scævola, "the founder of scientific jurisprudence in Rome," who was consul B. C. 133, the year of the legislation and death of Tiberius Gracchus, and showed himself not disinclined to a moderate reform, and at any rate opposed to the violent course of the aristocracy on that occasion. He was grandfather of the younger Glabrio. The father in-law was M. Æmiius Scaurus, for many years *princeps senatus*, a man distinguished for dignity and moderation, but not characterized by any very great qualities, and not free from the corruption of the times.

§ 54. **comitiorum**, etc. The trial came just between the election and the games of Pompey. At the same time censors, for the first time since Sulla's domination, were in office, and were making a registry of property and voters, to which citizens from all parts of Italy were obliged to report. — **censendi**, *of being registered.* — **vestrum, nostram**, and **omnium** are predicate after **esse**. — **quid agatur** depends on the verbal noun **scientiam**. — **omnium**, i. e. not the inhabitants of Rome alone.

§ 55. **principes**: these were the two distinguished brothers, L. and M. Lucullus. — **testibus**: the case was usually argued first. — **ita testis constituam**, etc.: this is the *criminum ratio* (§ 19). — **crimen totum**, *the impeachment as a whole*; **crimen** (below), *the special charge of extortion*, stated formally in the next section. — **dantur**, *are offered* (see note § 34). — **in singulas res**, *to each point.* — **illis**, the counsel for the defence. — **altera actione**, i. e. after the *comperendinatio*: in this sense the speeches of the *Accusatio* are correctly called *Actio Secunda*. — **hæc**, etc., *this is all the Accusatio there will be in the first Action.*

§ 56. **quadringentiens sestertium** (§ 85), 40,000,000 *sestertii*, = $1,600,000.

43. fuisse (for fuerat, § 59, 3, *d*), *there would have been.* — **Dixi**, *I have done:* a formal ending, particularly appropriate to so unexpectedly brief a speech.

The Plunder of Syracuse.

THE passage which follows is from the fourth oration of the *Accusatio*, the most famous of all, known as the *De Signis*, for the reason that it treats chiefly of the works of Art stolen by Verres. Cicero has been describing the plundering of many temples and public buildings; and in this passage he recounts in detail the case of one chief city, Syracuse, as a climax.

<small>Syracuse was far the largest and richest of all the Greek cities of Italy and Sicily. It was a colony of Corinth, founded B. C. 734, and in course of time obtained the rule over the whole eastern part of Sicily. Syracuse remained independent, with a considerable territory, after the western part of the island (far the largest part) passed under the power of Rome in the First Punic War; but in the Second Punic War (B. C. 212) it was captured by Marcellus, and ever after was subject to Rome. It was at this time the capital of the province.</small>

§ 1. **unum etiam**, *still one more*, connects the incident here related with the one described last. — **in medium proferam**, *publish.* — **aliquando**, *at last* (implying impatience). — **nemo fere**, *hardly any one.* — **annalibus**, *chronicles:* there were as yet no regular histories. — **hanc, illo**, indicate nearness and remoteness of *time*

(§ 20, 2, *a, b*). — **imperatoris** : this title, which properly belonged to every possessor of the military *imperium*, was by usage assumed by the commander after his first considerable victory. — **cohortem**, *train* of courtiers, &c. : the provincial magistrates, representing the Roman *imperium*, had many of the insignia of royalty. — **constitutas**, *well ordered.* — **annalibus**, *chronicles.*

This is a brilliant antithesis; nevertheless, the orator exaggerates, as on so many occasions. " Not only did Marcellus stain his military honor by permitting a general pillage of the wealthy mercantile city, in the course of which Archimedes and many other citizens were put to death; but the Roman Senate lent a deaf ear to the complaints which the Syracusans afterwards presented regarding the celebrated general, and neither returned to individuals their property nor restored to the city its freedom." (Mommsen.)

§ 2. **locis**, i. e. in the other speeches of the *Accusatio.* — **forum** : every ancient town had its central market place (*forum*, or ἀγορά), an open space, used for trading, public assemblies, and the administration of justice. The same feature exists in European towns to the present day. — **clausus fuisset** : Marcellus had been obliged to starve out the city. — **Cilicum** : Cilicia was the chief seat of the organized bands of pirates who ruled the Mediterranean at this time (see oration for Manilian Law). — **illis rebus**, i. e. the plunder of temples, &c.

44. § 3. **maximam** : the circuit of its walls was 180 stadia = about 20 miles. — **ex omni aditu** limits **praeclaro ad spectum**, *glorious to the sight.* (For descriptions of Syracuse, see Cic. de Rep. iii. 31 ; Livy, xxv. 24.) — **in aedificatione**, etc., i. e. enclosed by the buildings of the city. Ancient harbors (as at Athens) were often at a considerable distance. — **conjunguntur** : Ortygia (the site of the original town) had an independent harbor on each side, connected by a narrow channel. — **insula**, i. e. Ortygia. — **continetur**, *is made continuous.*

§ 4. **quattuor** : the heights of Epipolae, west of the town, were sometimes reckoned as a fifth city. — Hiero II., King of Syracuse (B. C. 270 to about 216), was during most of his reign a steadfast ally of Rome. — **Dianae** : the Quail, ὄρτυξ, was sacred to Diana (Artemis) ; hence the name *Ortygia.* — **extrema**, *end of.* — **istius**, i. e. of Diana. — **Arethusa** : fabled to have fled beneath the sea from the pursuit of the river-god Alpheus (see Classical Dictiónary). Another fresh-water fountain rises in the harbor, about eighty feet from the shore. — **munitione**, *construction:* used of any embankment (compare *munire viam*, etc.).

§ 5. **Achradina**, the plain and table-land just north of Ortygia: the name is supposed to have been derived from the wild pear-trees, ἀχράδες, which still abound there. — **porticus**, *arcades*. — **prytaneum**, the building in which the city was conceived to have its home. Here was the hearth, sacred to Vesta, whence colonists carried the sacred fire to kindle a new hearth in the *prytaneum* of their new home. It was also used for courts of justice, public banquets, &c. — **curia**, *senate house*, the building where the administration of public affairs was conducted. — **urbis**, i. e. Achradina. — **perpetua**, *running its whole length*. — **continentur**, *are lined in continuous row*. — **Tycha**, Doric form of Τυχή, *Fortuna*. — **gymnasium**, the place for exercise and baths, with porticos, groves, and halls, somewhat like the *thermæ* of Rome under the Empire, only that the Greeks gave more attention to physical and intellectual exercises, and less to the luxuries of bathing. — **coædificata**, *built on*. — **Neapolis**, "the new city." — **quam ad summam**, *at the highest point of which*.

45. § 6. **Marcellum**: Marcus Claudius Marcellus, of a noble plebeian family (all other Claudii were patricians), was the ablest general the Romans had in the early years of the Second Punic War, but illiterate and cruel; called "the Sword of Rome." He was killed in battle, B. C. 208. — **ornatu**, *adornments*. — **habuit rationem**, *had regard for* (compare Livy, xxv. 31). — **deportare**: the Romans, like Napoleon, were in the habit of carrying off with them whatever works of art and other treasures might redound to the reputation of their city. — **victoriæ**, *the right of victory;* **humanitatis**, *the part of humanity*.

§ 7. **Honoris, Virtutis**: it was a characteristic of the Roman religion to worship and build temples to abstractions. The temple of *Virtus* was built, and that of *Honor* restored, by Marcellus. — **in ædibus**, etc., i. e. his own house, garden, and suburban estate.— **ornamento**, i. e. as being free from stolen treasures. — **deum**, i. e. statue. — **jurisdictionem**, the special function of the prætor. — **ne qua injuria**, *lest some injustice*. — **comitatum**, *train*.

§ 8. **religionum**, *things sacred;* **consuetudinis**, i. e. things hallowed by use. — **Agathoclis**, tyrant of Syracuse, B. C. 317-289.

46. **profana fecissent**: the Romans had a formula by which they called away (*evocare*) and gained over to their side the tutelary deities of any cities that they were besieging. Of course, the temples of these gods then lost all their sanctity, and became profane buildings. The true name of Rome and that of its tutelar

divinity were said to be kept as a mystery, lest they should become
known to an enemy, who might thus disarm the city of its protector. The formula is thus given by Macrobius, Saturn. iii. 9: —
*Si deus, si dea est, cui populus civitasque Carthaginiensis est in
tutela, teque maxime ille qui urbis hujus populique tutelam rece-
pisti, precor venerorque veniamque a vobis peto, ut vos populum
civitatemque Carthaginiensem deseratis, loca templa sacra urbemque eorum relinquatis, absque his abeatis, eique populo [civitati]
metum formidinem oblivionem iniciatis, proditique Romam ad me
meosque veniatis, nostraque vobis loca templa sacra urbs acceptior
probatiorque sit, mihique populoque Romano militibusque meis
præpositi sitis, ut sciamus intellegamusque. Si ita feceritis, voveo
vobis templa ludosque facturum.* — **deformatos,** *disfigured.*

§ 9. **in quibus erant,** *upon which were represented.* — **imagines,** *portraits.* — **Siciliæ regum,** i. e. those rulers of Syracuse
and other cities who had exercised dominion beyond their own
cities. — **cognitione formarum,** *acquaintance with their features.*

§ 10. **valvis,** *folding doors,* opening inward. They were found
especially in temples. — **tam ... cupidum,** *that I am so eager* (in
appos. with **quod**). — **liquido,** *with a clear conscience.* — **illi,** i. e.
the Greeks, as too fond of art.

47. **argumenta,** *stories* (in relief).

§ 11. **Gorgonis,** the head of Medusa, a favorite subject of ancient
art. — **gramineas hastas,** *bamboo stalks.* — **in hoc nomine,** *at this
point* (i. e. wondering why they were mentioned). — **commoveri,**
startled. — **satis esset** (§ **58,** 10, *d*) : i. e. they were only curi-
osities. — **id** merely repeats **hastas.** — **bullas,** *studs.*

§ 12. **nam** explains (ironically) why he mentions the valueless
bamboos, &c. Those have no excuse ; but the Sappho was so fine,
etc. — **Silanionis :** an artist of the time of Alexander the Great.
— **quisquam** (see § **21,** 2, *h*). — **potius,** etc, *rather than this most
tasteful and cultivated man,* Verres. — **nimirum,** *of course.* —
delicati. *pampered.* — **eat,** *must go* (§ **57,** 3). — **ad ædem Felicitatis :** the temple of *Felicitas* was adorned with the spoils of conquered Corinth. Catulus had adorned his temple of *Fortuna,* and
Metellus his portico, with splendid works of art. — **istorum,** Verres
and his friends. — **Tusculanum,** *villa at Tusculum* (about 15 miles
south-east of Rome). where the wealthy Romans, Hortensius among
the rest, had splendid country-houses. — **forum ornatum,** i. e. on
festal days (see Livy, ix. 40). — **commodarit,** *lent :* such works of
art were often placed temporarily on the forum. — **operari,** *mere
day-laborer :* in allusion to the works of art that Verres had manu-
factured under his own eye. — **studia,** *fine tastes ;* **delicias,** *luxurious pleasures.*

48. ad ferenda, etc., *to carry* (as a porter) *than to carry off* (as a connoisseur) : a sarcasm on Verres' coarse and sturdy build.

§ 13. pernobile, *very famous.* — Græculus, in contemptuous allusion to his pretence of taste. — subtiliter judicat, *is a fine connoisseur.* — nunc, *at this moment.*

§ 14. Pæanis, Apollo, as god of healing. — Aristæus, son of Apollo, discoverer of the olive, and of various improvements in husbandry. [The gloss *Liberi filius* is incorrect: patre below does not mean *his father*, but is a common attribute of Liber, as well as of Mars and other gods.] — parinum (corrupt and meaningless) : the common reading is parvum : perhaps the old conjecture Parium, *of Parian marble*, is best.

§ 15. Jovem : identified from some fancied resemblance with Ζεὺς οὔριος, god of favorable weather. — Flamininus : T. Quinctius Flamininus, who defeated Philip of Macedon at Cynoscephalæ, B C. 197.* — in Ponti ore : the Thracian Bosporus (Straits of Constantinople). — Capitolio : the Capitol, or Temple of Jupiter Capitolinus, had three *cellæ*, or chapels, sacred to the Capitolian triad, — Jupiter, Juno, and Minerva. This was now the most illustrious temple, "the earthly abode" of Jupiter.

49. incolæ, *residents :* i. e. persons of foreign birth, who made Syracuse their home, without having obtained citizenship. — advenæ, *visitors.*

§ 16. adventu, *by his coming.* In fact, the chief plunder was two or three years after his arrival.

§ 17. mensas Delphicas, tables with three legs, like the Delphic tripod. — vasa Corinthia were made of a kind of bronze, of peculiar beauty and very costly.

§ 18. fanorum, *shrines :* this word is of the same root (FA) as *fatum, nefas,* &c., and indicates whatever is consecrated by signs (the expressions of Divine will) to religious purposes. (Hartung, Rel. der Röm. i. p. 137.) It is therefore the consecrated spot, rather than the temple or altar erected upon it.

50. § 19. desierunt, *ceased,* i. e. by the transference of the courts to the Senators. — Crasso : Lucius Crassus, the famous orator, and Quintus Scævola, *pontifex maximus,* the famous jurist and statesman, were close friends and colleagues in nearly every office. They were curule ædiles, B. C. 103, and gave the first exhibition of lion-fights. The splendor of their ædileship was the work of Crassus, a man of elegant and luxurious tastes, while Scævola was moderate and simple in his habits. — Claudio. This was (according to Drumann) a brother of Claudia, the wife of Tiberius Grac-

---

* There may be some confusion here with T. Quinctius Cincinnatus, who brought a bust of Jupiter Imperator from Præneste to Rome, and placed it in the Capitoline temple. At any rate, it was destroyed in the burning of the Capitol B. C. 83. (Comp. Liv. vi. 20.)

chus. In his ædileship, B. C. 99, he exhibited fights of elephants. — **commercium**: Crassus and Claudius would have bought these objects if anybody could have done it. (Supply *commercium* with *fuisse*.)

§ 20. **referri**, *be entered*, has for subject pretio . . . abalienasse. — **rebus istis**, *things of that sort*. — **apud illos**, i. e. the Greeks generally. — **socios** (see note on *provincia*, Verr. i. § 11).

§ 21. **Reginos**: Rhegium, *Reggio*, was a very ancient Greek city, at the point of Italy nearest Sicily. It was a colony of Chalcis, probably founded in the eighth century B. C., and became a Roman *municipium* after the Social War, B. C. 90. — **merere velle**, *would take*. — **illa**, *that famous* (§ 20, 2, *b*). — **Tarentinos**: Tarentum was the largest Greek city in Italy, a colony of Sparta, founded in the eighth century B. C., subjugated by Rome just after the invasion of Pyrrhus, B. C. 272.

51. Satyrum. The satyrs were divinities of nature, inhabiting the woods, represented with pointed and hairy ears, knobs upon the forehead, &c. — **buculam**, the celebrated bronze cow of Myron.

The towns here mentioned as centres of Greek art are the following: — *Thespiæ*, a city of Bœotia, always allied with Athens: the statue of Eros (Cupid) was one of the most famous works of Praxiteles. *Cnidus*, a Dorian town in Asia Minor: the statue of Venus there was accounted one of the finest of all the works of Praxiteles. *Cos*, an island on the coast of Asia Minor: here was the picture of Venus by Apelles. *Ephesus*, one of the chief Ionian towns of Asia Minor: it was now at the height of its splendor and commercial greatness. *Cyzicus*, a Greek city, on a peninsula, on the southern coast of the Propontis (Sea of Marmora). *Rhodes*, then the chief commercial city of the East, and a powerful independent state: Ialysus was a native here. *Athens*: the works of art here mentioned at Athens were by the most famous artists, — Scopas, Protogenes, and Myron.

longum est, *it would be tedious* (fut. cond., § 60, 2, *c*).

CRUCIFIXION OF A ROMAN CITIZEN.

THE fifth speech of the *Accusatio* is entitled *De Suppliciis*, because it details the cruelties of Verres. The passage here given is one of the most graphic and celebrated.

§ 1. **nunc**, opposed to the time of the *actio prima*, which he has just referred to. — **hoc genere**, *this one class*, i. e. bloody executions, as contrasted with the *variety of charges*, below. — **tot horas dicam**, § 58, 2, *a*. — **quæ sint**, § 65, 2. — **tenerem**, § 58, 10, *a*. — **rem**, *the facts* (emphatic). — **in medio**, *before you*.

§ 2. **Consanus**, of Consa (Compsa), a town in Samnium. — **in illo numero**: Cicero has been describing the treatment of a number of fugitives from the insurrectionary army of Sertorius in Spain, who had made their way to Sicily after the death of Sertorius, B. C. 72, and the overthrow of his faction by Pompey. — **nescio qua**,

§ 67, 2, *e.* — lautumiis, *the stone-quarries*, at Syracuse, used as a prison. — **Messanam**, the present *Messina*, the point of Sicily nearest Italy.

<small>Messana was at first called Zankle (*sickle*), from the shape of the tongue of land which forms the harbor. It was one of the group of Grecian colonies founded in the eighth century B. C. The name was changed three centuries later, in honor of the Greek Messene. It was one of the very few privileged towns, *civitates fœderatæ*, of Sicily (see note on *aratorum*, Verr. i. § 13). It was specially favored by Verres, and, as is represented by Cicero, was an accomplice of his iniquities.</small>

Reginorum : Rhegium is almost in sight of Messana. — **odore**, *breath*.

52. recta, SC. via. — **praesto futurum**, *would be on hand.* — advenienti, *at his arrival.*

§ 3. **in praetorio**, *the house* (or *palace*) *of the prætor*, as an imperial magistrate. — ante, Lib. iv. 23. — **adjutricem**, *accomplice;* consciam, *confidant.* — **Mamertinum**. The city of Messana had been treacherously taken possession of by a body of mercenaries, who called themselves *Mamertini* (children of Mars), about B. C. 282. Although the name of the city was not changed, yet its citizens were from this time called *Mamertini*. — **defertur**, *is reported* (officially). — **ipse**, Verres.

§ 4. **exspectabant**, *were on the watch to see.* — **quo tandem**, *how far :* tandem (as also nam) gives a sense of *wonder* to the question, which cannot be preserved in English in an indirect question. — **expediri**, *to be got ready*, by untying the **fasces** (rods and axe), which were the badge of the prætor's *imperium.* — **meruisse**, etc., **stipendia**, *served* as a soldier. — **cum splendidissimo**: cum indicates that he had been his comrade, not his subordinate. — **Panhormi** (*all harbor*), the present *Palermo :* in spite of its Greek name, this was originally a Phœnician settlement. — **negotiaretur**, *was in business*, i. e. as agent of some banking-house (cf. Verr. i. § 20). — **fugitivorum**, *escaped slaves*, whose insurrection had made the frightful servile war of Spartacus, B. C. 73-71.

§ 5. **civitatis**, *citizenship.* — **dolorem**, *cries of pain.* — cum, § 62, 2, *b* (R. 2). — **commemoratione**, *claim.*

53. crux, the special punishment of slaves. — **perfecit**, *gained* (by his prayers). — **infelici**, *ill-omened.* — **pestem**, *cursed instrument.* — **aerumnoso**, *overwhelmed with calamity.*

§ 6. **lex Porcia**, which forbade the scourging of citizens (see Liv. x. 9). — **leges Semproniæ** (of Caius Gracchus), which gave the right of appeal in capital cases, even against the military *imperium.* In civil life it had existed ever since the foundation of the republic. (Mommsen, Hist. of Rome, iii. p. 140. See Catil. iv. 5; Rabir. 4). — **tribunicia potestas**, see note Verr. i. § 44. — **hucine**, § 20, 1, R. — **beneficio**, *favor*, in conferring authority upon him. — **admovebantur**, *were applied.* — quemquam, § 21, 2, *h.*

§ 7. agere, *treat;* **statui modum**, *set a limit.* — **Glabrionem**, subj. of facere. — **consilium**, *jury :* he feared that lynch law would get the start of a legal verdict. — **repetisse**, *inflicted :* lit. *exacted;* punishment being regarded as a *forfeit.* The original root PU (*purify*) is found in *purus* and *putare.* — **veritus esset** has for its subject **populus Romanus**.

§ 8. quid . . . sit, *what will happen to you.* — **istum**, i. e. whom you misrepresent. — **repentinum**, *of a sudden,* having never been such a thing before. — **speculatorem**, *spy.*

54. ad arbitrium tuum, *as many as you like.* — **municipes**, *fellow-townsmen.* — **necessarios**, see note on *necessitudinem*, Verr. i. § 11. — **sero**, *too late* (for you, but not too late for the court). — **judices**, obj. of **doceant**.

§ 9. patronis, see note, R. A., § 4. — **istuc ipsum**, *that single fact.* — **nuper tu ipse**, here Cicero draws on his imagination for his facts. — **ideo**, *for this season,* i. e. quod, etc. — **jam**, i. e. after you have said that. — **Tauromenitano** : Tauromenium was an allied state of Sicily, between Messana and Syracuse. — **argentariam [rem]**, *banking business.*

§ 10. ex eo genere, i. e. non qui, etc. — **induatur**, etc. (§ 23, 3, N.), *tie himself up and strangle himself* (as in a noose).

55. usurpatione, *claim.*

§ 11. quo = **ad quos**. — **cognitoribus**, *vouchers.* — **legum existimationis**, obj. gen. with **periculo** ; **continentur**, *restrained.* — **sermonis . . . societate**, *by fellowship in language, rights, and interests.*

§ 12. tolle, a sort of protasis (§ 60, 1, *b*), of which the apod. is **jam . . . præcluseris**, below. — **quod velit**, *any he pleases* (§ 65, 2). — **quod . . . ignoret**, *because one may not know him.* — **liberas civitates**, the allied states in the provinces, which were not strictly under the jurisdiction of the prætors. — **magnum fuit**, *would it have been,* etc. (§ 60, 2, *c*). — **adservasses**, *you should have kept.* — **dum veniret**, *till he should come.* — **cognosceret**, *should he know* (understand **si**: compare Greenough's "Analysis of the Latin Subjunctive," pp. 10, 11, note). — **locupletem** refers properly to landed property, and very likely has this meaning here. Landed proprietors (freeholders) ranked as peculiarly respectable, until the great growth of commerce within the last few centuries

56. § 13. fretum, *the strait* of Messina, which separates Sicily from Italy. — **servitutis** : the cross was the special punishment of slaves. — **alumnum**, *foster-child ;* i.e. adopted citizen.

§ 14. parricidium : for the peculiar horror with which this crime was regarded by the Romans, see note, R. A., § 19. — **in comitio** : the *comitium* was a portion of the Forum, somewhat elevated, and set apart from the rest ; it was used for the most ancient *comitia,* the *curiata* (in which the people were assembled by the thirty hereditary *curiæ*), for hearing lawsuits, and for *contiones*. (Its position is a subject of great controversy: probably it was at the end of the Forum towards the Capitoline hill.) — **defigere**, *plant.* — **quod**: i. e. *that point which.* — **celebritate**, *thronged condition.* — **potuit**, sc. fieri. — **prætervectione**, etc., *on the track of all who sail to and fro* by the Straits of Messina.

THE ROMAN FORUM.
NORTH.

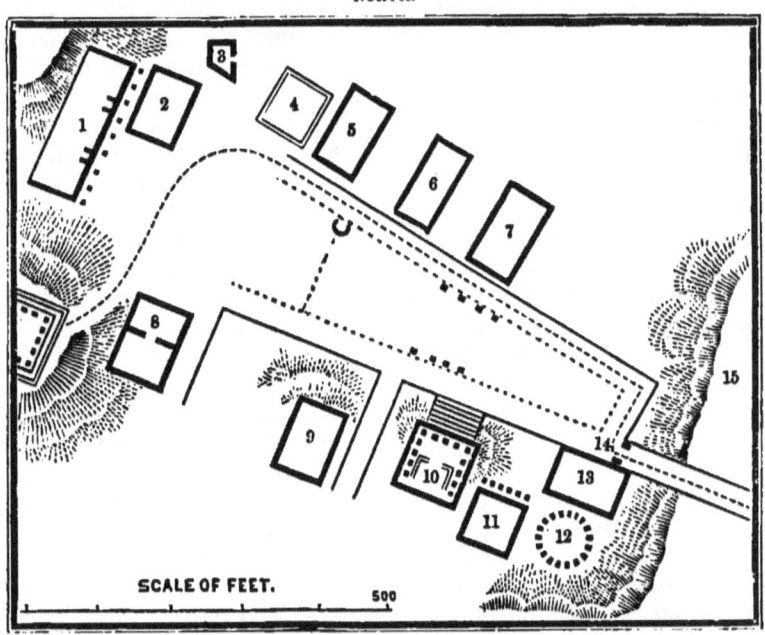

The *Forum Romanum* was an open space, about 600 feet long, and 200 feet wide at its broader end, which lay against the steep slope of the Capitoline Hill. It was surrounded by the principal buildings of the city, something as represented above — though the exact position of most of them is uncertain. The space bounded by the broken line is flagged; at the broader end was the *Comitium*, higher than the rest; between them the *Rostra*, from which a speaker could face either part. Statues and monuments were set here and there in the space, and rows of shops or booths (*tabernæ*) were on each side.

The line - - - - represents the probable route of the triumphal procession along the *Sacra Via*, passing by the *Clivus Capitolinus* and the 100 steps up to the temple of Capitoline Jupiter. The two summits at the left were covered with temples; and the Palatine, at the right (below) with the finest private residences. Portions of the pavement have been uncovered at a depth of 15 to 20 feet below the present level of the streets, and 53 feet below the higher portion of the *Sacra Via*, as it passes over the *Velia*, the low hill at the right.

The known or probable sites are — 1. Tabularium. — 2. Temple of Concord. — 3. Dungeon (*carcer*). — 4. Senaculum (open platform in the space called *Volcanal*, and connected with the *Græcostasis*, for the reception of ambassadors). — 5. Curia Hostilia. — 6. Basilica Porcia. — 7. Curia Æmilia. — 8. Temple of Saturn. — 9. Basilica Sempronia. — 10. Temple of Castor. — 11. Temple of Minerva. — 12. Temple of Vesta. — 13. Regia. — 14. Fabian Arch. — 15. Altar of the Penates (on the *Velia*).

THE MANILIAN LAW.

Argument.

CHAP. I. *Exordium.* Why this is Cicero's first appearance before a political assembly. — *Narratio.* 2. Statement of the case: Mithridates and Tigranes have made war on the Roman domain. The war is demanded by the dignity and safety of the State. — *Confirmatio.* I. 3, 4. Conduct of Mithridates: his preparations for war; massacre of Roman citizens; success of former commanders. — 5. Present tameness of the Roman people contrasted with their ancient pride. The allies, whose safety is at stake, demand Pompey as commander. — 6. The chief revenues are at stake, endangered by mere suspicion of calamity — 7. The general financial ruin resulting from disaster to the *publicani.* — II. 8. Magnitude of the war: (objection that, though important, it is not formidable :) successful campaign of Lucullus — 9. But Mithridates has gained new strength; fresh nations are roused, and the Roman army disheartened; possible disaster. — III. 10. Who then should be appointed? Military experience of Pompey. — 11, 12. His successes, especially in the Piratic war. State of things in that war, even in the neighborhood of Rome. — 13, 14. His moral qualities: blamelessness, humanity, self-restraint, easy manners. — 15. His prestige and influence, especially as derived from the Piratic war. — 16. His reputation in the East, largely resulting from his brilliant fortune. — 17. Moreover, he is on the spot. — *Confutatio.* Objection of Hortensius, that all power ought not to be given to one man. — 18. Refuted by the precedent of the Gabinian Law. — 19. (Incidentally Gabinius should be assigned to Pompey as *legatus.*) — 20. Objection of Catulus, that the proposition is against precedent. — 21. Evaded by referring to other violations of precedent in Pompey's case. — 22. Appeal to the people against these objections. Peculiar qualities are needed, which exist in him. — 23. His especial virtue of moderation and self-restraint. — *Peroratio.* 24. Cicero advocates his cause purely from devotion to the commonwealth.

The speech on the Manilian Law is pronounced by Halm to give a better example of the systematic plan of a deliberative oration than any other of antiquity. It was delivered in a *contio*, or public meeting of Roman citizens, held for debate or address merely. The *contio* could be called by any magistrate who had any matter to lay before the people, and was held regularly in the *Comitium*, or elevated part of the Forum. (See note on Verr. V. § 14.) After a *rogatio* (proposition of a law) had been offered, the *contio* was called, in order that the voters might hear the arguments on both sides; and any person might speak to whom the presiding magistrate gave permission. When the *rogatio* had been thus discussed, the *comitia* (see note on Verr. I. § 18) voted upon it, Yes or No.

PAGE.

58. § 1. frequens conspectus vester, *the sight of you in full assembly.* — hic locus, the *Rostra.* — agendum, *taking public action* (see note, R. A., § 55). — amplissimus, *dignified* (of the magistrates' power) ; ornatissimus, *honorable* (of private glory). — Quirites, *fellow-citizens :* the name by which the Romans were addressed when acting in a civil capacity. The word is usually derived from quiris, *spear* (a Sabine word) : by Lange and others it is connected with curia, the earliest political division of the people. — hoc aditu, *this avenue :* i. e. addressing them on political questions. — optimo cuique (§ 17, 5, *c*), i. e. such as the magistrate would permit. — **rationes,** *plan :* the plural indicating the details which would enter into it.

In the structure of this opening sentence, notice the antithetic balancing of one word or clause against another, which marks the Latin periodic style (see § 76, 4). It consists of two parts, — the first Concessive, introduced by *quamquam,* the second Adversative, introduced by *tamen.* So, in the first, *conspectus* balances *locus,* which is brought into relief by *autem* (and again); while *ad agendum amplissimus* and *ad dicendum ornatissimus* are balanced in like manner against each other. In the second, the relative clause *qui . . . patuit* (virtually concessive) is, as usual, embodied in the main clause, bringing the relative as near as possible to its antecedent *aditu ; voluntas* and *rationes* are set in antithesis by *sed;* while the main verb, *prohibuerunt,* as usual, comes last. The logical form of the whole is, "Though political speaking is agreeable, yet I have been prevented," &c.

By stating first the leading thought (*hoc aditu,* etc.), and putting the verb at the end (the most emphatic place), Latin is able to make the main clause active, thus partly disguising the antithesis. But here, as elsewhere, it is of great help in reading to observe these two rules : (1) that Latin puts first the main idea, the key to the whole ; and (2) that it constantly deals in antitheses, often forcing them when they do not naturally occur (as in *amplissimus* and *ornatissimus*), each thought or expression having its pendant, like ornaments which go in pairs. (See note on the opening sentence of the oration on Roscius, p. 1.)

cum, *while.* — **antea,** i. e. until his time was claimed by public interests of the state. — **auctoritatem :** the position itself (**locus**) of the speaker carried weight. — **statuerem,** *made it a principle.* — **perfectum ingenio,** i. e. the fruit of fully developed mental power. — **elaboratum,** *laboriously wrought,* needing more practice than youth could give. — **temporibus,** *occasions* or *exigencies* (a common word to denote the condition of an accused person). A Roman lawyer was not regarded as doing a service for hire, but was expected to defend his friends gratuitously. He was, indeed, prohibited from receiving pay. No bargain was made, but it was understood that the obliged party gave a liberal present to his *patronus.*

§ 2. **ita,** *accordingly,* referring to the idea contained in **transmittendum.** — **neque . . . et,** here the first clause is really concessive : it may be rendered *while . . . yet.* — **caste,** *with clean hands;* **integre,** *in good faith* to the client. — **judicio,** i. e. their action in electing him. The term *judicare* is applied to any act that amounts to a formal expression of judgment, though not a technical decision. — **fructum,** *reward,* i. e. the several grades of office he had already filled : he was now prætor. — **amplisssimum** (emphatic by position), *the richest.* — **dilationem,** *adjournment :* there were many things which could break up an assembly and put off the business, especially unfavorable auguries, the announcement of which was a favorite device of politicians. — **prætor primus :** the eight prætors were regarded as colleagues, and determined their several functions — as *urbanus, peregrinus,* or president of *quæstiones perpetuæ* — by lot. *Prætor primus* means, therefore, only that Cicero was the first of the eight who got a majority. If any failed of the requisite number of votes, he must be voted for again; and if the proceedings were broken off, the whole election began anew, including those already chosen. Hence Cicero was thrice declared elected (**ter renuntiatus sum**). — **centuriis**, abl. of means. — **quid aliis**, etc., i. e. to win like distinction.

59. honoribus, see note, Verr. I. § 36. — **ad agendum** (loosely), *for speaking.* — **vigilanti**, *wide-awake.* — **forensi usu**, *the practice of the forum* (where the courts were held). — **quoque**, i. e. as well as to military or public acts.

§ 3. **atque**, *and further* (emphatic). — **lætandum** (§ 35, 1, *b*), *a thing to be glad of.* — **mihi** following **insolita** (§ 51, 4, *b*). — **ratione**, *style*, i. e. as affected by his new position on the rostra. — **oratio**, *language;* **orationis**, *argument* (abstracts from **oro**, in its original sense of *to speak*). — **singulari**, *unparalleled* (as compared with the excellence of others) ; **eximia**, *exalted* (as compared with absolute perfection). — **virtute**, *good qualities*, generally. — **copia**, *ample material.*

§ 4. **atque** (the strongest of the copulas), *and now*, to come to the point. — **vectigalibus ac sociis**, *tributaries and allies* (of which latter some were tributary and others not). — **infertur**, used of offensive war. — **Tigrane**: he was king of Armenia, and son-in-law of Mithridates.

Armenia, the mountain region east of Asia Minor, was never thoroughly incorporated in the empire of Alexander, and after his death became an independent kingdom. Tigranes, by help of Mithridates, enlarged his dominions by conquest, and built a new and splendid capital, Tigranocerta. The two allied kings seemed about to get the mastery of the whole East; but the defeat of Tigranes by Lucullus (B. C. 69), with the capture and destruction of his capital, reduced his short-lived empire to less than its former dimensions. This remote and inaccessible kingdom remained practically independent until the conquest of the Turks in the eleventh century.

relictus, i. e. before the contest was fully decided. Tigranes, on the other hand, had been only harassed (**lacessitus**), not seriously attacked. — **Asiam**: i. e. the province of this name, occupying the western half of Asia Minor, and bordering on the dominions of Mithridates. — **quorum ... occupatæ**, *whose large properties, invested in managing your revenues, are endangered.* The revenues were farmed out to *societates* (companies) of *publicani*, who were members of the equestrian order (see § 15). — **necessitudine**, *close relation:* Cicero was of an equestrian family.

§ 5. **Bithyniæ**: this territory had been bequeathed to the Roman republic by Nicomedes III. (B. C. 74). — **exustos**, *burnt to ashes.* — **Ariobarzanis**, king of Cappadocia, which had been overrun by Mithridates. — **Lucullum** (see Introd.) : Lucullus was related to both branches of the family of Metellus, and married Clodia, sister of the notorious Publius Clodius. It was chiefly this mischievous demagogue, who was serving with his brother-in-law, that stirred up the dissensions and mutinies which robbed

Lucullus of the fruits of his victories. — **discedere,** *is on the point of going.* — **qui successerit,** i. e. Glabrio. — **non satis paratum,** *not adequately furnished.* — **sociis,** i. e. of Asia; **civibus,** Romans engaged in business there. — **imperatorem,** in pred. appos. with **unum.**

60. § 6. **certissima** : because the province of Asia was the richest and most fruitful of all. — **agitur,** *is at stake.* — **ornamenta,** *requisites* (from **orno,** *equip*).

§ 7. **civis Romanos,** etc. This massacre (B. C. 88), in which 80,000 persons perished, was intended by Mithridates as a step to the entire expulsion of the Roman power from Asia. — **significatione litterarum,** *signal by letter.* — **luce,** contrasted with **latebris.** — **versari,** *to move freely.*

§ 8. **etenim,** *for* (you will notice). — **triumphavit de,** not *triumphed over,* but *led a triumph for* [victory over]. The word is repeated in emphatic antithesis to the clause **sed ... regnaret.**

The *triumphus* was the solemn procession in which the *imperator* entered the city at the head of his victorious army, ascended the Capitoline, and performed sacrifice to Jupiter Capitolinus. The victory must have been a considerable one (5,000 of the enemy must have fallen), won by the commander himself in a war waged against foreign enemies. Triumphs were therefore never celebrated for victories in a civil war.

regnaret, i. e. they left him his kingdom. — **verum tamen,** *but still.* — **quod egerunt,** *for what they have done:* **quod** implies the antecedent **propter id,** or a similar phrase. — **res publica** : Sulla hastened to make an unsatisfactory peace, that he might return to Italy and restore order there.

61. § 9. **autem,** *now* (opposing M. to the Roman generals). — **reliquum,** *that followed.* — **belli,** obj. gen. — **Bosporanis,** *people of Bosporus.*

The kingdom of Bosporus (so named from the Cimmerian Bosporus, the entrance to the Sea of Azof), was a flourishing Grecian state, embracing the Crimea and adjoining lands: capital, *Panticapæum* (Kertsch). This region was then, as now, a chief source of the supply of wheat for Europe. It was seized by Mithridates, who placed his son Machares as ruler there.

ad eos duces, i. e. Sertorius and his comrades.

Sertorius was the ablest general of the Marian faction in the civil wars. After the victory of Sulla, and the complete overthrow of his own party, he continued to hold Spain, where he attempted a new republic, entering into alliance with Mithridates and other enemies of Rome.

de imperio, *for supremacy.*

§ 10. **alterius** corresponds to **altera,** below. — **firmamenti,** *outward support ;* **roboris,** *intrinsic strength.* — **Cn. Pompei** : in fact, neither Pompey ("the boy") nor Metellus Pius ("the old woman") was able to subdue Sertorius, who was treacherously assassinated (B. C. 72). — **rerum gestarum,** *deeds.* — **hæc extrema,** *these late disasters.* — **tribuenda,** *attributable.*

§ 11. **animum,** *feeling.* — **putetis,** i. e. from your point of view. — **superbius,** *too haughtily.*

In B. C. 148, the Roman ambassadors required the Achaian League to give up all its recent acquisitions; at which the incensed populace insulted the ambassadors and drove them away. In the war that followed, Corinth was captured by Mummius and destroyed, while Greece was made into a province by the name of Achaia.

legatum consularem, M.'Aquilius, colleague of Marius (B. C. 101).

A *legatus*, in the military sense, was an Aid or Chief of Staff, appointed by the commanding officer with the concurrence of the Senate, — sometimes a man of higher rank and greater experience than the commander himself, as notably in the case of P. Scipio Africanus, who thus attended his brother Lucius in Asia. Aquilius — who had earned a triumph in his consulship by suppressing the second slave revolt in Sicily — was taken prisoner (B. C. 88) when acting as *legatus* in the war against Mithridates, and put to death by molten gold poured down his throat. He was not, of course, protected by the *jus legationis*, which applied only to the sacred office of ambassador; and Cicero here merely uses the similarity of title to work upon the passions of his hearers.

62. § 12. **videte,** *see to it* = see whether it be not. — **ut,** *as,* correl. with **sic.** — **illis,** i. e. your ancestors. — **non posse,** subj. of **sit.** — **quid,** a regular formula of transition : *again*. — **periculum ac discrimen,** *a dangerous crisis :* the former word signifying the *trial;* the latter, the *decision.* — **exspectare,** *look to.* — **certum,** *a particular.* — **sine summo periculo,** i. e. by offending Lucullus and Glabrio.

§ 13. **sentiunt,** *feel.* — **propter,** *at hand.* — **quo,** abl. of means with **ægrius.** — **adventu ipso,** *by his mere coming.* — **maritimum :** the war against the pirates had just been finished by Pompey with great glory. — **ceterarum provinciarum :** the Gabinian Law gave Pompey power over the entire Mediterranean, and the coasts fifty miles inland. The province of Bithynia, and most of Asia, were therefore excluded (not Greece, however: but *Græcia* may here mean the Greek cities in Asia). The Manilian law extended this power over the entire East. — **quorum ... commendetis** (§ 65, 2, *f*), *worthy for you to,* &c. — **ejus modi homines,** *men of that stamp :* the expression is none too strong for the average type of provincial governors.

§ 14. the events here alluded to are the following : —

Antiochus the Great, king of Syria, was defeated by Scipio Asiaticus at Magnesia, B. C. 190. Philip V., king of Macedonia, was defeated by Flamininus, at Cynoscephalæ, B. C. 197. The Ætolians had helped Rome against Philip, and then joined Antiochus against her. They were obliged to submit after the battle of Magnesia. Carthage had been forced into a third war in B. C. 149; and was taken and destroyed by Scipio Æmilianus in B. C. 146.

63. **agatur,** etc., *it is a question of your richest revenues.*

The province of Asia, like Sicily (see note on *aratorum,* Verr. I. § 13), paid the tenth of all products, *decumæ.* The collection of this was farmed out by the censors to companies of *publicani.* This method was instituted by Caius Gracchus, in order to gain over to his side the equestrian order, to which the publicans belonged. All other provinces regularly paid a *stipendium*, or fixed tax, which they raised themselves.

The description given below of Asia Minor is no longer true, since bad government and bad cultivation have exhausted its remarkable natural wealth.

tanta, *so great* [only]. — **vix contenti,** i. e. they will hardly pay the costs of their own defence. — **agrorum,** whence the tithes of grain, &c. — **pastionis,** *pasture land,* let to publicans, who paid a tax called *scriptura* (so called from the register that was made of the number of the cattle grazing on the pastures). — **exportantur:** the *portoria* were tolls and customs' duties paid upon goods both exported and imported : the rate was 2½, or (in Sicily) 5 per cent. *ad valorem.*

§ 15. **inruptio,** *inroad.* — **pecuaria,** etc. : parallel with the classification of *vectigalia,* given before : **portu,** etc., repeat them inversely.

§ 16. **exercent,** *manage,* refers to the *societates publicanorum,* who took contracts for collecting the revenues ; **exigunt,** *collect,* to the agents and slaves who attended to the details of the collection. — **excursio,** *cavalry-raid.* — **familias,** see note R. A. § 35.

It must be remembered that the Roman slaves were not merely rude Gauls and Thracians, but educated Greeks and Asiatics. They served in noble families as secretaries, stewards, and tutors; and would naturally be employed by the great tax-collecting corporations as clerks and agents.

saltibus, *mountain pastures* (like those of Vermont or New Hampshire). Here again we have allusion to three classes of revenue : *scriptura* (in saltibus), *decumæ* (in agris), *portoria* (in portubus). — **custodiis,** *police-guards,* stationed to prevent smuggling, at the custom-houses and toll-houses. — **posse,** *will be able,* in connection with **conservaritis** (fut. perf.).

§ 17. **ne ... quidem,** *not ... either.* — **quod pertinet,** *which bears upon,* &c. The antecedent is **genere.** — **nam et** corresponds to **deinde** (§ 18). — **honestissimi,** *respectable;* **ornatissimi,** *well-provided,* i. e. with the requisites for their enterprise, being men of wealth.

64. rationes, *business enterprises;* **copias,** *fortunes.* — **in illam provinciam,** i. e. the farming of revenues. — **ipsorum,** etc., *for their own sake.* — **ceterorum omnium,** i. e. the senators and commonalty.

§ 18. **ex ceteris ordinibus** appears here to refer to other companies besides the *publicani,* who carried on business in the provinces. — **negotiantur,** see note on **negotiatores,** Verr. I. § 20. — **eorum** (redundant) limits **partim.** — **conlocatas,** *invested.* — **primum** answers to **deinde,** § 19. — **illud parvi refert,** etc., *it is of slight consequence that we can afterwards win back by victory :* **publica** agrees with **vectigalia ; his,** i. e. the *publicani.* — **redimendi,** *leasing* the revenues : the word regularly used for taking a contract by bid.

§ 19. **memoria,** loc. abl. (§ **54,** 10). — **cum amiserant** (statement of fact in absolute time, § **62,** 2, *b,* R.), *when* (as you remember), &c. — **solutione ... concidisse** (description of a financial panic), *when payments were suspended, credit fell.* — **ut non trahant** *without dragging.* — **prohibete,** this verb is used, like *defendere,* in the sense either of *ward off,* or of *defend.* — **ratio pecuniarum,** *system of money transactions.* — in foro, see Verr. vi. § 4. — **versatur,** *centres.* — **pecuniis,** *finances.* — **ruere,** *be ruined.* — **illa, hæc,** used of distance in *place.* — **num ... sit,** *whether you ought to hesitate :* **dubitandum,** impersonal, and followed (as usual) by the complem. infin. in the sense of **utrum** or **quin.**

§ 20. **potest** (emphatic position), etc., *it may be said* (in answer to my argument). — **belli genus,** i. e. *the war, in its character.*

65. **elaborandum est,** i. e. *I must,* etc. — **ornatas,** *equipped;* **instructas,** *organized.* — **obsessam,** *invested;* **oppugnatam,** *attacked* by the active operations of siege. This was B. C. 74.

§ 21. **in Italiam :** the fleet which Mithridates was despatching to Italy, with a contingent furnished by Sertorius, was defeated by Lucullus near the island Lemnos. — **studio,** *zeal* for one party; **odio,** *hate* for the other. — **Pontum,** i. e. the Euxine Sea. — **ex omni aditu,** *at every approach.* — **Sinopen, Amisum,** towns on the north coast of Asia Minor. In fact, they both made a very stubborn resistance : **uno aditu,** etc., may be meant only to apply to the "numerous other cities." — **aditu,** *approach;* **adventu,** *arrival.* (It is a frequent practice thus to use two words meaning almost precisely the same thing, but viewed from different points, giving the emphasis of repetition without its tautology.) — **alios reges :** his son Machares, king of Bosporus, and his son-in-law Tigranes, king of Armenia. ("All Cicero's talk about the campaign of Lucullus is so vague that it is impossible to extract a fact out of it." — Long.) — **supplicem,** in appos. with **se.** — **salvis,** i. e. without harming the allies : **integris,** without impairing the revenues.

§ 22. **primum :** the corresponding particles are omitted ; the next point begins at § 23. — **Ponto :** on whose eastern shore was Colchis, the scene of the adventures of the Argonauts and the golden fleece (see Classical Dictionary). — **quam prædicant,** *who, as they tell.* (The usual form of indir. disc., *that,* cannot be used with a relative in English.) — **persequeretur,** *was likely to follow.* The same form would be used in dir. disc. — **conlectio dispersa,** *the scattered gathering,* giving vividly the idea of his wandering about to pick them up.

66. **vim** auri, etc., the immense treasures which Mithridates had accumulated in his several fortresses came into the hands of Lucullus : not money simply, but works of art, &c. — **quas et ... et** = quas partim ... partim. — **dum** with pres. (§ 58, 2, *e*). — **illum, hos,** distance and nearness of *time.*

§ 23. **Tigranes :** he did not, however, welcome his father-in-law, but for some time treated him coldly and suspiciously. — **confirmavit**, *reassured*. — **eis nationibus**, near Armenia. — **opinio**, *notion*. — **fani**: " The temple of the Persian Nanæa, or Anaitis, in Elymais or the modern Luristan [that part of Susiana nearest to the Euphrates], the most celebrated and the richest shrine in the whole region of the Euphrates." (Mommsen.) Such a rumor would at once fire the population of the whole East. — **urbem**: Tigranocerta, the new capital of Tigranes, situated in the south-west part of his kingdom, near the river Tigris. The city was destroyed by Lucullus. — **commovebatur**, *was affected*. After all his successes, Lucullus had made somewhat the same mistake as Napoleon in his Russian expedition, and had found himself in an awkward situation, far from his base of operations, and in the midst of infuriated enemies.

§ 24. **hic**, *on this point*. — **extremum**, the last thing to be expected. — **opes ... misericordiam**, a short expression for *win over to pity* and *draw out their resources*. — **ut ... videatur**, a result-clause following **qui ... regno**, which implies the motive.

67. § 25. **ut ... attingeret**, in appos. with **eo** following **contentus**. (It should regularly be **quod** with the indic., but the form appears to be determined by **acciderat**.) — **poetæ**: Nævius, who wrote a *Bellum Punicum*, and Ennius, author of *Annales*, recounting events of Roman history. Both lived in the third century B. C. — **calamitatem**: defeat of Triarius (B. C. 67), who was leading reinforcements to Lucullus. Only a severe wound of Mithridates saved the Roman army from utter destruction. — **sermone**, *common talk*.

§ 26. **offensione**, *disaster* (a mild word). — **tamen**, i. e. though it was so disastrous. — **vestro jussu**, i. e. the Gabinian law (see Introd.). — **imperi**: the military *imperium* was held by the highest grades of magistrates, and could be extended after the term of office by the Senate. The holder of a command thus "prorogued" was called *proconsul or proprætor*. — **diuturnitate**: Lucullus had now held command seven years from B. C. 74. — **veteri exemplo**, *by old precedent*. — **stipendiis**, properly, *pay;* here, *campaigns*. — **confecti**, *worn out*. — **conjungant**, *unite to wage*. — **cogitatæ**: i. e. by apprehensions as well for their independence as for their religion. — **integræ nationes**, the other Asiatic nations that would be drawn into the war.

§ 27. **satis ... videor**, *I have shown, as I think, at sufficient length*. (Latin prefers the single personal clause to our impersonal parenthetical form, "it seems that I.") — **esset**, *is* (imperfect by sequence of tenses). — **videatur** (as above). — **utinam haberetis**, *I wish you had* (§ 68, 1). — **nunc vero**, *but now* (opposed to the hopeless wish, **utinam**). — **cum sit**, *where there is* (subj. of charact.). — **unus**, *but one*. — **Pompeius**, etc. This wonderful exaggeration, which puts the exploits of Pompey above those of Alexander, Hannibal, Scipio, and other generals of antiquity, probably suited well enough the temper of the assembly. — **superarit**, subj. of charact. (§ 65, 2). — **virtute**, *excellence* (not valor only).

§ 28. **rei militaris**, *military science.* — **auctoritatem**, *prestige.* — **scientior**, *better versed.* — **ludo**, *school.*

68. bello, etc., abl. of circumstance. — **ad patris exercitum**: Pompey, then seventeen years old, served with his father, Cn. Pompeius Strabo, consul B. C. 89, the last year of the social War. — **summi imperatoris**: his father, who commanded on the side of the Senate against Cinna, B. C. 87 : **summi** does not here imply supreme abilities, but supreme command. — **imperator**: in B. C. 83 the young Pompey raised an army — largely from his father's immense estates in Picenum — and joined Sulla, who complimented him as *imperator*, although he had not yet held even the quæstorship. — **conflixit**, *grappled.* — **quisquam**: for the use of this word after comparative as well as negative constructions, compare the French *ne* after *que* (than). — **inimico**, *a private adversary* (e. g. before a court). — **confecit**, *reduced.* — **imperiis**. The first civil office held by Pompey was the consulship (B. C. 70) : all his former offices he exercised as a simple *eques equo publico* (see note, Verr. I. § 1). When the Censors, in his consulship, held the *transvectio equitum*, or formal inspection of the *equites equis publicis*, and asked him the usual question whether he had served all his campaigns, "All," he answered, "and all under my own *imperium*." — **exercuerit**, *given him exercise.* — **civile**, the war of Cinna and Sulla. — **Africanum**, the war with Hiarbas of Numidia ; **Transalpinum**, certain hostilities in Gaul, on his way to Spain ; **Hispaniense**, the war of Sertorius ; **servile**: Pompey, on his return from Spain (B. C. 71), fell in with and cut to pieces the remnants of the troops of Spartacus ; **navale**, the war with the pirates, in which Pompey was at present engaged.

§ 30. **Sicilia**. After Sulla's final victory in Italy, in which he was materially aided by the young Pompey, he intrusted to him the subjugation of Sicily and Africa, where Carbo, with the remnants of his power, had taken refuge.

69. iterum: in extirpating the last remains of the insurrection of Spartacus ; **sæpius** must include his earlier campaigns in Italy, in Sulla's time. The whole passage is a rhetorical exaggeration.

§ 31. **omnes oræ**, etc. There was no extravagance in this : the suppression of piracy was the most glorious part of Pompey's career. — **tam vetus**: the piratical forces were made up of the wreck of those numberless armies beaten and broken up in the wars of the past half-century or more. When the lesser states lost their independence, their bravest men would often prefer the outlaw freedom of piracy to personal slavery, or even to political subjugation. In fact, the pirate State in Cilicia made a sort of independent republic, unrecognized and defiant.

§ 32. **fuit**: i. e. is no longer. — **propugnaculis**, *outworks.* — **Brundisio**: i. e. the short passage to Greece. — **legati**: the case is not known; probably not an ambassador, but a military aid. The plural is perhaps used rhetorically for the singular. — **redempti**, *bought off, ransomed.* — **duodecim secures**, twelve lictors, who carried axes in bundles of rods (*fasces*), the symbol of the military *imperium*. The prætors in Rome were attended by two lictors; as governors of provinces, they had six: here, *two prætors*.

§ 33. **Cnidum**, etc.: all of these were important cities, although none of them of the first rank. — **vestros portus**: i. e. those of Cajeta, Misenum, and Ostia, mentioned below.

70. vitam ac spiritum, i. e. ports of entry are the breath of life to a state like Rome, which must import its daily supplies of food. — **potestatem**: acc., because it is implied that they fell *into* their power. — **Caietæ**, now *Gaëta*, a port on the southern coast of Latium: who was the prætor here referred to is not known. — **Miseno**, the northern promontory of the Bay of Naples: it had a fine harbor, which, under the empire, became the principal naval station of the Tuscan Sea. — **liberos**, a rhetorical use of the plural for the singular, also illustrating the masculine form for either sex: it was a daughter of the distinguished orator Marcus Antonius, who had celebrated a triumph for a victory over the pirates, B. C. 102. — **Ostiense**: Ostia, at the mouth of the Tiber, was the seaport of Rome: the harbor, however, was choked up with sand, and early in the empire it was necessary to construct another artificial harbor in its place. It is not known who was the consul here referred to. — **consul**: the dignity of the commander showing the importance of the fleet. — **esset**, subj. of charact. — **tantam ... lucem**: the position of these words emphasizes those enclosed by them. — **Oceani ostium**, the Strait of Gibraltar.

§ 34. **sunt**, agreeing directly with **hæc**, instead of **est** with the indir. question as subject (compare acc. of anticip. § 67, 2, *c*). — **tanti belli**, etc., *the rush of so great a war sped over the sea.*

§ 35. The geographical allusions may be explained as follows: —

Hispaniis: Spain was occupied by Rome, in the time of the Second Punic War, and made into two Provinces: H. Citerior, extending to the Iberus (afterwards enlarged so as to comprise half the peninsula); H. Ulterior, the territory beyond. — *Gallia*: Gallia Transalpina (or Narbonensis), the whole southern coast of Gaul, was made into a province, B. C. 120. — *Illyrici Maris*: Illyria was always a chief seat of piracy: it had been dependent upon Rome since B. C. 178. — *Achaiam*: this term was usually applied to the Peloponnesus, so that by Græcia is here intended Hellas proper. The independence of Greece ceased with the capture of Corinth by Mummius, B. C. 146; still the chief part of the country remained nominally free, and no regular province was organized until the time of Augustus. — *Duo maria*, the Adriatic Sea (*Mare Superum*), and the Tyrrhenian

(Mare Inferum). — **Ciliciam**: *Cilicia aspera*, the western part, had been, since B. C. 103, the regular post of a prætor or proprætor (see Verr. I. § 11): iu B. C. 75 it was organized as a province, with the adjoining districts of Pamphylia, Isauria, &c. Pompey completed the conquest of the whole country. — *Cretensibus:* Quintus Metellus, the proconsul (the friend of Verres), had reduced Crete nearly to submission, deriving from this his *cognomen* Creticus. The Cretans, alienated by his harshness, sent to Pompey, that he might receive their surrender, rather than Metellus, which Pompey was very willing to do. Civil war nearly broke out between the two commanders in consequence. Pompey, however, who had his hands full in Asia, withdrew from the field and left the honors to his rival

71. premebantur, *felt the weight.*

§ 36. imperatoris: *of a commander.* — quid ceteræ, *how with the others?* — administræ, *handmaids.* — innocentia: the word especially used to denote *cleanness of hands* in the governor of a province (see Verr. I. § 34). — temperantia, *self-restraint.* — humanitate, *courtesy.* — quæ, subj. of sint: translate *these.*

§ 37. putaro (in its earlier meaning of reckon), etc., *count as such.* — centuriatus: *the office of centurion.* Two centurions commanded each *manipulus* of 200 men. The Legion was divided into thirty maniples; and after the time of Marius, also into ten cohorts of three maniples each: under the empire the maniple was divided into two *centuriæ*, each commanded by a centurion. The centurions were advanced from the ranks by appointment of the commander: hence *venire.* — amplum cogitare, *have any grand ideas.* — ærario: the treasury was in the Temple of Saturn, under the superintendence of the two city quæstors. The actual management of the funds was in the hands of a large body of clerks, *scribæ*, who formed a permanent *collegium.* — provinciæ, sc. retinendæ: for which he desired the influence of the magistrates. Nothing is known as to the circumstances here hinted at. — in quæstu, *on speculation.* — facit ut, etc., *shows that you know* (compare note, § 24).

§ 38. recordamini, protasis (§ 60, 1, *b*). — quid existimetis, in dir. disc. it would be the same form, as *deliberative subj.* (§ 57. 6).

72. urbis, acc. — hibernis: notice the strong antithesis; sociorum limits civitates. — judicando: a great part of the imperator's business would be deciding cases of extortion by the *publicani*, who were of the same class (*equites*) that held the judicial power in Rome. By favoring them, he might purchase immunity for himself, if brought to trial on a similar charge.

§ 39. manus, vestigium: i. e. not only was there no intentional violence, but no unintended evils followed in its train. — jam, here simply a particle of transition, made emphatic by vero: that which follows refers to the winter quarters. — sermones, *reports*, by way of common talk. — ut ... faciat, *to incur expense* in entertaining officers and soldiers. — enim: understand, "and in this he follows old custom," *for*, etc. — hiemis, *from winter* (obj. gen.): avaritiæ, *for avarice* (subj. gen.).

§ 40. celeritatem, *speed;* cursum, *extent of travel.* — remigum : galleys, worked by oars and independent of the wind, were generally used as war vessels. In the Mediterranean (particularly in the Barbary states) their use was continued till a very late day; and for some purposes they are still employed. Their trained crews of rowers gave them a speed hardly less than that of steam-vessels. — non ... quædam ... aliqui, *it was not that some,* &c. — amœnitas, used of objects of sight, beauty of scenery, &c. — labor, *toil,* always with the sense of effort and fatigue. — signa, *statues;* tabulas, *pictures* (on wood).

§ 41. hac continentia, i. e. such as his. — jam videbatur, *was now getting to seem.* — nunc: notice the emphatic repetition ("anaphora"). — servire quam imperare, a rhetorical exaggeration for preferring the condition of subject allies to nominal independence. The language may also refer to such cases as that of Attalus, king of Pergamus, who left his kingdom by bequest to Rome, B. C. 133.

73. § 42. consilio, etc., compare § 36. — ipso, *of itself.* — hoc loco, the Rostra. — fidem vero, etc.: render, *and as to his good faith,* &c., changing the construction so as to keep the emphasis. So quam, etc., *when the enemy esteemed it,* &c. (contrasting hostes with socios. — pugnantes, *in battle;* victi, *in defeat.* — consilio, *purpose.*

§ 43. auctoritas=*reputation.* — imperio militari, distinguished from the *imperium domi,* or the authority of the consul and prætor within the city, which was subject to intervention and appeal. — ut ... ament, clause of result, following commoveri. — judicia, i. e. by conferring offices and commands.

§ 44. illius diei, i. e. of the proposal of the *Lex Gabinia,* which conferred upon Pompey the command against the pirates. (See Introd.). — commune, i. e. against pirates, enemies of all mankind. — aliorum exemplis, i. e. by way of contrast.

74. § 45. prœlio, the defeat of Triarius (see § 25). — provincia, i. e. Asia. — discrimen, *the turning point.* — ad eas regiones, i. e. only into the neighborhood, as Pompey's authority did not reach the seat of war.

§ 46. illa res, in appos. with quod ... dediderunt. — Cretensium. The towns of the same region or race were often united in leagues or confederacies, chiefly for religious purposes. After the Roman conquest, such *communia* were sometimes left in existence, and even new ones were organized, and these were invested with some subordinate political function. The existence of a *commune Cretensium* is known from inscriptions. (For the incident here referred to, see § 35.) — ad eundem, i. e. rather than Quintus Metellus Pius (referred to by ei quibus), who also had a command in Spain. Nothing is known of any such embassy, but from the apologetic tone of what follows, it may be inferred that there was no great honor in the affair. — **eum quem**, *one who*. — **ei quibus**, *while they*, &c., i. e. those jealous of Pompey's reputation.

75. § 47. **felicitate**: in this quality is implied a special favor of the gods, which it would be presumptuous to arrogate to one's self, although Sulla had done so by assuming the *cognomen* Felix (see R. A. § 12). — **præstare**, *give assurance of*. — **Maximo**: Quintus Fabius Maximus, "the shield of Rome;" **Marcello**: Marcus Claudius Marcellus, "the sword of Rome," both in the Second Punic War. — **Scipioni**: either Africanus the elder, or Æmilianus: from § 60, it might appear to be the latter. — **Mario**; Caius Marius, who vanquished Jugurtha, subdued the Cimbri and Teutones, and afterwards engaged in civil war with Sulla, B. C. 88. — **sæpius**, *repeatedly*: Marius was consul seven times. — **fuit** (emphatic), *there really has been;* **fortuna** is also emphatic. — **invisa**, i. e. *presumptuous*.

§ 48. **non sum prædicaturus**: this affectation of silence is called *præteritio*. — **proprium ac perpetuum**, *secured to him for ever*. — **cum ... tum**, *not less ... than*.

§ 49. **cum**, etc., recapitulation. — **quin conferatis**, § 65, 1, *b*.

76. § 50. **erat deligendus**, § 59, 3, *d*. — **nunc**, *as it is*. — **utilitates**, *advantages*. — **opportunitas**, *fortunate circumstance*. — **eis qui habent**, i. e. Lucullus, Glabrio, and Marcius Rex.

§ 51. **at enim** (objection), *but, you will say*. — **adfectus**, *enjoying*. — **Catulus**: Quintus Lutatius Catulus, at this time the leader of the senatorial party; an estimable man and an experienced statesman, but no soldier. The *beneficia amplissima* are the successive offices that had been conferred upon him. — **ornamentis**, *endowments*. — **Hortensius**, the leading lawyer of the time (see oration against Verres). — **virorum**, etc., see § 68.

§ 52. **obsolevit**, etc., "is played out," become stale. — **Gabinium**, see Introd.; and compare the oration *Post Reditum*, chap. 5. — **promulgasset**, *had given notice*. — **ex hoc ipso loco**, i. e. in the public discussion of the law, before the vote, in the *contio* (see § 1).

As the Gabinian Law was strictly a *plebiscitum*, brought by a Tribune before the Plebeian Assembly of Tribes (see note on Verr. I. § 18), it did not require any ratification by the Senate (Momm. Röm. Forsch. i p. 239). The expression of opinion by Hortensius must therefore have been in an informal discussion, after the promulgation of the law.

§ 53. **hanc**, i. e. which we have now. — **an** implies a strong negative (§ **71**, 2, *b*). — **legati**, etc. (see §§ 32, 33).

77. **commeatu**, *supplies*, i. e. by the embargo on their trade. — **neque jam**, *no longer*.

§ 54. **Atheniensium**: the Athenian empire of the sea, in the fifth century B. C., resulted from the great victories in the Persian war. — **Karthaginiensium**: the maritime power of Carthage was at its height in the third century B. C. — **Rhodiorum**: the city of Rhodes was the chief naval power of the Mediterranean during the last three centuries before Christ: its power was broken B. C. 42, at its capture by Cassius.

§ 55. **Antiochum**: Antiochus the Great, king of Syria, defeated at Magnesia, B. C. 190. — **Perseus**: Perseus, the last king of Macedonia, defeated at Pydna, B. C. 168. — **Karthaginiensis**: Carthage was mistress of the sea at the time when the wars with Rome began; but in the first Punic War she was beaten at her own weapons. — **paratissimos**, *best equipped.* — **ei** repeats **nos**: *we*, i. e. that nation. — **præstare**, *warrant.* — **Delos**, a very small island in the Ægean Sea, sacred as the birthplace of Apollo and Artemis. It has an excellent harbor, and this, added to its peculiar sanctity, gave it high importance. It was the nominal seat of the confederacy of which Athens was the head, after the Persian Wars, and had at all times a flourishing commerce. In the time of Cicero it was the great slave market of the world, 10,000 slaves being sometimes sold here in a single day. — **commeabant**, *resorted.* — **Appia Via**, the principal highway of Italy, running from Rome to the next town in importance, Capua. It was commenced by Appius Claudius Cæcus, in his censorship, B. C. 312. — **jam**, *at length.* — **pudebat**: notice the tense. No special case is referred to, but it is implied that any magistrate ought to have felt shame, seeing that the beaks of ships, *rostra*, were the trophy over a naval power.

78. § 57. **ne legaretur**: the *legati*, who accompanied the general as his staff, were generally nominated by him, but were appointed by the Senate. (For the construction, see § 64, 1.) — **expetenti**, *earnestly requesting;* **postulanti**, *claiming* as a right. — **utrum ... an**, § 71, 2.

§ 58. **C. Falcidius**, etc.: what distinguished the case of these tribunes from that of Gabinius, was that there was a law prohibiting any person from receiving an appointment under a law proposed by himself: compare Art. I. § 5, clause 2 of the United States Constitution. — **honoris causa**, see note on Rosc. Am. § 5. — **in**, *in the case of.* — **diligentes**, *scrupulous.* — **me ... relaturum**, *I pledge myself to bring it before the Senate.*

> To bring business before the Senate (*referre ad Senatum*) was in Cicero's power as prætor. There would be no hindrance to Gabinius being *legatus* under the Manilian Law. The prætor could, however, be forbidden by the edict of the consul (who possessed *major potestas*) from bringing forward any business which was not on the order of the day. If, in spite of the edict, he should persist, as he threatens, the act would nevertheless be valid. The intercession of a Tribune, however, he would be obliged to respect.

edictum: the official proclamation or announcement of a magistrate; not, however, of a Tribune, whose act was *intercessio*, which could stop any political action. — **considerabunt**, i. e. hesitate before they set themselves against the will of the people. — **socius**:

not as *legatus* (if it referred to an official position, *ascribetur* would be used), but simply as *partner* in honor and credit.

79. § 59. cum quæreret: compare cum dixistis, just below (§ 62, 2, *b*). — si ... esset, *if anything should happen to him*,— a common euphemism, then as now. — quo minus ... hoc magis, § 54, 6, *e*.

§ 60. at enim, see § 51. — exempla, *precedents;* instituta, *established customs.* — paruisse, adcommodasse: i. e. they disregarded precedents in great emergencies, — a course which thus became itself a controlling precedent. — temporum, dep. on casus, consiliorum on rationes (chiastic). — non dicam (*præteritio*), *I will not speak of.* — ab uno imperatore: Scipio Africanus the younger (Æmilianus), who captured Carthage (B. C. 146) and Numantia (B. C. 133). At this time it was a law that no person should be consul twice. — C. Mario: Marius was chosen consul five years in succession, to carry on the wars here referred to.

§ 61. quam ... nova: here certainly the orator makes a point. For the several circumstances see notes on §§ 28–30. — privatum, i. e. not a magistrate. — conficere, *make up*, the technical expression for recruiting an army. — a senatorio gradu: the Senate could not be entered until after holding the quæstorship, the legal age for which was thirty at least, and regularly thirty-six, while Pompey was at this time (B. C. 82) only twenty-three. — in ea provincia, i. e. Africa (Momm. R. S. i. p. 470).

80. exercitum deportavit: this was one ot the essential conditions of the triumph. — equitem, i. e. having never held a magistracy, and so not in the Senate. — triumphare: the honor of a triumph was properly accorded only to commanders who possessed the *imperium* in virtue of holding a regular magistracy (Momm. Röm. St. i. p. 109). Pompey's *imperium* was held irregularly, by special appointment of the Senate: both his triumphs, therefore, in B. C. 80 and 71, were irregular, which accounts for the vehement opposition they met.

§ 62. duo consules: i. e. Mamercus Lepidus and Decimus Brutus, B. C. 77. Instead of either of these being sent to Spain as proconsul the next year, against Sertorius, Pompey, a simple *eques*, was taken. — quidem, *by the way*. — non nemo, *a man or two*. — Philippus, a prominent member of the aristocracy (consul B. C. 91), distinguished for his wit; a man of liberal temper, but a vehement partisan. (For an entertaining anecdote of him, see Horace, Ep. i. 7.) — pro consulibus, *in place of both consuls*.

When it was desired to retain the services of a magistrate after his term of office had expired, his *imperium* was extended (*prorogatum*) by the Senate, and was held by him *pro consule* or *pro prætore*, that is, as having the power of the magistracy, while no longer actually a magistrate. It was only the military *imperium* that was prorogued: its authority did not extend within the walls of Rome, and of course the proconsul possessed none of the civil powers of the consul within the city, — as, for instance, the right of calling together the Senate or an assembly of the people (Momm. Röm. St. i. pp. 143 and 155). Sometimes a private citizen, like Pompey, was invested with the *imperium*, and called proconsul; but this irregular proconsulship did not rank with the prorogued *imperium* of a regular magistrate, and did not entitle to the honors of a triumph.

mittere, for **mitto** of dir. disc. The simple present, along with *sententia*, seems a regular form of giving one's opinion in the Senate. — **duorum**, another exaggeration: only one of these would at any rate have gone as proconsul. — **legibus solutus**, *relieved from the operation of the laws*, i. e. those limiting the age of magistrates (*leges annales*). — **ex senatus consulto**: another irregularity, for the *comitia* were the law-making power, and of course had the sole power of exempting from the laws. — **magistratum**: the legal age of a consul was forty-three, and that of a prætor forty. Pompey was consul B. C. 70, at the age of thirty-six, which was the regular age for the quæstorship. — **iterum**: Pompey celebrated his second triumph Dec. 31, B. C. 71, and the next day entered upon the consulship.

§ 63. **auctoritate**, i. e. since they were then prominent members of the Senate. — **comprobatam**: i. e. the people, in electing Pompey consul, had only followed the example of the Senate in conferring these repeated honors. — **judicium**, *formal decision*, i. e. in the Gabinian law. — **improbari**, *disapproved*. — **delegistis**: this is not literally correct. The Gabinian law merely prescribed that *an ex-consul* should receive this command: the Senate selected the man. In fact, however, it was a law made for a particular man, and the Senate would not have ventured to appoint any other.

81. § 64. **parum** (same root as **parvus**), *too little*, or *ill*. — **sin**: the protasis extends to **attulistis**. — **auctoritati**, § 51, 2, *f*. — **Asiatico et regio**: the two adjectives enhance the impression of the difficulty of the war, by emphasizing its distance and the dignity of the enemy. — **pudore**, *respect for others;* **temperantia**, *self-restraint*.

§ 65. **jam**: i. e. it has now gone so far that, &c. — **requiruntur**, *are in demand:* pretexts of war are sought for, with cities that are hardly known of. — **inferatur**, *fastened*.

§ 66. **libenter**, etc., *I should be glad to argue this face to face*, &c. — **hostium simulatione**, *under the guise of enemies:* i. e. as if they were. — **animos ac spiritus**, *pride and insolence*. — **conlatis signis**, i. e. in actual warfare. — **nisi erit idem**, *unless he shall also be one*. — **animum**, *desires*. — **idoneus**, etc. (§ 65, 2, *f*), *fit to be sent*.

82. § 67. **pacatam**: that is, hostilities have not ceased as long as there was any money to be extorted. — **prætores**, i. e. *proprætors:* for, after the time of Sulla, the prætors regularly remained at Rome during their term of office. The most notorious case of such dishonesty was M. Antonius Creticus, son of the orator, and father of the triumvir. — **publica**, assigned to them for the support of their fleets and armies. — **jacturis**, *expenses*, in buying their places. — **condicionibus**, *bargains*, with creditors, &c. — **quasi non videamus** (§ 61, 1, R.), *as if we did not see.*

§ 68. **dubitare quin**, *hesitate*. The usual construction in this sense would be with the infin. The exception is allowed, because the subj. with **dubitare quin** makes a kind of indir. disc. Their thought, in direct disc., would be **credamus**, *shall we trust?* which remains unchanged except in person. — **auctoritatibus**, i. e. the opinion of influential men. — **est vobis auctor**, *you have as authority*.

Servilius Vatia Isauricus, one of the most reputable men of the time, cos. B. C. 79: he held the proconsulship of Cilicia, B. C. 78-75, in which time he gained great successes over the pirates, and obtained his *agnomen*, Isauricus, from the capture of Isaura, the mountain fortress of the Isaurians. It was probably his intimate knowledge of the region and the kind of warfare, that led him to support this vigorous measure.

Curio, see Verr. I. § 18. — **Lentulus**: Cn. Cornelius Lentulus Clodianus, cos. B. C. 72; not to be confounded with Lentulus Sura, cos. B. C. 71, the accomplice of Catiline. — **Cassius**: for the character of this family, see note on Verr. I. § 30.

83. § 69. **de re ... facultate**: *the cause itself, or the power of carrying it through.* — **potestate praetoria**, *official influence as praetor*; more official than *auctoritas*. — **defero**, *put at your service*.

§ 70. **templo**: i. e. the *rostra*. The term *templum* was applied to any place consecrated by regular auspices (*augurato*). As the public assembly was held *augurato*, the place of holding it must be consecrated. — **ad remp. adeunt**, *are engaged in public affairs* (see § 42, 2, ad). — **neque quo**, *nor because* (§ 66, 1, *d*, R.). — **honoribus**, i. e. public office, which he proposes to earn, not by the arts of a demagogue, but by faithful professional labors, as a lawyer. — **pericula** relates to the *simultates* in the next section. It was not possible for him to espouse this democratic measure so earnestly, without incurring coolness at least on the part of the aristocracy. — **ut**, *so far as*.

§ 71. **ego**: expressed not as itself emphatic, but to give emphasis to the whole expression: *I give you my word*, &c. — **tantum ... abest ut videar**, *I am so far from seeming* (§ 70, 4, *d*). **hoc honore**, the prætorship. — **adfectum**, *privileged*. — **me oportere**, *I am bound* (**me** is obj. of **oportere**, of which the subj. is **præferre**, etc.).

CATILINE I.

Argument.

CHAP. 1. *Propositio.* Catiline's audacity in appearing in the Senate when his guilt is known. — 2. Weakness of the consuls, in allowing him to live. — 3, 4. Contrast. in the cases of Gracchus, Mælius, and Saturninus. — 4. The Senatorial decree is suspended in Catiline's case, till all shall be satisfied of his guilt. His plans enumerated. — *Hortatio.* 5. He is exhorted to go out and join his confederates. The plots against Cicero have been thwarted; but now they aim at the State. — 6, 7. Catiline has no inducement to remain where all good men hate and shrink from him. — 8. He has offered to go into custody: let him depart: the Senate shows by silence its approval of Cicero's words. — 9, 10. Though he insolently refuses to depart, yet his defeat as candidate for the consulship has made him from a conspirator into a public enemy. — *Peroratio.* 11. The State remonstrates against the consul's lenity. — 12. But it is a gain to force him into exile, and thus draw the conspiracy to a head. — 13 For his death would only palliate the evil. So let him go, taking with him the ruin of his plot, the hate of men, and the wrath of the gods.

PAGE.

85. § 1. **etiam** (et jam), *still.* — **eludet,** *mock.* — **quem ad finem,** almost equivalent to **quamdiu,** but implying some shock or crisis which must follow. — **sese jactabit,** *insolently display itself.* — **Palati,** one of the strongest positions in the city, commanding the Forum, and so most likely to be seized by the conspirators.

The *Palatium,* an isolated hill, of a rudely quadrangular shape, was the original seat of the city of Rome, *Roma Quadrata,* from which it spread gradually over the other hills. In the last years of the republic, the Palatine became the fashionable place for residences. Here was Cicero's house as well as Catiline's. On the brow of the hill towards the Sacred Way stood the temple of Jupiter Stator, in which the Senate was now assembled. It was because of its nearness to his house, as well as because of the strength of its position, that the consul selected this temple for the meeting of the Senate on this occasion. In the Empire the Palatine became the seat of the imperial residence, and its name, *palace,* has passed in this sense into most modern languages.

bonorum, see § 21. — **locus**: the regular place of meeting for the Senate was the *Curia Hostilia;* on special occasions it met in other places, but always in a consecrated place (*templum*; see note on Manil. Law, § 70). — **horum** (with a gesture), the senators present. — **ora,** *features;* **voltus,** *expression* (a sort of *hendiadys*). — **constrictam teneri,** *is held fast bound.* — **proxima, superiore** : for what was done on the night of Nov. 6, see § 4; as to **proxima,** *last night,* we do not meet with anything but general assertions.

§ 2. **O tempora,** etc., *what a time! what a state of things!* — **immo,** *nay more:* **immo** here negatives only the *form* of the preceding, as not strong enough. — **consili,** *counsels.* — **vitemus,** subj. of indir. disc. — **ad mortem**: the consuls originally possessed full powers of judgment in criminal cases, including punishment by death. These highest powers of the *imperium* were suspended within the city by laws which gave the right of appeal to the people (see note on § 28), but the Senate could revive it in cases of danger by the formula *Videant consules ne quid respublica detrimenti capiat*, — a proceeding analogous to the proclamation of martial law. This action the Senate had taken Oct. 21, nearly three weeks before. — **oportebat**, implied cond. (§ 60, 2, *c*) : the imperf. is used with **jam pridem**, where we might expect the pluperf. (compare § 58, 2, *a*).

§ 3. **an vero**, *while*, &c., belongs both to **interfecit** and **perferemus**, introducing (as usual) a sort of *reductio ad absurdum.* — **vir amplissimus, pontifex maximus** : observe how these words strengthen the force of the example.

P. Scipio Nasica Serapio was leader of the mob of gentlemen that murdered Tiberius Gracchus, B. C. 133. He held the office of *Pontifex Maximus*, president of the board (*collegium*) of *pontifices*, which had the general superintendence of the State religion. Since in all ancient states the political constitution was based on the State religion, the *pontifices* exercised great political power. They were the earliest jurists; and the office of their head, the *pontifex maximus*, was, in Rome, on the whole the first position in dignity and influence. He was appointed by the Board from their own number. But, in the last two centuries of the republic, it was established that the person to be so appointed should be designated by popular election. This was confined to the minority (seventeen) of the thirty-five tribes, designated by lot. An absolute choice by the people was regarded as inadmissible in religious offices.

Tiberius Sempronius Gracchus, a young man of high rank and great personal purity of character, attempted to carry through some important reforms, particularly touching the tenure of the public lands, B. C. 133. Requiring more time to make his legislation effective, he attempted illegally to secure his own re-election as Tribune ; when he was attacked and killed by a mob of senators headed by Scipio Nasica. The mother of Gracchus was a daughter of the great Scipio, the conqueror of Hannibal.

privatus : Nasica at this time was only a private citizen of consular rank. He afterwards went into exile, and was made Pontifex Maximus in his absence. The word **privatus** is opposed to **nos consules**, and the contrast is rhetorically exaggerated. — **illa**, *that case*, plural for singular, as frequently in Greek. — **Ahala**, the *magister equitum* of the famous Cincinnatus : he killed without law the *eques* Mælius, on suspicion of his aiming at a dangerous power by his lavish gifts of corn (B. C. 439).

86. novis rebus (the classic expression for a violent change of government), *revolution.* — **senatus consultum** : i. e. *ut videant consules*, etc. The *consultum* of the Senate was its ordinance, regularly passed and promulgated, and recognized as valid. If it was invalid by reason of informality or intercession of a tribune, it was called *senatus auctoritas*, and might still be drawn up in form, and would still have a certain modified authority. — **vehemens**, *severe*, as regards Catiline ; **grave**, *carrying weight*, as regards the consuls. — **rei publicæ** (dat. with **deest**) : we know well enough what to do — we have authority enough : it is the execution that is remiss.

§ 4. **decrevit** (emphatic), *there was once a decree*, &c. This word is used (as well as **censeo, placet**) to express the intent of the Senate; the **consultum,** *ordinance,* or any separate article of it, might, as regarded its purport, be called *decretum.*

Lucius Opimius was consul B. C. 121, when Caius Gracchus, the younger brother of Tiberius, was attempting to carry through a series of measures far more revolutionary than those of his brother. The Senate, the champion of the existing order of things, took alarm, and intrusted the consul with absolute power. In the tumult that ensued, some 3,000 were said to have lost their lives, including Gracchus and his leading associate Fulvius.

The father of the Gracchi was Tiberius Gracchus, one of the most eminent statesmen of his day, distinguished for integrity and humanity, as well as ability and culture. Their mother was Cornelia, daughter of Scipio Africanus, the conqueror of Hannibal. Ancestors on both sides were distinguished in the Second Punic War, and the brothers were likewise connected by kinship and marriage with many of the noblest families of Rome.

The case of Marius was in B. C. 100, the year of his sixth consulship. He was secretly in league with the revolutionists, — Saturninus and Servilius Glaucia, corrupt demagogues, unworthy imitators of the noble Gracchi. When it came to the point, however, the courage of Marius failed him: he deserted his accomplices, and joined the Senate in crushing the revolt.

rei publicæ, poss. gen., the punishment being looked on as something belonging to the party avenged, and taken from the other party. — **remorata est,** governing **Saturninum,** etc.: the punishment is oddly regarded as *waiting for them.* — **vicesimum**: strictly speaking, it was now the 19th day from Oct. 21. — **horum**, the senators. — **hujusce modi,** i. e. like those others. — **tabulis,** brazen tablets, on which the laws, &c., were inscribed. The edict is said to be *shut up* in them (until put in force), *like a sword hid in its scabbard.* — **interfectum esse** (§ **58**, 11, *d*). But, after all, it would have been hardly possible, even with the extraordinary power granted to the consuls, to put the conspirator to death without some overt act. — **cupio,** *I am anxious* (emphatic) : a concession, opposed by **sed,** below. — **dissolutum,** *hasty,* as having one's actions out of the control of law, reason, &c. — **ipse**: Latin in such cases emphasizes the subject, English the object. — **nequitiæ,** *worthlessness.*

§ 5. **faucibus,** *narrow pass,* leading north from Etruria. — **conlocata,** § 72, 2, *d.* — **jam,** *at once.* — **erit verendum,** etc. This difficult sentence is best rendered by connecting **non** and **potius** with **verendum**: *I shall not have more reason to fear;* and by remembering that **credo** is, in this parenthetical use, ironical. The sense is, *of course I shall be accused of cruelty rather than slackness.* — **boni** (sc. **dicant**): here, as usual, *the well-intentioned,* i. e. those who held the speaker's views. — **ego,** opposed to **omnes boni.**

37. denique, i. e. then, and not before. — **jam,** *at length.* — **fateatur,** § 65, 2.

§ 6. **etiam,** *besides* the forces on guard. — **speculabuntur,** referring to the spies in the interest of the government, who were in the very heart of the conspiracy. Of these the chief was Fulvia, mistress of one of the conspirators. — **quid**, etc., *what is there for you to wait for more?* — **nox, privata domus**: the time and place of meeting. — **inlustrantur** refers to **tenebris**; **erumpunt** to **parietibus**. — **recognoscas**, *review* (§ 70, 3, *f*, R.).

§ 7. **dicere**, § 58, 11, *b*. — **fore** (subj C. Manlium): the *rising in arms* is put first, as being the main thing; the person is less important. — **num**, etc., *was I mistaken in, &c.* — **idem** has the force of *also*. — **optimatium**, i. e. of the senatorial party. — **in ante diem**, § 56, 1, *f*. — **sui conservandi** (§ 73, 3, *a*): this passage is neatly turned, to save their self-respect by showing that discretion was the better part of valor. — **cum dicebas**, equivalent to *saying* (compare § 72, 1, *c*). — **discessu**, loc. abl. — **tamen**, opposed to **discessu**: though the rest were gone.

§ 8. **Præneste** (*Palestrina*), an important town of Latium, about twenty miles from Rome, in a very commanding situation. Its possession would have given Catiline an important military post. It was a chief stronghold of the Marian party in the civil war. — **sensistine**, *did you not find?* The negative meaning occasionally found in this enclitic is probably its original one. — **coloniam**: Præneste proudly declined the Roman franchise, and retained its nominal independence until the time of the Social War. Sulla established a military colony there by way of punishment. — **præsidiis**, *the garrison* manning the walls; **custodiis**, *sentinels* at the gates; **vigiliis**, *night-guard*. — **agis**, etc.: notice the climax.

88. **noctem superiorem**, *night before last*, i. e. Nov. 6: **priore** (below) refers to the same. — **jam**, *you will at once see*. — **quam te**, § 67, 1, *b*, R. — **inter falcarios**, i. e. the street of the scythemakers. — **non agam obscure**, i. e. I will speak plainly.

§ 9. **gentium**, § 50, 2, *d*. — **quam rem publicam**, *what sort of a state?* — **hic, hic**, *here, right here*. — **sanctissimo**, *venerable*. — **omnium**, § 47, 5, *b*. — **atque adeo**, *and in fact*. — **oportebat**, see § 2. — **igitur** (resumptive), *as I said*. — **quemque**, *each* of the conspirators. — **placeret**, for indic.; **relinqueres**, for delib. subj. (both in indir. disc.). — **equites**: these were C. Cornelius and L. Vargunteius.

§ 10. **id temporis** (§ 50, 2, *c*), *at that very time*. — **desiderant**, *have been wanting* (§ 58, 2, *a*). — **si minus** (sc. **omnes**), *if not*.

89. § 11. **atque**, *and particularly*. — **huic**, i. e. in whose temple we are sitting. — **Stator** (**sto**), the one who causes to *stand firm*. The temple to Jupiter Stator was vowed by Romulus when his troops were giving way, and built upon the spot where their flight was stayed. (See note, § 1). — **in uno**, etc., *risked upon one man* (i. e. Cicero: compare Thucyd. ii. 35). — **proximis**: the consular election was usually held in July; but this year, on account of the disturbed condition of things, did not take place until Oct. 28, when

Manlius was in fact already in arms. Catiline's successful competitors were D. Silanus and L. Murena. — **nullo** ; . . **concitato**, *without exciting* (the most common way of expressing this idiom in Latin). — **videbam**, *I saw all along* (§ 58, 3).

§ 12. **nunc jam**, *now at length*. — **hujus imperi**, i. e. *which I possess;* that conferred upon the consuls by the special act of the Senate. Without this, they possessed an *imperium*, it is true, but restricted by laws. — **tu**, opposed to **comitum**. — **hortor**, see note on **desiderant**, § 10. — **rei publicæ** limits **sentina** somewhat in the sense of an adjective, — *political rabble*. Or, keeping the original figure, we might say, *bilge-water of the ship of state*.

§ 13. **faciebas**, *were on the point of doing*. — **hostem**, *a public enemy*, over whom the consul would have that *right* — **me consulis**, *ask my advice*. — **jam**, *longer*. — **nota**, *brand*. — **domesticæ**, *of the household;* **privatarum rerum**, *in private life*, i. e. intercourse with others out of the family.

99. **ferrum** ... **facem** : i. e. arm him for acts of violence, or inflame him to deeds of lust.

§ 14. **quid vero**, *and say*. — **vacuefecisses** : this crime is mentioned by no other writer, and is perhaps one of the orator's exaggerations. — **alio** ... **scelere** : Sallust mentions, as a common matter of belief, that Catiline killed his own son, in order to gratify his new wife, Aurelia Orestilla, — "a woman praised for nothing but beauty." — **facile**, etc., *I readily pass in silence*. — **tanti**, etc., *a crime of such monstrosity*. — **ruinas** : this charge was undoubtedly correct. The conspiracy was mainly composed of men of ruined fortunes, who hoped to better themselves in the general scramble of a revolution. — **Idibus** : the Kalends and Ides — the beginning and middle of the month — were the usual terms for the payment of debts. Catiline's failure in his consular canvass had probably stirred up his creditors to push him for payment. — **difficultatem**, *straits*.

§ 15. **cum**, causal, though to be rendered *when*. — **prid. Kal.** On the 1st of January, B. C. 65, the consuls Cotta and Torquatus entered upon their office. It was the intention of Catiline to take advantage of their inauguration to murder the new consul and seize the government. The plot got whispered about, and its execution was put off to Feb. 5, when it failed again through Catiline's overhaste. The act of Dec. 31 seems to have been in preparation for the rising. — **cum telo** (a technical expression), *with weapons*. — **manum**, *a band* (of assassins). — **mentem aliquam**, *change of mind*. — **aut** ... **aut**, etc., *either obscure or few*. — **non multa**, etc. : i. e. they were too well known to need recapitulation, and too numerous to admit of it. — **interficere**. "Cicero charges the man with frequent attempts to murder him since he has been elected consul, but he does it in such a way as not to convince us that he is speaking the truth" (Long). — **petitiones**, *thrusts*, the word regularly used for the attack of a gladiator. — **ita conjectas**, *so aimed that they seemed impossible to be shunned.* — **corpore** (a proverbial expression), i. e. dodging with the body.

§ 16. **quæ quidem**, etc., *I know not by what rites it has been consecrated and set apart, that you think,* &c.

91. vita, i. e. that you should desire to prolong it (in allusion to § 15). — **quæ nulla** (§ 50, 2, *e*, R.³), *nothing of which.* — **necessariis**: this word is used of any special personal relation, as that of kinsman, client, guest, comrade, member of the same order, &c. (see note on *necessitudinem*, Verr. I. § 11). — **quid quod**, *what of this — that,* &c. — **ista**, *where you are sitting.* — **consulares**: these voted as a class, and probably sat together; but it is not easy to see how Catiline could have sat among them. — **ferendum** is the pred. of the clause **quod ... reliquerunt**.

§ 17. **servi**, emphatic, displacing **si**. — **carere aspectu**, *be deprived of seeing.* — **tibi debitum**, *your due.* — **aliquo concederes**, *would retire somewhere.* — **nunc**, opp. to **si**, etc. — **te nihil cogitare**, *that you think of nothing.*

§ 18. **quæ** (i. e. **patria**) ... **agit**, *she pleads with you.* — **sociorum**, i. e. the allied cities of the province of Africa, which Catiline governed as propraetor, B. C. 67. — **leges et quæstiones**, probably both as prætor in Rome and as propraetor in Africa. — **neglegendas** implies only evasion; **evertendas**, violence. — **superiora illa**, *your former crimes.*

92. me ... abhorreat, subj. of **est ferendum**. — **quicquid increpuerit**, *at the least noise*, modifies **timeri**. — **abhorreat**, *is inconsistent with.* — **hunc ... eripe**, *rescue me from*, &c., lit., *snatch it from me* (§ 51, 2, *e*). — **aliquando**, *some time or other* (implying impatience).

§ 19. **in custodiam dedisti**, i. e. in free custody, on parole. This appears to have been late in October, when Catiline was prosecuted on the *Lex Plautia de vi*. — **M.' Lepidum**, the consul of B. C. 66. — **ad me**: "a proposal," says Long, "which might be viewed either as evidence of his innocence or his impudence." — **parietibus**, loc. abl.; **mœnibus**, abl. of means. Observe the emphasis of the contrast. — **Metellum**: Q. Metellus Celer, consul B. C. 60; he did good service in the campaign against Catiline. He was nephew of Cæcilia, the friend of Roscius (see note R. A. § 50). — **virum optimum**, *that excellent man* (ironical). — **demigrasti**, *moved over.* — **sagacissimum**, *keen-scented;* **fortissimum**, *energetic and fearless.* — **videtur debere**, *does it seem that he ought?*

§ 20. **refer**: Halm conjectures that the members of the Senate were secretly trying to persuade Catiline to go into voluntary exile, when all prosecutions would be dropped. — **id enim**, *for that is what you demand.* — **placere** has for subj., **te ... exsilium.** — **abhorret**, *is contrary to:* because the Senate had no power to pronounce such a judgment. — **tacitorum**, i. e. their silence gives consent to my words.

93. § 21. **Sestio** : whom Cicero afterwards defended in one of his greatest orations (see p. 147). — **M. Marcello** : a prominent member of the aristocracy, consul, B. C. 51 ; not to be confounded with the person of the same name mentioned § 19. He took a leading part in the civil war against Cæsar, and was afterwards defended by Cicero (see p. 210). — **consuli**, *though consul.* — **jure optimo**, *with perfect right.* — **vim et manus**, *violent hands.* — **videlicet cara**, alluding to his demand to have the matter submitted to the Senate. — **quorum**, § 48, 3, *b*, R. — **hæc** (with a gesture), all that is round us, the city, &c. — **prosequantur**, *escort.* It was the custom for those who were going into voluntary exile to be thus accompanied to the gate by their friends. If Catiline would depart, the whole Senate would forget his crimes and pay him this honor (perhaps ironical).

§ 22. **te frangat**, i. e. break down your stubbornness. — **duint**, § 30, 6, *e*². — **tametsi** (corrective), *although.* — **tempus**, *moment.* — **est tanti**, *it is worth the price* (§ 54, 8, *a*).

§ 23. **inimico**, *a private enemy*, thus attributing to Cicero personal and private motives of opposition. — **si vis**, *if you choose.* — **recta** (sc. **via**), *straightway.* — **latrocinio**, *partisan warfare*, as opposed to regular war (*justum bellum*).

94. § 24. **quamquam**, *and yet* (corrective, cf. **tametsi**, § 22). — **Forum Aurelium**, a small place on the *Via Aurelia*, about fifty miles from Rome. The *Via Aurelia* was the road which led along the sea-coast of Etruria, by which Catiline left the city the following night. The word Forum, *market-place*, was used for the highest class of inferior towns (market towns) within the territory of a colony or *municipium.* — **aquilam** : the silver eagle had been adopted by Marius as the standard of the legion, and the eagle in question was said to have been actually used in the army of Marius. The place in the camp where the eagle was kept was in fact consecrated : hence the word *sacrarium.* — **ut possis**, exclam. clause with **ut**, § 70, 4, *c.* — **necem**, *slaughter*, or *death by violence.*

§ 25. **hæc res**, i. e. exile. — **non modo**, *to say nothing of.* — **atque** connects **perditis** and **derelictis** ; **ab** connects **fortuna** and **spe** to **derelictis.** — **conflatam**, *got together* (like molten metal).

§ 26. **bacchabere**, *will revel.* — **studium**, *taste for.* — **meditati sunt**, *have been practised*; **feruntur**, *are talked about.* — **facinus**, *deed of violence*, contrasted with **stuprum**, *debauchery ;* just as **bonis otiosorum**, *property of peaceful citizens*; is with **somno**

maritorum, *the repose of husbands.* — **ubi ostentes**, *an opportunity to display.* — **confectum**, *shattered.*

§ 27. **reppuli**: the consul who presided over the election had it in his power to exercise great influence. That of Cicero on this occasion was perfectly legitimate, in maintaining order and checking Catiline's adherents. — **exsul, consul**: observe the play upon words. — **latrocinium**: rebellion is regularly described by words which ally it with disorder or highway robbery; as, **tumultus**.

95. **querimoniam**, i. e. for not having suppressed the conspiracy more vigorously. — **detester ac deprecer** (construed with **a me**, above), *remove by protest and plea.* — **animis mentibusque**, *hearts and minds.* — **evocatorem servorum**, *a summoner of slaves*, i. e. to enlist under him. — **mactari**, § 70, 3, *a.*

§ 28. **at**, *but* (it may be said): introducing an objection. — **rogatæ sunt**: the magistrate who proposed a law formally asked the people whether they would accept it; hence **rogo** was the word regularly used for this act, and the proposition itself was called *rogatio*. The *leges* in question, *Valeria, Porcia,* and *Sempronia* (of Caius Gracchus), protecting the life and liberty of citizens, had been not merely asked (*rogatæ*), but passed (*jussæ*); not merely proposed (*latæ*), but carried (*perlatæ*). The word **rogatæ** appears to be used here to emphasize the part which the people had in their establishment. — **præclaram ... gratiam**, *you show a noble gratitude.* — **tam mature**: Cicero says of himself that he was the only *novus homo* [*nulla commendatione majorum*] on record, who both sought and gained the consulship the first year the law permitted it. He was equally fortunate in the quæstorship and prætorship.

§ 29. **inertiæ**, sc. **invidia**, *the reproach.* — **an** belongs with **non existimas**. — **conflagraturum**, *will burn up*, suggested by **ardebunt**. — **idem sentiunt**, *have the same views.* — **mentibus**, *thoughts.* — **superiorum**, *before them.*

96. **maxime**, *ever so much.* — **partam** (from **pario**), *acquired* (a very common meaning). — **putarem**, the real apodosis: the regularity of the sentence being broken by **fui**, etc.

§ 30. **videant**, subj. of charact. — **aluerunt**, indic. of fact. — **regie**, *despotically:* the Roman idea of king and kingly government was associated with Tarquinius Superbus. Here the word also implies the assumption of unlawful power (= *tyrannice*), as well as its abuse. — **eodem**, *to the same place.* — **adulta**, *full-grown*, as opposed to **stirps**, *the stock*, and **semen**, *the seed.*

§ 31. **jam diu**: the conspiracy was ready to break out B. C. 65 (see note on § 15). — **versamur**, *have lived.* — **nescio quo pacto**, *somehow* (§ **67**, 2, *e*). — **visceribus,** *vitals* (properly the great interior organs, as the heart, lungs, &c.).

97. **circumstare,** *hang around:* the *prætor urbanus* had his tribunal on the Forum. — **consensionem,** *unanimity.*

§ 33. **ominibus,** *prospects.* — **Juppiter,** i. e. the temple. — **arcebis,** a mild imperative (§ **57**, 7, *d*).

Catiline II.

Argument.

Chap. *Pars* I. 1. Catiline is gone: the city breathes again: it is open war now, and no longer a concealed intestine conflict. — 2. Excuse for letting him go: all were not convinced. Now, his guilt is manifest. — 3. His force is not formidable: what remains is closely watched. — 4. All have been forced to declare themselves. Joy at his departure: he has been a leader in every vice and crime. — *Pars* II. 5. His associates are desperate but contemptible: character of this domestic war. — 6. Odium of his banishment deprecated: in fact, he went to his own. — 7. He will not go into exile, but to the camp of Manlius, and will seek to cast odium on the consul. — *Pars* III. 8-10. The real fear is from those who remain, viz.: (*a*) Rich but embarrassed profligates; (*b*) Poor debtors; these two classes have nothing to gain from violence; (*c*) Sulla's veterans, who will not be allowed to repeat those times; (*d*) Ruined men, hoping for any change; (*e*) Criminals, who had better be fought in the field; (*f*) Profligates and debauchees, men of Catiline's own stamp. — 11. Superiority of the patriot forces arrayed against them. —*Peroratio.* 12. Review of the situation: warning to the ill-disposed. — 13. The work shall be done without shock to the public order: the gods will lend their help.

PAGE

98. § 1. **ejecimus,** *expelled* (with violence); **emisimus,** *sent forth.* The words **vel ... vel** imply that the same act may be called by either name. — **ipsum,** *of his own accord.* — **verbis prosecuti** may apply as well to kind words of dismissal as to invective. — **abiit,** simply, *is gone;* **excessit,** *has retreated* before the storm; **evasit,** *has escaped* by stealth; **erupit,** *has broken forth* with violence, — a climax of expression, but nearly identical in sense. — **atque** (adding with emphasis), *and so.* — **hunc quidem,** *him at any rate.* — **sine controversia,** *without dispute* = *unquestionably.* — **versabitur,** *will be busy.* — **campo, foro, parietes,** observe the narrowing climax. — **loco motus est,** a gladiatorial expression: *he has lost his vantage-ground.* — **nullo,** etc., i. e. his defenders till now could screen him by forms of law. — **justum,** *regular, in due form.*

§ 2. **cruentum** (pred.), *reeking with blood.* — **vivis nobis,** *leaving us alive.* — **civis,** acc. plur. — **jacet,** etc., *lies prostrate.* — **retorquet oculos** begins the figure of a wild beast, which is continued in **faucibus.**

§ 3. **omnis**, acc. plur. — **oportebat**, § 60, 2, *c.* — **in hoc ipso**, *in this very point.* — **qui . . . accuset**, *as to accuse* (§ 65, 2). — **hujus imperi**, see note on Cat. I. § 12. — **res publica**, *the public interest.*

99. § 4. **cum viderem**, *seeing:* its obj. is fore ut . . . possetis (§ 58, 11, *f*). — **vobis**, construed with **probata ; ne . . . quidem**, i. e. much less the people at large. — **videretis**, § 66, 2. — **quod . . . exierit**, § 70, 5, but subj. on account of the implied indir. disc. — **eduxisset**, § 68, 1. — **mihi**, eth. dat. (§ 51, 7, *d*). — **in praetexta**: the *toga praetexta*, with a broad purple border, was worn by boys as well as magistrates: this means, therefore, that Tongilius was still a boy. — **æs alienum**, etc., i. e. petty debts run up in cookshops and the like ; not like the heavy mortgages spoken of afterwards. — **quos viros**: for a characterization of these, see the next division of this oration.

§ 5. **præ**, *in comparison with.* — **Gallicanis**, i. e. those stationed in Gaul, — Cisalpine Gaul, the northern part of Italy. The *ager Gallicus* below was that strip of sea-coast, north of Picenum, formerly occupied by the Senones, but at this time reckoned a part of Umbria. — **hoc**, *the present.* — Q. **Metellus** (Celer) : see note on Cat. I. § 19. — **luxuria** (Synecdoche), *high-livers.* — **vadimonia deserere**, *cut bail:* i. e. leave their bondsmen in the lurch. — **edictum praetoris**, in effect like a *sheriff's warrant.* (A proclamation was published by each new prætor, "in which he declared the manner in which he intended to administer his department." Maine). — **concident**, *collapse.* — **purpura** : the Roman *toga* was of unbleached wool: it was a mark of effeminacy and foppishness for any men but magistrates to wear colors in public. — **mallem**, § 57, 4, *c.* — **eduxisset**, § 70, 3, *f*, R. — **si . . . permanent**, a fut. cond. — **pertimescendos**, i. e. he will keep an eye on them.

100. § 6. **superioris noctis**, i. e. two nights before the last. — **ne**, *nay :* an affirmative particle, wrongly spelt næ. — **nisi vero**, ironical (as usual), introducing a *reductio ad absurdum.* — **Aurelia via**, see Cat. I. § 24.

§ 7. **sentinam**, *refuse* (see Cat. I. § 12). — **ejecerit**, § 59, 4, *c.* — **exhausto**, *drained off* (as *sentina*). — **recreata**, *invigorated.* — **conceperit**, § 65, 2. — **tota Italia**, § 55, 3, *f.* — **subjector**, *forger.* — **circumscriptor**, *swindler.* — **perditus**, *scoundrel.*

§ 8. **ullo**, § 21, 2, *h.* — **serviebat**, *pandered.*

101. § 9. **diversa studia.** In another passage (Cæl. 13) Cicero ascribes to Catiline *:* " *Cum tristibus severe, cum remissis jucunde, cum senibus graviter, cum juventute comiter, cum facinorosis audaciter, cum libidinosis luxuriose vivere.* " — **in dissimili ratione**, *in different directions.* — **possitis**, § 64, 1, *b.* — **ludo**, the regular *training-school.* — **scæna**, i. e. among the actors of the baser sort. — **tamen,** i. e. in contrast to the usual effeminacy of these profligates. — **exercitatione,** abl. of means : *trained by the practice of debaucheries and crimes to endure,* &c. — **frigore** ... **perferendis,** abl. with **adsuefactus.** — **fortis,** *an able fellow.* — **istis,** *his hangers-on.* — **subsidia,** etc., i. e. means which might be, &c.

§ 10. **audaciæ,** *acts of audacity.* — **obligaverunt,** *encumbered.* — **res ... fides,** *property ... credit.* — **quidem** (concessive), *no doubt.* — **mihi,** eth. dat.

§ 11. **instare plane,** *is close at hand.* — **nescio quod,** § 67, 2, *e.* — **unius** : Pompey, of course, now returning from his triumphs in the East.

102. **resecanda erunt,** *shall need pruning.*

§ 12. **etiam,** *still* (after all that has been done). — **enim,** i. e. the idea is absurd, as implied in the irony that follows. — **quid,** *what of this,* that it was really the act of the Senate that drove him out: **ut** is here nearly equivalent to **quod.** — **hesterno die** qualifies **convocavi.**

§ 13. **in proximam** : Cicero certainly said nothing definite as to the night of Nov. 7, although he wishes to make it appear that he had. — **ei,** dat. of agent (§ 51, 4). — **teneretur,** *was caught.* — **pararet,** for plup. (see Cat. I. § 2, end). — **securis, fascis** : the use of these signified that Catiline intended to assume the authority and *imperium* of consul. — **aquilam** : see Cat. I. § 24.

§ 14. **eiciebam,** conative imperf. (§ 58, 3, *c*).

103. **suo nomine,** i. e. not by Catiline's order. — **nunc,** *even now.* — **Massiliam** : *Marseilles,* an ancient Greek city of Gaul, always faithful and friendly to Rome. It was a favorite place of sojourn for Romans who went into voluntary exile. — **condicionem,** *terms.* — **pertimuerit,** *take alarm.* — **erunt qui ... velint,** § 65, 2, *a.*

§ 15. **est tanti,** *it is worth the price.* — **sane** (concessive), *for all me.* — **aliquando,** *one day.* — **illum emiserim ... ejecerim** : *let him go ... drove him out.* — **si interfectus,** etc. : adroitly excusing his lenity to those who would have wished harsher measures.

§ 16. **quamquam** (corrective), *and yet.* — **nemo,** *not a man.* — **misericors** : his going to Manlius was his inevitable ruin, and yet, for all their pity, they desired this. — **latrocinantem,** *in partisan warfare.*

104. § 17. **sibi,** *for their own good.* — **placare,** *gain over.* — **ex quibus generibus** : "a similar picture," says Long, "may be drawn of any great city." — **comparentur,** *are made up.*

§ 18. **est eorum,** *consists of those* (§ 50, 1, *c*). — **dissolvi,** sc. **a possessionibus** : although they might pay their debts, they will not make up their minds to do so. — **honestissima,** *very respectable.*

— **argento,** *plate.* — **sis,** § 58, 6. — **tabulas novas,** *new accounts,* i. e. a sweeping alteration of debts, such as that, B. C. 86, "which reduced every private claim to the fourth part of its nominal amount, and cancelled three-fourths in favor of the debtors" (Momm.). — **auctionariæ** : a forced sale would give them new accounts. — **certare cum usuris** (§ 54, 6, *b*), *struggle to meet the interest.* — **fructibus** is abl. of means. — **uteremur,** *we should find them.* — **vota facturi,** *likely to offer prayers.*

105. § 19. **quamquam premuntur** : a man must be rich in Rome to be active in politics. — **scilicet,** *in fact.* — **praesentis** agrees with **deos.** — **jam,** *at once.* — **non vident,** *don't they see?* (§ **71,** 1, R.). — **fugitivo,** i. e. (probably) one of their own slaves.

§ 20. **ex eis coloniis** : Sulla rewarded his veterans (120,000 in number) by grants of land, partly in *municipia* already existing, partly by founding new colonies. Those here referred to may have belonged to either class. — **universas,** *as a whole.* — **ei sunt coloni,** *there are* (among them) *colonists of this sort.* — **beati,** *wealthy.* — **lectis,** *choice.* — **apparatis,** *splendid.* — **Sulla,** etc., *they must raise Sulla from the dead:* they can have no such hope in Catiline. — **illorum temporum,** i. e. the times of proscription. — **inustus,** *branded.*

106. § 21. **sane,** *rather.* — **vacillant,** *stagger under.* — **vadimoniis,** etc., the three steps in bankruptcy, — *bail, judgment, and sale of property;* **proscriptio** is properly the public notice that property is for sale. — **infitiatores,** *swindlers.* — **stare,** *keeping their feet.*

§ 22. **carcer,** the *Tullianum,* a dungeon near the Forum, now existing. It was properly a jail, for temporary detention, as imprisonment was not recognized in Rome as a form of punishment. — **numero,** *in order;* **genere,** *rank.* — **imberbis,** a mark of effeminacy; **bene barbatos,** a practice regarded by respectable Romans as foppish; **talaribus,** down to the heel; **velis,** *veils,* rather than the substantial *toga,* which was of unbleached wool.

§ 23. **saltare et cantare** : these accomplishments were hardly regarded as respectable in the better classes. — **spargere,** i. e. in food or drink : poisoning has in all ages been carried to high art in Italy.

107. **his noctibus** : although this was spoken Nov. 9, yet the Roman year was at this time in such a state of confusion, that the true time was probably some time in December, just when the winter was setting in.

§ 24. **cohortem prætoriam,** *body-guard.* — **debilitatam,** *broken down.* — **urbes coloniarum,** etc.: the colonies and *municipia* included their walled cities, *urbes,* in their territory. These well-manned walls would be more than a match for Catiline's rude works. — **ornamenta,** *outfit* or *equipment* of all sorts.

§ 25. **ex eo ipso,** from the very comparison. — **jaceant,** *lie helpless.* — **bona ratio,** *good counsel;* **perdita,** *desperate..*

108. § 26. **custodiis vigiliisque :** see note, Cat. I. § 8. — **consultum,** etc., *provident measures have been taken.* — **coloni municipesque :** see note on *municipes,* R. A. § 5. A colony differed from a *municipium* in being founded by Roman (or Latin) citizens, who retained from the first their citizenship, either in whole or in part. At the time of Cicero all practical difference between the two classes of towns had been done away ; but the colonies always retained a certain precedence in rank. — **vocari videtis :** the members of the Senate had their gathering place (*senaculum*) adjoining the *curia,* and were summoned by heralds (*præcones*) from this into the building. If any were absent, the heralds were sent to their houses. The *curia* and *senaculum* could be seen from the place of assembly on the Forum, and the heralds were no doubt noticed going their rounds.

§ 27. **monitos volo,** § 72, 3, *c.* — **etiam atque etiam,** *again and again.* — **solutior,** *too remiss.* — **quod,** etc., *as for the rest.* — **horum** and **his** relate to the conspirators, Lentulus, Cethegus, &c.

§ 28. **togato :** as the toga was only the garb of peace, this word means *in peace,* or *as a statesman,* instead of a warrior.

109.. **manifestæ,** *overt.* — **illud,** in appos. with **ut ... possitis :** *I will secure that you shall all be safe.*

§ 29. **quam urbem ... hanc,** *this city which* (§ **48,** 3, *b*).

Catiline III.

Argument.

Chap. *Exordium.* 1. The citizens are congratulated on their safety. — *Narratio.* 2, 3. The conspirators' plans have been watched : the Gallic embassy seized with letters; which, with the treasonable leaders, are brought before the Senate. — 4. Testimony of Volturcius and the Gauls. — 5. Forced confession of Cethegus, Lentulus, and Gabinius. — 6. The Senate decrees the custody of the traitors and a general thanksgiving. — 7. Now all is safe : Catiline alone was to be feared, and only while in the city. — 8, 9. The Divine aid manifest in sundry omens; chiefly in the madness of the traitors in confiding their counsels to the Gauls. — *Peroratio.* 10. Exhortation to keep the thanksgiving : this bloodless victory compared with others more costly. — 11. Cicero claims no reward but a grateful remembrance. — 12. But he is less fortunate than victors in foreign war, since the conquered are still citizens. The State shall be his reward and defence.

§ 1. **vitam,** *lives :* the plur. could not be used in Latin (§ **14,** 1, *a*). — **bona,** *estates* (landed property) ; **fortunas,** *goods* (personal property).

110. § 2. salutis, *preservation.* — illum : Romulus, who, after his death, was considered to be a god, and identified with the Sabine god of war, Quirinus. — eorum, i. e. the swords.

§ 3. per me, *by my means* (§ 54, 4, *b*). — vobis, opposed to in Senatu. — exspectatis, *are waiting to hear.* — ut, *since.* — cum reliquisset, *having left.* — eiciebam, notice the difference in tense between this word and erupit. — illa, sc. invidia. — exterminari (terminus), *put out of the boundaries.* — restitissent, in dir. disc. restiterint (fut. perf.).

111. § 4. oratio, *argument;* fidem faceret, *gain credence.* — ut ... comprehenderem, *that I might get hold of the matter.* — Allobrogum. The Allobroges were a Gallic nation, between the Rhone and the Alps (in the modern *Dauphiné* and *Savoy*); subdued B. C. 121, and united with the province *Narbonensis.* They were restless under their new masters (see § 22), and inclined to take up with Catiline's movement. Their ambassadors had come to complain of certain exactions of their provincial governor. — belli, i. e. when out of the range of the Roman jurisdiction; tumultus, *rebellion,* i. e. when nearer home. — Lentulo, see Introd.: he was consul B. C. 71, but was expelled from the Senate the next year, with sixty-three others, on account of his character, and now held the prætorship with the view of beginning the course of honors over again. — litteris, *a letter.* — manifesto deprehenderetur, *taken in the act:* the words apply strictly to the criminals themselves.

§ 5. prætores. Although the regular duties of the prætors were judicial, yet they possessed the *imperium,* and in virtue of this could command troops in the absence of the consuls, or under their authority. — amans rei publicæ, *patriotic.* — qui sentirent, *as men who,* &c. — pontem Mulvium, the bridge over the Tiber, about two miles above the city, by which the principal roads (the Flaminian and Cassian) led into north Italy. — villis, *country houses.* — inter eos, i. e. between the two divisions. — præfectura: this was the title given to a class of towns which, after losing their political independence (see note R. A. § 5) had justice administered by a prefect, appointed by the Roman *prætor urbanus,* as his representative. (Momm. Röm. St. i. p. 185.) They were, therefore, as a class wholly deprived of self-government; but after the Social War (B. C. 90–89), in which citizenship was bestowed upon all the Italians, the *præfecturæ* became *municipia,* only sometimes retaining their old familiar appellation, as in this case. — Reatina: Reate was a very ancient town of the Sabines, about forty miles north-east of Rome. Cicero was the *patronus* (see note R. A. § 4) of Reate; that is, acted as its attorney and legal counsel: which accounts for his having this body-guard of young men from that place. Besides, these simple mountaineers still retained something of the old Italian virtues, and therefore were well fitted for this service.

§ 6. **tertia vigilia**: the night, from sunset to sunrise, was divided into four equal *watches;* this time, therefore, was about 3, A. M. — **res**, the occasion of the attack. — **ignorabatur**, etc. Though the Allobroges had played the conspirators false, and knew that the consul had his plans ready, they did not know what these plans were, and therefore were as much taken by surprise as Volturcius himself. Even the troops would appear not to have known what special enterprise they were engaged in.

112. ipsi, *the men* (as opposed to the letters). — **machinatorem**: Gabinius had been the go-between in this case; he and Statilius had had it in charge to burn the city (Sall. Cat. 43, 44). — **dum**, *as yet.* — **præter**, etc., since Lentulus was notoriously lazy.

§ 7. **cum viris**, dat. after **placeret**, which has for subject **litteras ... deferrem** (see § 66, 2). — **esse facturum** governs the clause **ut ... deferrem**: it may be rendered: *I said I would not fail to lay before the public council a matter touching the public danger before it had been tampered with* (**integram**). — **et enim si**, *for even if.* — **frequentem**, *full.*

§ 8. **admonitu**, *suggestion.* — **introduxi**, sc. **in Senatum**. — **fidem publicam**, *assurance of safety:* he was to be used as State's evidence. — **vix** = at length with difficulty. — **servorum**: in the memory of the terrible servile insurrections in Sicily, and especially that of Spartacus in Italy, less than ten years before, this would shock and terrify his hearers beyond measure. — **ut ... uteretur** (§ 70, 3, *a*), obj. of the verb implied in **mandata**, etc. — **erat**, § 67, 1, *b.*

113. § 9. **equitatum**. The Roman cavalry was chiefly composed of Gallic and other auxiliaries (see note on the Equestrian Order, Verr. I. § 1). — **defuturas** (§ 67, 1), dep. on the verb implied in **præscriptum**. — **sibi (copias)** refers to the conspirators; **sibi (confirmasse)** to the Allobroges. — **fatis Sibyllinis**, the books bought by Tarquinius Superbus of the Cumæan Sibyl. They were kept in charge of a board, *collegium*, the *quindecimviri sacris faciundis*, and consulted in cases of great public emergency. They appear to have been the source of the introduction of Grecian rites and forms of worship in Rome (Marquardt, Röm. Alt. iv. p. 51). — **haruspicum**. The *haruspices* were Etruscan soothsayers, who interpreted the will of the gods, chiefly from the entrails of animals sacrificed. They were a private class, and were not to be confounded with the augurs, who were a board of Roman noblemen, of high rank, who interpreted the auspices according to the native Roman rules. — **Cinnam**, etc.: L. Cornelius Cinna was colleague of Marius, and ruled Rome after his death, B.C. 86. L. Cornelius Sulla ruled Rome B. C. 82-79 (see § 23). — **fatalem**, *destined*. — **virginum**: the Vestal Virgins, six in number, maidens of high rank, consecrated to chastity and the service of Vesta. They were peculiarly sacred, and were highly privileged. Violation of their vow of chastity was *incestus*, and was regarded as a *prodigium* of very bad omen. Of the incident referred to here nothing further is known. — **Capitoli**: the temple of Jupiter Capitolinus (see note, Verr. IV. § 15) was burned during the rule of the Marian faction, B. C. 83.

§ 10. **Saturnalibus**: a very ancient festival, in honor of Saturnus, the god of seed-sowing, celebrated Dec. 19. During this festival every serious business was suspended; and it was so complete a holiday that slaves feasted at the same tables with their masters. No better opportunity could be found for the outbreak of an insurrection than this season of unrestrained jollification. — **tabellas**, *tablets* of wood: wax was spread on the inside, and on this the writing was scratched with a *stilus*. When used for letters, the tablets were tied about with a linen thread, *linum*, and sealed. — **ipsius manu**: the ambassadors had made sure to get all the conspirators committed in writing except Cassius, who alone had the sagacity to keep out of it. — **senatui**: the Gallic tribes were governed by an aristocracy, having a council or senate as its mouthpiece. — **sese**, etc.: in dir. disc., *faciam quæ vestris legatis confirmavi.* — **sibi recepissent**, *had taken upon themselves.* — **tamen**: i. e. notwithstanding the staggering evidence against him. — **semper ... fuisse**, *had always been a fancier of good cutlery.* — **est vero**, etc., i. e. you may well recognize it: it is, &c. — **avi tui**: Cornelius Lentulus, cos. B. C. 162. He was *princeps senatus*, that is, designated by the censors as first man of the Senate: an honorary office, held ordinarily by patricians (Momm. i. p. 92). It was from this dignity that the emperors derived one of their chief titles, *princeps*, — that by which they were known in civil administration, as by that of *imperator* in regard to foreign politics and war. — **debuit** (§ 58, 11, *a*, R.), *ought to have recalled.* (The joining of such opposites as **muta** and **revocare** is called *oxymoron*, or *paradox*.)

§ 11. **eadem ratione** = in eandem sententiam, *to the same purport.* — **si ... vellet**, subj. of indir. disc. (**si vis**).

114. **per quam** (§ 54, 4, *b*), i. e. who had conducted them.

§ 12. **quis sim**, etc. This letter is given with slight variations by Sallust. — **jam**, *still.* — **infimorum**, i. e. slaves; see note, § 8.

§ 13. **furtim**, *stealthily* ("like thieves"). — **indicare**, *inform against.* — **a principibus**, *the leading men:* the voting was in the order of dignity (see note, Cat. IV. § 1). — **sententiæ**: the views of individual senators. — **perscriptum**: the vote in the Senate merely determined the substance of the ordinance, which was afterwards written out in regular form by the secretaries, under the direction of the presiding officer.

§ 14. **verbis amplissimis,** *in the most ample terms.* — **gratiæ aguntur,** *thanks are rendered.*

115. conlegæ, C. Antonius: see Introd. Cat. I. — **rei publicæ consiliis,** *the public counsels:* i. e. his own as consul. — **se abdicasset:** Lentulus could not properly be called to account during his magistracy, and was therefore compelled to abdicate (see below). — **L. Cassium,** etc.: these last mentioned had not yet been arrested, but Ceparius was caught in his flight and brought back. — **pastores:** Apulia was, as now, used chiefly for pasturage. In the summer, when these broad plains were dried up, the flocks were driven to the mountain pastures of Samnium and Lucania. These pastoral regions have always been the home of a lawless and restless population, prone to brigandage.

§ 15. **supplicatio,** a day of prayer, proclaimed by the Senate, either in thanksgiving, *gratulatio,* as in the present case, or in entreating favor of the gods. Another class, *obsecratio,* was directed by the Sibylline books (see note, § 9), in order to ward off some impending calamity. — **eorum,** i. e. the gods. — **meo nomine** (a mercantile phrase), *on my account.* — **togato,** *as a civilian:* the toga was the regular dress of the Roman in time of peace; none other was authorized to wear it, and the Roman was required to wear it when acting in a civil capacity. — **liberassem:** in the decree, *liberavit.* — **bene gesta** agrees with **re publica.** — **jus,** *rights.* — **tamen:** he was allowed to resign instead of being put to death without (as in the case below). — **religio,** *religious scruple.*

116. quo minus occideret, *to prevent his killing,* following **religio** (§ 55, 1, *a*). — **C. Glauciam,** see note Cat. I. § 4. — **nominatim:** i. e. the authority was conferred in general terms, by the formula *Videant,* etc. — **privato,** *as a private citizen.*

§ 16. **pellebam,** *was attempting,* etc.: see Cat. I., *passim.* — **tam diu,** *so long only.* — **consilium,** *ability to plan.* — **jam habebat,** *already had in hand:* he had reduced conspiracy to a science.

§ 17. **hunc ego:** two pronouns are often put together thus for antithesis. — **callidum,** *experienced.* — **depulissem,** *pushed aside:* the image is of averting a *crushing weight* (**molem**), just ready to fall. — **non ille,** etc.: i. e. as Cethegus did. — **tanto ante:** this praise of Catiline's sagacity is hardly consistent with his successive schemes of conspiracy, repeatedly foiled for now three years (see Cat. I. § 15). — **rei publicæ,** dat. after **denuntiavisset.** — **testes,** in appos. with both **signum** and **litteræ.** — **manifesti,** *flagrant.*

117. hostis (predic. appos.), *as an enemy.*

§ 18. quod ... potuisse (parenthetical), *because*, &c. — consili limits gubernatio in the predicate : *to belong to human wisdom;* tum (below) answers to cum. — faces, etc. : these omens are such as the Romans observed and noted carefully. Livy's history is full of them. — prætermittendum, inadvertently ; relinquendum, intentionally.

§ 19. Cotta et Torquato, consuls B. C. 65, the year in which Catiline's conspiracy was first intended to break out. — æra : the laws were engraved on bronze tables. Some of these are still extant. — illa ... Romulus : it is disputed whether this was the bronze statue of the wolf suckling the infants, which is now in the Capitoline Museum at Rome, and which bears marks either of lightning seaming one of its hind legs, or of some defect in the casting. Mommsen (Vol. I. p. 608) holds it to be the same. — flexissent : in dir. disc. flexerint, following appropinquare, which has a future sense.

§ 20. illorum, the *haruspices*. — idem (plur.), *they also*.

118. contra atque, *opposite to what* (§ 43, 3, *a*). — solis ... conspiceret : this is one of the most conclusive passages in support of the view that the Capitolium, or Temple of Jupiter Capitolinus, was on the south-western point of the hill. A statue here, facing east, would also face (conspiceret) the forum and *comitium*, which would not be the case with one upon the north-eastern point. — conlocandum locaverunt : the regular expression for giving out a contract (§ 72, 5, *c*). — illi, of year before last. — consulibus and nobis, abl. abs. expressing the date (§ 84, 1).

§ 21. præceps, *headstrong* ; mente captus, *insane*. — hæc omnia, i. e. the universe. — rei publicæ (dat.), *against the State*. — in ædem Concordiæ : one of the principal temples at the northern end of the Forum, where the Senate had held its session on this day. It was built by the consul L. Opimius, B. C. 121, after his bloody victory over C. Gracchus. One would almost think it a piece of satire.

§ 22. quo : abl. of means (§ 54, 6, *e*). — si dicam, *if I should say* (§ 59, 4, *b*). — illa : the words in brackets are a manifest gloss.

119. gens relates here to the Gauls as a whole, not to the Allobroges in particular. — ultro, *voluntarily*. — patriciis : the patricians were the original citizens of Rome ; and the plebeians, *the mass*, were their clients or dependants, foreign residents, and emancipated slaves. When the plebeians, after a contest of more than a hundred years, obtained an equality of political rights, the original patrician families still continued to be an hereditary aristocracy, with no political privileges, but with the exclusive right to certain positions of mere honor and dignity, such as the *princeps*

senatus (see note, § 10) and certain priestly offices. All patricians were of course members of the new nobility. Of the conspirators, Catiline, Lentulus, and Cethegus were patricians.

§ 23. **pulvinaria,** *shrines :* properly *cushions,* upon which the statues of the gods were laid, when a feast was spread before them. This was called *lectisternium,* and was usually connected with the *supplicatio* (see note, § 15). Only certain gods, chiefly Grecian, had *pulvinaria,* and the rite was established by direction of the Sibylline books (see note, § 9). — **illos dies**: the *supplicatio* lasted several days.

§ 24. **P. Sulpicium** (Rufum), a young man of remarkable eloquence, a leader in the reforming party among the aristocracy, one of the speakers in Cicero's *De Oratore.* He was tribune B. C. 88, and his quarrel with C. Cæsar was the first act of the Civil War. By his proposition, the command in the Mithridatic War was transferred from Sulla to Marius; and when Sulla refused to obey, and marched upon the city, Sulpicius was one of the first victims. — **conlegam**: Lucius Cornelius Cinna (see note, § 9). They were consuls B. C. 87, after the departure of Sulla for the East, and in their dissensions the civil war broke out afresh. The victory of Cinna recalled Marius from exile. — **lumina**: among these were Octavius ; C. Cæsar (see above), and his brother Lucius ; Q. Catulus, father of the opponent of the Manilian Law (see below) ; M. Antonius, the great orator; and the *pontifex maximus,* Q. Scævola (see note, Verr. V. § 19). — **ultus est**: to preserve the emphasis, render, *the cruelty, &c., was avenged by Sulla* (see note, R. A. § 6). — **M. Lepidus,** father of the triumvir, was consul B. C. 78 (after Sulla's death), with Q. Catulus, son of the one murdered by Cinna. The scheme of Lepidus to revive the Marian party resulted in a short civil war, in which he was defeated by his colleague and killed.

120. § 25. **commutandam rem publicam,** *a change of government.* — **quale bellum,** *a war such as.* — **tantum,** *so much only.*

§ 26. **mutum,** *dumb:* such as a statue, for example. — **eandem diem,** etc., *the same period of time — eternal as I hope — is extended at once to the safety of the city,* &c.

121. § 27. **nihil noceri potest,** *no harm can be done.*

§ 28. **in honore vestro**: *honor* is used here, as usual, to denote external honors (offices) conferred by the people. Holding the consulship, he had nothing higher to look forward to.

CATILINE IV.

Argument.

CHAP. *Exordium.* 1. The question of the traitors' doom must be settled without regard to Cicero's interest or his household; his act is its own reward. — *Propositio.* 2, 3. Desperate nature of the conspirators' guilt: it is manifest already by clear proof, and condemned already by the action of the Senate. — 4. The two opinions: that of Silenus, for death; of Cæsar, for perpetual imprisonment. — 5. The latter will be least invidious to Cicero; its extreme severity. — *Contentio.* 6. But in either there can be no cruelty: severity to them is mercy to the people. What if the conspiracy had succeeded! The city to be given over to plunder and conflagration. — 7. The general excitement and alarm. The guilty are to be regarded no longer as citizens, but as public enemies. — 7, 8. All classes of citizens — even freedmen and slaves — desire the safety of the city. — 9. Responsibility resting on the Senate: the Consul will not fail them. — *Peroratio.* 10. He cares nothing for himself: his fame is sure. The war he has taken up is without end; but the harmony of the State shall be unbroken. — 11. Let them remember his political sacrifices; but vote only for the welfare and safety of the State.

As this is the first deliberative oration, delivered in the Senate, contained in this collection, it will be well to describe the course of a senatorial debate.

The Senate could be called together by any magistrate possessing the civil *imperium* (regularly the consul), also by the Tribunes of the People: the magistrate who summoned it also presided, and laid before it (*referre*) the business for which it was summoned. He might at this point give his own judgment. Then he proceeded to ask (*rogare*) the Senators individually their opinions (*sententia*). The order was to ask in turn the *consulares, prætorii, ædilicii,* and *quæstorii*; that is, those who sat in the Senate in virtue of having held these offices respectively. If the annual election had already taken place, which was usually in July, — six months before the new magistrates assumed their offices, — the magistrates elect, *designati,* were called upon before their several classes. The *princeps Senatus* (see note, Cat. III. § 10) was called upon first of all, when there were no *consules designati.* The presiding officer had it indeed in his power to vary the order, and honor or slight any senator by calling upon him *extra ordinem.*

The business was as a rule laid before the Senate in general terms, not in any special form for action: each senator could, as he chose, give his judgment in full, by argument (*sententiam dicere*), or simply express his assent to the judgment of another (*verbo assentiri*). Only those who held seats by virtue of having held magistracies were entitled to do this; the others, who were enrolled by the Censors to fill up the number, were called *pedarii,* and had no right to speak, but only to vote (*pedibus ire in sententiam*). The vote was taken by going on one side or other of the house (*discessio*). When a majority had decided in favor of any *sententia,* it was written out in proper form by the secretaries (*scribæ*), under the direction of the president, in the presence of some of its principal supporters (*adesse scribundo*), and promulgated.

In the present case, what should be done with the captured conspirators, — the consul elect, D. Junius Silenus, had advised that they be put to death; and C. Julius Cæsar, as prætor elect, that they be kept in custody. At the end of the discussion, the presiding consul gave his views in this speech.

§ 1. **si hæc**, i. e. if the consulship has been given me on these terms.

123. § 2. **æquitas**: the prætor, who administered justice between citizens, had his tribunal upon the Forum. — **campus**:

the *comitia centuriata*, in which the higher magistrates were elected (see note, Verr. I. § 18), were held in the *Campus Martius*, north of the city, just outside the walls, — the level space in which the modern city is chiefly situated. — **auspiciis**, ablative : as it was only through the auspices that the Campus was consecrated.

> The Roman commonwealth was regarded as resting directly upon the will of the gods, expressed in signs sent by them, *auspicia*. The magistrates alone were authorized to consult the auspices (*spectio*), which was done by special formalities; and the auspices, when observed, were interpreted by a special board (*collegium*) of priests called Augurs. All important public acts were done *auspicato*, that is, under authority of the auspices; the right of interpreting these was therefore a source of great political influence to the board of augurs, which was composed of men of the highest rank and distinction. Cicero himself became a member of this board ten years after his consulship. The rules of interpretation were developed into a special science called *jus augurium*. Most public acts must be performed *auspicato*, that is, after consulting the auspices; especially all public assemblies in which business was transacted. Thus the Campus was "consecrated by auspices" every time that the *comitia centuriata* were held. The enclosure upon the Campus, called *sæpta* or *ovile*, in which the assembly met, was like the *Curia*, or Senate-house, and the *rostra*, or speaker's stand, specially set apart and consecrated as a *templum*, (see note, Manil. § 70).

auxilium: the Roman Senate was at this time a great court of appeal for subject or friendly nations. — **sella curulis**, the seat used by the curule magistrates, — king, interrex, dictator, magister equitum, consul, prætor, censor, and curule ædile. It was like a modern camp-stool without back or sides, with crossed legs of ivory, so that it could be folded up and carried with the magistrate wherever he went. — **fœdissima**, *horrible*, with the added idea of polluting things sacred. — **fatale**, see note, Cat. III. § 9.

§ 3. **pro eo ac mereor**, *in proportion as I deserve*. — **relaturos gratiam**, *will reward* ("return favor"). — **immatura**: because a consular had reached the highest point of Roman ambition. — **misera**: the philosophy of the ancients professed to make them despise death (see Plato, Apol., and Tusc. i.). — **ille ferreus qui**, *so iron-hearted as*. — **fratris**: his brother Quintus, younger than he, and at this time prætor elect. He served with credit in Cæsar's Gallic campaigns. — **neque ... non**, *nor can it be but that*, &c. — **uxor**, etc.: his wife Terentia; his daughter Tullia (daughters took the gentile name of the father, see § 15), married to C. Calpurnius Piso; his son Marcus, now two years old. — **amplecti**, *take in its arms*.

124. gener: Piso was not yet a member of the Senate, and was probably standing in the lobby. — **moveor** (emphatic), *I am affected*. — **uti sint**, [to wish] *that*, &c. (the verb being implied in **moveor**).

§ 4. **incumbite**, *bend your energies*, a figure taken from rowing. — **circumspicite**, *watch for*. — **Gracchus**, etc., see notes, Cat. I. §§ 3, 4. — **illa consulis**, *I will say in advance what belongs to* [me as] *the consul*: i. e. declare the need of instant action; *what* action, it is for the Senate to determine. — **Memmium** : C. Memmius, one of the most upright men of his time, and a candidate for the consulship against Glaucia, was murdered by instigation of Glaucia and Saturninus (B. C. 100). · This led to the separation of Marius from these demagogues, and, on their forcible resistance, they were put to death. — **tenentur**, *are in custody*. — **signa**, *seals ;* **manus**, *handwriting* (see Cat. III.).

§ 5. **judiciis** : their acts (here recounted) were their verdict on the conspirators' guilt.

§ 6. **sed** : i. e. though you have in fact decided. — **tamquam integrum**, *as if you had not already expressed your judgment.* — **judicetis, censeatis** : respecting the facts, they acted as a Court ; respecting the punishment, as a State Council.

125. jam pridem videbam, *had long seen* (§ 58, 3, *b*). — **adfinis**, *implicated.* — **provincias**, especially Spain, with which Cn. Piso had had relations. It had not yet become fully reconciled since the overthrow of Sertorius, only eight years before. — **sustentando**, *forbearance ;* **prolatando**, *procrastination.*

§ 7. **haec** (with a gesture), *all this*, i. e. city, citizens, and government. — **amplectitur**, *adopts.* — **versatur in**, *exhibits.* — **punctum temporis**, *for a moment.* — **mortem**, etc., the Epicurean doctrine, espoused by Caesar. — **municipiis dispertiri**, sc. **eos in custodiam.** — **iniquitatem**, *unfairness*, as it might expose them to danger ; **difficultatem**, *embarrassment*, since they might decline the service.

§ 8. **adjungit**, *he* (Caesar) *adds* to his proposal.

126. sancit, *ordains* under penalties. — **per senatum**, by an executive decree ; **per populum**, by law. — **uno**, sc. **dolore.** — **itaque**, etc., an artful way of making the punishment of death seem less cruel : since death is a relief, these myths had been invented to give it terror. — **videlicet**, *no doubt.*

§ 9. **mea**, § 50, 4, *d.* — **hanc ... viam**, *this course in politics* (Caesar's well-known course). — **popularis**, not *popular*, but *devoted to the people, democratic :* Caesar was now the recognized leader of the party. — **auctore** (abl. abs.), *proposer ;* **cognitore**, *sponsor* (a legal term). — **nescio an**, *I don't know but.* — **impetus**, *violence.* — **negoti**, *trouble.* — **rationes**, *consideration.* — **majorum** : none of Caesar's ancestors were men of any distinction, although some distant relations of the same name were prominent in public affairs in the time of Sulla (see note, Cat. III. § 24). It was, however, one of the oldest patrician families. — **obsidem** : he is pledged at all events to defend the State as against the conspirators. — **levitatem**, *recklessness.* — **contionatorum**, *demagogues.* — **saluti**, i. e. not **voluntati** : their interests, not their capricious wishes.

§ 10. **non neminem**, *one or another.*

Here Cicero turns from Cæsar, a genuine democrat, to some self-seeking demagogue, whom he does not name. No doubt all his hearers knew what he meant; and we are told that it was Q. Metellus Nepos, brother of Celer (see Cat. I. § 19), a fugleman of Pompey and enemy of Cicero. He was tribune the next year — entering upon his office upon the Ides, Dec. 13 — and when Cicero, on New Year's day, on laying down his office, was about to address the people, Nepos forbade it, " declaring it unfit that the murderer of Roman citizens should address an assembly of free men. Amidst the uproar which this act excited, Cicero could only exclaim, with a solemn adjuration, *that he had served the State*, and the general acclamations of the people overwhelmed every opposing whisper " (Merivale).

de capite: this was properly only in the power of the *comitia centuriata*. — **is**, *this person*. — **dedit, decrevit, adfecit**: gave his vote for these acts. — **qui** has for antecedent the subject of **judicarit**. — **re**, *the matter* (in general); **causa**, *the issue* to be decided. — **C. Cæsar**: the full name gives emphasis; *he* does not hesitate to pass a judgment upon them, equally affecting the *caput* — i. e. not only the life, but the civil existence — which was protected by the Sempronian law. — **Semproniam**, see note, Verr. VI. 6.

127. ipsum latorem, C. Gracchus: he was put to death not *jussu populi*, but in virtue of the dictatorial authority intrusted to the consuls by the Senate. But a violation of the law in his case did not excuse another on the part of Cicero. — **largitorem**, etc.: i. e. *however lavish*, — a symptom of courting the popular favor. — **etiam**, *still*. — **se jactare**, *show himself off* (as a friend of liberty).

§ 11. **obtinebo**, *make it appear that it* (this opinion). — **ita ... liceat ut**, *so may I enjoy*, etc., *as I am* [in fact] *moved by no malignity*.

§ 12. **cum vero**: here **vero** introduces (as often) the most striking point. The others are bad enough, *but when*, &c. — **purpuratum**, *a courtier*: **huic**, § 51, 7. — **Vestalium**, see note, Cat. III. § 7.

128. si quis, *in case any*. — **universum**, *common*, i. e. belonging to all. The city, as the seat of empire, is contrasted with each man's private domicile. — **id egerunt**, *have aimed at this*.

§ 13. **nisi vero**, etc., *unless, indeed, any one thought* (a *reductio ad absurdum*, as usual with this phrase).

L. Cæsar (cos. B. C. 64) was a distant relative of the dictator, son of Lucius Cæsar (consul B. C. 90, the year of the Social War), the author of the law giving citizenship to the Italian allies (see note, Arch. § 7). The sister of Lucius Cæsar (the younger) was married to Lentulus, and his mother, Fulvia, was daughter of M. Fulvius Flaccus, the leading adherent of C. Gracchus. When Gracchus and Flaccus found themselves (B. C. 121) drawn into a collision with the Senate, they sent the young son of Flaccus with a proposition of compromise. The Senate, however, refused to listen to any terms, threw the messenger in prison — where he was afterwards strangled — and moved upon the insurgents with all the power of the State. In the contest that followed, both leaders, and several thousands of their partisans, lost their lives. It was to these events that L. Cæsar appealed, in justifying his vote in condemnation of his brother-in-law Lentulus.

nudius tertius, *day before yesterday*. — **legatum**: of course the informal messenger of insurgents could have no claim to the title *ambassador*, or to the privileges which attached to the title, in ancient as well as modern times. — **quorum** limits **factum**: understand with **simile** some word describing the present conspiracy. — **largitionis ... versata est,** *a disposition for lavish grants then prevailed in the public policy,* leading to violent class-jealousy.

The plans of C. Gracchus embraced not only a *lex frumentaria*, allowing every citizen to buy a certain amount of corn from the State at less than half its market rate, and a *lex agraria*, providing for the distribution of public land among the poorer citizens; but also the establishment of several colonies, both in Italy and the provinces, the object of which was at once to provide poor citizens with land, and relieve the city, by emigration, of a part of its proletariat. Of these last the only ones actually established were Junonia, on the site of Carthage, and — after the death of Gracchus — Narbo, *Narbonne*, in Gaul.

avus (see note, Cat. III. § 10): he was an active supporter of the Senate on this occasion. — **urbem inflammandam**: according to Sallust, ch. 43, this work was assigned to Gabinius and Statilius. — **censeo**, ironical (like **credo**).

129. § 15. **consentiunt,** *show their agreement.* — **ita ut** = *only to;* lit., with this limitation that. — **summam ordinis consilique,** *superiority in rank, and precedence in counsel.* — **hujus ordinis** (i. e. the Senate) limits **dissensione** in the sense of *cum hoc,* etc. The long contest here alluded to (see note, Verr. I. § 1) was at last compromised by the Aurelian Law (see note, Verr. I. § 47). — **quam si,** etc., *and if we keep this union.* — **confirmo,** *I assure.* — **tribunos ærarios,** *deans of the tribes.* The Roman people were divided into thirty-five tribes, strictly local and territorial, like wards, but with the provision that the sons of citizens belonged to the tribe of their father, rather than to that in which they themselves resided. These tribes were made the basis of the *comitia centuriata,* as well as the *comitia tributa.* The *tribuni ærarii* consisted of those who had been their presiding officers. — **scribas**: the *scribæ quæstorii* (treasury clerks) formed an important and powerful corporation. As they were a permanent body, while the quæstors (treasurers) were elected annually, they had the real responsibility in the management of the treasury (see Momm. Röm. St. i. p. 272). — **universos,** *the whole body.*

130. sortis: the quæstors entered upon office on the Nones of December (Dec. 5); all other patrician magistrates on Jan. 1. The *scribæ* had therefore come together in order to be present while the quæstors drew lots for their provinces (note, Verr. I. § 11).

§ 16. **ingenuorum,** *free-born.* Freedmen, *libertini*, were always regarded as inferior in rank, if not in civil and political rights. Even these, however, are shown in the next chapter to be interested in the safety of the republic. — **operæ pretium est,** *it is worth while.* — **sua virtute**: manumission was very commonly practised among the Romans, as the reward of some peculiar merit in the slave. — **hic nati**: i. e. opposed to the slaves, who were, as a rule — at least city slaves — not born in slavery, but brought from foreign countries. — **quantum ... voluntatis**, *whatever good will he dare and can.*

§ 17. **tabernas**, i. e. the handicraftsmen. — **quidem** (concessive), *to be sure.* — **otiosum**, *peaceful.* — **instrumentum**, *stock in trade.* — **quæstus**, *profits.* — **quorum** relates to **eorum**, four lines above. — **incensis**, sc. **tabernis.** — **futurum fuit = fuisset** (§ 59, 3, *f*).

131. § 18. **præsidia**, *supports.* — **obsessa**, *beset.* — **arcem et Capitolium**: the Capitoline was a saddle-shaped hill, having the temple of Jupiter Capitolinus on one elevation, the old citadel, *arx*, on the other. Which was which is a point of great dispute, but one of the arguments will be found in note Cat. III. § 20, for the view which appears best supported — that the *Capitolium* proper, the height which contained the Capitoline temple, was the south-westerly one. The difficulty arises in part from the fact that the word *Capitolium* is used in three different senses — for the temple, the whole hill, and that part of the hill containing the temple. — **aras Penatium**: the Penates were the gods of the household (from *penus*), worshipped by every *paterfamilias* in his own *atrium*. The State, being developed from the family, had likewise its Penates, which were fabled to have been brought by Æneas from Troy, and established at Lavinium, whence they were transferred to Alba Longa, and afterwards to Rome. Their temple was on the Velia, the low hill connecting the Palatine and Esquiline. — **ignem Vestæ**: the temple of Vesta (*ædes*, not *templum*, not having been consecrated by the augurs) was on the *Sacra Via*, towards the Palatine, — a small round building. Adjoining it was the *regia*, the residence of the Vestal Virgins and the Pontifex Maximus.

§ 19. **in civili causa**, *in a political question.* — **quantis ... delerit**: this clause will be best turned into English by translating the participles, **fundatum**, etc., as verbs, and **delerit** as a relative clause, — *with how great toil this empire* WAS *established*, WHICH *one night*, &c.

132. § 20. **gesta**, abl. abs. with **re publica**.

§ 21. **Scipio**: the elder Africanus, who brought the Second Punic War to a triumphant close by the battle of Zama, B. C. 202. By "carrying the war into Africa," he forced Hannibal to retire from Italy. — **alter Africanus**: the younger, surnamed Æmilianus. He was son of L. Æmilius Paulus (mentioned below), and adopted by the son of the elder Africanus. He captured Carthage B. C. 146, and Numantia, in Spain, B. C. 133. — **Paulus**: father of the younger Africanus, and, like his son, the most eminent and upright man of his generation. He brought the Third Macedonian War to a close by the battle of Pydna, B. C. 168, and led King

Perseus captive in his triumphal procession. — **currum**, sc. **triumphalem**: the captives did not go with or behind the triumphal chariot, but preceded it in the procession. — **bis liberavit**: by the victories over the German invaders, — over the Teutones at Aquæ Sextiæ (B.C. 102), and the Cimbri at Campi Raudii (B.C. 101). — **Pompeius**: it should be remembered that Pompey was now in the East, in the midst of his career of conquest, and that his return was looked for with expectancy by all parties. Cicero took every means to win the confidence of the great general, and gain him over to his views in public affairs; but to no purpose. After some wavering, he associated himself with Cæsar, thus giving the Senate a blow from which it never recovered, and preparing the way for his own downfall.

133. § 23. **pro imperio**, *in place of:* i. e. all these would be gained by a foreign command. — **neglexi**, i. e. by turning it over to his colleague Antonius (see Introd. Cat. I.). — **triumpho**: by thus surrendering his province, he renounced all thought of gaining a triumph, the highest honor to which a Roman could aspire. — **clientelis hospitiisque**: the relation of *cliens* to *patronus* was that of a subordinate to a superior, carrying with it services on the one side and protection on the other; the *hospites* were, on the other hand, equals, and their connection was one of mutual aid and friendship. Foreign states and citizens were eager to form such ties with influential Romans, and they were equally advantageous to the Roman. Of course a provincial governor had peculiar opportunities for this. — **urbanis opibus**, *the means afforded by a city life*. Such ties would be formed by a sojourn in the province; but their value to the provincial consisted in the opportunities for protection and assistance which a Roman statesman possessed in the city. — **pro meis studiis**, *in reward of my efforts.* — **satis praesidi**, in appos. with the clause **si ... memineritis** (§ **70**, 5, R.).

§ 24. **per se ipsum praestare**, *guarantee* [so far as he may] *on his own part*.

ORATION FOR ARCHIAS.

Argument.

CHAP. 1. *Exordium*. Claim of Archias to Cicero's services, both from personal reasons and as a man of letters. — 2. Apology for the unusual character of his plea — *Narratio*. 3. Early career of Archias; he is enrolled as a citizen of Heraclia. — *Confirmatio*. 4. His technical claim: his registry, acts of citizenship, domicile. — 5. Argument from the public records. 6. The case is now closed. But there are other reasons why, as a man of letters, he should be admitted. The great service of these pursuits to the statesman. — 7. Testimony of famous men in the past. — 8, 9. All men recognize the poet's claims: examples. — 10. Greek is a surer passport to fame than Latin. Men inferior to Archias have been thus honored. — 11, 12. Fame is the strongest motive to acts of public virtue. — *Peroratio.* 13. Appeal to the court: summary of Archias's claim.

PAGE

134. § 1. **hujusce rei,** i. e. **dicendi.** — **ratio,** *theoretic acquaintance,* contrasted with **exercitatio,** *practice.* — **A. Licinius:** following the custom of naturalized foreigners, as well as freedmen, Archias had taken the gentile name of his noble friends and patrons, the Luculli. Cicero's motive in always speaking of him by his Roman name is obvious. — **inde usque,** *from as far back as that.* — **principem,** *master.* — **a quo** relates to **huic,** which is dat. after **ferre**; **quo** relates to **id**: *surely, to the man himself, from whom we have received that whereby,* &c. — **ceteris,** *every body else,* whom he could assist: **alios,** those few *others* whom he could save.

135. § 2. **a nobis,** *by me,* construed with **dici.** — **neque,** *and not.* — **ne nos quidem,** *nor I either.*

§ 3. **quæstione legitima,** *a court established by law* (i. e. the *Lex Papia,* see Introd.). — **publico,** as distinguished from private cases. — **severissimos**: this old Roman severity was not likely to be conciliated by Cicero's praises of literature. — **forensi sermone** is not used here in its restricted meaning, *suited to the courts,* but, as political speeches were also delivered on the Forum, it means rather *public speaking.* — **abhorreat,** *differs widely.* — **hoc prætore**: Q. Cicero was himself a poet and man of critical taste. — **loqui** and **uti** have **me** understood as subj.

§ 4. **Antiochiæ**: Antioch was the largest and most important of the cities of the Roman Empire in Asia. It was founded by Seleucus Nicator, first king of Syria, about B. C. 300. — **contigit,** sc. **ei,** i. e. Archias. — **urbe,** see § **46,** 2, *b.* — **post,** *afterwards.*

136. § 5. **tunc,** *at that time.* This was the long period of comparative quiet between the Gracchan disturbances (B. C. 133-121) and the tribunate of Drusus (B. C. 91, see note, § 9), followed by the Social War and the civil wars of Marius and Sulla. — **Latio**: not the geographical Latium merely, but including all towns which at that time possessed Latin citizenship; that is, the Latin colonies, such as Venusia, the birth-place of the poet Horace.

Colonies sent out by Rome were of two classes: 1. Roman colonies, in which a small garrison of soldiers (usually 300 in number) was established as a governing aristocracy. The native population was held by them in a harsh subjection. 2. Latin colonies, in which the colonists, whether native Romans or not, formed a quasi-independent community. They were usually quite numerous, went with their families, and did not possess Roman citizenship; but, on the other hand, the right of coining money and other rights of sovereignty. These Latin colonies, together with the original Latins, formed the *nomen Latinum,* and stood towards Rome in the relation of *civitates fœderatæ.* Therefore Roman citizens who went into exile could sojourn in these towns as if they formed no part of Italy. This was called *jus exsilii.*

Tarentini et Regini: see note, Verr. VI. § 21. — **Neapolitani**: Neapolis, *Naples*, was a Greek city, founded by Cumæ, but not as an independent *civitas*, therefore merely called the new-town (of Cumæ). — **absentibus**, *people at a distance*. — **Mario et Catulo** (coss. B. C. 102): of these, Marius was renowned for his exploits, while Catulus was a good officer, and also a man of culture. He was father of the Catulus who opposed the passage of the Manilian Law. — **Luculli**: Lucius, the one who fought against Mithridates, and his brother Marcus: both of them belonged to the highest ranks of the aristocracy, and were men of distinguished taste and culture. — **prætextatus**: Roman boys wore the *toga prætexta*, i. e. with a broad purple stripe, which was also worn by magistrates. On entering upon manhood, at about the age of sixteen, the *prætexta* was laid aside, and the *toga virilis*, a plain robe of unbleached wool, was assumed. The shape of the toga was that of an elongated semicircle. — **sic etiam hoc**: the sentence is incomplete. Read, *This quality of genius [was so marked], that*, &c.

§ 6. **Metello Numidico**: the most distinguished member of this family (see note, Verr. I. § 21), cousin of Balearicus (see R. A., § 50). He was predecessor of Marius in the war against Jugurtha, and from this received his *agnomen*. — **Æmilio**, sc. **Scauro**: see note, Verr. I. § 52. — **Catulo**: see note, § 5. — **L. Crasso**: the most distinguished orator of his time, a man of genius and culture (see note, Verr. V. § 19): he died B. C. 91. — **Drusum** (M. Livius), tribune, B. C. 91, in which year he attempted to carry through a series of moderate reforms, in which he was aided by Crassus and other eminent men. He met with the most bitter opposition, especially from L. Philippus (see Manil. § 62), and was at last assassinated. — **Octavios**: see Cat. III. § 23. — **Catonem**: probably father of the famous Cato of Utica. — **Hortensiorum**: the orator Hortensius was distinguished for the elegance of his taste and the luxuriousness of his life. — **cum M. Lucullo**: probably on some private business, as Lucullus was at this time not much over twenty years old. — **Heracliam**, an important Greek city, on the southern coast of Lucania. In the war with Pyrrhus it espoused the side of the Romans, and entered (B. C. 278) into an alliance of the closest and most favorable character (*æquissimo jure ac fœdere*).

137. § 7. **Silvani**, etc.: the *Lex Plautia-Papiria* of B. C. 89.

The most thoughtful Romans had long been of the conviction that it was necessary to extend the citizenship to the Italian allies, and thus include these vigorous and sound communities within the Roman system. C. Gracchus first proposed reforms in this direction, and they were the most important part of the scheme of Drusus (B. C. 91), who for this purpose entered into close political relations with leading Italians. When his death destroyed all hope of peaceful reform, the Italians had recourse to arms, in the Social or Italian War (B. C. 90-89); and, although they were unsuccessful in the field, the objects that were aimed at were gained. The *Lex Julia*, of L. Cæsar (cos. B. C. 90), bestowed the citizenship upon all who had remained faithful (including all the Latins, see note, § 5);

and the *Lex Plautia-Papiria*, of the tribunes M. Plautius Silvanus and C. Papirius Carbo (not to be confounded with his infamous cousin Gnæus, the Marian leader after the death of Cinna), extended it to other Italian communities. These towns now exchanged their independence for Roman citizenship, and became incorporated with the Roman republic. Many of them therefore, as Heraclea, hesitated about making the change, and did it with great reluctance. They lost all rights of independent government (such as that of coining money, the *jus exsilii*, etc.). Latin became the official language; justice was administered by Roman law; and in most cases their government was organized on the model of Rome, having *duumviri* for consuls, and a *curia* for the Senate. The passage here given from the Plautian-Papirian law contains its application to citizens of foreign birth, like Archias.

ferebatur, *was proposed.* It was not left possible for any aliens to take advantage of the law by obtaining Italian citizenship for this purpose. — **domicilium** : *domicile*, or permanent residence. — **essent professi**, *declared their intention.* — **Q. Metellum**, sc. **Pium**, prætor B. C. 89: the most eminent member of this family, and one of the leaders of the aristocracy.

§ 8. **tabulas**, *archives.* The *tabularium*, as at Rome, was the building where the archives were kept. — **municipi**: since the bestowal of the Roman citizenship, the Italian *civitates* had become Roman *municipia* (see note, R. A. § 5).

§ 9. **civitatem datam**: i. e. by the law before cited. — **conlegio**: since the prætors were elected as a body, their special functions being determined by lot, they may be regarded as a *collegium*, or "board," in those few cases in which they are regarded as a whole, and their special and individual powers do not come into consideration (Momm. Rom. St. i. p. 63). In this case it would seem that the names might be entered with any one of the prætors. — **Appi** (Claudi — the name Appius was confined to the Claudian *gens*), husband of Cæcilia, the friend of Roscius (see note, R. A. § 50), and father of the infamous Clodius. Claudius and Gabinius alone are mentioned as colleagues of Metellus, probably because the provinces of all the other prætors carried them away from Italy; for, before the time of Sulla, when it was made their duty to remain in the city during their term of office, and govern provinces only as *pro-prætors* (see note, Verr. I. § 12), it was the custom for all but the *prætor urbanus* and *peregrinus* to administer a province during their year of office, as *prætors.* — **L. Lentulum**: nothing further is known of him; he probably presided over a court (*judices*) to determine cases involving citizenship under the new law.

138. § 10. **multis** and **præditis** are dat. after **impertiebant**; **arte**, abl. after **præditis**. — **Græcia**, i. e. Græcia Magna, the Greek cities of Italy. — **Locrensis**: Locri Epizephyrii, a Greek city near Regium. — **quod** relates to **id**, which is governed by **largiri** understood; **huic**, Archias. — **civitatem datam**, i. e. by the *Lex Plautia-Papiria*; **legem Papiam**, see Introd. — **illis**, sc. **tabulis**, i. e. of Tarentum, Regium, and Neapolis.

§ 11. **Census**: the list of citizens made out by the censors.

The Censors were two in number, elected from men of consular dignity, originally at a minimum interval of four years (Momm. Röm. Chron. p. 164), afterwards once in five years,— the interval called a *lustrum*,— and holding office for eighteen months. They ranked as *magistratus majores*, but did not possess the *imperium*, and had no power to convene either the Senate or an assembly of the people. Their functions were — 1, to inspect the registry of citizens of every class and order (see note, § 28); 2, to punish immorality, by removal from the Senate, the equestrian centuries, or the Tribe (see note, Verr. I. § 18), *nota censoria, infamia, ignominia*; 3, the general superintendence of the finances (giving out contracts for collecting the revenues, see note, Verr. I. § 13), and of the public works. In the intervals of the censorship, these last were under the care of the ædiles (see note, Verr. I. § 36). Sulla tacitly abolished the office of censor, but it was revived in the consulship of Pompey and Crassus, B. C. 70 (see note, Verr. I. § 54). The censors between the passage of the *Lex Plautia-Papiria* and the case of Archias were: —

B. C. 89. Lucius Cæsar and Publius Crassus.
B. C. 86. Q. Marcius Philippus and M. Perperna.
B. C. 70. Lucius Gellius and Gnæus Lentulus.
B. C. 65. the elected censors, Catulus and Crassus, could come to no agreement, and abdicated. They are therefore not mentioned here.

apud exercitum, in the war against Mithridates: see oration for Manilian Law. — **in Asia**: this was in the first Mithridatic war, in which Lucullus served as quæstor to Sulla. — **quoniam**, etc.: i. e. even in the census lists there might be fraudulent names. — **esse versatum**, *had availed himself of*. — **testamentum**, etc., acts which no foreigner could do. — **in beneficiis**, etc.: *his name was reported for a gratuity*, i. e. on the ground of some special merit.

§ 12. **suppeditat**, *he supplies*. Its obj. is the clause **ubi ... conquiescant**. — **suppetere** has for subj. the clause **quod ... rerum**. — **contentionem**, *strain*.

139. **ad communem fructum**, *to the general advantage*. — **nullius tempore**, *the needs of no one;* i. e. as a client.

§ 13. **ceteris** follows **conceditur**; **temporum** limits **quantum**, which relates to **tantum**. — **ceteris, alii**: i. e. everybody spends time on his own business or recreation; some on dissipation and gaming. — **tempestivis conviviis**, *early dinners*, i. e. beginning by daylight, or in business hours, — a mark of luxury and idleness. — **quæ**, i. e. the ability to speak; **illa**, the *præcepta*, mentioned below.

§ 14. **honestatem**, *honor*. — **parvi**, *of slight account*. — **accederent**, *were brought to them*. — **imagines**, *portraits*.

140. § 16. **Africanum**, Scipio the younger (Æmilianus): C Lælius was his most intimate friend, a man of fine culture. L Furius Philo was also a great friend of literature. M. Porcius Cato, called the Censor, was one of the leading men of Rome in the first half of the second century B. C.: a shrewd, hard-headed Roman, full of prejudices, and priding himself on his blunt manners. He was a distinguished antiquarian, and wrote books on antiquities and agriculture. — **senem**: he gives the name to Cicero's dialogue on Old Age (*Cato Major*).

§ 17. **Rosci**: Q. Roscius, the most eminent actor of his time, defended by Cicero in a speech which is still extant. — **non debuisse**, § 58, 11, *a*.

141. § 18. **doctrina**, *theory;* **præceptis**, *rules;* **arte**, *practical skill.* — Q. **Ennius**, almost the earliest name in Roman literature. He was a native of Rudiæ in Magna Græcia, but wrote in Latin (born B.C. 239). His principal work was the *Annales*, an epic poem upon Roman history. He also wrote tragedies and other works.

§ 19. **Homerum**, etc.: Colophon, Chios, and Smyrna were Ionian cities of Asia Minor; Salamis an island near Athens. The names of the cities thus claiming Homer are given in the following verse:—

Smyrna, Chios, Colophon, Salamis, Rhodos, Argos, Athenæ.

142. **Cimbricas res**: the war with the Cimbri and Teutones, who invaded Italy and were at length defeated by Marius: the latter, B.C. 102; the former, 101.

§ 20. **Themistoclem**: the great Athenian statesman and general, who won the battle of Salamis, in the second Persian invasion (B.C. 480), and afterwards, by his skilful policy, raised Athens to its greatest height of power.— **L. Plotium**, a Roman teacher of rhetoric.

§ 21. For the statements in this section, see oration for Manilian Law.— **ejusdem**, i.e. Lucullus.— **quæ**, *these things* (just mentioned): **quorum** limits **ingeniis**.

§ 22. **Africano superiori**: the conqueror of Hannibal. — **in sepulchro Scipionum**: this tomb, on the Appian Way, has been discovered, and in it a bust of *peperino* (not marble), which has by some been supposed to be that of Ennius, referred to here. Probably, however, **in here** means *on.*— **hujus**: M. Porcius Cato, called *Uticensis*, from his killing himself at Utica after Cæsar's victory. Cato the Censor was his great-grandfather.— **Maximi**, etc.: Q. Fabius Maximus, "the shield of Rome," in the Second Punic War; M. Marcellus, "the sword of Rome" (see note, Verr. V. § 6); Q. Fulvius Flaccus, a distinguished officer in the same war. — **illum**, Ennius.

143. **Heracliensem**: Heraclia (see note, § 6) is here scornfully compared with the insignificant Rudiæ.

§ 23. **quo** relates to **eodem**; **cupere** governs the clause **quo ... penetrare**: *we ought to desire that wherever*, &c. — **populis**, dat. after **ampla**, *a noble thing for them.*

§ 24. **Sigeum**, a promontory near Troy.— **Magnus**, i.e. Pompey.— **Mitylenæum**: Mitylene was an Æolian city in the island Lesbos, the home of the famous lyric poets Alcæus and Sappho.— **rustici**, *country people.*

§ 25. civitate donaretur, § 51, 1, c. — de populo, *of the people*, i. e. of low birth. — quod fecisset, *which he had made as an epigram* (poetical address) *to him*. — tantummodo, i. e. this was its only poetical merit. — eis rebus : i. e. confiscated goods.

144. § 26. Cordubæ, *at Cordova* in Spain : later the birthplace of Seneca and Lucan. — pingue atque peregrinum, *clumsy and outlandish*. — optimus quisque, § 17, 5, c.

§ 27. Brutus : D. Junius Brutus (cos. B. C. 138) conquered the Lusitanians (of Portugal). — L. Accius (Attius), a tragic poet, distinguished for vigor and sublimity, born B. C. 170 : he lived long enough for Cicero in his youth to converse with him. — Fulvius : M. Fulvius Nobilior (cos. B. C. 189) subdued Ætolia. He was distinguished as a friend of Greek literature, and built, from the spoils of war, a temple to Hercules and the Muses. — togati, see note, Cat. III. § 15.

§ 28. adornavi, *I supplied him*, i. e. with facts and other materials

§ 30. imagines, *busts* (see note, Verr. V. § 15). — afutura est (absum), *shall be void to my sense*.

§ 31. vetustate : i. e. long continued friendship (see § 5). — quæ comprobetur, § 65, 2.

Exile of Cicero.

Argument of the Oration for Sestius.

[Omitted portions in brackets.]

CHAP. [1, 2. *Exordium*. Good citizens are exposed to attacks of the lawless : Cicero will undertake their defence. — *Narratio*. I. 3-6. Past life and services of Sestius, especially during Catiline's conspiracy.] — 7. Clodius goes over to the *plebs*, to forward his attack on Cicero. — 8-16. The consuls, Gabinius and Piso, his tools : their character : they abandon the state to Clodius. — 11-13. General grief at the attack on Cicero : [Sestius is accused as his friend]. — 14-16. Clodius's reign of terror : why Cicero yields to the storm. — 17, 18, The Triumvirate : their studious neutrality. — 19-23. Should he have resisted ? His enemies were fellow-citizens. He feared not death ; but his example was needed, to encourage resistance. — [II. 24, 25. Acts after his departure ; assignment of provinces ; censorial power abolished ; club-law. — 26-28. Foreign affairs : confiscation of Ptolemy's kingdom ; Cato, Cicero's friend, sent out to consummate the villany. — 29. Contrast in former examples. — 30. The consuls are a party to the crime and disgrace]. — III. 31. At length Pompey takes up Cicero's cause : decrees of the Senate and public feeling in his favor. — 32. Eight tribunes propose his recall : Lentulus espouses his cause. — 33, 34. The new year : the new consuls are his friends ; Senators speak in his behalf. — 35-37. A law is proposed for his return : riot and violence in the Forum : Sestius abstains from force ; but is attacked and left for dead. — 38. Had Sestius been killed, he would have been honored and avenged. — 39. The story of violence. — 40, 41. Action of Milo, who is assailed by Clodius, and defends himself with armed guards. — [42. Sestius had the same right to defend himself. — 43. Wretched state, when such things are necessary! — 44. Milo is prosecuted by Clodius for illegal violence: he is not suffered to retaliate. — IV. 45, 46. The two classes (*nationes*) in the State. The *optimates*: they are the true national party: their defence an honorable service. — 47. Violence of their opponents: the better sort are more lukewarm. — 48, 49. Formerly there were genuine party differences (the Gracchi): now only personal struggles maintained by hired ruffians. — 50. The *optimates* are the true party of the country. — 51. This shown in the *comitia*. — 52. The *populares* are really enemies of the people — 53-54. This shown in the elections and the public games — 55-59. Popular feeling testified for Cicero and his friends in the theatres and gladiatorial shows.] V. 60. In this state of popular feeling, Cicero cannot refuse to return. — 61-63. The Senate and Pompey advocate his recall: also other leading men; the Italians; his return is a perpetual triumph; all classes join in the enthusiasm. — [63, 64. The *optimates* are not a class by birth, as Vettius claims: he, though a noble, leads in the opposition]. — *Peroratio*. 65, 66. Young men are exhorted to stand by the Senate: those who do this are *optimates*, whatever their birth. — 66-68. This glory costs envy and hatred; but patriotism has its reward. — 69. Appeal to the jury to save Sestius if they wish Cicero saved, with whose cause his own is identified.

PAGE

148. fuerat... cum, *that year had passed in which*, &c., i. e. the year of Cæsar's consulship, and of the plebeian adoption of Clodius. (For the tense, compare § 58, 5, *a*). — ignari rerum, *not knowing the facts*. — re quidem vera, *but in truth*. — traductione, *transfer*. This word seems to imply some fling at the irregularity of the proceeding by which Clodius, a man of forty, was adopted as son by a youth of twenty. The correct legal term is *transitio*.

A patrician who wished to hold the plebeian office of tribune, which was the great engine of political power, might make a formal renunciation of the privileges of his rank: in this case, being no longer a patrician, he of course belonged to the commonalty, or *plebs*. This was called *transitio ad plebem* (Momm. Röm. Forsch. i. p. 124), and the formal act by which it took place was called *detestatio sacrorum* (renunciation of the sacred rites). Clodius attempted this simple process B. C. 60, but was prohibited for some reason by the consul, Metellus Celer, and the next year became a member of the *plebs* by adoption into a plebeian family.

It was a common practice in Rome, if a family was in danger of becoming extinct, to adopt a young man of some other family, who now stood to his adoptive father precisely as his own son; and although it might be that he was not *cognatus* (blood relation), yet was recognized as *agnatus* (descendant in the male line. See Maine, Ancient Law, p. 125). The most familiar example of this is Scipio Africanus the younger, whose *agnomen*, Æmilianus, indicated that he was by birth a member of the Æmilian gens. If the person adopted was *sui juris*, that is, had been freed from the *patria potestas* of his father, by his father's death or in any other way, the adoption was called *adrogatio*. It was an act of great formality, and the circumstances must first be examined by the *pontifices*, to make sure that the *sacra* of the person adopted should suffer no loss, and that the person adopting had no hope of legitimate heirs. The act must then be submitted to the Comitia of the *curiæ*, — an ancient division of the people, originally purely patrician, but afterwards embracing plebeians also (Momm. i. p. 140). This assembly had been superseded for all practical purposes by those of the centuries and tribes (see note, Verr. I. § 18), but was still kept up for a few formal acts, as this of *adrogatio*, and the annual law conferring the *imperium* — *lex curiata de imperio*. It was so far a mere formality that for the latter purpose the thirty Curiæ were represented by thirty bailiffs (*lictors*). When the *curiæ* met merely to witness an act, as testaments, or *detestatio sacrorum*, the assembly was held in the *Curia Calabra* on the Capitoline, and was called *comitia calata*.

The consul Cæsar, being also *pontifex maximus*, managed the whole affair for his tool, Clodius; and the adoption was clearly and ostentatiously a farce. A senator of nearly forty was adopted by a young married man of twenty named Fonteius — obviously in complete violation of the spirit of the institution. Hence, and by reason of some other gross informalities, Cicero sedulously speaks of it as invalid, from which it would result that the tribunate of Clodius was illegal, and all his laws null and void.

Again, if it had been a genuine *adrogatio*, Clodius must have taken the name of his adoptive father, while in the case of *transitio ad plebem* the patrician name was preserved. The fact that Clodius kept his name, proves that the ceremony of adoption was only a subterfuge, resorted to on account of some scruple of Metellus.

acrius ... inimici = *a far bitterer enemy of peace*, &c. (§ **51**, 6, *c*). — **multis repugnantibus,** *while many opposed.* — **Pompeius** : as one of the coalition, Pompey had presided, as augur, at the auspices of the adoption, and so laid Clodius under personal obligation. — **cautione,** etc., *security, pledge, and protest* (under oath). — **esse facturum,** indir. disc. after the verb implied above. — **quod ... foedus ... nisi,** etc., *which bargain that villain, born of the rottenness of every crime, thought he could not violate enough, without alarming by his own perils the very man* (Pompey) *who had taken security* (**cautorem**) *against another's danger.*

§ 2. **fuit** (emphatic), *there was, surely.* — **hocine** (§ **20**, 1, N.). — **ut,** exclam. question (§ **70**, 4, *c*). — **consules,** i. e. those of the next year: A. Gabinius, proposer of the Gabinian Law (see Introd. to Manil. Law), and L. Calpurnius Piso, father-in-law of Cæsar. — **eversores,** *subverters.* — **ad delendum,** etc., *for the very sake of,* &c. — **insignibus,** i. e. the *sella curulis, toga prætexta,* &c. — **incessum,** *gait.* — **animis,** *in your minds.*

149. § 3. **alter,** i. e. Gabinius, the same who is praised in the speech for the Manilian Law (§ 58). — **adfluens,** *dripping.* — **calamistrata,** *frizzled:* the *calamistrum* is a crimping-iron. — **conscios,** etc., translate, *the partners of his vices and the old corrupters of his youth.* — **puteali ... inflatus:** A *puteal* was an altar erected upon a spot struck by lightning: it received its name (*well-curb*) from its being open at the top like a well. Such a *puteal* stood near the eastern end of the Forum, and under it were supposed to be buried the razor and whetstone of Attus Navius. The tribunal of the prætor, which was originally upon the *comitium,* at the western end of the Forum, was removed by L. Scribonius Libo (tribune B. C. 149) to the neighborhood of this *puteal,* which was now called *puteal Libonis* or *Scribonianum,* and came to be identified with the tribunal for the administration of civil justice which stood near it. Near it was the *Columna Mænia,* referred to below. This passage means, therefore, *puffed up by his intimacy with the tribunal, and the hosts of usurers;* referring to the desperate indebtedness, of which Gabinius was rather proud. — **Scyllæo,** the dangerous rock in the Sicilian strait (**fretu**) : as if one should say, *founder in that mahlstrom of debt.* — **columna,** *pillory:* a column (*Columna Mænia*) in the Forum, where the names of fraudulent debtors were posted.

Gabinius had escaped the Scylla of the *puteal* and the Charybdis of the *Columna*, only by running into the harbor of the tribunate (B. C. 67). The Gabinian Law of his tribunate served to repair his broken fortunes, and start him in his political career. In another passage Cicero declares that it was only the success of his law against the pirates that saved Gabinius from turning pirate himself. After his consulship, Gabinius went as proconsul to Syria, and on his return, B. C. 54, was accused of *majestas, ambitus,* and *repetundæ.* He was condemned on the last count, and went into exile.

tribunatus : because a magistrate was not liable to arrest. — **operis**, *artisans,* of the lowest class. — **ab eis ereptum ne,** etc., *rescued by them* — i. e. by their votes in the *comitia* — *so as not* (§ 65, I, R.) *to stand trial for bribery.* — **invito senatu,** *in spite of the Senate.*

By a law of C. Gracchus, the Senate determined in advance the provinces of the two consuls, who then drew lots for them. A law, therefore, like the Gabinian and Manilian, or that which gave Cæsar his proconsulship of Gaul, infringed on the legitimate authority of the Senate. By the law here referred to, Gabinius got the rich province of Syria, in place of Cilicia, — a province which demanded more work and gave less opportunity to plunder.

incolumem, *safe* from bankruptcy.

§ 4. **barbatis** = *old-fashioned.* The old Romans wore long beards : the custom of shaving came in about B. C. 300. — **exemplum,** *specimen.* — **columen,** *prop.* — **diceres,** *you would say :* properly a future apodosis (**dicas**) thrown back into the past (§ 60, 2, R.). — **nostra,** the dull (**fusca**) native dye in his *prætexta* and *latus clavus* (the broad stripe up and down the front of the tunic), as opposed to the imported *murex,* which was fashionable and costly. — **imaginis,** etc., a sneer at his ambition for the *jus imaginum* (see Verr. I. 15), which he could earn only in some such subordinate office. — **duumviratum,** see note on Or. for Arch. § 7. — **Seplasiam,** a place (*platea*) at Capua, where hair-dressers had their shops, and cosmetics were sold. So shock-headed a magistrate would certainly, it was feared, abolish the business. — **supercilium,** *frown,* as if a sign of dignity. — **pignus** : with an eyebrow like that, the republic was surely safe. — **oculo** : sundry allusions seem to show that Piso had a defect in one eye. If so, Cicero was not the man to spare the sneer.

§ 5. **tamen,** *after all.* — **labi atque cæno,** *pestilent and dirty fellow.* — **me dius fidius,** sc. **juvet.** The *god of faith* was an old Latin deity, commonly invoked in oaths. His Sabine name, *Semo Sancus,* has the same meaning. — **adfinem** : Piso was a relative of Cicero's son-in-law, C. Piso Frugi, a promising young man, who died during Cicero's exile.

§ 6. **alter,** i. e. Gabinius. — **quis arbitraretur,** *who could have supposed that such a man could hold the tiller and manage the helm ?* — **diuturnis tenebris,** *daylight darkness.*

150. **lustrorum ac stuprorum,** *dens of infamy :* **lustrum** is a lair of wild beasts. — **alienis,** i. e. of the triumvirs. — **non modo,**

etc., *not only too tipsy to see the coming storm, but even to open his eyes to the unwonted daylight.* After carousing all night, he must needs sleep all day.

§ 7. **plane**, etc., *utterly in-every way.* — **blanda conciliatricula,** *a flattering commendation,* in appos. with **nobilitate,** *high birth.* The Calpurnii were plebeian, but of a very ancient and noble house. — **etiam mortuorum,** *even when dead.* — **tristem,** *austere ;* **subhorridum,** *rather rough.* — **eo nomine** ... **frugalitas :** one of the family names of the Pisos was Frugi, which means *thrift.* — **vocabant,** *encouraged.* — **materni generis :** Piso's mother was Calventia, daughter of a Gaul who had come to Rome as a trader.

§ 8. **ipse ... sensi,** *I, as well as the state, have felt.* — **nequam,** *worthless ;* **levem,** *unprincipled.* — **falsa,** i. e. his good reputation arose from a false judgment. — **sciebam,** [though] *I knew all along.* — **obstructio,** *veil ;* properly, a wall built to hide (as the "curtain" of a fort). — **perspici,** *seen through.*

§ 9. **inclusas** (i. e. in-doors), *secret.* — **philosophos nescio quos,** *philosophers, so-called :* i. e. Epicureans, whom Cicero never loses an opportunity to flout. — **cujus,** i. e. **voluptatis.** — **verbum,** *the very name of it.* — **sapientis** (acc.) ... **facere,** *that the wise do all things for their own advantage.* — **bene sanum,** *a man of sense.* The Epicureans held that a wise man ought not to engage in public affairs; while the Stoics taught that philosophy should be used in the service of the state.

151. eos qui dicerent, i. e. the Stoics. — **vaticinari atque insanire dicebat,** *he called preachers and fools.*

§ 10. **fumabat ... redolerent,** *smoked so* [with the kitchen fires] *that he could smell the odor of his discourse :* the philosophy of the stews ! — **statuebam,** *I came to the conclusion.* — **boni, mali** (the antithesis, strengthened by **quidem**), *though nothing good, yet nothing bad.* — **ab illis nugis,** *from those follies of his.* — **imbecillo,** *infirm ;* **debili,** *feeble.* — **vel,** *even.* — **acie et viribus,** *edge and temper.* — **ut ... acciperent,** the regular form for the terms of a bargain (§ **70,** 3, *d*). In fact, Gabinius obtained the province of Syria, and Piso of Macedonia. — **quas vellent,** *which they should wish* (subj. by attraction from future). — **ea lege, si,** *on this condition, that.* — **tradidissent,** for fut. perf. of dir. disc. — **fœdus ... ici :** when a treaty was made, it was ratified by slaying an animal as sacrifice. The technical expression was *ferire* or *icere* (hence *fœdus ictum*). — **rogationes,** *bills,* proposed for the acceptance of the people. — **tribuno,** Clodius. — **de mea pernicie,** etc. : the word *nominatim* applies only to the consular provinces. The *rogatio* which was aimed at Cicero did not mention him by name, but in general terms imposed the punishment *aquæ et ignis interdictio* (cutting off from the necessaries of life) upon any magistrate who had inflicted or should inflict the punishment of death upon any Roman citizen unless convicted by due process of law, which could only be in the *comitia centuriata*. (The omitted passage contains some incidents of the act of Cicero's banishment, especially the insolent conduct of Gabinius.)

§ 11. **squalebat, veste mutata,** *put on mourning clothes.* It was the custom of the Romans to express their sympathy for one in danger by wearing ragged and mean apparel. — **municipium,** see R. A. § 5. — **societas vectigalium** : see note, Manil. § 4. — **conlegium** : this word is often used for those magistrates who stood to each other in a collegiate relation, that is, with equal and undivided powers; especially the tribunes. In this case, however, are meant what we should call incorporated societies, which were *persons* in the eye of the law : these were essentially religious, — the great priestly colleges of augurs, fetiales, &c., and a great number of a private nature, principally burial societies (see also § 13). — **concilium** : this was the technical expression of any assembly of a portion of the people : thus the plebeian assembly of the tribes, usually called *comitia tributa*, was in strictness of speech *concilium plebis*. — **consilium** (see note, R. A. § 54), the general word including all bodies that take common action ; in particular, a body of persons learned in law, who sat with the president of a court to advise him upon legal questions. — **honorificentissime,** *in terms of highest honor.* — **edicunt,** § **62,** 2, *b* (R. 2). — **ut ad suum,** etc., i. e. put off mourning.

152. **ipsius,** *its own* (i. e. of the Senate, to which alone the word *decretum* applies) : **suis** would have referred to **consul.** — **parumne est quod fefellisti,** etc., *is it not enough that you have so deceived men, but you must also defy,* &c. — **consulare nomen,** i. e. in the person of Cicero, a *consularis.* — **sive ... valebat,** *whether that change of dress amounted to a sign of their sorrow, or to entreaty.*

§ 12. **sua sponte,** i. e. from private feeling only. — **legatos legasti,** *appointed as aids* (see note, Manil. § 57). — **ergo ... licebit,** *so then,* &c. Supply *and* between the two clauses ; the connective being regularly omitted in Latin. — **fortasse,** i. e. in case there should be occasion for it ; with a hint that there will be. — **civis,** etc., *a citizen* (Cicero) *most honored by the favor of the good.* — **ex fastis evellendos,** *expunged from the fasti.* These were the official lists of magistrates. — **foedere provinciarum,** see § 19. — **in circo Flaminio** : this was just north of the Capitoline hill, thus outside of the walls. *Contiones* (see note, Man. Law, Arg.) were usually held in the *comitium*. This was called by Clodius outside of the city, in order that Cæsar (who, as being proconsul and clothed with the military *imperium*, could not enter the city) might be present. — **furia,** etc., Clodius. — **vestro :** i. e. of the *judices,* men of senatorial and equestrian rank. — **voce ac sententia** (*hendiadys*), *their loudly expressed opinion.* — **auspicia :** as in the Roman polity every action depended on the *auspices,* or expressed will of the gods, for its validity, and the magistrates alone possessed the right to look for them (*spectio*), any magistrate possessing the auspices could, unless prohibited by edict (see below), stop legislation by announcing to the presiding magistrates unfavorable omens in the sky (*obnuntiare*), or even, as it appears, by declaring his intention of watching for them. This means could be used even against the *comitia tributa.*

The Senate and higher magistrates sometimes defended the passage of their laws from this interference, by prohibiting any magistrate *servare de cælo* on the day of the *comitia;* and the whole process was regulated by the Ælian and Fufian laws (about B. C. 150). The precise purport of these laws is not known, but the present passage is one of our principal sources of information in regard to them. *Obnuntiatio* was the sole means by which the patrician magistrates could control the legislation of the tribunes. This seems to have been distinctly put in their hands by the Ælian and Fufian laws, and taken away from them by the Clodian law, which also appears to have limited in some way the power of the tribunes to prevent legislation by "interceding" (see note, Verr. I. § 44). Thus Clodius was relieved from the interference of his colleagues, as well as of the patrician magistrates (consul, prætor, curule ædile, and quæstor — so called, not as being held by patricians exclusively, which they were not, but as being of patrician origin).

intercederet, the technical word for the interference (*veto*) of the tribunes. — **omnibus festis diebus,** *on any legal business day.*

The *dies fasti* were the days on which the prætor could hold his court : they were the Kalends, Nones, and Ides of each month, together with the *nundinæ* (day half-way between Ides and Kalends), unless any of these days were rendered unavailable by religious services (see Momm. Röm. Chron. p 239). They were therefore about forty in number. Other days were partially unavailable (*dies intercisi*). On *dies fasti, comitia* could not be held ; and the festival days in the Roman year were so numerous that there remained only about 190 days in all for the *comitia.* The Clodian law seems to have provided that the *dies fasti* should also be *dies comitiales* (see note, Verr. I. 31).

lex Ælia, a law of Q. Ælius (cos. B. C. 148) ; **Fufia,** of the tribune Fufius ; providing for the above legal methods of delaying public business. Both these laws were regarded as important safeguards against hasty and partisan legislation.

§ 13. **pro tribunali,** *in front of the tribunal,* a raised platform or judgment-seat. The Aurelian tribunal was near the eastern end of the Forum. — **nomine conlegiorum,** see note, § 11.

The associations here spoken of are the *collegia compitalicia,* organizations who e object was to conduct the sacred rites of the *compita* (cross-roads). The whole territory was divided into districts, — *pagi* in the country, and *vici* in the city ; and each district had its local *sacra,* held at its central *compitum,* and addressed to its *lares,* or local divinities. The *collegia* which had charge of these, although nominally religious, were turned into "street-clubs," under the control of pothouse politicians. They were "nothing else than a formal organization — subdivided according to streets, and with almost a military arrangement — of the whole free and slave proletariate of the capital" (Momm.). These clubs were suppressed by the Senate, B. C. 69, and were now revived by Clodius, to aid him in his schemes.

vicatim, *by wards* (*vici*, or districts). — decuriarentur, *were grouped in squads*, a word of military origin. The *decuria*, however, was a common name for the divisions of *collegia*, without military or numeral reference.

153. templum Castoris, on the south side of the Forum, near the eastern end,— apparently used as a stronghold by Clodius. The three columns now standing there are supposed to belong to it. — tollebantur, *were just being taken up*, to prepare for siege. — forum et contiones : the Forum was the usual place of assembly for the tribal *comitia*, the *comitium* for *contiones* (see note, § 39). — nullus, nihil (pred.), *counted for nothing*. — possidebat, *held in keeping*. — cum . . . retraxisset, *when he had got away both consuls from public duty by the bargain about the provinces*.

§ 14. quæ cum, etc, *and while these things were so.* — ac, *and in fact*. — equester ordo, etc., *an indictment was brought against the whole equestrian order*. This refers to a passage (omitted) which describes Gabinius as threatening this Order for the support it had given Cicero against Catiline. — Italiæ, see § 11. — relegarentur, *were got out of the way:* i. e. Cato, on pretext of an honorable mission to Cyprus. — tamen . . . restitissemus, *still, with so great zeal on the part of good men, I should have resisted; but*, &c.

§ 15. rationem, *motive*. — nec deero, *nor will I disappoint*. — causa tam bona, i. e. to defeat the illegal violence of Clodius. — parato agrees with consensu. — levitatem audaciamque, *reckless audacity*. (A few lines, here omitted, consider the examples of Metellus and Marius).

§ 16. autem : i. e. if I yielded only to that fear, I own that I was weak ; but there was something further. — C. **Marium** : this refers to the case of Metellus Numidicus, whose exile Cicero compares with his own. He went into exile in Marius' sixth consulship, B. C. 100, rather than subscribe to an unconstitutional law carried by Saturninus with the support of the consul.

154. importuna, *inhuman*. — quos refers to prodigia by *synesis* (§ 45, 7). — levitas, *want of principle*, the opposite of gravitas. — tribuno . . . addixerat, *had bound hand and foot in service to the tribune*. The word addicere means literally *to assign as bond-slave to a master*, — the act of a court of justice. — si . . . superassem non verebar ne, etc., *I did not fear lest, in case I should be victorious*, &c. The apodosis is really contained in reprehenderet ; but the construction is partly that of the future protasis (§ 59, 4, *f*). As the protasis contrary to fact is a development from this, by throwing it back into past time, the two are sometimes mixed, as here. (See " Latin Subjunctive," p. 11).

§ 17. **sed illa**, etc., *but this* (which follows) *is what moved me*. (Here **sed** is opposed to the sentence above, **quos homines**, etc.) — **auctore** (abl. abs.), *with the support of.* — **quoad licuit**, i. e. till the laws against Cicero were passed. This passage is interesting, as showing the personal relations claimed by Cicero with the members of the coalition. In fact, his letters show that a strong and unfriendly jealousy existed between him and Crassus, and that for Cæsar he felt a political antipathy, deepened by fear of his genius and daring. — **his auctoribus usurum**, *should follow them as advisers.* — **ex quibus**, etc., *one of whom* [he said] *had*, &c. In fact Cæsar was at this time just making his first levies for the campaign in Gaul. (In a relative clause like this, the subj. would be more usual; but, as an independent proposition, the relative is equivalent to a demonstrative, with the regular construction of indir. disc.). — **præsto**, *within call*.

§ 18. **legitimam**, *by process of law.* — **causæ dictionem**, *putting on trial.* — **tam improbe conjecta**, *so insultingly foisted upon* the political leaders. — **eorum taciturnitas**: the unfriendly silence of Cicero's political rivals, who now "left him naked to his enemies," was the sharpest mortification he endured in his public career. — **conferebatur** has a similar meaning with **conjecta**, above. — **non infitiando confiteri**, *by not denying, to confess* themselves partisans of Clodius. — **illi**, the chiefs of the coalition. — **acta illa**, etc., the acts of Cæsar as consul, which were said to be illegal for religious informality, and were in danger of being set aside by the judicial officers (prætors) and the Senate. — **labefactari, infirmari** (conative present), *were sought to be undermined and held void.* — **popularem**, a party term.

155. **propiora esse**, *touched them more nearly.*

§ 19. **a consulibus**, to avoid ambiguity; with the dative, it might be construed, *said to the consuls.* — **fidem**, = *protection.* — **neque se ... dicebat**, *and said that he would not.* — **publice**, *by official act.* — **vitæ** (dat. of indir. obj. following the act implied in **insidias**), *plots against his life.* — **coram**, *in person.* — **ab illis, meo nomine**, i. e. he really feared that some designs against him might be attempted by Cicero's enemies, who would hope to cast the charge on him. — **cum imperio**, the technical term for being *in military command.* — **fratrem**: Caius Clodius, an elder brother of Publius. This would be claimed as an evidence of Cæsar's personal support.

§ 20. **non nemo**, *one and another.* — **fortis**, etc., *of firm, energetic, and lofty temper.* — **restitisses**, *you should have made a stand* (hortat. subj. § **57**, 3, *d*). The dramatic form is here used, in preference to the simpler **ut resisterem**, in appos. with **illud**. — **dimicationem cædemque**, *a bloody conflict.* — **fugisse**, *shunned.* —

hoc, in appos. with ut ... dedidissent. — vectores, *the crew.* — negarent, mallent : the imperf. here denotes continued action. If Cicero were telling an actual fact, he would say, *Accidit ut,* etc., *vectores negabant, malebant.* — non modo, etc., see the application of the figure, at the end of § 21.

§ 21. fluitantem, *drifting.* — incursuræ, § 72, 4, *a.*

156. depugnarem, *should I have resisted* (§ 57, 6) ; depugnem would be, *shall I* (ought I to) *contend?* Transferred to the past, it becomes as above. — summo exitio, *I will not say absolute ruin, but at least,* &c.

§ 22. victi essent, what the supposed *vir fortis* would say. — at cives, i. e. the conquered would still be my fellow-citizens (compare Cat. III. § 27 ; IV. § 22). — ab eo, etc., i. e. he who in office had before crushed the conspiracy without fighting would have now been in arms as a private citizen. — qui superessent, *who would* [now] *survive?* — venturam fuisse, for venisset of dir. disc. (§ 67, 1, *c*). — tum, at the time of his exile : *was it death I fled from?* — illas res, the acts of his consulship : cum in this place follows the emphatic words. — non hæc ... canebantur, *was not this predicted by me at the very moment of my action?* (Cat. IV. chap. 10.)

§ 23. rudis, *ignorant ;* ignarus rerum, *inexperienced.* — tam, i. e. as to fear death. — donata, *a free gift.* — alii ... alii, two common opinions among ancient thinkers: compare Cat. IV. § 7, and Plato's Apology of Socrates. — mentis (acc.), subj. of sentire.

157. § 24. exemplum, i. e. a living example of one who had preserved the state. — quis ... auderet : the protasis is contained in me ... non restituto (§ 60, 1, *a*). — cum sua minima invidia, *at the risk of ever so little odium against him* (§ 47, 5, *c*).

§ 25. hoc honoris gradu, i. e. his rank as *consularis.* — cum reliquissem, subj. on account of the implied supposition : *in case I had left.* — hoc, in appos. with quod ... malui. — hunc, sc. dolorem.

§ 26. isdem radicibus, a fruit of the same tree : i. e. the same birthplace (*Arpinum*). — Minturnis, *at Minturnæ,* a town at the mouth of the Liris (a gloss, explanatory of the preceding).

When Sulla returned to the city, B. C. 88, and put Sulpicius to death, Marius escaped and concealed himself in the marshes of Minturnæ, — a seaboard town on the borders of Latium and Campania. Here he was captured and thrown into prison, where a Cimbrian slave was directed to kill him ; " but the German trembled before the flashing eyes of the old conqueror, and the axe fell from his hands when the general with his haughty voice demanded whether he dared to kill Gaius Marius" (Momm.). The magistrates of Minturnæ, struck with shame, set him free, and enabled him to escape to Africa, from whence he was recalled in triumph by Cinna the next year, to riot in the blood of his fellow-citizens.

§ 27. atque illa ... ego, *and* [while] *he,* &c.

158. **periculo rei publicæ** (like the English), *at the peril of the state*, i. e. as its only defence from peril. — **consularibus litteris**, since men of that rank had given him these letters missive. — **fidei publicæ**, *official fidelity*. — **quod si,** etc., if this continues to be an example.

§ 28. **regum**, *with kings:* the **externa bella** are regarded as warlike efforts of kings and peoples now quite crushed (**exstincta**). — **invidia** : as if that were the only thing to deter an honorable ambition. (Here Cicero mentally compares his own case with Cæsar's.) — **præclare**, etc., *we treat them handsomely in suffering them to become our subjects.* — **periculorum**, obj. gen. after **medicina.** — **rem publicam spectatis**, *look forward to public life.* — **segniores**, *any less active.*

§ 29. **si eis ... persolutum**, *if the due penalty is visited on them.* — **numquam jam**, *never again.* — **suum terrorem**, *the dread of him.* — **relegentur**, *banished* (see § 14). — **interjecto**, *intervening.*

159. § 30. **esse confectam**, *was ruined.* (The form of indir. disc. is used after **oratione**, instead of **quod** with the indic denoting the fact.) Compare note, § 20. — **caritatem**, *affection for.* — **tecta ac templa** : i. e. the usual crowds did not appear. — **mihi ... rogata est**, *ruin to me and the state, and a province to the consuls*, was enacted.

§ 31. **monstra, scelera**, *prodigies of crime.* — **servitio concitato**, *by stirring up the slaves* (see note, Cat. III. § 8). — **lex**: the law which banished Cicero. — **eo ipso crimine**, *on this very ground* (that he had defended the state). — **vasto ... tradito** : i. e. the Forum, where the *comitia tributa* met, was forsaken by good citizens, and the assembly was overawed by armed men.

§ 32. **interesse**, *intervene.* — **spolia** : see next sentence. — **partitionem ærari** : the proconsuls regularly received their outfit by vote of the Senate; but on this occasion the Clodian law appropriated large sums for them. — **beneficia** : not those referred to in Arch. § 11, but offices and appointments. — **vexabatur** : Terentia, Cicero's wife, was driven from her home, and his house on the Palatine, as well as some of his villas, destroyed. This appears to have been an act of pure mob-law, not the legitimate exercise of any tribunician power. — **liberi** : his only children were his daughter Tullia (now twenty-one years old) and his son Marcus, a child of seven. — **Piso gener** : *and he a Piso.*

160. **deferebantur**: both consuls took possession of works of art and other articles of value in Cicero's houses. — **commoverentur**, *they should have been moved* (hort. subj. § 57, 3, *d*). An omitted passage speaks of Cato's mission, or honorable banishment, to Cyprus.

§ 33. **vellet**, *could have wished:* i. e. if it had been possible to do any thing. — **invitissimis eis**, *much against the will of those who*, &c. — **qui... definisset** (subj. of char. § 65, 2): Pompey is here described by allusions to his exploits (see Or. on Manilian Law). — **quam servasset** (as above): but the whole situation is characterized, rather than the state itself = *when he had preserved it.*

§ 34. **accessit**, *he joined.* — **reliquis**, what remained to be done (opp. to præteritis). — **inclinatio**, *tendency.* — **frequens**, *full* (well attended). — **L. Ninnio**, a tribune of the people: the tribunes also had the *jus vocandi Senatus* and *referendi.* The Senate was favorable to the proposed act, but it was prevented by the intercession of Ælius Ligus: this tribune sided with Clodius, leaving eight who were favorable to Cicero's recall. The promulgation, spoken of below, did not take place until Oct. 29, and then after all it never came to a vote. — **contremuit**, *was shaken.* — **promulgaverunt**, *proposed a law:* the *promulgatio* took place the 24th day, *trinum nundinum*, before the Comitia were held (Momm. Röm. Chron. p. 243). — **decrevisse**, *had fallen off* (**decresco**). — **in ea fortuna**, *in that kind of fortune* (misfortune). — **fortuna**, sc. mea. — **quos esse**, sc. amicos. — **tamen**, *as it was.* — **habueram**, i. e. at the time of his fall. — **defluxit**, *fell away.* — **Æliorum**: Ligus appears not to have belonged rightfully to this *gens:* the Ligurians, from whom his *cognomen* was taken, had the reputation of being rude and perfidious.

§ 35. **Kal. Jan.**, B. C. 57: P. Lentulus Spinther and Q. Metellus Nepos, consuls. Lentulus was favorable to Cicero, and Nepos — an old enemy of his — was a mere hanger-on of Pompey, who had now broken off with Clodius. Lentulus brought the case before the Senate on New Year's day. — **equidem** (here = **ego quidem**), *but I.*

161. § 36. **Cotta**: L. Aurelius Cotta (cos. B. C. 65); in his prætorship, B. C. 70, he had proposed the compromise by which the courts were reorganized (see note, Verr. I. § 47). For the order of business in the Senate, see note, Cat. IV. Int. — **more majorum**, *by precedent.* — **ferri**, of a law; **judicari**, of a legal procedure. — **comitiis centuriatis**: the Clodian laws, it will be remembered, had been passed in the *comitia tributa.* — **reliquæ tranquillitatis**, *of future tranquillity.* — **vim habere**, etc., i. e. the law was void, and therefore need not be repealed.

§ 37. **hunc**, subj. of **sentire**: *that he had very just views* (answering to the *sententia* of Cotta, given above). — **defungerer**, *get clear of.* — **beneficium**: i. e. by a law expressing their good will Pompey apparently did not venture to treat the acts as absolutely void, but contrived this evasive measure. — **discessio**, *divi-*

sion (see introd. note to Cat. IV.). — **Gavianus**: a nickname of the tribune Sex. Atilius Serranus, in allusion to his low birth. — **cum esset emptus,** *though he had been bought:* the manner in which Cicero speaks of this shows the demoralized state of politics at that time. — **socer**: his name was Cn. Oppius.

162. **postero die,** i. e. the next on which the Senate could sit. — **moram,** *hindrance.* — **discessum est,** *they adjourned.* — **pauci omnino,** *only a few in all.* — **tamen**: i. e. though time pressed, yet no other action was taken.

§ 38. **ludificatione,** *quibbling:* properly, a *feint,* or *false movement,* intended to deceive an enemy (a military term). — **calumnia,** *chicanery.* — **concilio,** *in counsel,* construed with **agendi,** which limits **dies**: a *concilium,* it will be remembered, was an assembly of a portion of the people, and was therefore in strictness the correct term for the plebeian assembly of the tribes, which is usually called *comitia tributa.* — **princeps,** *the chief supporter.* — **Q. Fabricius**: he, as well as Sestius, was a tribune. — **templum,** *consecrated place* = Rostra: see note, Manil. § 70. — **hic,** Sestius. — **nihil progreditur,** *takes no step forward.* — **multa de nocte,** *early in the night.* — **manus adferunt,** *come to blows.*

§ 39. **in comitio** (see note, Verr. VI. § 14): the assembly was properly held in the *comitium,* or elevated spot set apart for public purposes. As this was found too small for large gatherings, the market-place proper, on the other side of the *rostra,* was used, and the speaker, in the last years of the republic, faced away from the *comitium* towards the market-place.

§ 40. **compleri,** § 56, 11, *b.* — **refarciri,** *choked.* — **copiam,** etc.: *this armed array.*

163. **patricium et prætorium**: of Clodius's brother, Appius Claudius, the prætor. — **Cinnano,** etc.: see Cat. III. § 24. — **animorum,** *passions.* — **pertinacia,** *wilful obstinacy;* **constantia,** *judicious firmness.* — **intercessoris**: i. e. a tribune, interceding to prevent the passage of a law. — **latoris,** *the proposer* of a law. — **commodo,** *advantage* in the law vetoed. — **concertatione,** *conflict* among magistrates of equal power. — **discessione,** *division.*

§ 41. **multitudine,** a throng of followers; **præsidio,** an armed band. — **auspiciis,** etc. (see note, § 12), refers to **obnuntiasset.** — **jure læsisset**: i. e. both of these procedures would have been, however mischievous, yet legally and formally correct: like filibustering in Congress. — **novicios,** *raw.* — **ædilitate**: Clodius was ædile the next year, B. C. 56. — **eum,** Sestius.

164. § 42. **id egit,** *aimed at this.* — **interfationem,** *interruption.* — **legibus**: i. e. the original law of the tribuneship, and also the Appuleian law, making it *majestas* to interrupt a tribune in the discharge of his office. — **obnuntiavit consuli,** i. e. Metellus. The object is not known. — **sæptorum,** *railings,* or temporary enclosures for voting. — **opinione mortis,** *the notion that he was dead.* — **modo,** *moderation.*

§ 43. **Milo:** T. Annius, whom Cicero afterwards defended for the murder of Clodius. — **non quo,** § 66, 1, *d,* R. — **impertiam,** *bestow,* sc. ei. — **sic,** *with this design.* — **constans ratio,** *a rational and consistent measure.* — **plena,** *having the full consent.* — **consulis alterius,** Lentulus ; **alterius,** Metellus ; **unus,** App. Claudius. — **duo soli :** Numerius Rufus and Sex. Atilius Serranus, tribunes. — **qui si,** *and if they.* — **per summum ordinem,** the Senate.

165. § 44. **ille gladiator,** *that ruffian* (Clodius). — **si moribus ageret,** *if he made it a question of character.* — **dolorem,** *indignation,* — **tripudiantem :** strictly, a religious dance.

§ 45. **pristini judici :** in the year B. C. 62, Clodius had been guilty of a daring act of impiety, in violating the mysteries of the worship of Bona Dea ; but had been acquitted by a venal jury (note, Or. for Milo, § 13). — **consul, prætor, tribunus :** Metellus, App. Claudius, and Atilius. The effect of this new edict — although general in its nature — was, as was intended, to protect Clodius from prosecution. — **ne reus,** etc. The edicts were in fact that no proceedings should be had till after the allotment of places to the prætors. — **quid ageret,** *what was he to do?* — **adfligeret,** *should he cast down* (i. e. by abandoning it). — **perfecit ut,** etc. : i. e. he surrounded himself, as Clodius had done, with a band of cut-throats.

§ 46. **hoc in genere,** *in this sort.*

166. **cernit toto corpore,** i. e. risks at every point.

§ 47. This passage is interesting, as one of the few glimpses we have of ancient opinion respecting the foundation of civil society. — **ita tulisse,** *has so decreed.* — **naturali jure,** *the law of nature;* **civili,** that of organized society. — **res publicas,** *institutions.*

§ 48. **nihil tam interest,** *there is no difference so great.* — **horum,** etc., *whichever we refuse, we must employ the other.* — **altero ... altero,** i. e. law and force : an ingenious apology for Milo's acts of violence. — **ratio,** *method,* or *principle.*

After all these efforts had failed, the restoration of Cicero was carried quietly, on the 4th of August, by a *Lex Cornelia,* proposed by the consul P. Cornelius Lentulus, in the *comitia centuriata.* For the circumstances alluded to in the following section, see Cicero's Letter to Atticus (Att. IV. 1), who was then in Epirus.

167. § 49. **filiæ,** see § 32. — **coloniæ :** the colony of Brundisium was founded Aug. 5, B. C. 244. — **ædis Salutis :** this temple, on the Quirinal hill, was dedicated B. C. 303.

§ 50. **P. Lentulum :** this was the young son of the consul of B. C. 57. He had the year before assumed the *toga virilis,* and also, by election into the college of augurs, the *toga prætexta*. The *squalor* and *sordes* here referred to were on account of a proposition to abrogate the proconsular *imperium* of the elder Lentulus, who had been commissioned as governor of Cilicia, to restore to his throne the exiled King Ptolemy Auletes of Egypt, father of the famous Cleopatra. This proposition, which was vehemently disputed, never came to a vote; but a year or two later Ptolemy was restored. From the next section it would appear that Cicero attributed much of this opposition against Lentulus to his constant support of himself.

168. § 51. **illo die**: the arrest of the conspirators, Dec. 3, B. C. 63 (see Cat. III.).

§ 52. **hic puer**, the young Lentulus. — **meo nomine**, *on my account*.

DEFENCE OF MILO.

Argument.

CHAP. 1, 2. *Exordium.* The new form of trial: public sympathy is with the defendant — except the Clodian hirelings. Question not of fact, but of right. — *Confutatio.* 3, 4. Homicide is not always a crime: it is especially justifiable in defence against violence. — 5, 6. Judgment of the Senate and of Cicero himself. — 6, 8. The action of Pompey: his motive in constituting the court. — *Narratio.* 9, 10 The question is, *Which laid the plot against the other?* History of the controversy. Why Clodius desires Milo's death, and how he plans to meet him. The encounter on the Appian Way. — *Confirmatio.* I. 12-14. Which was gainer by the other's death? Which was likelier to commit the crime: the two men compared. — 15, 16. Milo had before spared Clodius: why kill him now? — 17-19. How Clodius knew of Milo's journey, and informed himself of his setting out: pretext of the death of Cyrus. — 20, 21. Comparison of the conditions: Milo was on strange ground, and unprepared. — 22. Why Milo manumits his slaves: it was a generous and right act. The testimony of Clodius's slaves goes for nothing. — 23-26. Milo's after acts: the false charges against him, especially of plotting against Pompey: the pretended hostility of Pompey explained away. — II. 27-50. Yet if he had killed Clodius purposely, all would have approved. The crimes of Clodius: would any have him restored to life? If Milo had slain him, he might have claimed glory for the deed. — 31-33. It was the act of the gods, who first made Clodius mad, that he might rush on his destruction. — *Peroratio.* 34-38. Milo's calm resignation: the State's ingratitude. He is upheld by the consciousness of right, and the sympathy of the good. His services to Cicero, who appeals to the jurors in his own name: Milo would hardly permit this appeal to their compassion.

PAGE

170. § 1. **fortissimo**: this word implies a steady courage, rather than the violent temper which distinguished Milo. — **perturbetur de**, *alarmed for*. — **novi judici**: the court was ordained by the *comitia tributa*, on motion of Pompey, as the first act of his consulship: one of the conditions being, that after three days had been allowed for the hearing of witnesses, two hours were reserved for the prosecution, and three for the defence. — **terret oculos,** *meets my eyes with terror.* — **requirunt,** *seek in vain.* — **consuetudinem,** *usual appearance.* — **corona,** the throng, a "ring" of spectators. — **frequentia,** *crowd.*

§ 2. **pro templis,** see plan of Forum, p. 42. — **non ... non adferunt aliquid,** *do not fail to bring something* (of terror or constraint). — **ut possimus,** *so that we cannot even be relieved of fear* (**non timere**) *without some fear.* — **foro ... judicio**: because these especially require peace, and are opposed to the very idea of armed conflict.

171. si ... putarem, Cicero assumes, in spite of the plain fact, that the authorities (including Pompey) were really on the side of Milo. — **recreat,** *reassures;* **reficit,** *revives* (emphatic position). — **consilium,** *purpose.* — **profecto,** *doubtless.* — **tradidisset,** *submitted.* — **publica,** official.

§ 3. **illa arma,** etc. On the first day of the trial, when M. Marcellus began to cross-examine one of the witnesses against Milo, he was so terrified by the rush of the mob, that he took refuge on the prætor's bench. Pompey, alarmed by the same disturbance, came down next day with an armed guard, and the trial was allowed to proceed without disturbance. — **præsidium,** *protection.* — **quieto,** i. e. free from actual fear. — **magno animo,** *great cheer.* — **auxilium,** *help,* against actual violence; **silentium,** freedom from interruption even by words. — **quæ quidem est civium,** *so far as it consists of citizens* (alluding to the gladiators in the pay of Clodius). — **neque quisquam ... non cum favet,** etc., *and there is no one of those whom you see looking on, who does not at once favor,* &c. — **decertari,** *that the conflict is.* — **hesterna contione,** *yesterday's harangue.* The day before, after the court adjourned, one T. Munatius Plancus (see § 12) had harangued the crowd, urging them to be on hand next day, and not suffer Milo to escape. On this day, the last of the trial, says Asconius, shops were closed throughout the city; Pompey posted guards in the Forum and all its approaches; he himself sat, as on the day before, in front of the Treasury, girt with a select body of troops. When Cicero begun to speak, "he was received by an outcry of the party of Clodius, who could not be restrained even by terror of the surrounding soldiery." — **eorum,** *namely, of those* (gen. of material, § 50, 1, *e*). — **præirent,** *dictated.* — **judicaretis,** indir. quest.; but if direct would still be in the subj.: **quid judicetis,** *what are you to decide* (§ 57, 6). — **quorum si,** *and if from them.* — **retineatis**: the penalty was banishment, by which he lost his rights as citizen. — **neglexit,** *thought as nothing.*

§ 4. **adeste animis,** *have presence of mind.* — **locus,** *opportunity.* — **amplissimorum ordinum :** the court was made up of senators, *equites,* and *tribuni ærarii* (see Verr. I. § 49). — **delectis :** the whole body of jurors (360) was selected ; though the particular jury (of 51) was drawn by lot. — **re et sententiis,** *by act aud verdict.* — **dediti,** *devoted.* — **omnem,** *complete.* — **nos,** see below.

172. § 5. **nobis duobus,** *than we two,* i. e. the orator and his client. — **exercitum,** *tormented.* — **ad rem publicam,** *into public life.* — **crudelissimorum :** exile was the worst, apparently, that Milo had to fear. Here Cicero alludes to his own experience of it. — **ceteras,** i. e. the ordinary turmoils which a politician must expect to meet, from which the courts should be a refuge. — **dum taxat** (usually written together as an adverb), *at any rate.* — **senserat,** *had taken ground.* — **consilio,** *panel.* — **ex cunctis ordinibus,** see note, Verr. I. § 47. — **talis viros,** *such men* (as you). It was admitted, says Asconius, that no body of jurors had ever been more illustrious or just than those who composed this court.

§ 6. **quamquam,** *and yet* (corrective). — **tribunatu,** see Oration for Sestius, § 43 (87). — **ad ... defensionem,** *for the rebuttal of this charge.* — **abutemur,** *take unfair advantage :* these acts of Milo's tribuneship, it will be remembered, were in the personal interest of Cicero. — **insidias a Clodio :** Cicero was the only one of Milo's advocates who ventured on this line of defence, which so brings out the interest and ability of his speech. It required some assurance to speak of Milo as acting in self-defence ! — **merita,** *services.* — **fuerit** for **fuit,** on account of **adsignetis.** — **tum denique,** *then only.* — **cetera,** *all else.*

§ 7. **ad eam orationem,** *to that line of argument.* — **est propria,** *properly belongs.* — **in senatu :** a shocking detail of Milo's brutalities in connection with this murder — including the wanton slaughter of many of Clodius's men, and the cutting up a slave by piecemeal under pretence of extorting testimony — had been made by Q. Metellus Scipio in the Senate. — **rem,** *the real case.* — **negant :** of course this supposed denial is a caricature of the real argument employed. — **tandem** = *I should like to know.* — **nempe,** *why, precisely.* — **primum,** i. e. the first capital trial.

173. **M. Horati :** the famous story of the three Horatii and the three Curiatii. When Horatius was condemned to death for the murder of his sister, he was acquitted on appeal to the people ; and this incident passed as the origin of *provocatio,* or appeal to the people from the decision of a magistrate (see note, Verr. VI. § 6). — **nondum libera,** under the kings ; it was in the reign of Tullus Hostilius, B. C. 668. — **comitiis :** sc. **curiatis** (see note, Sest. § 10). The *comitia centuriata* and *tributa* were not established till long after this time.

§ 8. an, *why!* — de homine occiso, *of a homicide.* — recte, *right* in conscience; jure, in law. — P. Africanum, i. e. Æmilianus: he was cousin (by adoption) and brother-in-law of Gracchus, and friendly to the spirit of his reforms, although not sympathizing with his violent course. — C. Carbone: a bad member of a bad family; father of the proposer of the *Lex Plautia-Papiria* (see note, Arch. § 7), — the best representative of the family: uncle of the infamous Cn. Papirius Carbo, the Marian leader. C. Carbo was a pure demagogue, a violent supporter of Gracchus, and probably the murderer of Scipio Æmilianus: he afterwards went over to the opposite party, and was one of the bitterest antagonists of C. Gracchus. Two years after the death of C. Gracchus, he was attacked so vehemently by the young orator L. Crassus, that he took his own life. — aut ... aut : i. e. these are cases in which homicide is lawful. — Ahala, etc. (see Cat. I. §§ 3, 4) : but these acts were so far from being approved at the time, that in every case here mentioned the chief actor was forced into exile. — fictis fabulis, properly, *mythical dramas :* the reference is to the *Eumenides* of Æschylus, which treats of the expiation of the guilt of Orestes, son of Agamemnon, at the court of Areopagus in Athens. Six judges pronouncing for condemnation and six for acquittal, Pallas gives her casting-vote for mercy. — doctissimi, the greatest poets. — memoriæ tradiderunt, *have left on record.*

§ 9. duodecim tabulæ, *the Twelve Tables.*

The "Twelve Tables" were the code which formed the basis of Roman law, drawn up B. C. 451 by an elected board of ten commissioners, *decemviri*. The decemvirs superseded for the time the regular magistrates, plebeian as well as patrician; and it appears to have been intended that this should be a permanent change in the form of government, which should place patricians and plebeians on an equality. The experiment failed, and the old institutions were restored in two years. The codification of the laws, however, made by the decemvirs, continued in force. and was the starting-point of the legal education of every Roman, and of all later development of Roman law (Maine, "Ancient Law," p. 32).

nocturnum, etc., this permission was obsolete in the time of Cicero, and the necessity of killing had to be proved, as nowadays. — quoquo modo, *no matter how.* — quis, *one.* — porrigi, *offered.* — atqui, *and now.* — vi vis ... defenditur, *offered violence is repelled by force.* — pudicitiam eriperet, *tried to rob of his honor.* — tribunus: C. Lusius, son of Marius's sister. This was a stock-instance among rhetoricians, in arguing the just limits of self-defence. — scelere solutum, *acquitted of guilt.*

§ 10. vero, i. e. a still stronger case. — comitatus, *body-guard*, which would seem to have been a common thing among these gentlemen of Rome, as in the Middle Ages. — volunt, *mean.* — nullo pacto, *under no circumstances.*

174. adripuimus, *caught;* hausimus, *imbibed;* expressimus. *wrought out.* — imbuti, *steeped.* — omnis ... esset, *any way* *should be honorable.* — **lex**, as a word of decreeing, takes **ut** with subj. (§ 70, 3, *a*).

§ 11. **silent**: notice the emphatic position. — **velit**, subj. because of **sit**. — **ante ... quam**, § 56, 3. — **etsi**: i. e. there is no need to appeal to the law of nature. — **ipsa lex**: a law of Sulla, forbidding not only murder, but going armed with intent of murder. — **non hominem occidi**: i. e. this is not the point which the law (in that clause) forbids. — **judicaretur**: the subject is antecedent of **qui**. The argument is, that the judicial interpretation excepts the case of self-defence; though the words *hominem occidere* are expressly used in the law. — **insidiatorem**: here he hints that Clodius will be found to have forfeited his life to the law just cited.

§ 12. **sequitur illud**, *the next thing is this*. — **contra rem publicam factum**, a technical phrase, like "a breach of the peace." — **illam vero**, etc., *nay, but the Senate approved it* (the killing of Clodius). — **nec tacitis**, *loudly;* **nec occulte**, *in plain terms*. — **declarant**, i. e. *it is shown by*. — **hujus ambusti tribuni**, *this fire-scorched tribune*, i. e. T. Munatius Plancus (note, § 3). — **intermortuæ**, *still-born*, or *stifled* by the smoke of the burning Senate-house at the time of Clodius's funeral (see note, § 13). This conflagration had caused such a reaction in the public mind, that Milo, who had nearly abandoned his case, was encouraged to return to Rome to stand trial, and even renew his canvass for the consulship. — **potentia**, *unlawful domination*. — **aut auctoritas aut gratia**, *influence* from public acts or private favor. — **officiosos**, *serviceable*, in the way of forensic advocacy. — **sane**, *for aught I care*.

175. § 13. **vero**, in reference to the statement at the beginning of § 12. — **hanc quæstionem**, the *special court*, constituted for this case (note, § 1, compare R. A., § 1). — **erant**, *there were already*. — **de illo incesto stupro**, *that incestuous outrage*, the violation of the mysteries of the *Bona Dea* (B. C. 62).

> An annual service was solemnized (see § 86), to the *Bona Dea* — the Earth-Goddess of fertility — at the house of a consul or prætor, in which the Vestal Virgins took part, together with matrons of the highest rank in the city. The ceremonies were so strictly private that no man, not even the magistrate at whose house they took place, was suffered to be present. On this occasion — the mysteries being celebrated at Cæsar's house as prætor — Clodius, who was the accepted lover of Pompeia, Cæsar's wife, introduced himself in female dress; but was discovered, and escaped through help of a housemaid. The scandal was frightful. A new ceremony was ordered by the priests. Cæsar, whose strong partisan Clodius was, affected to believe no harm, but presently divorced Pompeia, saying, loftily, that Cæsar's wife must be above suspicion. The Senate — since the existing *quæstiones perpetuæ* had each its own rigidly defined sphere — proposed a special court *de pollutis sacris*, in which the jurors should be designated by the prætor, not determined by lot. But the *comitia* which was to decide the question was broken up by a mob; and afterwards the Senate was obliged to accept a compromise, which secured a court containing a sufficient number of venal jurors, by whom Clodius was acquitted, 31 to 25. This celebrated trial, in which Cicero had part, as witness to disprove an *alibi* (see § 46), was the origin of the inexpiable feud between him and Clodius.

incendium curiæ. The body of Clodius, left in the highway, had been picked up and sent to Rome, where its wounds were exposed to public gaze, till, in the fury of the time, it was dragged to the Senate-house. Here a funeral-pile was made of desks, benches, and other furniture, and in the conflagration the Senate-house itself, with several other buildings, was destroyed. — **Lepidi**: M. Æmilius Lepidus (afterwards triumvir with Octavianus and Antony) had been appointed *interrex*, a formality necessary to give regularity to the forms of election when there were no consuls.

Whenever there was a suspension of legal authority, by vacancy of the chief magistracy, it was understood that the *auspices* — which were regularly in possession of the magistrates — were lodged with the patrician members of the Senate, until new magistrates should be inaugurated. The renewal of the regular order of things was begun by the patrician senators coming together and appointing one of their own number as *interrex*. He held office for five days, as chief magistrate of the Commonwealth and possessor of the *auspices*; then created a successor, who might hold the *comitia* for the election of consuls. In the present case, the tribunes had prevented the appointment of an *interrex* for several weeks. After the death of Clodius, Lepidus was appointed, and the mob demanded that he should hold the *comitia* at once for the election of consuls. This he refused, on the ground that the first *interrex* had no such power; when his house was besieged during the five days of his *interregnum*, and at last stormed and plundered. The mob battered in his door, destroyed the household furniture, including his wife's marriage-bed (the *lectus genialis*, which stood in the hall), the family images, and the tapestries of the hall; and were only stayed at last by the armed force of Milo.

§ 14. **e re publica**, *in the interest of the commonwealth.* — **decrevi, notavi**, *I voted, I marked*, i. e. as deserving punishment, leaving the person of the criminal to the decision of the court (§ 31). These words refer to Cicero's acts and votes in the Senate. — **crimen** : *the charge* against the particular person ; **rem**, *the act itself.* — **tribunum**, Plancus. — **licuisset** : the action was stayed by the tribune's *intercessio.* — **decernebat**, *it was on the point of deciding* (§ 58, 3, c). — **extra ordinem**, *out of turn* : i. e. they should have precedence of the regular docket. — **divisa sententia est,** i. e. the points were taken up separately.

Pompey had proposed his law *de vi*, establishing a special court. In opposition to this, a resolution was offered in the Senate (*a*) that the disturbances were against the good of the republic, and (*b*) should be proceeded against by the regular courts, only out of turn. The division of the question demanded by the tribune Q. Fufius Calenus (*nescio quo*) allowed the first clause to pass, but stopped the second by the tribunician veto (*empta intercessione*). Then, in due time, Pompey's law was passed; while an empty resolution of the Senate, disapproving of acts of violence, could be used to damage the case of its own champion, as appears from § 12.

nescio quo ; Calenus is not named, probably as being present (compare note, R. A. § 5).

§ 15. **re**, *the facts* of the fray ; **causa**, *the case* of the accused person. — **nempe**, etc., *simply investigation should be made.* — **quid porro**, etc., *what, then, was to be investigated?*

176. **hanc salutarem litteram**, *this saving letter :* **hanc**, because in favor of his client. Each juror inscribed on his ballot **A** (*absolvo*) for acquittal, or **K** (*condemno*) for conviction. — **profecto**, *no doubt.*

§ 16. **Publio Clodio**: the name is given in full to emphasize the person. — **tempori**, the troubled time, which demanded the investigation. — **Catonis**: M. Porcius Cato (the Younger), a stern champion of the Senate, who, when Cæsar had destroyed the hopes of his party, killed himself at Utica, — hence called *Uticensis*. — **Drusus**: M. Livius Drusus (son of Marcus) was murdered by some unknown person on returning home from an exciting political debate (B. C. 91). — **Africano**, i. e. Æmilianus. He was actively opposed to the plans of C. Gracchus for the division of the Latian lands; and, while the controversy was at its hottest, was found dead in his bed, with marks (it was thought) of strangulation. His wife, sister of the tribune, and Gracchus himself, lay under some suspicion of the crime. — **quem immortalem**, etc. Scipio died at the age of fifty-six. — **dolore**, *indignation*.

§ 17. **quia**, etc., i. e. it is question of persons. — **summorum, infimorum**, simply *high* and *low*. — **intersit**, *grant a difference* (hortat. subj.). — **quidem, yet**. — **monumentis**, *memorial*: i. e. the road itself. The Appian Way was constructed B. C. 312, by the censor Ap. Claudius Cæcus, an ancestor of Clodius. This circumstance is skilfully used to tell against Clodius, rather than in his favor. — **ille**, *the famous*.

§ 18. **M. Papirium**: this was one of Clodius's earliest exploits. Papirius, a friend of Pompey, was killed in a brawl about a son of Tigranes, held as hostage at Rome, whom Clodius was trying to rescue and send back for a great ransom to Asia, having by a trick got him out of the hands of his custodian.

177. templo Castoris, where the Senate was then holding session. The circumstance took place in the year of Clodius's tribunate (B. C. 58), while Pompey was in the Senate. "He instantly went home and stayed there." — **caruit**, *stayed away from*.

§ 19. **certe hæc**, *surely all these*, **res, vir, tempus**. — **summa**, *in the highest degree*. — **eo tempore**, i. e. during the violences which followed the exile of Cicero (see oration for Sestius). — **proinde quasi**, *just as if*, &c. That is, the *overt act* must be judged by its obvious intent: of course no tribunal (except an inquisition) would attempt to try men for their intentions (**consilia**).

§ 20. **adflictantur**: this word refers to the outward signs of violent grief, such as wringing the hands or beating the breast. This whole exaggerated description is probably in lively contrast with the fact.

178. § 21. **ferendam**, *to be proposed* to the people. — **reconciliatæ**: Pompey had lately renewed friendly relations with Clodius. — **fortiter**, *firmly*. — **delegit**: the choice of the **judices** was left to Pompey, as the Senate had decreed it to be left to the prætor in the trial of Clodius (see note, § 13). — **secrevit**, *set aside*. —

continetur, *is limited.* — consuetudines victus, *the associations of daily life.* — res publica, *public business.*

§ 22. quod, *in that* (§ 70, 5, *a*). — Domiti: L. Domitius Aënobarbus (consul B. C. 54), a leader against Cæsar in the civil war: a haughty and cruel noble, which was the character of this house down to its extinction, in the emperor Nero. — consularem, i. e. the presiding officer. — ab adulescentia: Sallust calls Cæsar *adulescentulus*, "quite young," at the age of thirty-seven. — documenta maxima: in his prætorship (B. C. 58), Domitius had roughly cut his way through a crowd of the followers of Clodius, killing many of them. The crowd had gathered, under the tribune Cn. Manlius, to uphold a law giving the suffrage to freedmen.

§ 23. quam ob rem: in reference to the foregoing introductory argument. — si neque, etc.: recapitulation. — vellem, § 57, 4, *c*. — uter utri, *which against the other* (colloq. *which against which*).

179. § 24. in prætura: Clodius was candidate for this office, as Milo for the consulship. — tracta, delayed. — non multos mensis: really, less than six.

<small>Originally the term of office was a full year; and if the magistrates entered upon their office at an irregular time, whether by reason of an *interregnum* (see note, § 13) or from any other cause, they still held for a full year, and thus this irregular commencement of the official year became its regular commencement. Afterwards the date of the official year was fixed, and any *interregnum* was deducted from the time of the actual magistrates. Thus, B. C. 53, the magistrates were not elected until July, and could therefore hold office only until January, less than six months.</small>

qui non spectaret, *seeing that he did not look,* &c. (§ 65, 2, *e*). — annum suum, *his regular year.* By the *lex Villia annalis* an interval of two years must pass between the several patrician magistracies. As Clodius had been curule ædile in B. C. 56, he might have been prætor in the broken year 53. — religione aliqua, *from any religious scruple, as it is generally* (ut fit).

§ 25. mancam, *lame-handed.* — fieri, *was getting to be,* or *sure to be.* — contulit se, *went over.* — petitionem, *canvass.* — convocabat (imperf.), not officially, but in the course of his canvass. — se interponebat, *played the go-between* among the several tribes. — Collinam novam, *a new highland district.* Of the thirty-five tribes, the four city tribes ranked lowest, because the freedmen and poor citizens were placed in them; and of these the *Collina* was least reputable of all. It was through the *collegia compitalicia*, or local clubs, that Clodius worked upon the city tribes; and, by the exaggerated expression that he registered an entirely new *Collina*, appears to be meant that the new and perhaps fraudulent names that he got upon the list outnumbered the genuine voters. — ille, Clodius; hic, Milo (as generally in this speech). — paratissimus, *perfectly ready* (as he was). — suffragiis: there were several attempts to elect magistrates, which failed through the obstructive tricks familiar to Roman politicians.

§ 26. **silvas publicas**: probably some depredations of Clodius in Etruria, where he had extensive estates. Perhaps it had something to do with renting the public pastures (Manil. § 14). — **significavit**, *hinted at.*

180. § 27. **legitimum**, *established by law.* — **sollemne**, *annual*, or at regular seasons.

<small>Lanuvium was an old town of Latium, about twenty miles south-east of Rome. It contained a temple of Juno Sospita, a local divinity, so famous that, when Lanuvium became a *municipium* of Rome, this sanctuary was, by special arrangement, received into the Roman religious system. The *flamen*, or special priest, of Juno Sospita must be inaugurated by the chief magistrate (*dictator*) of the *municipium*. Milo, of Lanuvian origin, a *municeps* of the town, now held this office. (It will be noticed that the title *dictator*, which at Rome meant an extraordinary magistrate with kingly power, was given in the Latin towns to their regular republican chief magistrate.)</small>

§ 28. **quoad**, etc., the Senate adjourned on this day about the fourth hour (between ten and eleven A. M). — **calceos**: the senator wore shoes adorned with a crescent-shaped ornament (*lunula*): his tunic was also distinguished by the broad purple stripe in front (*latus clavus*). When travelling, a Roman put off his toga and badges of office, and put on a heavy travelling cloak (*pænula*) and other easy garments. — **obviam fit**: this was just beyond Bovillæ (*Albano*), a village about nine miles from Rome. — **ræda**, a four-wheeled family carriage. — **Græcis comitibus**, singers, dancers, &c. (see § 55). — **uxore**: the wife of Clodius was afterwards married to Mark Antony; that of Milo was Fausta, daughter of Sulla. — **comitatu**: this troop of singing boys and maidens was, no doubt, to glorify the village procession next day at Lanuvium.

§ 29. **hora undecima**; this would be about half-past four P. M. In reality, as we learn from other sources, it was nearly two hours earlier; and Milo had stopped at an inn in Bovillæ, in order (as was charged) to make sure of not missing his enemy. — **adversi occidunt**, *they attack and kill.* — **animo fideli**, *faithful;* **præsenti**, *ready* (presence of mind). — **re vera**, *really.* — **fecerunt quod quisque ... voluisset**: this sentence is greatly admired as a "way of putting things." — **derivandi**, etc., *to divert the charge*, from Milo to the slaves.

181. § 30. **prosit**, hortat. subj. — **quin judicetis**, *without judging.*

§ 31. **optabilius fuit**, *it would have been preferable* (§ 60, 2, *c*). — **semel**, *once only.* — **id**, i. e. the plot laid. — **latum est**, i. e. this is the intent of Pompey's law (see note, § 14). — **ut ne sit**, subj. of purpose (purpose of the investigation).

182. § 32. **Cassianum**: L. Cassius Longinus Ravilla (cos. B. C. 127) was one of the most upright men of his time, distinguished as a *quæsitor* (presiding officer) of special trials. — **cui bono**, *for whose advantage* (§ 51, 7; not *for what advantage*).

— **personis,** *parties:* the **persona** is properly the *mask*, which indicates by its features the *person*, or character, of a play. — **atqui**, *now*. — **non eo consule,** *without one as consul.* — **adsequebatur,** *was going to gain.* — **quibus ... coniventibus** : these competitors of Milo were P. Plautius Hypsæus and Q. Metellus Scipio, — the latter an adopted son of Metellus Pius, but unworthy either of the family (Scipio) in which he was born, or of that into which he entered. He took a leading part on Pompey's side in the civil war, and was defeated by Cæsar at Thapsus, B. C. 46 — **eludere,** *give the slip.* — **tantum beneficium** : they would owe their election to him (see § 25).

§ 33. **hospites,** *strangers* (see note, R. A. § 5). — **peregrinantur,** *gone abroad.* — **fuerit impositurus,** ind. quest. for -**turus fuit** = **imposuisset.** — **Clodi** : Sex. Clodius, client and confidential agent of the demagogue. — **eripuisse e domo,** i. e. from P. Clodius's house, in the riots after his death. No attack, however, was made upon his house. — **Palladium** : the image of Pallas, kept in the citadel of Troy, and taken thence by a nocturnal enterprise of Ulysses and Diomedes. The sanctity and adventures of this portfolio suggest the comparison. — **hujus legis** : a proposed law of Clodius by which the freedmen were to be distributed among all the thirty-five tribes (see note, § 25). Sex. Clodius, the son of a freedman, is shrewdly hinted at as author of the law. — **de nostrum omnium** — this break is called *aposiopesis.* Cicero affects to be alarmed at the threatening look with which Sex. Clodius hears his allusion (*aspexit me illis oculis*). — **lumen curiæ,** in allusion to the burning of the Senate-house (see note, § 12). He dare not say more! — **pœnitus es** (often deponent in Cicero) : nothing was more horrible to the ancients than the loss of due funeral rites. The burning of Clodius's body by the mob deprived him of all the honors to which he was entitled.

183. **imaginibus** (see note, Verr. I. § 15) : a Claudius should have a long line of most distinguished images. — **pompa,** *procession;* **laudatio,** *funeral oration,* by a near kinsman. These were among the essential rites of burial. — **infelicissimis,** *ill-omened,* as the conflagration of a riot (compare **infelix arbor,** *the gibbet*).

§ 34. **obstabat,** the supposed remark of an opponent. — **repugnante eo,** *in spite of him.* — **fiebat,** *was coming to be* (see note on **fieri,** § 25). — **immo vero,** *nay, rather.* — **utebatur,** *found.* — **valebat** (emphatic), *what had weight with you was.* — **quis dubitaret,** *who could* [then] *hesitate?* (§ 57, 6). — **usitatis jam rebus,** *by the customary means.* — **ne quem,** i. e. a result *aimed at*, though not strictly a *purpose* (§ 65, 1, R.).

§ 35. **at,** etc., *but* (you say) *his hate prevailed, he did it in rage, as a personal foe,* &c. — **pœnitor** = **punitor.**

184. nulla, *none at all.* — quid odisset, *why should Milo have hated?* — civile, *political* (such as a good citizen must feel). — ille erat ut odisset, *there was ground for him to hate.* — reus Milonis: prosecutions could be entered in the standing courts by private persons (see note, R. A. § 7). — lege Plotia (or Plautia): probably by M. Silvanus, tribune B. C. 89 (see note, Arch. § 7). This law appears to have been the basis of all later legislation *de vi.*

§ 36. cum ... cessi: Cicero gives his own case as an example of Clodius's way of acting. — diem dixerat = reum fecerat.

Diem dicere was the term used of a magistrate who brought a criminal charge before the public assembly. Such a charge could not be sprung upon the accused person without notice; but a day must be set, *diei dictio,* for the trial. The tribal assembly could only impose fines (hence *multam inrogarat*): so with the *quæstiones perpetuæ*, which, with the single exception of parricide (see R. A. § 28), punished only with fines or banishment (see Pauly. Realen. Vol. VI. p. 351). Capital charges against Roman citizens, such as *perduellio* (treason), must regularly be brought before the centuriate assembly. Only a magistrate could summon (*diem dicere*) before either *comitia*, while private persons could prosecute (*reum facere*) in a *quæstio perpetua*.

multam inrogarat, *had claimed a fine.* — perduellionis, *treason.* videlicet, ironical. — servorum ... nolui, compare Sest. § 20.

§ 37. vidi enim, *I saw with my own eyes.* Cicero here artfully recounts other violent acts of Clodius, in the form of reasons which moved him, — killing two birds with one stone. — Hortensium, Cicero's early rival, and opponent in the case of Verres. — Vibienus: probably a lapse of Cicero's memory. He was killed in the riots after the death of Clodius. — hæc ... hæc: notice the emphatic repetition (*anaphora*). — ad regiam: the old palace of Numa, on the *Sacra Via,* at the point where it reached the Forum. It adjoined the temple of Vesta, and was occupied by the Pontifex Maximus. When Augustus was made Pont. Max., he gave the Regia to the Vestal Virgins. The occasion here referred to was probably an election riot in the preceding year.

§ 38. quid, etc., *what like deed of Milo's?* — detrahi non posset, on account of the disturbances and lawlessness of the time.

185. potuitne, *couldn't he?* — deos penatis, see note, Cat. III. § 18. — illo oppugnante: this was an attack not by a mob, but by an armed band, upon Milo's house, on a spur of the Palatine, Nov. 12, B. C. 57, the year of Cicero's return. — Fabricio: see Sest. §§ 38–41. — Cæcili, prætor B. C. 57. He was attacked while presiding over the games of Apollo, in July. — lata lex, id. § 49. — facti, i. e. Cicero's recall.

§ 39. consensus, *universal feeling.* — prætores, all except Appius Claudius, brother of Clodius; tribuni, see note, Sest. § 43. — auctor, the responsible originator (Sest. § 33); dux, *champion,* who led it to a successful issue. — decretum: this word is sometimes used for the proclamation of a magistrate, which was properly *edictum*. The *decretum* was the ordinance of a *collegium* or council, especially the Senate (see note, Cat. I. § 4). The decree here referred to was passed by the municipal Senate (*curia*) of Capua, upon Pompey's proposition. — **signum dedit ut**, *gave the signal for*, &c. (equivalent to a verb of command). — **qui ... ejus**, *of any one who*, equivalent to a conditional construction (see § 59, I, *a*, N. The imperfect **cogitaretur** is used instead of the pluperf., on account of the indefinite **qui**. In present time, it would be, *Si quis interemerit, cogitetur*. In past time, when it becomes contrary to fact, the same relation between the tenses is retained).

§ 40. **bis**: once for the attack on his house (§ 38); the other occasion is unknown. — **fuit = fuisset** (§ 60, 2, *c*). — **et res**: Clodius, as ædile (B. C. 56), *dixit diem Miloni* for employing gladiators to bring about by intimidation the law for Cicero's recall. — **gravissimam ... partem**, *a most important part in political affairs*.

186. **in scalarum tenebris**, the stairway of a bookseller's shop, as Cicero says (Phil. II. 9) in his reply to the charge of Antony that he had caused the death of Clodius. The affair took place B. C. 53, when Antony, at this time a friend of Cicero, was candidate for the quæstorship. — **magnum fuit**, for **fuisset** (§ 60, 2, *c*). — **nulla sua invidia**, *with no odium to himself*.

§ 41. **sæpta**, *railings* (voting enclosures). — **curavisset**, *had provided* (§ 72, 5, *c*). A fragment of a lost oration says that the two consuls were knocked down by stones. — **liberet**, *might please*. — **loco**, *with the advantage of ground* (note, Cat. II. § 1).

§ 42. **contentio**, *striving after*. — **subesset**, *was close at hand*. — **ambitio**, *the canvass* ("going about" for votes; hence, more remotely, *bribery*). — **obscure** qualifies **cogitari**, but is displaced to oppose **palam**. — **fabulam fictam**, *got-up story*. — **molle**, *sensitive*; **fragile**, *unstable*; **flexibile**, *changeable*.

§ 43. **augusta ... auspicia**, rhetorical for *comitia centuriata quæ auspicato fiunt*. All the higher magistrates must be elected at these *comitia*. — **idem** = *on the other hand*. — **regnaturum**, *would be an autocrat*. — **inlecebram peccandi**, *lure to wickedness*.

187. § 44. **Favonio**: Favonius (see § 26) was a friend and great admirer of Cato, and one of the conspirators against Cæsar. He had taken part with Cato in some proceedings against Clodius. — **post ... quam**, § 56, 3.

§ 45. **fefellit**, i. e. in making this threat. — **stata**, *on a fixed day*. — **mercenario tribuno**: speeches were made this day by C. Sallustius (the historian) and Q. Pompeius. Probably the latter is here meant. — **approperaret**, *were making haste* (imperf. of continued action).

§ 46. **qui ... potuerit**, *how could he have known?* — **ut ...**

rogasset, *even though he had asked* (§ 61, 2). — **quaesierit sane,** *suppose* (*if you will*) *that he did ask* (§ 57, 5). — **quid largiar,** *how much I grant* — how liberal I am.

188. eadem hora : in the famous trial of the violation of the mysteries (§ 13) Clodius had tried to prove an *alibi,* by showing, from Causinius's testimony, that he had spent that night at his house at Interamna (*Terni,* on the river Nar in Umbria, ninety miles away); but was confuted by the evidence of Cicero, who testified that he had called upon him the same day, — a circumstance that Clodius never forgot or forgave.

§ 47. **profectus esse,** infin. depending on **liberatur,** *is cleared,* as implying a verb of saying (§ 70, 1, *a*). — **quippe,** *of course.* — **futurus,** *expecting to be.* — **meum,** etc., *make a point for myself.* — **majoris,** *more important*: this charge was afterwards brought up against Cicero by Antony. — **abjecti homines,** C. Sallustius and Q. Pompeius. — **jacent,** *fall to the ground.*

§ 48. **occurrit,** *meets me.* — **ne ... quidem,** *not Clodius either.* — **si quidem,** *yes, if.* — **quid nuntiaret,** *why should he bring word?* (§ 57, 3, *d*.) — **obsignavi,** *indorsed.* The names of witnesses were written on the back of wills, &c., after they were closed and sealed. — **palam,** i. e. by naming the legatees in the presence of the witness. Clodius need not hasten back to learn what he knew already. — **reliquisset,** § 66, 2, *e.*

§ 49. **age,** *well then;* **sit,** etc., *suppose it were so* (that the messenger informed him about Cyrus). — **properato,** § 54, 1, *d.* — **tandem,** *at any rate.*

189. exspectandum, i. e. near the city, so as to catch him by night.

§ 50. **sustinuisset,** *would have borne.* — **latronum :** highway robbery, with violence, was pretty common in the near neighborhood of Rome. — **bonis,** *landed estates.* — **multi,** etc.: here it is hinted that the crimes of Clodius (who had estates in Etruria) had made him many enemies (see note § 26).

§ 51, **quod ut,** *now though.* — **devertit,** *turned aside to stop.* — **ante,** somewhere beyond Albanum. — **adhuc,** *thus far.*

§ 52. **nihil umquam,** etc. On the contrary, Cicero says elsewhere (Att. IV. 3), speaking of the disorder that followed his return from exile, "If he [Clodius] comes in his way, I foresee that he will be killed by Milo. He does not hesitate to do it; he openly professes it (*præ se fert*)." Perhaps Cicero had forgotten it! — **dissimulasse,** *concealed the fact.* — **causam finxisse,** *invented an excuse.*

190. § 53. **etiam,** *any longer.* — **substructiones** (see § 85), *buildings,* but with the idea of walls, grading, and the like, fashionable among the Roman nobles (see Horace, Od. III. 1). — **ver-**

sabantur, *used to be employed.* — adversarii, of Clodius. — res, *circumstances.*

§ 54. quid minus, sc. quam Milo. — illum, *the other.* — qui convenit, *how does that suit his character?* — tarde, etc., compare § 49 — Alsiense: his villa at Alsium, a town on the coast of Etruria.

§ 55. Græculi, diminution of contempt, "Greek playfellows." — in castra Etrusca, i. e. to Catiline's camp, for which, says Asconius, he had once really set out. — nugarum nihil, *no nonsense,* such as buffoons and the like. — pueros symphoniacos, *singing boys* (see § 28). — uxoris ancillarum, *his wife's waiting-maids.* — mulier, scornfully said of Clodius (compare note, R. A. 50).

191. § 56. odio, § 51, 5. — propositam, *put up for sale;* addictam, *knocked down* (terms of the auction room). — Martem communem, *the impartiality of Mars.* — pransi: the *prandium* was the noon-day meal, generally quite simple, of fruit and bread. — hæsit, *was caught.* — expetiverunt: this illustrates the ancient mode of regarding punishment, as a compensation exacted from the wrong-doer by the person injured. (See Maine, "Ancient Law," p. 358.)

§ 57. manu misit: only slaves could be forced to give testimony by torture (R. A. § 35). As Milo had freed his, it was claimed that he wished to destroy evidence. Manumission under such circumstances was forbidden by later law. — in causa, *on the legal question.* — indagamus hic: i. e. the legal aspect is to be considered here. — nescis, *you know not how.*

192. § 59. quæstiones, *examination* (by torture) of Clodius's slaves. — in atrio Libertatis. It was in this hall (probably near the present Column of Trajan) that questions touching the liberation of slaves were considered, and that torture was inflicted, — not merely in mockery of the name, but to excite in the slave some hope of freedom. — Appius: son of C. Claudius, an elder brother of Clodius. — de servis: the passage in brackets seems necessary to the sense. The exception *de incestu* — not the only exception, by the way — is mentioned to bring the jest upon Clodius (compare note, Cat. III. § 9). — proxime, *very near:* i. e. by having his murder treated as sacrilege, in respect to the question of slaves. (The whole passage is an argument *a fortiori.* If the Romans excluded enforced testimony of a master's slaves when the truth could be arrived at, how much more should it be excluded here, where the truth was impossible on account of the temptation.) — ad ipsos, in the mysteries of the *Bona Dea* (see § 13). In the very effective sarcasm of this passage, there is a pardonable confusion between the *quæstio in dominum* (for incest *by* Clodius), and the *cærimonia violata* (which is represented as sacrilege *against* Clodius).

§ 60. **verbi causa**, *for example.* — **arcas**, *cells*, anciently (apparently) literal "chests" of timber, *robustæ.* — **integrius**, *sounder*, more honest and impartial.

§ 61. **ardente**, *still on fire.* — **populo, senatui**, i. e. by appearing in his usual place among them.

193. præsidiis, i. e. the special power with which Pompey was clothed as sole consul, which is further dwelt on in the following (see § 65).

§ 62. **imperitorum**, *strangers* to his character.

§ 63. **illud**, in appos. with **ut**... **trucidaret.** — **portenta**, *monsters* (his accomplices). — **loquebantur**, *talked about*, comparing Milo with Catiline, and saying he would do likewise. — **miseros**, etc., *wretched the lot*, &c. — **in quibus**, *in whose case.*

§ 64. **illa**, these surmises. — **conscientia**, an implied supposition contrary to fact (§ 60, 1, *a*).

194. maximo animo (protasis), *one of the highest courage.* — **indicabatur**, § 70, 1, *a*. In such cases English prefers the impersonal form. — **vicum**, *narrow street* (properly a *district* or *quarter*). — **dicebant**, *they would say* (repeated charges). — **Ocriculanam**, on the Tiber, in a corner of Umbria. — **devecta Tiberi**, *carried down the Tiber.* — **clivo Capitolino**, the street which ran from the upper end of the Forum to the *Capitolium.* — **delata**, used of official information.

§ 65. **popa**, an inferior priest who slew the sacrifices — hardly more than a butcher — who also kept a *popina*, or restaurant and grog-shop : hence, **apud se ebrios.** (According to Asconius, this Licinius was a *sacrificulus*, a higher order of attendant, whose business it was to perform certain purifying rites.) — **Circo Maximo** : this was the place for the great games, in the valley between the Palatine and Aventine hills. The circus gave its name to the district. — **in hortos**, see note R. A. § 10. Here Pompey, it was said, kept himself, out of fear of Milo. — **defert** : *deferre ad Senatum* is to lay a piece of information before the Senate ; *referre*, to bring a piece of business before it for action.

§ 66. **domus... nuntiabatur**, § 70, 1, *a*. — **tam celebri loco**, *in so thronged a locality.* Cæsar, as Pontifex Maximus, inhabited the *Regia* (see note, § 37) on the *Sacra Via*, in the busiest part of Rome. — **senator inventus est.** "Pompey was afraid of Milo, or pretended to be ; and he stayed mostly, not at home, but in his gardens — even the upper ones, where a great guard of soldiers camped around. Pompey, besides, had once adjourned the Senate suddenly, saying that he feared Milo's coming. Then at the next session, P. Cornificius had said that Milo had a sword under his tunic, fastened to his thigh, and demanded that he should bare his thigh, which Milo did at once, lifting his tunic. Then Cicero called out, that all the other charges against Milo were just like that" (Asconius).

195. § 67. **exaudire**: Pompey was sitting not in the court, but at the Treasury, a considerable distance off.

§ 68. **sed quis,** *but* [this cannot be; for] *who*, &c. — **si locus**: on account of his suspicions, says Asconius, Pompey had refused to admit Milo — and no one else — when he came to visit him. — **te tuo,** sc. **in se**; **me suo,** sc. **in me.** — **ita natus,** *born for that very thing,* to sacrifice every thing for his country. — **tribunatum suum,** see Or. for Sestius, § 43. — **Magne**: it is uncertain when the title *Magnus* was bestowed on Pompey — Plutarch says by Sulla. Through his friends' flattery, it was adopted as a family name. — **te antestaretur,** *would appeal to your testimony.*

196. § 69. **motu aliquo**: an anticipation of the approaching civil war.

§ 70. **juris publici,** etc., law, customs, politics. — **ne quid,** etc., see note, Cat. I. § 2. — **hunc** simply repeats **Pompeium,** after the long parenthesis; **ejus qui,** *of one who* (by that supposition), i. e. Milo. (The whole passage is an apodosis, depending on the supposition that Pompey thought him guilty.) — **dilectu**: Pompey held the consulship in B. C. 55, but after its expiration did not go into his province of Spain, but despatched thither his army under the command of *legati,* while he himself remained in Italy with proconsulate power. Immediately after the death of Clodius, the Senate gave the *interrex* (see note, § 13), the tribunes and the proconsul (Pompey) the extraordinary power NE QUID, etc., and empowered Pompey to hold a levy of troops. — **legem,** *the law* for the investigation. — **oporteret, liceret**: *ought,* as I think; *might,* as all allow.

§ 71. **animadvertere in,** *proceed against,* i. e. *punish.* The whole turning of Pompey's unfriendly action in Milo's favor by Cicero is a stroke of art. — **hesternam contionem,** compare § 3.

§ 72. **Clodianum crimen,** this charge, of Clodius's murder. — **palam clamare**: this was the line of defence taken by Cato and other friends of Milo; in opposition to whom, Cicero preferred to disprove the charge (*diluere crimen*). — **P. Mælium,** see note, Cat. I. § 3. — **jacturis,** *lavish expenditure.*

197. **conlegæ,** i. e. Octavius.

Ti. Gracchus was firmly resisted by his colleague Octavius, who used all the obstructive power of the tribunate to thwart his plans. Gracchus, then, finding himself completely brought to a stand, proposed to the people to deprive Octavius of his office. This, although a violent course of action, and contrary to the spirit of the constitution, — which combined almost unlimited power of the magistrate with complete responsibility at the end of the term of office, — was still strictly legal (see Momm. Röm. St. i. p. 13).

cum ... liberasset, implying a supposition contrary to fact; not the ordinary subj. of relative time.

§ 73. **sæpe censuit**, see § 13. — **sorore**, his third sister, wife of L. Lucullus. — **quæstionibus habitis**: this relates to the *consilium* of relatives, held by the *paterfamilias*, or head of the family, to pass judgment upon crimes in the family. — **civem quem ... judicarant**, i. e. Cicero himself. — **regna dedit**: the Galatian Brogitarus, son-in-law of King Deiotarus, was complimented with the title of king by a law of Clodius. — **ademit**, referring to the case of King Ptolemy of Cyprus, spoken of in the oration for Sestius. — **partitus est**: see Sest. § 10. — **civem**: this is usually referred to Pompey. But, though Pompey was attacked by Clodius (see § 18), there was no bloodshed: further, *singulari virtute et gloria* is a mild expression for Cicero to use of Pompey on this occasion; and, though it is rather exaggerated for the tribune Fabricius (see § 38), yet the circumstances precisely correspond. — **ædem Nympharum**, containing the censorial registers. It appears to have been burnt in the disorders which preceded Cicero's exile.

§ 74. **non calumnia litium**: fraudulent and malicious lawsuits were too mild and dilatory a method of plunder. A powerful noble, with his slaves and clients, had almost an army at his disposal, and in the disorders of the present time this actually amounted to private warfare, like that of the feudal nobles. The following incidents illustrate this further. — **sacramentis**: a form of procedure in which a penalty or forfeit (*sacramentum*) was deposited by each party to abide the result of the suit. — **Etruscos**; see note, § 26. — **Janiculo et Alpibus**: i. e. all Italy north of the Tiber. — **splendido**, the regular complimentary epithet of a Roman *eques*. — **Prilio**: *lago di Castiglione*, a small sheet of water in Etruria. — **luntribus = lintribus**. — **materiem**, *timber;* **cæmenta**, *building-stone;* **arma**, *tools*.

198. § 75. **mortuum**, *a corpse*. — **qua invidia**, etc., *by the odium of which* (the presence of the dead body) *a flame* [of calumny] *would be kindled*. Odium is often spoken of as a flame. — **fratrem**: Ap. Claudius Pulcher, an elder brother of Clodius, Cicero's predecessor in the province of Cilicia. — **Appium**: the oration for Sestius shows that App. Claudius was not always on the best terms with the aristocracy; in fact, the Claudii were as a family characterized by original and radical opinions (see Momm. Röm. Forsch. i. p. 285). — **dejecit**, *ousted*. — **vestibulum**, *courtyard*, or open space in front of the house. — **sororis**, probably his second sister, wife of Q. Metellus Celer, who lived next her brother on the Palatine.

§ 76. **videbantur**, *were beginning to seem*. — **tolerabilia**, inevitable, and therefore bearable. — **quidem**, concessive. — **nescio quo modo**, *somehow or other*. — **vero**, opposed to **quidem**. —

potuissetis, i. e. if they had been realized. — **imperium** : all this mischief had been perpetrated in virtue of holding the offices of tribune and ædile. What would he do if he got the *imperium*, by holding the prætorship, for which he was candidate ? — **tetrarchas**, a title of certain petty kings, especially in Galatia (see § 73 ; originally, but not always, *kings of a fourth part* of a country). — **possessiones**, i. e. by his judicial authority as prætor. — **tenentur**, *are proved*.

§ 77. **per me unum** : ut is displaced by the emphasis thrown upon me. — **æquitas**, *equity*, i. e. the administration of justice, disregarding the strict letter of law. This was within the province of the *prætor urbanus* (Maine, "Ancient Law," p. 55). — **esset**, ironical.

199. **nunc**, *as it is*. — **multas**, **ætas**, both emphatic by the inversion. — **imperatorum** : now including Cæsar, who at this time seemed to have completely subdued Gaul, and had just invaded Britain and Germany.

§ 78. **in eis singulis [bonis]**, *in the case of each one*. — **visuros fuisse**, for **vidissetis**, of dir. disc. — **judiciis** : Pompey, in this year of his sole consulship, carried several laws intended to secure the better administration of justice, among other things limiting the time allowed to the lawyers' arguments. — **odio inimicitiarum**, *the bitterness of private resentment*. — **libentius quam verius** (§ 47, 7), *with more alacrity than truth*. — **et enim si**, etc., *for even if it* (my animosity) *had good reason to be extreme*. — **æqualiter versaretur** = *found its equal*.

§ 79. **quin**, *nay*, adds strength to the imperative. " Come now, attend while I present the case in this light." — **nempe hæc**, *this, you know*. — **sic intuentur**, *view as plainly*. — **cernimus**, *discern* (distinguish by eyesight) ; **videmus**, *see* (the general word). — **meæ**, *that I suggest*. — **imaginem**, etc. = **quæ sit condicio** (apod. of **si possim**). — **ita si**, *on condition that*. — **quid voltu**, *why this look of terror ?* — **vivus**, *if alive*. — **quos** = *when ... you*.

200. **vellet** instead of plup. to denote continued action : " had had the disposition." — **si putetis**, a conceivable supposition ; **si posset**, contrary to fact.

§ 80. **cantus**, instrumental music ; **carmina**, *songs :* for example, the famous one on Harmodius and Aristogeiton. — **prope ad religionem**, *almost to the sanctity*.

§ 81. **si non negat**, a general protasis to the whole that follows. — **dubitaret**, sc. *if he had done it*. — **nisi vero**, ironical. — **si velletis**, *if you were willing*. — **probaretur**, *approve itself*. — **poterat**, § 66, 2, *c*. — **minus grata**, *not so agreeable*. — **propter quem**, *through whose means*. — **lætarentur**, subj. as belonging to the supposed case.

201. § 82. ut putaremus, *as to think.* — pæniteat, *regret.*

§ 83. uteretur, i. e. si fecisset. Notice the art with which this (probably the true state of the case) is put in the form of a false supposition, in order to give Milo the benefit of both views of the case. — hujus benefici, *for this favor.* — fortuna, *destiny.* — vestra, i. e. of the *optimates.* — deberi putant, *claim as due.* — felicitas, *good luck.* — divinum belongs with vim as well as numen. — ille, *yonder.* — maximum, *greater than all.* — majorum, *the ancients,* who were regarded as being nearer the gods, their divine origin, and so better acquainted with the secrets of the universe. — sanctissime coluerunt, *piously practised.*

§ 84. imbecillitate, *frail nature.* — quod vigeat, etc., *that has life and sensation.* — et non inest, *while it does not exist.* — hæc ipsa, i. e. this very speech. — perniciem, *pest.*

202. mentem injecit : "Whom the gods wish to destroy they first make mad," — a very old idea. — habiturus esset, *was destined to have.*

§ 85. mediocri, *ordinary.* — religiones, *sanctuaries.* — commosse se, *bestirred themselves.* — retinuisse, *reasserted.* — Albani : Clodius's Alban villa (see §§ 46, 51) must have been in the territory of Alba Longa, the ancient capital of Latium, whose temples were spared and their worship adopted by Rome (as that of the Lanuvian Juno had been, see note § 27), when the city was destroyed by Rome. From what follows it would appear that some of these sanctuaries had been demolished by Clodius in his building schemes (see § 53). — tumuli, *mounds,* used for altars. — viguerunt, *revived.* — Latiaris : the temple of Jupiter, on the Alban Mount, was the religious centre of the Latin confederacy (which in this was like the Greek Amphictyony). It was a changeable festival, *feriæ conceptivæ,* celebrated by the consul, usually in April or May. — lacus : there are several little lakes about the Alban Mount, chief of which are those at Alba and Aricia, in the craters of extinct volcanoes. — nemora : *nemus* (same root as νέμω) is originally an open grove where cattle can graze : it is applied, as well as *lucus,* to a consecrated grove. Of these the most famous in Italy was the sanctuary of Diana on the *Lacus Nemorensis* (*L. Nemi*) near Aricia.

§ 86. nisi forte, compare nisi vero, above. — Bonæ Deæ, an Italian goddess whose very name is a mystery. She probably represented the fruitful power of the earth, so that her mysteries, celebrated on December 3 and 4 (see note § 13) corresponded to those of Demeter (*Mother Earth*) at Eleusis. — tæterrimam, i. e. the death of a highwayman. — nec vero non, *nor can it be but.* — imaginibus, *busts;* cantu, *music;* ludis, *games;* exsequiis, *procession;* funere, *burial rites.* — celebritate, *throng* (see § 33, and note, R. A. § 13). — **mortem ejus lacerari**, *that his dead body should be mangled.*

203. § 87. **redemerat**, *bought off.* — **domum ... incenderat**: B. C. 57. The other outrages here enumerated have been already described, Sest. § 32 (54). — **capere**, *contain.* — **incidebantur**: he felt so sure of his power, that he was having the laws engraved even before their passage. — **nos ... addicerent**: *which should bind us over to our own slaves* (i. e. freedmen). The suffrage of the freedmen was a standing subject of controversy in Roman politics. They voted in the four city tribes (see note, § 25), but many efforts were made to get them into the rustic tribes; and Clodius had promised, as prætor, to bring forward a law with this object. — **adamasset**, *had taken a fancy to.*

§ 88. **cogitationibus**, *plans.* — **illum ipsum**: i. e. Pompey, whose return to Rome was just before the Clodian disturbances began. — **hic**, *at this point.* — **circumscripsisset**, *kept him within the legitimate bounds of his office* (as prætor). — **id**, i. e. *circumscribe.* — **in privato**, when he held no magistracy.

§ 89. **consularem**, *of a consular man* (i. e. Cicero). — **possideret**, *would* [now] *occupy*, &c. — **libertos suos**: if he freed the slaves of others, they would be his freedmen, and bound to him as clients (see note, R. A. § 12).

204. § 90. **templum**, etc., *the sanctuary of public purity, grandeur, wisdom, and counsel.* — **aram**, as the sacred place where treaties were made. — **portum**, *haven of refuge.* — **funestari**, *defiled* by the presence of a corpse.

§ 91. **ab eo**, *from* (i. e. *against*) *him.* — **potuisse**, for **potuit** (of dir. disc.), *might have been.* — **excitate**, *summon.* — **falcibus**, *crowbars* to tear up the steps, and turn the building into a fortress. — **ad Castoris**, see note, § 18. — **disturbari**, *broke up.* — **M. Cælius**, a young man esteemed by Cicero as of great promise, and defended by him in a cause of some scandal, but who afterwards turned out to be a wild and desperate demagogue (see Brut. § 273). In the year B. C. 44, after Cæsar's victory at Pharsalia, both Cælius and Milo, in concert with each other, headed revolts against Cæsar, and lost their lives ignominiously in southern Italy. — By **silentio** is meant that the *contio* was orderly and well disposed before this attack of the Clodians.

205. § 92. **haud scio an**, § 71, 1, *d.* — **ut liceat** depends on **obsecrantis** (acc.). — **cupimus**: in gladiatorial contests, if one combatant had the other at his mercy, he waited the will of the people, who expressed their wish to have his life spared by turning down their thumbs. If most thumbs were turned up, he was put to death. — **efflagitant**, *clamor for.*

§ 93. **exanimant**, &c., *these words dishearten and depress me.*

— audio, *hear of ;* intersum, *bear witness to.* — propter me, *through my means.* — bene moratam (§ 44, 1, *c*), *of good manners and morals.*

§ 94. mihi (§ 51, 4, *b*) :· for this passage, see Quint. VI. i. 27. — tribunus, Sest. § 43. — dedissem, *had devoted.* — acceperam, *had found.* — putarem, *should I have thought* (§ 57, 6).

206. § 95. quo videtis, sc. eum esse. — civibus, § 51, 7.— plebem : this word, in the later republic, had lost its meaning of a class contrasted with the hereditary aristocracy of the patricians, and was applied to the lower classes in general. — tribus patrimoniis : Milo was by birth a member of the Papian gens, but was adopted (see note, Sest. § 1) by his maternal grandfather, C. Annius. This accounts for two patrimonies ; the third, Asconius thinks, was probably his mother's. The orator here makes a civic virtue out of Milo's lavish bribery. — conciliarit, *has won.* — ablaturum, *will bear away,* i. e. the memory of them.

§ 96. vocem præconis, etc. : i. e. the election was practically decided, when the *comitia* were broken up by a mob. The election could not therefore be formally and legally complete, and no announcement could be made by the herald. — desiderarit, *cared for.* — facinoris suspitionem, etc.: *the suspicion of a great crime, not the indictment for this act.* That is, as the last chapters have shown, it was, in Cicero's view, not Clodius's death, but suspicion of designs against Pompey and the state, that decided the case against Milo. — recte facta, § 72, 2, *a* (examples).

§ 97. si ... ratio. *if regard is to be had.* (The proper apodosis, *we should say,* &c., is supplanted by the thing that would be said ; and by this protasis and apodosis the tense of the rest of the paragraph is changed.)

207. § 98. Etruriæ festos : holidays appointed by the people of Etruria, the neighbors whom Clodius had cheated and robbed, at the good news of his death. — et actos et institutos, in app. with festos : the celebrations that have already taken place, and the anniversaries that have been established. — centesima et altera, i. e. just one hundred days.

The length of interval was caused by the insertion this year of an intercalary month between February and March. This was in theory done every other year, but was practically left to the caprice of the *pontifices,* from which it resulted that the calendar had fallen into extreme confusion. The calendar year was 67 days behind the true time ; and the discrepancy remained until the reform by Julius Cæsar, B. C. 45. The Roman year at this time consisted of only 355 days, and the interval was alternately of 20 and 22 days (see § 84, 2). These were inserted, not at the end of February, but alternately after the 24th and 23d of the month, so that the intercalary month (*Mercedonius*) always contained 27 days (Momm. Röm. Chr. p. 21). According to Asconius, the trial was April 8 (vi. Id.), and the murder was Jan. 18 (xiii. Kal. Feb.), although both these dates were disputed. Counting for January 11 days, the *Mensis Intercalaris* 27, March 31, and April 8 days, we have 23 days left for February, which would indicate the shorter intercalation, of 22 days.

qua ... ea, *wherever ... there* (abl. of *way by which*). — non
laboro, *I have no concern.* — versatur, *abides.*

§ 99. his, sc. judicibus. — quo ... eo, § 54, 6, *e*, R. — quæ
oblivio = *forgetfulness of which* (as regularly with adj. pronouns,
cf. *eâ gratiâ*).

§ 100. pietatis, *gratitude.* — inimicitias, etc. "Such," says
Asconius, "were the constancy and good faith of Cicero, that
neither the popular enmity, nor the suspicions of Pompey, nor the
fear of coming danger if he should be put on trial before the
people, nor the arms openly taken up against Milo, could deter
him from his defence; when he might have shunned all danger
and popular wrath, and even won back the good will of Pompey,
by relaxing a little the zeal of his advocacy."

208. § 101. quæ excipiat, § 65, 2, *f.*

§ 102. mene non potuisse, sc. respondebo. — gentibus : a
line must have dropped out, part of which belongs with gentibus.
Before non, the word must be quibus.

§ 103. concepi, *incurred.* — ille indicia, i. e. Catiline's conspiracy. — fuerit, § 70, 4, *b.* — possum, virtually future, and so
used as apod. to a future protasis.

209. dictator : in times of great public emergency, the Senate could call upon the consuls to create a Dictator, who should
possess the undivided power of the old kings, but only for the
period of six months. The laws of appeal, and other safeguards
of individual liberty, had at first no force against this magistrate.
In later times dictators were no longer appointed, but the consuls
were invested with dictatorial power by the formula, *ne videant*,
etc. (Cat. I. § 2). Sulla, and afterwards Cæsar, revived this magistracy in their own persons for life (*perpetuo*).

The *Magister Equitum*, appointed by the Dictator, stood next
in command to him.

§ 104. in Italia : since the Social War, the towns of Italy, having received Roman citizenship, had lost the *jus exsilii* (see note,
Arch. § 5).

§ 105. lacrimis defendi : this was a peculiarly Roman custom.
Many a desperate case was gained in the Roman courts by putting
on mourning, and bringing out the wife and children of the accused, in deep mourning and bathed in tears.

Not long after this trial, which ended in Milo's conviction, he
was further tried in his absence for bribery (*ambitus*) and illegal
combinations (*de sodaliciis*), and on a second charge of assault
(*de vi*), and was condemned on each count. Cicero sent him a
copy of his labored defence, and received a reply dryly thanking
him for his effort, but expressing satisfaction that the speech was

not delivered; "for then," said he, "I should not now be eating the excellent mullets of Marseilles."

In the civil war, Milo perished in South Italy, while leading the remnant of his troop of gladiators in resistance to Cæsar, — "hit with a stone from the wall" in an assault on the town of Cosa, in Lucania (see Cæsar, B. C. iii. 22).

ORATION FOR MARCELLUS.

Argument.

CHAP. 1. Cæsar's clemency in victory is glorious for himself and honorable for Marcellus. — 2. Warlike glories depend on many outward circumstances: this glory is wholly his own. — 3. Conquest is a natural and frequent thing: self-conquest is a divine attribute. Other praises are drowned by the noise of war: this wins love and gratitude. — 4. This glory none can claim to share. Victory itself is conquered when its rights are renounced. — 5, 6, This is an earnest of Cæsar's patriotism. Cicero had feared the victory of his own side: Cæsar's spirit was the nobler. — 7. There is nothing to fear from the pardoned: the State itself hangs upon Cæsar's life. — 8. The wounds of civil wars are to be healed: he must live to restore the republic. — 9. This glory still remains: unless the State is restored, his other glories will have no abiding-place. — 10. All accept the results, and wish his safety. — 11. Cicero is the mouthpiece of all in rendering thanks.

PAGE

210. **diuturni silenti**: it was now more than six years since the defence of Milo, which was followed almost immediately by Cicero's absence as proconsul in Cilicia, whence he returned only on the eve of the Pharsalian campaign. — **eram usus**, *had kept* (plup., as preceding **attulit**). — **timore** (abl. of cause), *fear* of consequences; **verecundia**, *modesty*, distrust of himself under the circumstances. — **vellem**: not subj. of indir. question, but *conj. modestiæ* (§ 60, 2, *b*), thrown into past time by conn. of tenses; **initium**, looks forward to a change of plan: hence the subj., meaning what I may wish in the future (compare § 59, 4, *f*). — **tantam mansuetudinem**, etc., no doubt these words express the genuine and grateful surprise felt at Cæsar's clemency, so contrasted with the temper and purpose of his opponents. — **rerum omnium**, *in every respect*.

211. § 2. **quasi signum sustulisti**, *you have raised, as it were, a signal.*

§ 3. **in multis, in me ipso**, *in the case of.* — **paulo ante**, *just now.* — **commemoratis**, see introd. — **suspitionibus**: Cæsar is said to have suspected Marcellus of some designs of assassination.

§ 5. usurpare, *dwell on.*

212. § 6. Fortuna, see Man. Law, § 47.

§ 7. centurio, the infantry officer (see note, Manil. § 37).— præfectus, the commander of the auxiliary cavalry. So cohors and turma correspond to each other, as the infantry and cavalry divisions.

<small>At the present period the regular cavalry of the legion was quite insignificant, and the horse of the Roman army consisted chiefly of auxiliaries, — Gauls, Spaniards, Thracians, &c.; these were organized in *alæ* of 300 or 400 men each, which were subdivided into *turmæ* of 30. For this reason we find here the Roman infantry officer combined with the auxiliary cavalry officer, — corresponding to the real composition of the army.</small>

§ 8. immanitate barbaras, *barbarous and fierce:* his conquests had first subdued the Gauls, Germans, and Britons. — locis infinitas. Cæsar moved from Gaul B. C. 49 into Italy, and the same year to Spain. In 48 he crossed over to Greece, and thence to Egypt. In 47 he carried on war in Asia Minor, and in 46 gained the crowning victory of Thapsus in Africa.

213. § 9. tubarum, *of clarions:* the *tuba* was a long straight horn, used in infantry; the *lituus* a curved one, used in cavalry.

§ 10. hujus curiæ. The old Curia Hostilia, upon the north side of the *Comitium*, was destroyed by fire in the riots after the death of Clodius, B. C. 52 (see Mil. § 33); but was rebuilt by Faustus Sulla, son of the dictator. — C. Marcelli: cousin of Marcus (cos. B. C. 50). — obfudit, *rushed upon.*

§ 11. tropæis et monumentis: the *tropæa* were memorials of victory, consisting of armor of the conquered, arranged in human form, and either erected by itself, or attached to some monument — as a column or arch. Of monuments, Cæsar did not live to carry out his plans fully; he built, however, a new enclosure for assemblies, the *Sæpta Julia*, and laid out a new forum for courts of justice, the *Forum Julium*, north of the old Forum.

214. § 12. florescet, § 49, 1, *b.*.— operibus, dat. (§ 51, 2, *e*). — victores: i. e. Cinna, Marius, and Sulla. — vereor ut, etc. (§ 70, 3, *f*), *I fear that this which I say cannot be understood in the hearing quite as* (perinde atque) *I feel it in the thinking.* — occidissemus, *might* [by right of war] *have fallen.*

§ 13. quam late pateat, *how far it reaches.* — illa, i. e. Pompey's. — tenemur, *are convicted.* — reddidit, *restored*, by confidence that no vengeance would follow. — hostis, acc. plur.

§ 14. flagitantium: before the outbreak of the civil war, Cæsar sent C. Curio (son of C. Curio, Verr. I. § 18) to Rome with offers of compromise, which were spurned by the Senate. — hominem, *the man* (Pompey): emphatic, not his measures. — consilio, reasons. — grati animi (see Sest. § 33): at the time of Cicero's recall, Pompey interested himself to go in person to several of the Italian towns to encourage the general feeling in his favor; and so atoned in part for the tardiness of his support, and his earlier hesitating, cold, and ungracious course.

215. § 15. **integra re**, before peace was broken. — **cum capitis mei periculo**, *with danger of my life*. It is said that after Pompey's defeat, the command was urged upon Cicero by Cato; and on his refusal to conduct the war, young Pompey would have stabbed him unless Cato had interfered. — **existimator rerum**, *judge of things*. — **statim censuerit** : Cicero was welcomed and kindly treated by Cæsar on his return to Italy, B. C. 47. The war was not finished till the next year, hence *incertus exitus*, etc. — **victor**, *when victorious* (opposed to **incertus**, etc.).

§ 16. **certorum hominum** : such senatorial leaders as Metellus, Scipio, and Dolabella. Cicero says, in a letter to M. Marius (Fam. vii. 3), "Excepting the chief and a few besides, the others — the leaders I mean — were so grasping in the campaign and so cruel in their talk, that I shuddered at the [thought of] victory. There was nothing good except the cause." And to Atticus (ix. 7), "It is their plan to stifle (*suffocare*) the city and Italy by famine, then ravage the fields, set fire, and not spare the money of the rich." Pompey, he says, would often say, *Sulla potuit : ego non potero?* (ib. ix. 10). — **inter se**, *with each other*.

§ 18. **otiosis**, *the neutral*. — **ubi fuisset**, which might have been a mere accident. — **aliquando**, *at last*. — **contulisse ad**, *laid upon*.

216. § 19. **quæ**, *things which* (the Stoic doctrine). — **commodata**, *loaned*.

§ 20. **præsertim** belongs with **lapsis**. — **opinione**, *notion*. — **si ... timuerunt**, subj. of **est** (§ **70**, 5, R.). — **senserunt**, *found by experience*.

§ 21. **querellam**, etc., that the partisans of Pompey wished to kill him. — **de tuis**, i. e. his immediate companions; **qui una**, those on the same side. — **qui fuerunt**, sc. **inimici**.

§ 22. **sane**, *by all means*.

217. **ignarus**, *inexperienced;* **rudis**, *raw;* **nihil cogitans**, *inconsiderate*. — **equidem**, *for my part*. — **dumtaxat**, *merely* (even these).

§ 23. **consensio**, *conspiracy*. — **constituenda judicia**, etc. : the short period of Cæsar's dictatorship was distinguished by a number of salutary enactments, which were almost equivalent to a complete revision of the constitution. — **propaganda suboles** : the waste of population by incessant wars had already begun to alarm the best minds of Rome. It was, in fact, the chief direct cause of the ruin of the Empire. — **diffluxerunt**, *have run wild* (like vines).

§ 24. **sananda**, *to be healed* (the result) ; **mederi**, *to remedy* (the treatment).

§ 25. **doctorum**, *philosophers*.

218. cunctam, *entire.* — perfectione, *completion.*

§ 26. **immo**, corrects the general expression **parum magna**. — **futurus fuit**, *was to be.*

§ 27. **hic actus**, as in a play. — **tu perfruare**, *enjoy it yourself.* — **angustiis**, *narrow bounds.*

§ 28. **inservias** (ut omitted, § 70, 3, *f*, R.). — **quæ quidem**, i. e. æternitas. — **certe**, *doubtless.*

219. § 28. **munera**, *gifts* to the people, as monuments and spectacles.

§ 29. **sedem**, *abiding-place;* **domicilium**, *home.* — **requirent**, *will miss.* — **illud**, the war; **hoc**, the public safety. — **servi eis judicibus**, *pay regard to those judges.*

§ 30. **non pertinebit**, *will have no concern for.*

§ 31. **perfuncta est**, *has got through with.* — **arma**, etc., *arms have been laid down by some, and wrested from others.*

§ 32. **sanitatis**, *ordinary intelligence.* — **oppositus**, *interposition.*

220. § 33. **unde**, *with which* (in Latin the beginning is regarded as the source *from which*). — **agimus**, *express;* **habemus, feel.** — **cum id præstiterim**, *while I have fulfilled it.* — **me conservato**, *having been preserved.* — **quod ... non arbitrabar**, *which I thought no longer possible.*

Oration for Ligarius.

Argument.

Chap. 1. The charge and the circumstances — 2. No crime, or sign of ill-will to Cæsar. — 3. Cicero himself was more culpable, yet is pardoned. — 4. So Tubero, who is indebted to Cæsar for his life, yet seeks that of Ligarius. — 5. The clemency of Cæsar is the refuge of all: he stays the violence of his partisans. — 6. The political difference was not crime, but error: so regarded by Cæsar himself. — 7. Circumstances of the command in Africa: Ligarius was not responsible. — 8, 9. If Tubero had been admitted, he would have acted against Cæsar: when refused, he went to Pompey. — 10. 11. Cicero does not defend the cause, but pleads for mercy: Cæsar regards the case itself, not the man who pleads it. His friends desire mercy for Ligarius. — 12. Final appeal: the divine quality of mercy.

PAGE

221. **propinquus**, *kinsman.* It is not known what was the relationship of Tubero to Cicero. He was a member of the Ælian *gens*, — a family distinguished for its legal attainments; and Tubero himself ranks high among the Roman jurists. The prosecutor, Q. Tubero, was son of L. Tubero, whom Ligarius had prevented from landing in Africa; a chief grievance was that the younger Tubero was at the time sick on board.

The Roman state was developed out of the patriarchal state of society, of which it retained many characteristic institutions, such as the *patria potestas*, the enormous power, even of life and death, possessed by the head of a family (*paterfamilias*) over those under his legal control, — that is, all sons and descendants in the male line, and all unmarried daughters. Daughters, upon their marriage, passed from the *manus* of the father to that of the husband.

The *gens* was an enlarged family, which had outgrown the centralized power of a *paterfamilias*, and the feeling of near relationship, but which still held in theory to the belief in a common descent, and which maintained a gentile organization, possessed certain property in common, and kept up the observance of certain *sacra*. The chief object of adoption (note, Sest. § 1) was the maintenance of these *sacra*. If a person died intestate without heirs, his property went to his *gens*. The fundamental importance of the *gens* in the Roman patriarchal institutions appears in the fact that the gentile name, always ending in *ius* (except in a few Etruscan names in *na*, as Perpenna) was the *nomen* proper, while the family name was only *cognomen* Some persons, as C. Marius, had no family name; but most *gentes* fell into a number of families, and sometimes even these families were divided into branches, with distinctive names. Thus the Cornelian *gens* contained the families of Scipio, Sulla, Cinna, Lentulus, Dolabella, &c.; while a branch of the Scipios retained for many generations the *agnomen* Nasica. Strictly speaking, there were no fully organized *gentes* except those of the patricians, as the Cornelii, Julii, Fabii, Claudii; but the plebeian nobility (see note, Verr. I. § 15) developed *gentes* of its own, which were quite analogous to those of the patricians. Such were the Cæcilii, Sempronii, Licinii, Livii.

Pansa (C. Vibius; cos. B. C. 43; see Phil. XIV.): at this time a leading supporter of Cæsar. This introduction is in a high degree ironical. — **quo me vertam**, *which way to turn.* Later in the language the word is used in a reflexive sense, as with us. — **necessarius**: Cicero's *necessitudo* to Pansa appears to have consisted in their working together in behalf of Ligarius. — **ut . . . esset** (obj. of fecerit), *that it is no longer a new case.*

222. § 2. **Considius**: C. Considius Longus, proprætor of Africa, B. C. 50, the year before the civil war. — **sociis**, see note, Verr. I. § 13. — **satis facere**, etc.: the governor of a province, on leaving his province before the expiration of his term, could appoint any officer he chose to govern *pro prætore* in his place: such a lieutenant exercised the *imperium* of his superior. It was usual, although not required, in this case, to appoint the highest subordinate officer, the quæstor; hence this apologetic expression of the orator (see Momm. Röm. St. i. p. 178).

§ 3. **cupiditate inconsiderata**, *headlong partisanship.* — **salutis** and **studii** limit **ducem**; the provincials, at first by a sort of necessity for their own security, then with a growing zeal espousing Pompey's cause, craved a military leader. — **cum** = *at which time* (§ 62, 2, *b*²). — **prætor** = proprætor. — **obtinuerat**: *had held*, in some former year. Of course, therefore, he had no legitimate authority in Africa at the present time, for the *imperium* must be conferred by a special and very definite act: hence the expression **si illud**, etc.

§ 4. **qui cuperet**, *being one who wished.* — **in provincia pacatissima**: Africa was one of the earliest and most thoroughly conquered of the provinces: as is shown by the fact that in the division of the empire by Augustus, when he took into his own hands the administration of all provinces which required a military force, Africa was left, with Asia, Achaia, Hither Spain, Narbonnese Gaul, &c., under the authority of the Senate. — **pacem esse**, subj. of **expediret**. — **profectio**, *his going there*.

223. § 5. **criminosum**, *liable to accusation*. — **Uticæ**, a Phœnician city in Africa, older then Carthage, under whose supremacy it was always restive. For this reason it helped Rome against Carthage, and was rewarded with the gift of territory. After Africa was made a Roman province, Utica was its capital.

§ 6. **occurrat**, indir. question depending on **reformidat**: a construction very common in the comic poets (§ **67**, 2, R.).

§ 7. **imperator**. After the news of Pompey's death (B. C. 48), Cæsar was made *dictator rei publicæ constituendæ*, at the same time receiving certain other special grants of power, and retaining the *imperium*, which he had now held uninterruptedly for twelve years. Hence the exaggerated expression *imperator unus;* for in the original sense of this title (see note, Verr. V. 1), it could be borne by as many officers as was necessary. It was not until the spring of B. C. 45, some months after the delivery of this oration, that Imperator became the title of a new magistrate, in whom the *imperium* was vested for his life, and to be transmitted to his descendants. This was the commencement of the Empire. From this time the old use of this title was rare. — **alterum**, *second*. — **fascis laureatos**: the *fasces* were wreathed with laurel when the commander, after victory, was greeted as *imperator*. Cicero aspired to the honor of a triumph for successes over some mountain robbers. — **reddere**, *restore*. (This infin. represents a conative present, having a future force: hence **dedisset** for fut. perf.)

224. § 8. **ut**, *how*. — **cognationem**, *kinship* by blood. Probably this is used rhetorically for **adfinitatem**, *connection* by marriage.

§ 9. **fuissse**, subj. of **esse**. — **nempe**, etc., *why! one who*, &c. — **in acie Pharsalica**: the decisive victory of Cæsar over Pompey, at Pharsalus, in Thessaly, was fought Aug. 9, B. C. 48. — **petebat**, *aim at*. — **qui sensus**, i. e. *on which side?* — **optabas**, *pray for* (stronger than **cupiebas**).

§ 10. **equidem**, *to be sure*. — **ut tu vis**, *as you will have it*.

§ 11. **dicam** = **dicturus sum**. — **levium**, *unsteady*. — **immanium**, *ferocious*.

225. § 12. **eum dictatorem**: i. e. Sulla. The dictator, as possessor of the full royal *imperium*, had judicial powers, although their exercise, at this period, had fallen into disuse. — **aliquot annis post**, *some years later*. Sulla had provided by law for the impunity of those who executed his proscriptions ; but Cæsar, as *judex quæstionis de sicariis*, B. C. 64, took pains to secure the trial and conviction of more than one of these wretches. — **studia virtutis**, *the devotion to virtue, &c., of your race and family.*

§ 13. **non videamini esse**, *are not, as it seems.*

§ 14. **domi**, *in private.* — **tollere**, *take away.*

§ 15. **per te** : i. e. as contrasted with the bloodthirstiness of some of his followers.

226. **essent** : following **nisi**, etc. (notice conn. of tenses).

§ 16. **alicujus**, *for any one.* — **tunc**, *in that case* (§ 60, 1, *a*). — **extorquebit**, *wrest from you.*

§ 17. **de nullo alio**, etc.: i. e. why he selected Ligarius out of all Pompey's followers ; how one who had committed precisely the same fault could have the audacity to bring the charge — or was it perhaps that he had some new crime to accuse him of ? (**adferret** is subj. as being a question ; the others are facts). — **illa causa**, Pompey's. — **qui durius**, who speak more harshly.

227. § 18. **mortuus**, "*in his grave.*" — **contumeliam** : Cæsar's proconsular command in Gaul ended March 1, B. C. 49. It was usual in such cases to continue in command until the next first of January, on the principle that every tenure of office continued until a successor was appointed ; and, in consequence of a law of Sulla, the consuls and prætors went to the government of provinces immediately on the expiration of their term of office in the city. A new law of Pompey's, however, had provided that five years should intervene between the magistracy and the governorship, so that it would be easy to appoint a successor to Cæsar at the legal expiration of his office. Further, Cæsar had been exempted by law from the necessity of presenting himself in person as a candidate for the consulship of B. C. 48. His plan was to be elected in his absence, to retain his proconsulship until the day when he should assume the consulship again, and thus to have no gap between the two offices. If there were a gap of a single day, his enemies were on the watch to prosecute him, for various acts which were at any rate irregular. Their policy was to abrogate his command, if possible, and at any rate to repeal the law which allowed him to be a candidate while absent. The year 50 B. C. was consumed in fruitless negotiations and attempts at compromise ; when Pompey and the Senate at last cut off further debate, refused all concessions to Cæsar, and declared war. It was this treatment which Cicero describes as *contumelia*. — **pacem esse cupiebas** : it seems certain that Cæsar had, in his desire for peace, carried his offers of compromise as far as was possible. — **ut tibi conveniret**, *that you should come to an understanding* (in appos. with **id**).

§ 19. **esses,** i. e. in that case. — **secessionem** : Pompey and most of the Senate retired at Cæsar's approach, and escaped to Greece. — **utrisque cupientibus,** *where both wished.* — **eorum qui sequebantur** : almost the entire body of nobles followed Pompey. — **cognita ... tua,** *now that your clemency is known.*

§ 20. **poteramusne,** sc. **non venire.** — **atque** is almost = **atqui.**

§ 21. **Tuberonis sors :** i. e. in assigning the provinces.

228. **excusare,** *to make excuse.* — **contubernales,** in Cicero's brief campaign in the Social War. — **quidam,** *some friend :* it is uncertain who.

§ 22. **occupatam,** i. e. by Attius Varus. — **voluisse, voluisse, maluisse,** all have the clause **Africam ... obtinere** depending on them, but it is expressed only with the second. — **natam ad bellum :** a map of the Mediterranean will show the formidable position of the province of Africa as against Italy. — **aliquem,** *some one else.*

§ 23. **tradituri fuistis,** *were you going to surrender ?* (half-way between the original meaning and that which it afterwards had, of the apod. contrary to fact. The student should bear in mind these transitions in meaning, as language is constantly changing, and can never be strictly reduced to rules : **traditurum fuisse** (below) is the regular construction of indir. disc. ; while the above forms in direct disc. were only used as strict apodosis later.) — **cujus interfuit,** *whose interest it was.*

§ 24. **veniebatis,** conative imperf. — **maxime infestam :** King Juba of Numidia was a zealous adherent of Pompey, and Africa was the seat of the last struggle of the Senate against Cæsar. — **huic victoriæ,** Cæsar's. — **aliena voluntas,** *estranged feeling.* — **conventus :** an association of the Roman citizens of a province, possessing certain corporate powers.

229. § 25. **nempe,** *naturally enough.* — **in societatem,** *to take a share in.* — **venissetis,** *you should have come* (not apod. but hortatory). — **venistis** (emphatic), *you did come.* — **per me,** *for all me.* — **qui privarerit,** in that he deprived you (§ **65, 2,** *e*).

§ 26. **quamvis probarem,** *however much I approved.* (The tense is attracted by the following apod. contrary to fact.) — **partibus,** *party.* — **ad eos ipsos,** constr. (by *synesis*) with **partibus.**

§ 27. **nequaquam fuerunt :** Varus was of an insignificant family, while the Tuberos were members of the nobility. — **justo,** *regular,* duly conferred. — **ad Cæsarem,** sc. **venit.** — **causam,** *side.*

230. § 28. **ejus,** Pompey. — **cum videres,** second person of indef. subj. in a general condition (§ **59, 5,** *a*). — **esset,** subj. of charact. (§ **65, 2** ; but for that it would be indic. § **59, 3,** *d*).

§ 29. **in illa causa,** in upholding the side of Pompey. — **ad unam summam,** *to one main point.*

§ 30. **tecum**, *in company with you*. Cæsar was hardly less distinguished as an orator than as a general and statesman. — **equidem** emphasizes **multas**. — **in foro** : the Forum was the seat of the administration of justice. — **honorum** : i. e. the canvassing for office made it necessary for him to appear as *patronus*. — **posthac**, sc. **fecerit**. — **ne hæc quidem**, i. e. the following. — **valerent**, *might prevail* (if I used them). — **oppressus**, *forced into*. — **in eo ipso**, i. e. in use. — **temere**, *thoughtlessly*.

231. ignoscatur, impersonal. — **idem ... qui**, *just as*.

§ 31. **mihi**, etc., i. e. not only have I been preserved, but, &c. — **est posita**, *depends*. — **studiis**, *zealous efforts*. — **causas**, *the cases*. — **voltus** : the tears and lamentations by which it was customary to seek acquittal. — **quam tuus necessarius**, *how closely connected to you*. — **quam illius**, opposed to **tuus**. — **fruuntur, concedas** : the indic. refers to individual cases ; the subj. characterizes. — **justissimum**, *very natural*.

§ 32. **tu** : only expressed to go with the concessive **quidem**. — **Sabinos** : Ligarius was of Sabine origin, and many of his Sabine friends were here present. — **florem**, etc. : the Sabine territory among the mountains was still the home of a hardy and virtuous population. — **nosti** : during the civil war, Cæsar had found shelter from Sulla among these kindly mountaineers. — **squalorem**, see note, Sest. § 11.

§ 33. **quodvis**, *any whatever* (emphatic). — **vox**, the expression which follows. — **nos**, i. e. the party of Pompey. — **nisi qui**, *except those who*.

232. tecum fuerunt, *on your side*, i. e. as holding aloof from the other side. As neutrals, they were threatened by the Pompeians. — **non nulli**, *some of us*. — **tuis suos**, *to your friends their friends*.

§ 34. **fuerit futurus**, see note, § 23. — **conspirantem**, *harmonious* (breathing together) ; **conflatam**, *identical* (fused together). — **ut ... sequerentur**, subst. clause (§ 70, 4, *b*). — **tempestate**, *by stress of weather*. — **tamen**, *notwithstanding*.

§ 35. **ierit**, etc. (concessive subj.), *suppose he did go*. — **hi ... tui** (emphatic) = *these beseech you, and they are your friends*. — **equidem** sets off the implied subj. **ego** against **tu**, below. — **cum interessem**, *having been concerned in*. — **quæstor urbanus**, *city treasurer* (see note, Verr. I. § 11), in which capacity he appears to have done a service to Cæsar, who was then in Gaul.

§ 36. **nihil egit aliud**, *had no other object*. — **tot talibus**, many and excellent as they are. — **dederis**, § 58, 7. — **condonaveris** : *condonare* is to grant something for the sake of some one else. — **hæc**, *the present condition of things*. — **officio**, *brotherly kindness*.

233. § 37. **de homine nobilissimo,** i. e. Marcellus. — **in curia** before the Senate (see Introd. to Or. for Marcellus). — **foro**: Ligarius had been accused; hence the form of trial in the Forum. — **populare,** *popular,* but in a strictly political sense — **nulla,** etc., *not one of your many virtues is more, &c., than mercy.*

§ 38. **ut possis**: a subst. clause of result (§ **70,** 4, *a*), because an effect is implied in **habet.** — **postulet,** § **60,** 2, *a.*

THE LAST PHILIPPIC.

Argument.

CHAP. **1, 2.** Rejoicing is premature, while Brutus is not safe; his rescue has been the object from the beginning. — 3-5. Antony and his troops should be held as public enemies: their cruelties at Parma, &c.: the city itself has been allotted among them. Cicero would extend the time of rejoicing, and salute the commanders as *imperatores,* to which their deeds entitle them. — 6, 7. Absurd charge against Cicero, of aiming at power. The career of honors is open, and the people rate men according to their deserts. — 8. His former counsel, that Antony be declared a public enemy. This is implied in the proposed *supplicatio.* — 9, 10. Exploits and eulogy of Pansa and Hirtius. — 11, 12. A *supplicatio* recommended of fifty days for the three commanders. Eulogy of the soldiers, the living and the dead. Let a monument be erected to the dead, especially of the legion of Mars. — 13. Let us console their relatives, and pay the promised reward to the families of the dead, as well as to the survivors. — 14. Resolution of thanks and honor.

PAGE
237. § 1. **ex litteris,** the army-bulletins. — **si ... cognovissem** (see note, R. A. § 1): the construction of this involved sentence is, *If I knew that Brutus was already gone from Mutina* (*which we all greatly wish, and think to be effected by the victory already gained*), *as I do know, from the documents just read, that the army of our worst enemy is cut to pieces and put to flight, I would vote without hesitation,* &c. D. Brutus, one of Cæsar's murderers, had been assigned by him to the government of Cisalpine Gaul, and took possession of the province after Cæsar's death. In the summer, Antony procured the passage of a law transferring this province to himself. Brutus, supported by the Senate, refused to give it up, and upon this issue hostilities broke out. Brutus was at this time besieged in Mutina (*Modena*), and the consuls, Hirtius and Pansa, had moved to raise the siege. — **ad saga,** etc., as we should say figuratively "to arms," the *sagum* being the type of anxiety and alarm, as the *toga* was of security and peace.

As the *toga* was the garb of peace, so the *sagum* was that of war. It was a simple woollen cloak, fastened over one shoulder with a clasp or buckle, *fibula,* while the *toga* had no fastening, but was wound in elaborate folds about the body. The *sagum* was worn in the army, and also in the city when, as now, there was civil war, or war near home. *Ire ad saga* was a mark of a state of war; *redire ad vestitum* would come with peace.

ea res: the raising of the siege.

§ 2. **sententia**, *proposition*. — **in hodiernum diem**: i. e. for the day's rejoicings. — **id agamus ut**, *let us do so with the intention to retain it*. — **turpe est**: it were a mockery to show rejoicing and triumph, when the gods had as yet granted only half their prayers.

§ 3. **redierimus**, sc. **ad vestitum**. — **ne ... prodatur**: i. e. by changing the dress for the one day, it will appear that it was not on account of Brutus that the change was made: for he was not yet safe. — **tollite hanc**, *set aside this motive* (a kind of protasis, § 60, 1, *b*). — **pravæ**, *perverse*. — **conservate**, &c., *maintain your dignity* (by sustaining Brutus).

§ 4. **legati**: this was in January. At the head of the embassy was the distinguished jurist, Ser. Sulpicius Galba, who died on the journey. The Ninth Philippic was spoken in commemoration of him. — **denuntiaret**, *order* (with threats). — **hosti**, Antony.

238. **Hirtius**, the consul (see Introd.). — **imbecillitatem**, *infirm condition*. Cicero had said of him before, "How feeble and worn he was! But the infirmity of his body did not check the vigor of his soul." — **per se**, *through his own exertions* (§ 54, 4, *b*). — **liberasset**: Octavianus had taken an active part in the autumn in thwarting Antony's plans. — **dolorem aliquem domesticum**, *some private grief*, for the death of his adoptive father. Cicero would imply that he was too true a patriot to feel a real affection for the dictator.

§ 5. **quid ... egit**, *what object had Pansa?* He had set out for Mutina some weeks after his colleague. — **faciendis**, *procuring*. — **necessitati victus**, implying that the war brought distress in the provision-market. — **quod**, i. e. the liberation of Brutus from siege. — **inibi esse**, *on the very point of being achieved*. — **et** connects **rei** and **evento**. — **præripuisse**, *seized prematurely*, if the news proved true; **contempsisse**, *scorned*, if it proved false.

§ 6. **significatio vestra**, *the indication you have given*. — **propraetore**: i. e. Cæsar Octavianus, upon whom the Senate had specially conferred this rank early in January. He was left in sole command after the deaths of Hirtius and Pansa. — **si ... ante**, *as soon as*. — **pertineant**, § 66, 1, *b*. — **imbuti**, *stained*; **madefacti**, *bathed*. — **exercituumque**: this term is added, because the legions contained only Romans, while the consular armies had also auxiliaries. — **duobus ... proelio**: the battle was begun by Pansa, who was routed and mortally wounded — although the fatal character of his wound was not yet known at Rome; then the fortune of the day was retrieved by reinforcements led by Hirtius. Octavianus took no part in this engagement, but repulsed an attack upon the camp. — **hostium, civium**: Cicero's great point in the Philippics is to make out that Antony — like Catiline — is no citizen, but a public enemy. In the argument that follows, he shows that the proposition of a *supplicatio* (see note, Cat. III. 15), which had never been decreed except for a victory over foreign enemies, indorses this view by treating 'Antony as an enemy. — **nefarium scelus**: observe the *chiasmos*. — **nisi mucrones**, etc., *unless you wish their very sword-blades to waver in doubt.*

§ 7. **hostem**: the proposition seems to have studiously omitted calling Antony's troops *enemies:* this Cicero objects to. — **vero**, *forsooth*, marks the irony. — **improbis**, *criminal*, sc. **civibus**. — **clarissimus vir**: P. Servilius Vatia, the proposer of the *supplicatio*, Cæsar's colleague in his second consulship, B. C. 48. — **urbanarum**, *civil*. — **internecivi**, *to the death*. — **circumscribunt**, *swindle*.

239. § 8. **infert**, of offensive war. — **quattuor consulibus**: i. e. besides the two consuls, the two consuls elect, Plancus and D. Brutus. — **gerit**, *is actually carrying on*. — **suis cladibus**, *the evils he threatens*. — **Dolabellæ facinus**: Dolabella, Antony's colleague in the consulship (B. C. 44), when on his way to the province of Syria, in February 43, assaulted Smyrna by treachery, captured the propraetor of Asia, C. Trebonius (one of the conspirators against Cæsar), and put him to death with indignities and torture. — **hoc templo**: i. e. that of Jupiter Capitolinus, where the Senate was now met. — **Parmensium**: Parma had been captured by Antony, and treated in the manner here described. — **propudium et portentum**, *prodigy of wickedness*. — **L. Antonius**, the youngest brother of Mark Antony (COS. B. C. 41).

§ 9. **oblita**, *besmeared*. — **crudelitatem**: the cruelty of the Carthaginians was proverbial — at least among their enemies the Romans. — **capta**, *taken* by assault: **surrepta**, *surprised*.

§ 10. **hujus urbis**: sc. **eum esse**: **urbis** limits **quid** in the same sense as **coloniarum** limits **hostis**. — **explendas**, *replenishing*. — **latrocini**, *gang of robbers*. — **peritus metator et callidus**, *that tried and shrewd surveyor*. — **Saxa**, L. Decidius; a Celtiberian by birth, originally a land-surveyor, a creature of Cæsar's and now of Antony's. The reference here is to a law of Antonius, passed in the June preceding, for the establishment of colonies of veterans. — **domesticis**, *within the walls*.

240. **dissipatis**, *spread abroad*. — **domum**, *home* (actual abode); **tecta**, *buildings* (in general); **larem**, *domestic hearth*.

The *Lares*, or deified ancestors, are hardly to be distinguished, as an object of worship, from the *Penates*, or household gods (see note, Cat. IV. § 17). Each *compitum*, or cross-road, had its *lares*, who were the object of the *sacra* of the *collegia compitalicia* (see note, Sest. § 13). The *lar familiaris* was that of the family.

si quis attulerit ... **assentiar,** *if any would propose, I would accept.*

§ 11. **decreverit,** *has moved.* — **omnino numerum,** *the number in all.* — **cui,** interrogative. — **ut non,** etc., *without his being called,* &c., *even though,* &c.. — **decernenda non fuit,** *ought not to have been voted.*

§ 12. **an ... adimemus,** *shall we then deprive ?* — **appellaret,** *would have styled* (imperf. because of repeated action). — **quæ increbuit :** in the later days of the republic, the title of *imperator* and the honor of triumph were granted upon much less cause than in earlier times. — **ovantem :** the *ovatio* was an inferior triumph, sometimes granted by the Senate, in cases when the proportions or circumstances of the victory, or the rank of the commander, did not warrant the supreme honor of a triumph (see note, Man. § 8). The general did not wear the purple embroidered robe, or the laurel crown, but the ordinary *toga prætexta*, and a wreath of myrtle.

§ 13. **is demum,** *that only.* — **sive,** *if either.*

241. gratias agebant, *gave a vote of thanks.* — **tu igitur,** sc. gloriaris. — **dixerit,** hortat. subj. (§ 57, 3). — **equidem,** concessive. — **gratiam non referri,** *that a favor should not be returned.*

§ 14. **Parilibus :** the *Parilia* or *Palilia* (April 21) was one of the most ancient Roman festivals, in honor of Pales, a goddess of flocks. This day was regarded as the anniversary of the founding of the city. — **qui dies,** etc., *which occur this very day.* — **cum fascibus descensurum,** was coming down with the insignia of usurped power. — **hoc esse conlatum,** *this* [intention] *was attributed.* — **ne quid,** § 65, 1, R. — **[ut]** : if this word is retained, the expression is subj. of exclam. (§ 70, 4, *b*) ; if omitted, a rhetorical question (§ 57, 6). — **exsisterem,** etc., *should turn out of a sudden another Catiline.* (Imperf. as referring back to the time when his enemies said "*descendet.*") — **quibus auspiciis,** i. e. by what formal authority. — **augur,** *I an augur* (emphatic) : i. e. an augur would know his science too well for such an attempt. This was the latest of Cicero's official honors, received ten years before ; and he fully appreciates the dignity of the priestly craft.

> While an augur had the power of interpreting the auspices, only magistrates had the power of taking them (see note, Cat. IV. 2); and augurs were not in any sense magistrates. Further, any assumption of power would be invalid unless confirmed by auspices. Cicero, though an augur, was unable to take the first preliminary step to any usurpation of power. A technical obstacle like this would not stand long in the way of a modern usurper; but the stress here laid upon it illustrates the degree in which the peculiar formalism of the Roman religion had become worked into the Roman mind; and further, the power exercised by this adherence to form in protecting the institutions of the State.

traderem : the *imperium*, as well as the *auspicia*, descended by regular succession, like ecclesiastical functions in the church. — **quemquamne fuisse,** § 57, 8, *g.* — **sermo,** mere *talk*, not even honest suspicion.

§ 15. **illam curiam**, i. e. the Pompeian: this was to the north of the Capitoline, and was the scene of Cæsar's death: hence the term *infelicem*. — **furiis suis**, *their own madmen*. (The MSS. have *viribus* or *juris*: Klotz's conjecture *partibus* is adopted by Halm.) — **ad me**: as being now the leading man in the State. — **quæ** is obj. and **res** subj. of **patefecit**.

§ 16. **jam inde**, *ever since*.

242. **optatissimi nuntii**, etc.: i. e. of the victory at Mutina. **liberarit**, perf. as of an effect still continuing (§ 58, 5, *b*).

§ 17. **male mecum ageretur**, *I should be ill dealt with.* — **purgatus**, *cleared*. — **jejuno**, *mean* ("meagre"). — **magnus ... campus**, *a broad field is open in public life.* — **Crassus**: the great orator, who died B. C. 91. — **apertus**, *unobstructed.* — **quidem**, *I am sure.* — **principes**: such men as Catulus, Lucullus, Hortensius, Servilius (Isauricus), and Metellus Celer. — **cum ... cederem**, *when I myself was ready to yield to them.* — **quo dolore**, interrogative. — **sententiam moderari**, *govern their views*.

§ 18. **principatus** (obj. gen.), *supremacy.* — **cursus**, *speed.* — **optime sentiam**, *have the noblest views*.

243. **et libenter**, *and should be glad to be*.

§ 19. **hæc ... ferunt**, *these things, as some maliciously say, the Roman people see*, &c. — **poteratne fieri**, *was it possible?* — **universo**, *as a whole*. — **xiii. Kal. Jan.** (Dec. 20), the day when the third and fourth Philippics were spoken, — one in the Senate and one in the Forum, — declaring Antony a public enemy; **Kal. Jan.**, when, in the fifth Philippic, he urged that no negotiations should be had with him. The campaign against Antony may be said to have begun with the former; but no active measures could be taken until the new consuls entered upon office on the first of January.

§ 20. **legatos**: it was on the question of sending this embassy (see note, § 4) that Cicero delivered the fifth Philippic. — **illum hostem**, sc. *appellari*. (Observe the condensed emphasis, caused by omission of the verbs.)

§ 21. **P. Ventidium**: an officer of Antony's army. He afterwards gained some important successes over the Parthians, B. C. 38. — †**volusenum**: the MSS. here are hopelessly corrupt. — **discessionem**: a vote by going to one part of the house (*pedibus ire in sententiam:* see Introd. note, Cat. IV.).

§ 22. **semel et sæpius**, *once and again.* — **sustulerunt**, i. e. refused to put the question. The presiding officer had the right to decide what questions should be put.

244. **imprudens**, *unawares*.

§ 23. **bellum Octavianum**: the reaction, B. C. 87, by which Sulla's partisan, the consul Octavius, was expelled by his colleague Cinna. — **Servili**, P. Servilius Vatia, colleague of Cæsar, B. C. 48. — **de Alexandria**: for a victory over the Egyptians; **de Pharnace**, son of Mithridates, King of Pontus (both victories, B. C. 47).

§ 24. **Gabinium** (see Or. for Sestius): he had claimed a *supplicatio*, which the Senate steadily refused, for some successes against Arab marauders in Syria. — **re**, *in effect;* **verbo**, *in so many words.*

§ 25. **habet**, *has already.* — **honoris amplissimi**: i. e. the consulship. — **alterum**, i. e. consul; **alterum**, *imperator.* — **jugulis**, i. e. *lives* simply.

245. **a membris**, etc.: Antony would not only cut their throats, but treat their bodies with indignity, — as was, in fact, afterwards done in the case of Cicero; perhaps even torture them, like Dolabella.

§ 26. **princeps**, *leader in.* — **legione Martia**: this was one of the two legions (the other was the *Quarta*) that had gone over from Antony to the Senate the November previous.

§ 27. **beneficia**: i. e. grants of money and assignments of land to Cæsar's veterans, as well as new enactments making military service less onerous. — **viginti cohortibus**, i. e. two legions (see note, Manil. § 37). — **qua ... accepimus**, *than which we have heard of no nobler example of a commander.* — **tribus**, in point of fact, Antony had only two legions engaged: but full particulars had not yet reached Rome, and Cicero appears to have thought that a third legion, the *Alauda*, which he had with him, was engaged in the fight.

246. § 28. **postulanda**, *to be expected.* — **dabamus**, conative imperf. — **ejus nominis**, *that title:* **imperator** being connected with *imperium.* — **castra**, the camp of Hirtius.

§ 29. **decerno**: note that this word does not mean *decree*, but, of a single senator, simply *vote.* — **quinquaginta**, an unprecedented number. Ten days' *supplicatio* had been decreed for Pompey's victories in Africa, and fifteen for Cæsar's defeat of the Belgians. — **conjungi**, *joined* with that of the commanders.

§ 30. **cumulata**, *redoubled.* — **præstabitur**, *will be redeemed* ("fulfilled"). — **secuti sunt** = *relied on.* — **quibus**, i. e. the living, whose silent presence is a reminder.

§ 31. **occurrunt**, *suggest themselves.*

247. **Albam**, sc. Fucensem, a town among the mountains, in the territory of the Marsi, which the Martian legion took and held after revolting from Antony. — **desiderat**, *has lost.*

§ 33. **idem deus**: Mars was the special patron god of Rome, — a relation not inconsistent with the recognition of Jupiter as the supreme god of all. The establishment of the worship of Jupiter

Capitolinus, as the central point of Roman religion, belongs to that stage in the history of Rome — the period of the Tarquinian dynasty — when, from being a single Latin city, she became the head of the Latin name. — **pignerari,** *claim as his own.*

248. § 34. **bustis,** *burial-mounds.* The *bustum* was properly the heap of ashes left after the body had been consumed with the *rogus.* The term was also applied to the mound erected on the spot where the body was burned.

249. § 37. **alter ambove**: the *imperium* of the two consuls was absolutely equal, and the power of neither was impaired by any field of action specially assigned, or any duty specially imposed upon the other. Such special assignment of functions was only conditional upon mutual consent, and either had a legal right to interfere in the other's province. Of course, however, any such interference was regarded as unwarranted, and, in practice, the two colleagues either took turns in the administration, or agreed upon a division of functions between them.

INDEX.

Addicere, 98.
Adrogatio, 92.
Advocati, 3, 43.
Ædilis, 30.
Adoption, 92.
Ager Publicus, 24.
Agnatus, 92.
Allies, 87.
Antithesis, 4, 43.
Aratores, 24.
Aristocracy, 19.
Asia, 22.
Assemblies, 25.
Auctoritas, 61.
Auguria, 44.
Augur, 139.
Auspicia, 80, 97, 139.

Bona Dea, 104, 109, 123.
Bustum, 142.
Capite Censi, 26.
Capitolium, 84.
Carcer, 71.
Cavalry, 128.
Censor, 89.
Challenge, 21.
Citizenship, 24.
Client, 5, 85.
Cohors, 35.
Collegium, 88, 96, 117.
Colonia, 63, 72, 86.
Comitia, 25, 92, 96.
Comitium, 41, 93, 103.
Comperendinare, 29.

Concilium, 96.
Consilium, 17, 28.
Consultum, 23, 81.
Contio, 32, 96.
Curia, 128.

Decumæ, 47.
Detestatio Sacrorum, 92.
Dictator, 126, 132.
Diem Dicere, 115.
Discessio, 79.
Dius Fidius, 94.
Duumviri, 88.

Elections, 63.
Equites, 19.
Evocare, 36.
Evocatio deorum, 36.
Exsilium, 86, 88.

Familia, 13, 48.
Fasces, 52.
Fiscus, 27.
Forum, 42, 66.
Freedmen, 8, 83; suffrage of, 124.

Games, 28.
Gens, 131.
Gracchus, 61, 83, 120.
Gymnasia, 36.

Haruspices, 74.
Hospitium, 5, 85.

Imagines, 25.
Imperator, 35, 132, 139.
Imperium, 50, 57, 60, 122, 131, 142.
Innocentia, 29.
Intercalation, 125.
Interrex, 110, 112.

Judex Quæstionis, 2.
Judices, 2, 19, 33.
Judicium, 20, 33.
Jus Gentium, 16, 23.
Jus Exsilii, 86.

Lares, 138.
Laws (title), 13.
Legatus, 22, 28, 47.
Legion, 28, 53.
Libertus, 8, 83.
Lictor, 33, 52.
Litis Æstimatio, 31.

Manumission, 118.
Mars, 141.
Municipium, 5, 66, 72.
Munus, 30.

Nobility, 19. 25.

Obnuntiare, 97.
Oppidum, 12.
Ordo, 18.
Ovation, 139.

Palatium, 60.
Parricide, 10.

Index.

Patria Potestas, 131.
Patricians, 77.
Patronus, 5, 44, 73.
Penates, 84.
Piratical State, 51.
Plebiscitum, 26, 55.
Pontifex, 61.
Præfectura, 73.
Prærogativa, 27.
Prætexta, 69, 87, 94.
Prætor, 23, 44, 56, 58, 73, 88.
Proconsul, 50, 67.
Proprætor, 88.
Princeps Senatus, 75, 79.
Prorogare, 57.
Proscription, 6, 132.
Provincia, 22.
Prytaneum, 36.
Publicani, 24, 45, 48.
Puteal, 93.

Quæstio (torture), 13.
Quæstiones Perpetuæ, 2.
Quæstor, 22.
Quirites, 43.

Referre, 32, 56, 79, 119.
Regia, 115.
Reicere, 21.
Relatives, 2.
Repetundæ, 19.
Rogatio, 67, 95.
Rogus, 142.

Sacramentum, 121.
Sagum, 136.
Scribæ, 79, 83.
Scriptura, 48.
Sectores, 13.
Sella Curulis, 80.
Senaculum, 72.
Senate, 19, 23, 79.
Senatus Consultum, 21, 23, 61.
Sententia, 20, 79.
Sertorius, 46.
Servare de cœlo, 97.
Sibylline Books, 74.
Slaves, 48, 83, 118.
Socii, 24.
Stator, 63.
Stipendium, 47.
Sulla, 4, 15.

Supplicatio, 76, 78, 138.

Tabellæ, 75.
Tabulæ Novæ, 71.
Tabularium, 88.
Templum, 59.
Tempora, 44.
Toga, 87, 136.
Torture, 13, 118.
Transitio ad plebem, 92.
Transvectio Equitum, 51.
Tribes, 83.
Tribunus Ærarius, 33, 83.
   ,,   *Militaris*, 28.
   ,,   *Plebis*, 31.
Triumph, 46, 57, 85, 139.
Twelve Tables, 108.

Vectigalia, 45, 48.
Vesta, 84.
Vestal Virgins, 75.
Vestis mutatio, 96, 137.

LATIN.

ALLEN & GREENOUGH'S LATIN GRAMMAR:
a Latin Grammar for schools and colleges, founded on Comparative Grammar. 12mo. Half morocco. 329 pages (including supplementary Outlines of Syntax, with new and greatly enlarged Index) $1.12

The features of this grammar to which we invite attention, are: 1. The scientific form of statement in the Etymology, corresponding to the most advanced views of comparative philologists; 2. The comparison with kindred languages suggested throughout, especially in numerous brief philological notes, and in references to the syntax of Goodwin's Greek Grammar; the grouping and subordination of topics in the Syntax, — which contains nearly 200 cross-references, with upwards of 1,000 citations from classic authors, — so that unusual brevity is attained without sacrifice of completeness.

ALLEN & GREENOUGH'S LATIN METHOD:
a Method of Instruction in Latin; being a companion and guide in the study of Latin Grammar. With elementary instruction in Reading at Sight, Exercises in Translation and Writing, Notes, and Vocabularies; also "Outlines of Syntax," taken from the Latin Grammar. 12mo. Cloth. 134 pages 75

ALLEN & GREENOUGH'S LATIN COMPOSITION:
an Elementary Guide to Writing in Latin. Part I. Constructions of Syntax; Part II. Exercises in Translation. 12mo. Cloth. 198 pages 1.12

Part First (which is published separately) consists of thirty progressive Lessons, with full instructions, exercises, and vocabulary; and is designed "to furnish a sufficient amount of study and practice in Latin composition during the last year of preparation for college, or the first of a college course." Part Second consists of about forty exercises in translation, chiefly narrative, adapted to the use of advanced or college classes; with annotated references to the Lessons of Part I., and to the sections of a special Introduction on the Choice of Words, the Form of the Sentence, and Idiomatic Usages.

ALLEN & GREENOUGH'S CÆSAR:
Cæsar's Gallic War: Four Books. With Historical Introduction, Notes, and a Copperplate Map of Gaul. [With a full Vocabulary by R. F. PENNELL, of Phillips Exeter Academy.] 12mo. Half morocco. 282 pages 1.12
Without Vocabulary 90

The text of this edition is that of Nipperdey, important variations being noticed. The notes are unusually full in historical illustration, derived largely from Mommsen, Long, Merivale, the "History of Julius Cæsar" by Napoleon III., and the excellent school edition of Moberly. In the earlier portions they are especially designed to guide in a systematic and careful study of Latin syntax.

ALLEN & GREENOUGH'S SALLUST:
The Conspiracy of Catiline as related by Sallust. With Introduction and Notes explanatory and historical. 12mo. Cloth. 84 pages 60

ALLEN & GREENOUGH'S CICERO:
Select Orations of Cicero, chronologically arranged, covering the entire period of his public life. From the text of Baiter and Kayser. With Life, general and special Introductions, and Index of topics discussed. 12mo. Half morocco. 394 pages . . 1.12
The text without notes 60

It is the design of this edition to give a full view of Cicero's public career, as orator and statesman, extending through about forty of the most eventful years of the later Republic. With this view, the selection includes the earliest and the latest of his public orations, while the special Introductions cover very fully the intervening political history. Besides the orations more commonly read in schools, are given the Roscius and Sestius (abridged), with the first against Verres and the last Philippic, — thirteen in all, — with one or two short passages of special celebrity, for practice in reading at sight. Especial care has been taken in the department of Antiquities, which has been treated in numerous notes (in smaller type), some of them — as that on the Roman Aristocracy — being brief essays on the several topics.

The Introduction contains a classified list of all the works of Cicero, with the occasions and topics of all of his orations.

ALLEN & GREENOUGH'S CATO MAJOR: Cicero *De Senectute*, a Dialogue on Old Age. With Introduction (on the adoption in Rome of the Greek philosophy) and Notes. 12mo. Cloth. 57 pages . . $0.50

ALLEN & GREENOUGH'S OVID: Selections from the Poems of Ovid, chiefly the *Metamorphoses*. With special Introductions, Notes, and Index of Proper Names. 12mo. Half morocco. 283 pages . . . 1.12

The introductions to the passages from the *Metamorphoses* (23 in number) give the entire argument of the poem, that of omitted portions bracketed. The other selections include those of special interest as illustrating the poet's life; and a list is given of all his writings, with their topics and occasions. The Notes contain brief instructions on scanning at sight.

ALLEN & GREENOUGH'S VIRGIL: The Poems of Virgil; Vol. I. containing the Pastoral Poems (*Bucolics*) and Six Books of the Æneid. Chiefly from the text of Ribbeck, with select various Readings, Introductions, Notes, and Index of Plants (compiled chiefly from Fée's *Flore de Virgile*, contained in Lemaire's "Bibliotheca Classica Latina"). 12mo. Half morocco. 372 pages 1.12
The text without notes 60

The Notes of this edition (which are brief and very numerous) are particularly indebted to Conington, and are designed "to give not only what may serve the learner in the bare understanding of the text; but, along with it, some hint of that wealth of traditional interpretation which is more important, perhaps, in the study of Virgil than in that of any other ancient poet."

ALLEN & GREENOUGH'S VIRGIL. With Vocabulary. 12mo. Half morocco. 588 pages 1.40

ALLEN & GREENOUGH'S Course No. I. A Full Preparatory Course of Latin Prose; consisting of Four Books of Cæsar's Gallic War, Sallust's Conspiracy of Catiline, Eight Orations of Cicero, and DE SENECTUTE (*Cato Major*). 12mo. Half morocco. 582 pages 1.88

ALLEN & GREENOUGH'S Course No. II. Second Preparatory Course of Latin Prose; containing Four Books of Cæsar's Gallic War, and Eight Orations of Cicero. With Vocabulary by R. F. PENNELL. 12mo. Half morocco. 518 pages 1.88

N. B. *Course No. I. is identical with the First Course prescribed for admission to Harvard College. Course No. II. includes the usual amount required at other colleges.*

ALLEN & GREENOUGH'S CICERO. Eight Orations of Cicero. With Vocabulary by R. F. PENNELL. 12mo. Half morocco. 358 pages 1.12

ALLEN'S LATIN GRAMMAR. 12mo. Cloth. 182 pages .90

ALLEN'S LATIN LESSONS. 12mo. Cloth. 146 pages . .90

ALLEN'S LATIN READER: Consisting of Selections from Cæsar (the invasion of Britain and account of the Gallic and German populations), Curtius (Anecdotes of Alexander), Nepos (Life of Hannibal), Sallust (Jugurtha, abridged), Ovid, Virgil, Plautus, and Terence (single scenes), Cicero and Pliny (Letters), and Tacitus (the Conflagration of Rome). With Notes and a General Vocabulary. The Notes have been adapted to Allen & Greenough's Grammar. 12mo. Half morocco. 532 pages 1.75

ALLEN'S LATIN SELECTIONS. Containing the first 134 pages of Allen's Latin Reader. With Notes adapted to A. & G.'s Latin Grammar. 12mo. Half morocco. 190 pages 90

ALLEN'S LATIN COMPOSITION. An Introduction to Latin Composition. (By W. F. ALLEN.) New edition, adapted to Allen & Greenough's Grammar. 12mo. Cloth. 118 pages $0.90

This book includes a careful review of the principles of Syntax (beginning with Indirect Discourse), with exercises in various styles of composition selected from classical authors. Also short exercises for oral practice.

ALLEN'S SHORTER COURSE OF LATIN PROSE. Consisting chiefly of the Prose Selections of Allen's Latin Reader (to p. 134), the Notes being wholly rewritten, enlarged, and adapted to Allen & Greenough's Grammar; accompanied by Six Orations of Cicero, — the Manilian, the four Catilines, and Archias. With Vocabulary. 12mo. Half morocco. 543 pages 1.75

ALLEN'S LATIN PRIMER. A First Book of Latin for Boys and Girls. (By J. H. ALLEN.) 12mo. Cloth. 182 pages 90

This is designed for the use of scholars of a younger class, and consists of thirty Lessons arranged so as to give a full outline of the grammar, with brief Rules of Syntax, Tables of Inflection, and interlined exercises for practice in reading, compiled from *Historiæ Sacræ*. The reading selections which follow include Dialogues from Corderius and Erasmus (with translation), narratives, nursery songs, mediæval hymns, etc., being made up in great part from modern Latin writers.

ALLEN'S LATIN LEXICON: a General Vocabulary of Latin, with Supplementary Tables of Dates, Antiquities, etc. By J. H. ALLEN. 12mo. Cloth. 214 pages 90

This little dictionary contains "about 15,000 words of common use, besides more than 1,300 proper names or adjectives, and about 200 dates (exclusive of the Tables), covering the more important points of classical history and mythology." It is believed to be complete for the entire introductory course of Latin authors, including Ovid and Virgil.

LEIGHTON'S LATIN LESSONS. Prepared to accompany Allen & Greenough's Latin Grammar. By R. F. LEIGHTON, former Master of Melrose High School. Revised Edition. 12mo. Half morocco. 352 pages . 1.12

This work presents a progressive series of exercises (both Latin and English) in about eighty Lessons, illustrating the grammatical forms and the simpler principles of syntax. Synonymes and Rules of Quantity are introduced from the first. The amount of illustrative matter in exercises for reading and writing or oral practice is very large, including portions of VIRI ROMÆ, and Woodford's Epitome of the First Book of Cæsar. Full Vocabularies (prepared by R. F. PENNELL) accompany the book, with questions for examination and review of the grammar.

The Lessons have been entirely rewritten, considerably simplified, and more carefully graded. With each lesson, definite directions have been given in regard to the amount of the grammar to be learned. By decreasing the exercises to be translated into English, space has been given to increase correspondingly the amount to be put into Latin. Some instruction on the formation of words has been given, and the references to the grammar on that subject largely increased. The vocabularies have also been carefully revised.

MADVIG'S LATIN GRAMMAR. Carefully revised by THOMAS A. THACHER, Yale College. 12mo. Half morocco. 517 pages . . 2.25

A book of the very highest authority in Latin Syntax, and admirably adapted to the wants of Teachers and College Classes.

NEW LATIN METHOD: a Manual of Instruction in Latin on the Basis of a Latin Method prepared by J. H. ALLEN and J. B. GREENOUGH. 12mo. Cloth. 244 pages 94

The "New Method" contains: 1. About thirty ELEMENTARY LESSONS on *the forms of the language*, and the constructions suggested by the definitions of cases, moods, etc., accompanied by full Paradigms, and Exercises in Latin and English, with partial vocabularies. N. B. *This portion of the book can be used independently of the Grammar*, and is sufficient for a course of about a year's study — 2. CONSTRUCTIONS OF SYNTAX symmetrically grouped, with full references to the Grammar, each topic being illustrated by numerous examples, with exercises to be rendered into Latin, so as to make *a full elementary manual of Latin Composition.* — 3. ON READING LATIN: brief sections on the Latin Sentence, with examples of analysis and translation; the Derivation of Words; and Reading at Sight. — 4. READING LESSONS, with Vocabularies, and Tabular List of Synonymes.

PARALLEL RULES OF GREEK and LATIN SYN-TAX FOR USE IN SCHOOLS. Prepared by Instructors in the Classical Department of Williston Seminary, at Easthampton, Mass. Cloth. 33 pages . **$0.75**

The object of this little pamphlet, prepared by two instructors in Williston Seminary, is to put clearly before their pupils the correspondences and the differences in Greek and Latin Syntax.

THE LATIN VERB. Illustrated by the Sanskrit. By C. H. PARKHURST. 12mo. Cloth. 55 pages 85

WHITE'S JUNIOR STUDENT'S LATIN-ENGLISH LEXICON. Square 12mo. 662 pages. Morocco back 2.00
Sheep 2.25

WHITE'S JUNIOR STUDENT'S LATIN-ENGLISH AND ENGLISH-LATIN LEXICON. By the REV. J. T. WHITE, D. D., of C. C. C. Oxford, Rector of St. Martin, Ludgate, London. Revised Edition. Square 12mo. 1058 pages. Sheep 3.00

"The present work aims at furnishing in both its parts a sufficiently extensive vocabulary for all practical purposes. The Latin words and phrases are in all cases followed by the name of some standard Latin writer, as a guaranty of their authority; and as the work is of a strictly elementary character, the conjugation of the verbs and the genders and genitive cases of the substantives are uniformly added. In the preparation of this portion of the book, DR. WHITE has had the assistance of some of the best scholars both of Oxford and Cambridge." — *Guardian.*

WHITE'S JUNIOR STUDENT'S ENGLISH-LATIN LEXICON. Square 12mo. Sheep. 392 pages 1.75

We have contracted with Messrs. Longmans, Green, & Co., of London, for the sole agency in this country for the above Latin Lexicons, and shall endeavor to meet the demands of the trade.

WHITON'S SIX WEEKS' PREPARATION FOR READING CÆSAR. With References to Allen & Greenough's, Gildersleeve's, and Harkness's Grammars. 18mo. Paper cover 25

WHITON'S AUXILIA VERGILIANA; or, First Steps in Latin Prosody. 12mo. Paper cover 20

Intended to facilitate the mastery of metre and rhythm at the very outset of the study of Latin poetry.

GREEK.

GOODWIN'S GREEK GRAMMAR. By WILLIAM W.
GOODWIN, Ph. D., Eliot Professor of Greek Literature in Harvard University.
12mo. Half morocco. 262 pages $1.18

The object of this Grammar is to state *general principles* clearly and distinctly, with special regard to those who are preparing for college. In the sections on the Moods are stated, for the first time in an elementary form, the principles which are elaborated in detail in the author's "Syntax of the Greek Moods and Tenses."

GREEK MOODS AND TENSES. The Sixth Edition.
By WILLIAM W. GOODWIN, Eliot Professor of Greek Literature in Harvard University. 1 vol. 12mo. Cloth. 264 pages 1.31

This work was first published in 1860, and it appeared in a new form — much enlarged and in great part rewritten — in 1865. In the present edition the whole has been again revised; some sections and notes have been rewritten, and a few notes have been added. The object of the work is to give a plain statement of the principles which govern the construction of the Greek Moods and Tenses, — the most important and the most difficult part of Greek Syntax.

GOODWIN'S GREEK READER. Consisting of Extracts
from Xenophon, Plato, Herodotus, and Thucydides; being the full amount of Greek Prose required for admission at Harvard. With Maps, Notes, References to GOODWIN'S GREEK GRAMMAR, and parallel References to CROSBY'S and HADLEY'S GRAMMARS. Second edition, edited by PROFESSOR W. W. GOODWIN, of Harvard College. 12mo. Half morocco. 384 pages 1.50

The revised edition contains the first and second books of the Anabasis (in place of the third and fourth books of the former editions) with copious notes, the greater part of the second book and an extract from the seventh of the Hellenica, with the first chapter of the Memorabilia, of Xenophon; the last part of the Apology, and the beginning and end of the Phaedo, of Plato; selections from the sixth, seventh, and eighth books of Herodotus, and from the fourth book of Thucydides.

GOODWIN'S SELECTIONS FROM XENOPHON
AND HERODOTUS. With Notes adapted to Goodwin's Greek Grammar, Parallel References to Crosby's and Hadley's Grammars, and copper-plate Maps. Edited by PROFESSOR W. W. GOODWIN and JOHN WILLIAMS WHITE, of Harvard College. 12mo. Half morocco. 408 pages 1.50

This book contains the first four books of the Anabasis, and the greater part of the second book of the Hellenica, of Xenophon; and extracts from the sixth, seventh, and eighth books of Herodotus. It has been prepared for the use of those who from want of time or for other reasons are unable to read the greater variety of selections in Greek Prose which are contained in Goodwin's Greek Reader.

THE FIRST FOUR BOOKS OF THE ANABASIS
OF XENOPHON. Edited, with copious Notes and References to Goodwin's Greek Grammar, Parallel References to Crosby's and Hadley's Grammars, and a copper-plate Map, by PROFESSOR W. W. GOODWIN and JOHN WILLIAMS WHITE, of Harvard College. 12mo. Half morocco. 240 pages 94

LEIGHTON'S GREEK LESSONS. Prepared to accompany
Goodwin's Greek Grammar. By R. F. LEIGHTON, Master of Melrose High School. 12mo. Half morocco. 264 pages 1.18

This work contains about one hundred lessons, with a progressive series of exercises (both Greek and English), mainly selected from the first book of Xenophon's Anabasis. The exercises on the Moods are sufficient, it is believed, to develop the general principles as stated in the Grammar. The text of four chapters of the Anabasis is given entire, with notes and references. Full vocabularies accompany the book.

LIDDELL & SCOTT'S GREEK-ENGLISH LEXICON. Abridged from the new Oxford Edition. New Edition. With Appendix of Proper and Geographical Names, by J. M. WHITON. Square 12mo. 835 pages.

    Morocco back $2.00
    Sheep binding 2.25

LIDDELL & SCOTT'S GREEK-ENGLISH LEXICON. The sixth Oxford Edition unabridged. 4to. Sheep. 1,881 pages. . 10.00

The English editions of Liddell & Scott are *not stereotyped*; but each has been thoroughly revised, enlarged, and printed anew. The sixth edition, published in 1869, is larger by one eighth than the fifth, and contains 1,865 pages. It is an *entirely different work* from the first edition, the whole department of etymology having been rewritten in the light of modern investigations, and the forms of the irregular verbs being given in greater detail by the aid of Veitch's Catalogue. No student of Greek can afford to dispense with this invaluable Lexicon, the price of which is now for the first time brought within the means of the great body of American scholars.

PLATO'S APOLOGY OF SOCRATES AND CRITO. Edited by JOHN WILLIAMS WHITE, Ph. D., Assistant Professor of Greek in Harvard University.

The basis of this work will be the German edition of Dr. Christian Cron. (Platons Vertheidigungsrede des Sokrates und Kriton. Sechste Auflage. Leipzig, Teubner, 1875.) To the matter contained in Dr. Cron's edition there will be added notes by the Editor and from other sources, analyses, and extended references to Goodwin and Hadley. The book will be for the class-room, and all matter not of direct value to the student will be rigidly excluded.

THE ŒDIPUS TYRANNUS OF SOPHOCLES. Edited, with an Introduction, Notes, and full explanation of the metres, by JOHN WILLIAMS WHITE, Ph. D., Assistant Professor of Greek in Harvard University. 12mo. Cloth. 219 pages 1.12

THE MEDEA OF EURIPIDES. Edited, with Notes and an Introduction, by FREDERIC D. ALLEN, Ph. D., Professor in the University of Cincinnati. 12mo. Cloth. 141 pages 94

SIDGWICK'S INTRODUCTION TO GREEK PROSE COMPOSITION. 12mo. Cloth. 280 pages 1.50

WHITE'S FIRST LESSONS IN GREEK. Prepared to accompany Goodwin's Greek Grammar, and designed as an Introduction to his Greek Reader. By JOHN WILLIAMS WHITE, Ph D., Assistant Professor of Greek in Harvard University. 12mo. Half morocco. 305 pages . . . 1.18

A series of seventy-five lessons with progressive Greek-English and English-Greek exercises. Followed by a series of additional exercises on Forms, and complete vocabularies.

WHITON'S SELECT ORATIONS OF LYSIAS. Comprising the Defence of Mantitheus, the Oration against Eratosthenes, the Reply to "The Overthrow of the Democracy," and the Areopagitic Oration concerning the Sacred Olive-Trunk. Edited by JAMES MORRIS WHITON, Ph. D. 12mo. 151 pages 94

The grammatical notes deal almost wholly with the syntax, — as befits a work of this grade, — and have been prepared with a special aim to elucidate the usage of the verb. References are made, for the most part, to Goodwin's Greek Moods and Tenses, and Goodwin's and Hadley's Grammars.

YONGE'S ENGLISH-GREEK LEXICON. Square 12mo. Cloth. 482 pages 2.00

www.ingramcontent.com/pod-product-compliance
Lightning Source LLC
Chambersburg PA
CBHW030556300426
44111CB00009B/999